老吕写作 **15** 年扛鼎之作 《老吕写作要点精编》 **颠覆升级**

# M BA PA EM PAcc

管理类、经济类

**2025**

7 联考写作 要点7讲

## 联考写作 要点7讲

主编 吕建刚

 **7** 讲搞定联考写作，轻松写出一类卷

论效**3**步**4**句法　**11**大谬误高分写法　论说文**1342**写作法　**21**个论说文母理

副主编 ◎ 花丽娜 古铜 张英俊

中国政法大学出版社

2023 · 北京

**图书在版编目（ＣＩＰ）数据**

管理类、经济类联考写作要点 7 讲/吕建刚主编. —北京：中国政法大学出版社，2023.10（2024.3 重印）

ISBN 978-7-5764-1125-6

Ⅰ.①管… Ⅱ.①吕… Ⅲ. ①汉语－写作－研究生－入学考试－自学参考资料 Ⅳ.①H15

中国国家版本馆 CIP 数据核字(2023)第 193922 号

---------------------------------------------------------------------------------------------------------

| | |
|---|---|
| 出 版 者 | 中国政法大学出版社 |
| 地　　址 | 北京市海淀区西土城路 25 号 |
| 邮寄地址 | 北京 100088 信箱 8034 分箱　邮编 100088 |
| 网　　址 | http://www.cuplpress.com (网络实名：中国政法大学出版社) |
| 电　　话 | 010-58908285(总编室) 58908433 （编辑部） 58908334(邮购部) |
| 承　　印 | 三河市文阁印刷有限公司 |
| 开　　本 | 787mm×1092mm　1/16 |
| 印　　张 | 41 |
| 字　　数 | 962 千字 |
| 版　　次 | 2023 年 10 月第 1 版 |
| 印　　次 | 2024 年 3 月第 2 次印刷 |
| 定　　价 | 108.00 元　（全 7 册） |

# 聊聊梦想，好吗

　　掐指一算，我年已不惑，但我却常说自己只有十八岁，这明明是戏谑，有时却也觉得真实。我很多时候都感觉自己没有长大，还是曾经那个追梦的少年。我们一起聊聊梦想，好吗？

　　我出生在山东一个普通的小村。我爸我娘也是普通的农民，我爸不爱说话，我娘则爱唠叨；我爸我娘长年种地、特别辛苦，所以我是跟爷爷奶奶长大的。

　　那时全村人都很穷，鸡蛋也舍不得吃，但我家每天中午会有一个鸡蛋和一个西红柿，放在一起炒一炒，就成了我的专享午餐。爷爷奶奶则会吃点土豆或白菜，甚至有时候连土豆白菜都没有，就吃点"煎饼卷大葱"。

　　"煎饼卷大葱"其实完全不同于大家在小吃街上吃的煎饼果子或者山东杂粮煎饼。真正的山东煎饼又干又硬，吃起来像纸，很难嚼。所以以前的山东人，尤其是临沂一带的人，因为长期吃煎饼，咬肌普遍比较发达，脸也会随之变宽。那时的山东人放在现在这个年代，估计是当不了网红的。

　　初二的时候，爷爷突然因为心梗去世了，我哭了很久很久。经常陪伴我的，就只有奶奶。

　　每天早上上学，奶奶都是把我送到胡同口；每天下午放学，奶奶都是提前等在胡同口。一早一晚，朝朝夕夕……

　　中考时，我考了全市第三名，被城里的学校特招了去，变成了住校生。学校管得特别严，一个月才让回家一次住两个晚上。每到月底回家的日子，奶奶就早早洗好了西红柿、准备好了鸡蛋，然后在村口望眼欲穿地等着我回来。

　　奶奶常说："建刚哎，你要好生学习，等你考上大学赚了钱，好好孝顺奶奶。"我总是说："好，奶奶，你等着我，我一定要考上个好大学回来孝顺你。"农村的孩子其实不知道什么是梦想，但我想，可能这就是我小时候的梦想吧。

　　高考考了三天，最后一门是化学。考完试，我把高中三年的书装了一个大包，搭上了回家的小巴车，满怀着对未来的梦想，回到了生我养我的小村。

可是，奶奶没有在村口等我……

我有点疑惑地背着大大的行囊回到家，发现家里满满当当全是人。我娘哭着从屋里走出来，说："建刚哎，你奶奶不行了。"

我冲进屋里，奶奶已经不会说话了，我也不知道该说什么，只是哭着叫奶奶。奶奶听到我的声音，但我奶奶说不出话来了，我奶奶已经说不了话了，你们知道吗，我奶奶说不出话来了……我奶奶听到我的声音，眼泪开始沿着眼角往下流……

（写到这，我已经哭得满脸鼻涕了。）

我娘告诉我，奶奶在我高考前3天就不行了，但我娘怕影响我高考，不敢通知我。我娘告诉奶奶："建刚在考大学，你一定要等着建刚回来。"奶奶不说话，只是点点头……

可是，奶奶，你不是要等我考上好大学，不是要等我赚钱回来孝顺你的吗？怎么变成了等我考试回来？奶奶？

奶奶不会说话，奶奶只是流泪……

可是，她哭也没劲了，她哭也哭不出来了，她在见了我最后一面后，永远地闭上了眼睛。我的奶奶，她没有等到我的大学录取通知书，没有等到我孝顺她……

是的，我没有什么本事，我只是一个"小镇做题家"，我只是对读书有着疯狂的执念。因为，这不仅是我的梦想，也是我奶奶的梦想。

所以，你的梦想是什么？是考研吗？还是什么别的？但我知道，你的家人也一定像我奶奶一样，希望你学得好，希望你考研成功，希望你过得幸福。所以，如果考研是你的梦想也是你家人的梦想，那么，从现在开始就努力好吗？

我不知道人去世后会去哪里，但我想，奶奶一定在天上欣慰地看着我，佑护着我陪你一起实现你的梦想。

让我们一起努力，好吗？

吕建刚

# 写作高分的逻辑

想要实现考研梦想，分越高越好。所以，聊完梦想，让我们一起聊聊写作高分的逻辑。

## ❶ 联考的命题特点

想在考场上得高分，首先要了解考试。

首先，管理类联考综合能力试题、经济类联考综合能力试题的题量都很大。其中，管理类联考的试卷由 25 道数学题、30 道逻辑题、2 篇作文构成；经济类联考的试卷由 35 道数学题、20 道逻辑题、2 篇作文构成。其中，2 篇作文分别为论证有效性分析和论说文。

其次，管理类联考、经济类联考的考试时间很短。综合这一科考试总时长仅有 180 分钟，要在这么短的时间内做完这么多的数学、逻辑题，然后再"创作"出 2 篇文章，难度可想而知。

那怎么办？

## ❷ 论证有效性分析的高分逻辑

管理类、经济类联考考试大纲规定：论证有效性分析试题的题干为一篇有缺陷的论证，要求考生分析其中存在的问题，选择若干要点，评论该论证的有效性。论证有效性分析的一般要点是：概念特别是核心概念的界定和使用是否准确并前后一致，有无各种明显的逻辑错误，论证的论据是否成立并支持结论，结论成立的条件是否充分等。

在论证有效性分析的真题中，题干中一般会提供 6 个逻辑谬误，要求考生找对其中 4 个（无把握时可以写 5 个），并进行分析评论。也就是说，写好论证有效性分析的核心就是两步：第一步，识别逻辑谬误；第二步，分析逻辑谬误。搞好了这两步，论证有效性分析可以轻松地拿到一类卷。

接下来，让我们用先看三道真题来领会论证有效性分析的命题逻辑，了解如何写才能写出一类卷得到高分。

### 真题 1.（2022 年 396 经济类联考真题）

国内公布的一项国民阅读调查报告显示，大城市的数字阅读率正以较快的速度增长，这说明数字阅读正在改变人们传统的阅读习惯，即将成为国人主要的阅读方式。

【分析】

第1步 识别逻辑谬误

题干中，"这说明"前面是论据，后面是论点。论据涉及的是"大城市（的人）"的数字阅读情况，结论涉及的是"国人（中国人）"的阅读习惯与方式。观察论据中的对象和论点中对象的关系，可知前者是后者的子集。即：

也就是说，题干用一部分人的情况（小对象），概括出来了中国人（大对象）的普遍情况，这种论证方法叫归纳法。常犯的逻辑谬误叫以偏概全（也叫不当归纳）。

第2步 分析逻辑谬误

以偏概全的意思其实就是样本无法代表整体的情况。观察上图可知，大城市的人无法代表全体中国人的情况，是因为除了大城市以外，还有其他人群。从数学的角度来讲，就是存在补集，该补集 = 中国人 − 大城市的人 = 中小城市、乡镇农村的人。因此，我们只要指出大城市的人无法代表中小城市、乡镇农村的人，便可做好这道题的分析。

参考范文：

"大城市"数字阅读率正以较快的速度增长，不能说明数字阅读即将成为"国人"主要的阅读方式（得分点）。因为，在中国，除了大城市外还有广大的中小城市、乡镇农村，这些地区的阅读习惯可能与大城市存在不同（分析）。因此，材料犯了以偏概全的逻辑谬误（总结）。

## 真题2.（2018 年管理类联考真题）

最近一项对某高校大学生的抽样调查表明，有69%的人认为物质生活丰富可以丰富人的精神生活，有22%的人认为物质生活和精神生活没有什么关系，只有9%的人认为物质生活丰富反而会降低人的精神追求。可见，多数人认为物质生活丰富不会造成人的精神生活空虚。

【分析】

第1步 识别逻辑谬误

题干中，"可见"前面是论据，后面是论点。论据涉及的是"某高校大学生"的观点，结论涉及的是"多数人"的观点。显然，"大学生"仅仅是"人"的一部分子集。即：

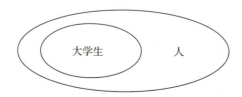

也就是说，题干用少数样本的情况（小对象），概括出来了多数人（大对象）的普遍情

况，其论证方法与上题一样，也是归纳法，犯的逻辑谬误也是以偏概全。

第 2 步　分析逻辑谬误

我们找补集的思路来解题。补集＝人－大学生＝其他人群（如中小学生，工人、农民、公务人员等在职人士）。因此，我们只要指出大学生无法代表其他人群，便可做好这道题的分析。

参考范文：

针对某高校大学生的抽样调查，不能说明多数人认为物质生活丰富不会造成人的精神生活空虚（得分点）。因为，大学生仅仅是社会的一部分，他们的观点难以代表中小学生、工人、农民等其他人群的观点（分析）。因此，材料犯了以偏概全的逻辑谬误（总结）。

**真题 3.（2005 年 MBA 联考真题）**

该公司去年在 100 家洋快餐店内进行的大量问卷调查结果显示，超过 90% 的中国消费者认为食用洋快餐对于个人的营养均衡有所帮助。

【分析】

第 1 步　识别逻辑谬误

题干中，在 100 家洋快餐店内进行的大量问卷调查是论据，那么，论据中调查的对象是谁呢？显然是"洋快餐的消费者"。而论点中的对象是"中国消费者"。显然，前者是后者的子集，即：

也就是说，题干用少数样本的情况（小对象），概括出来了多数人（大对象）的普遍情况，其论证方法与上题一样，也是归纳法，犯的逻辑谬误也是以偏概全。

第 2 步　分析逻辑谬误

我们找补集的思路来解题。补集＝中国消费者－洋快餐的消费者＝其他消费者（不吃洋快餐的消费者）。因此，我们只要指出洋快餐的消费者代表其他人群，便可做好这道题的分析。

参考范文：

在 100 家洋快餐店内进行的抽样调查，不能说明超过 90% 的中国消费者认同洋快餐的营养（得分点）。因为，这一调查仅仅针对洋快餐的消费者，难以代表那些不消费洋快餐的消费者的观点（分析）。因此，材料以偏概全（总结）。

观察以上三道题，如果我们从题目的具体内容来看，三道题的内容各有不同，但是从这三道题的命题逻辑来看，这三道题的考点是完全一样，都是考的以偏概全。

我们总结成口诀如下：

论据小，论点大，此题考点是归纳。

想做分析很简单，找找补集出答案。

可见，论证有效性分析的命题具备极强的规律性，多数真题都能找到一个固定的命题逻辑，老吕把这个命题逻辑称为"母题"：

母题者，题妈妈也。

一生二，二生四，以至无穷。

<u>搞定了母题，就搞定了论证有效性分析</u>，拿下一类卷难度也就不大了。

## ❸ 论说文的高分逻辑

联考论说文都是给材料作文，即题目中给出一段材料，让我们依据材料，确定一个主题并围绕这个主题写一篇文章。

论说文的一类卷标准为："立意深刻，中心突出，结构完整，行文流畅。"

其中，"立意深刻"是论说文的灵魂。如果立意不正确，文章再好也是跑题的文章，只能拿最低档的四类卷或五类卷。审题立意可使用"四步立意法"，如下图：

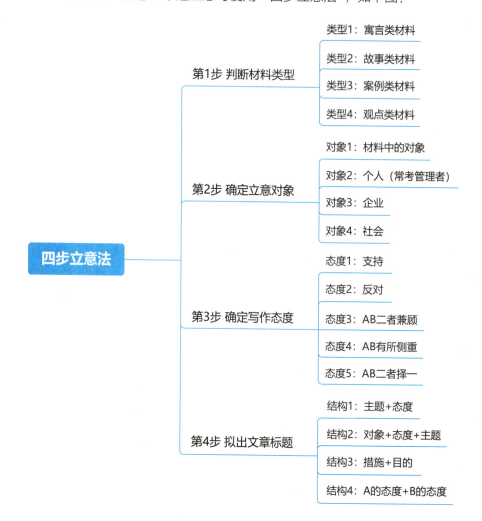

"中心突出，结构完整"是论说文的骨架。"中心突出"和"结构完整"都是通过文章严谨的论证结构来体现的。论说文的常见结构有五种，如下图：

```
                              结构1：现象分析式结构

                              结构2：利大于弊式结构

        ┌──────────┐          结构3：ABAB式结构
        │  五种结构 │──────────
        └──────────┘          结构4：A上加B式结构

                              结构5：非A推B式结构
```

"行文流畅"是论说文的皮肉。但论说文的行文，核心不是看文章有没有文采，而是看文章有没有说服力，即论证是否充分。本书会提供大量的写作素材，让我们的文章写得有血有肉。

如同一个人，有了灵魂和骨架，糊弄上一点皮肉，就基本算是人了，顶多长得丑点。但如果没有灵魂和骨架，皮肉再漂亮也只能是一堆碳水化合物。可见，"立意"和"结构"是论说文的核心，要优先掌握并勤加训练，这两点搞好了，就能拿二类卷甚至一类卷的分数了。

## ④ 论说文的素材积累

经常有同学会问我："老吕，我需要积累和背诵素材吗？"当然需要。

有同学买来了《高中生论点论据大全》，大段大段的例子背起来，但是，这是错的。

有同学打开各种报纸，阅读其中的评论文章，这十分有利于写作水平的提高，但是，备考效率不会太高。

于是，有同学跟着各种公众号等自媒体，积累大段的素材，但是，事倍功半。

其实，积累素材特别简单。首先，本书已经提供了大量的素材；其次，被誉为写作神书的《写作考前必背33篇》把论说文常考的话题，全部做了总结。这两本书用来积累素材，足矣。其中，"33篇"一般在9月左右上市。

## ⑤ 特别重要的叮嘱

第一，不要畏惧作文，老吕的作文方法足以让你得到高分。

第二，一定要"写"作文，老吕的方法再好、老吕的文章再妙，你自己不动手"写"，还是掌握不了。不勤学苦"写"，高分只能是空谈。

## ❻ 交流方式

备考过程中有什么疑问，可以通过以下方式联系老吕。由于学员众多，老吕并不能保证100% 回复。但老吕在力所能及的范围内，还是会做大量的回复的。

微博：@ 老吕考研吕建刚 -MBAMPAcc

微信：miao-lvlv1　miao-lvlv2

微信公众号：老吕考研（MPAcc、MAud、图书情报专用）

　　　　　　老吕教你考 MBA（MBA、MPA、MEM 专用）

写作要点 7 讲 QQ 群：895912947　885690331

小红书：老吕吕建刚（答疑号）

图书问题
反馈及勘误

加油吧，愿你能学会努力，愿你能一直努力，成功的路就在前方！

吕建刚

# 论证有效性分析
## 大纲与评分标准解读

管理类联考与经济类联考的写作，均包括两篇文章，分别为论证有效性分析和论说文。

管理类联考中，论证有效性分析满分为 30 分，论说文满分为 35 分。

经济类联考中，论证有效性分析满分为 20 分，论说文满分为 20 分。

扫码听大纲解读

除了分值不同外，在两种考试中，论证有效性分析的命题方式、写作方法、阅卷标准没有任何区别；论说文的命题方式、写作方法、阅卷标准也几乎完全一致，唯一的区别在于管理类联考相对更侧重企业管理的考查而经济类联考更侧重社会治理的考查。但是，管理类联考也会考社会治理、经济类联考也会考企业管理，因此，在这两类考试的写作部分的备考上，二者并没有区别。故本书同时适合这两类考生使用。

## ❶ 论证有效性分析大纲解读

### 1.1 大纲原文

| 管理类联考大纲 | 经济类联考大纲 |
|---|---|
| **大纲原文**　　论证有效性分析试题的题干为一篇有缺陷的论证，要求考生分析其中存在的问题，选择若干要点，评论该论证的有效性。<br><br>　　本类试题的分析要点是：论证中的概念是否明确，判断是否准确，推理是否严密，论证是否充分等。<br><br>　　文章要求分析得当，理由充分，结构严谨，语言得体。 | 　　论证有效性分析试题的题干为一篇有缺陷的论证，要求考生分析其中存在的缺陷与漏洞，选择若干要点，围绕论证中的缺陷或漏洞，分析和评论该论证的有效性。<br><br>　　论证有效性分析的一般要点是：概念特别是核心概念的界定和使用是否准确并前后一致，有无各种明显的逻辑错误，论证的论据是否支持结论，结论成立的条件是否充分等。<br><br>　　文章根据分析评论的内容、论证程度、文章结构及语言表达给分，要求内容合理、论证有力、结构严谨、条理清楚、语言流畅。 |

可见，管理类联考与经济类联考大纲在词句上虽然略有不同，但表达的意思是完全一致的。

### 1.2 大纲解读

#### （1）论证有效性分析的题干是一篇"论证"

论证是用一些证据来证明自己观点的过程。这些证据，被称为"论据"；这个观点，被称为"论点"；这一过程，被称为"论证过程"。

但要注意，一篇论证有效性分析的素材并不只有一个论证，而是有多个，而且素材中也不是所有内容都是论证。具体如何分辨，老吕会在本书第2讲和第3讲中教给大家。

#### （2）材料中的论证是"有缺陷的"

论证有效性分析的材料是有缺陷的，这种缺陷指的是逻辑缺陷，不能是其他问题。根据命题人对此题型的提示，我们可以知道题干中的常见逻辑缺陷有：

概念特别是核心概念的界定和使用是否准确并前后一致，有无各种明显的逻辑错误，论证的论据是否成立并支持结论，结论成立的条件是否充分等。

#### （3）要求考生选择"若干"要点进行分析

真题的材料是一篇400~500字的文章，里面含有6~8个左右的逻辑缺陷。但是，我们并不要求找出全部逻辑缺陷，只要写对4个即可；有时候，为了提高容错率，也可以写5个。

#### （4）要求考生"分析和评论"材料中的论证缺陷

如果我不同意你的论点，我就列出大量的理由来反驳你的论点，并提出自己的论点，这叫驳论文。但论证有效性分析不是驳论文，它是分析评论性文章。也就是说，我们对材料的论点既不支持也不反对，而是站在客观中立的立场上，找到材料的逻辑漏洞并加以分析。

**【说明】**

为了表述简洁，本书下文中有时会把"论证有效性分析"简写为"论效"。

## ❷ 真题样题与范文

2015年真题比较具有代表性，故接下来，我们将以2015年管理类联考真题为例，给大家展示一下范文。需要注意的是，在这里我们并不要求你看懂这个范文，也不要求你掌握文章的写法，只需简单了解真题的命题形式即可。

### 2015年管理类联考论证有效性分析真题及范文

论证有效性分析：分析下述论证中存在的缺陷和漏洞，选择若干要点，写一篇600字左右的文章，对该论证的有效性进行分析和评论。（论证有效性分析的一般要点是：概念特别是核心概念的界定和使用是否准确并前后一致，有无各种明显的逻辑错误，论证的论据是否成立并支持结论，结论成立的条件是否充分等等。）

有一段时期，我国部分行业出现了生产过剩现象。一些经济学家对此忧心忡忡，建议政府采取措施加以应对，以免造成资源浪费，影响国民经济正常运行。这种建议看似有理，其实未必正确。

首先，我国部分行业出现的生产过剩，并不是真正的生产过剩。道理很简单，在市场经济条件下，生产过剩实际上只是一种假象。只要生产企业开拓市场、刺激需求，就能扩大销售，生产过剩马上就会化解。退一步说，即使出现了真正的生产过剩，市场本身也会进行自动调节。

其次，经济运行是一个动态变化的过程，产品的供求不可能达到绝对的平衡状态，因而生产过剩是市场经济的常见现象。既然如此，那么生产过剩也就是经济运行的客观规律。因此，如果让政府采取措施进行干预，那就违背了经济运行的客观规律。

再说，生产过剩总比生产不足好。如果政府的干预使生产过剩变成了生产不足，问题就会更大。因为生产过剩未必会造成浪费，反而可以因此增加物资储备以应对不时之需。如果生产不足，就势必造成供不应求的现象，让人们重新去过缺衣少食的日子，那就会影响社会的和谐与稳定。

总之，我们应该合理定位政府在经济运行中的作用。政府要有所为，有所不为。政府应该管好民生问题。至于生产过剩或生产不足，应该让市场自行调节，政府不必干预。

**【参考范文】**

## 政府不必干预生产过剩吗？

### 吕建刚

上述材料通过对生产过剩和生产不足的一系列分析，得出"这些问题应该让市场自行调节，政府不必干预"的结论。然而，其论证过程中存在多处不当，分析如下：

首先，"只要生产企业开拓市场、刺激需求，就能扩大销售，生产过剩马上就可以化解"过于绝对。如果消费者对此产品没有需求，开拓市场的努力就无法扩大销售。就算这种努力扩大了销售，如果销售的扩大不足以解决供过于求的问题，那么还是无法化解生产过剩。

其次，产品的供求关系"不可能达到绝对的平衡"不代表会出现"生产过剩"。生产过剩只有在供过于求的现象非常严重的时候才会出现。另外，"生产过剩是市场经济的常见现象"与前文中"不是真正的生产过剩"自相矛盾。

再次，生产过剩是市场经济的"常见现象"，不代表生产过剩是经济运行的"客观规律"。前者是事物发展的外在表现，后者是事物发展的内在属性，二者是不同的概念。既然"常见现象"不等同于"客观规律"，当然就不能说政府对生产过剩的干预是违背客观规律的，也就无法说明政府不应干预生产过剩。

最后，"政府应该管好民生问题，不必干预生产过剩和生产不足"，暗含一个假设：生产过剩和生产不足不会影响民生，不会导致民生问题，这显然是不妥当的。况且，材料认为生产不足会导致"缺衣少食"，这不恰恰说明生产不足是民生问题吗？

综上所述，材料的论证存在多处逻辑漏洞，政府不必干预生产过剩的结论难以令人信服。

（全文共 586 字）

## 【说明】

有同学会有这样的疑问，本范文全文只有 586 字，是否不符合 600 字的字数要求？其实这是符合考试要求的。第一，题干要求写一篇"600 字左右"的文章，而不是要求写一篇"600 字以上"的文章。第二，考试时，答题卡每行 20 格，在第 30 行下方会有一个"600字"的标注。阅卷时，只要你写到了第 30 行，阅卷人就会判断你达到了 600 字。由于空格和标点也是占空间的，因此，一篇实际字数在 550 字以上的文章，写到答题卡上已经可以占足 30 行，也就是说，字数就符合要求了。

同理，论说文的字数要求为"700 字左右"，你实际写 650 字以上，就可以符合字数要求了。

## ❸ 评分标准解读

### 3.1　论效的评分标准

管理类联考的论效依据评论的内容、论证程度、文章结构以及语言表达评分。具体评分标准如下：

（1）根据分析评论的内容给分，占 16 分。考生分析评论的内容超出参考答案的，只要言之有理，也应给分。

（2）按论证程度、文章结构与语言表达给分，占 14 分。

分四类卷给分：

一类卷（12~14 分）：论证或反驳有力，结构严谨，条理清楚，语言精练流畅。

二类卷（8~11 分）：论证或反驳较为有力，结构较完整，条理较清楚，语言较通顺，有少量语病。

三类卷（4~7 分）：有论证或反驳，结构不够完整，语言欠连贯，较多语病，分析评论缺乏说服力。

四类卷（0~3 分）：明显偏离题意，内容空洞，条理不清，语句严重不通。

（3）不符合字数要求，或出现错别字，酌情扣分。书写清楚整洁，酌情加 1~2 分，但总分不得超过 30 分。

### 3.2　对论效评分标准的简化

由于以上评分标准难以把握，为方便考生自我估分，老吕将评分标准简化，得到一个相对科学且简单易操作的估分体系。

**（1）正文**

我们将四个逻辑谬误每点的总分估为 7 分，四点都写得论证有力，语言精练流畅，可以得 28 分。

具体评分标准如下：

| 谬误是否正确 | 正确 2 分；不正确 0 分。 |
|---|---|
| 分析是否有力 | 有力 5 分，一般 3 分，没有分析 0 分。<br>需要注意的是，如果谬误本身就找错了，分析部分不得分。 |

以上两个分值相加，即为一个逻辑谬误分析段的得分。

### （2）标题开头与结尾

阅卷人在阅卷时，阅卷速度很快，标题、开头、结尾部分，只要不出严重的错误，就不会扣分。建议大家用本书介绍的方法，快速将这三部分写完即可。

评分标准：写对了不多加分，写错了或漏写扣 1~2 分。

### （3）卷面

卷面是很影响得分的。因为这是留给阅卷人的第一印象。字迹潦草，卷面凌乱的，估分时建议扣 2~3 分；卷面整洁、字迹端正的，可以酌情加 1~2 分。

## 3.3　经济类联考论效的评分标准

经济类联考除了总分值为 20 分外，考试要求和评分标准与管理类联考是一致的。为方便考生自我估分，老吕也将经济类联考论效的评分标准进行简化，具体标准如下：

我们将四个逻辑谬误每点的总分估为 4.5 分，四点都写得论证有力，语言精练流畅，可以得 18 分。

具体评分标准如下：

| 谬误是否正确 | 正确 2 分；不正确 0 分。 |
|---|---|
| 分析是否有力 | 有力 2.5 分，一般 1.5 分，没有分析 0 分。<br>需要注意的是，如果谬误本身就找错了，分析部分不得分。 |

以上两个分值相加，即为一个逻辑谬误分析段的得分。

标题、开头、结尾的评分以及卷面分，参考管理类联考的评分标准。

## 3.4　阅卷实例

### 考场作文 1

| 考生作文 | 老吕点评 |
|---|---|
| **政府真的不必干预生产过剩吗？** | 标题正确。 |
| 上述材料通过一系列的论证试图得出结论：政府不必干预生产过剩。其论证过程看似合理，实则漏洞百出。具体分析如下： | 开头严谨。 |
| 首先，材料认为"只要生产企业开拓市场、刺激需求，就能扩大销售并化解生产过剩的危机"，未免过于绝对。"开拓市场、刺激需求"是扩大销售的条件之一，但并非充分条件。如果在市场已经饱和的情况下，即使企业做了刺激需求的相关举措，恐怕也并不能扩大销售。 | 谬误 1：找点正确 2 分，分析有力，语言流畅 5 分。合计 7 分。 |

| 考生作文 | 老吕点评 |
|---|---|
| 其次，材料认为"产品的供求不可能达到绝对的平衡状态，因而生产过剩是常见现象"，显然荒谬。产品的供求即便不能达到绝对的平衡状态，但也未必都是生产过剩。还有可能产品的供与求达到动态平衡，抑或是供大于求也未可知。 | 谬误2：找点正确2分，分析有力，5分。合计7分。 |
| 再次，"常见现象"与"客观规律"是两个不同的概念。前者是指日常生活中经常发生的事情，后者是指客观存在的事实，不以人的意志为转移。二者的含义并不相同，因此材料有偷换概念之嫌。 | 谬误3：找点正确2分，分析有力，5分。合计7分。 |
| 最后，前文说"政府应该管好民生"，后文却说"生产过剩或生产不足，政府不必干预"，两个陈述自相矛盾。产品的供与求和老百姓的生活息息相关，人们的衣食住行每个方面都离不开商品，因此生产过剩或不足也是民生的一部分。如果政府要管好民生，那么为什么不必干预生产过剩呢？ | 谬误4：找点正确2分，分析有力，5分。合计7分。 |
| 综上所述，材料关于生产过剩的论据难以让人信服，论证过程也不严密，存在诸多逻辑漏洞，当然得出的结论也未必成立。 | 结尾有效。 |

总评：
这是一篇可以作为范文的考试作文。找的 4 个谬误非常准确，分析论证有力，语言精练流畅，可评为一类卷。
参考评分：28 分。
若此文为经济类联考作文，参考评分为 18 分。

## 考场作文 2

| 考生作文 | 老吕点评 |
|---|---|
| **过剩与不足都干预吗？** | 标题错误，应该是"不应干预吗？"扣1分。 |
| 上文通过一系列论证，推出政府不应干预我国部分行业生产过剩与不足的问题，这样的推理看似有理，实则漏洞百出，具体分析如下： | 开头正确。 |
| 首先，材料中认为我国部分行业"只要通过开拓市场、刺激需求和扩大销售"，则能"马上化解生产过剩问题"，实则未然。试想如果同一产品在市场中已经达到了饱和，企业仍一味开拓此产品的市场，或许只能加重生产"过剩"问题，且有可能会面临经营困境的风险。 | 谬误1：找点正确2分，分析正确，力度一般4分。合计6分。 |
| 其次，"生产过剩经过政府干预就会变成生产不足，问题更大"吗？如果政府干预是从宏观调控给予行业正确的风向标，为行业作好预判，引导各企业制定出最优的经营策略，以达到供求平衡，这样企业出现的问题或许只会"更小"而非"更大"。 | 谬误2：找点正确2分，分析部分没有针对材料的逻辑错误，而是自己进行了论证，不得分。 |

| 考生作文 | 老吕点评 |
|---|---|
| 再次，生产过剩增加了物资储备以应对不时之需，但也可能造成浪费。企业可根据经营情况按需储备，过多的储备也会造成库存的压力，到期末能销售出去，企业会销毁或者降价处理，同样会造成物资的浪费。 | 谬误3：找点正确2分，分析尚可3分。合计5分。 |
| 最后，材料认为"生产问题"与"民生"无关，此观点不予苟同。就如老百姓所关注的衣食住行产品，生产的过多或过少，市场价格也会受到自我调节而波动，当商品价格过高，引起社会热议时，若政府不加以调控干预，也可能会影响到民生及社会的稳定。 | 谬误4：找点正确2分，分析尚可3分。合计5分。 |
| 综上所述，由于上文的推理论证过程中存在诸如此类的逻辑问题，所以，上文论证的有效性以及由此得出的推理过程是值得商榷的。 | 总结全文，但此处过于啰唆。 |

总评：

此文4个点找得都对，但是第2点的质疑是错的，因为论效是分析材料的论证是不是有效，而不是自己去论证一个观点。

此文的标题与文章内容不符，扣1分。

参考评分：17分。

若此文为经济类联考作文，参考评分为12分。

## 考场作文3

| 考生作文 | 老吕点评 |
|---|---|
| **论证有效性分析** | 标题不当。 |
| 上文通过一系列有问题的推理，仓促得出"生产过剩应该让市场自行调节，政府不必干预"的结论，看似有理，实则存在诸多漏洞，令人难以信服。具体分析如下： | 开头正确。 |
| 首先，材料认为"生产过剩只是一种假象，只要开拓市场、刺激需求，就可化解"，过于绝对化。生产过剩是一种客观存在的经济现象，怎么能说是一种假象呢？ | 谬误1：找点正确2分，但未质疑核心要点：只要开拓市场、刺激需求，就可化解生产过剩，可给1分。合计3分。 |
| 其次，材料中认为"生产过剩是经济运行中的常见现象"，未必妥当。生产过剩是资本主义社会的特有产物，怎么能说它是市场经济的常见现象呢？说生产过剩是常见现象是难以成立的。 | 谬误2：找点及其分析均错误。0分。 |

| 考生作文 | 老吕点评 |
|---|---|
| 再次，生产过剩在政府的干预下未必会变成生产不足，发生这种情况的概率极其小。即使发生了生产不足的现象，也只是某种产品的生产量小于需求量，并不会达到缺衣少食的程度，更不会影响社会的和谐与稳定。 | 谬误3：<br>找点正确2分，分析部分过于绝对，可给1分，合计3分。 |
| 最后，材料认为"政府应当管好民生问题，生产过剩与生产不足应让市场自行调节"，生产过剩与生产不足不就是民生问题吗？其与人们的生活息息相关，这不是自相矛盾吗？ | 谬误4：<br>找点正确2分，分析有效4分。合计6分。 |
| 综上所述，材料中存在诸多逻辑漏洞，得出的结论也是难以让人信服的，政府不必干预生产过剩的建议未必可行。 | 结尾符合要求。 |

总评：

这是一篇水平较低的文章。前两点质疑几乎不得分。

而且，本文的作者并没有真正理解论效的含义。论效是站在客观中立的立场上，来分析材料中的论证是否有效，而本文多次提出自己的观点去反驳材料，这是不对的。

参考评分：12分。

若此文为经济类联考作文，参考评分为8分。

# 论说文
## 大纲与评分标准解读

导学2

### ① 论说文大纲解读

#### 1.1 大纲原文

扫码听大纲解读

| | 管理类联考大纲 | 经济类联考大纲 |
|---|---|---|
| 大纲原文 | 论说文的考试形式有两种：命题作文、基于文字材料的自由命题作文。每次考试为其中一种形式。要求考生在准确、全面理解题意的基础上，对命题或材料所给的观点进行分析，表明自己的观点并加以论证。<br><br>文章要求思想健康，观点明确，论据充足，论证严密，结构合理，语言流畅。 | 论说文的考试形式有两种：命题作文、基于文字材料的自由命题作文。每次考试为其中一种形式。要求考生在准确、全面地理解题意的基础上，对材料所给观点和命题进行分析，表明自己的态度、观点并加以论证。<br><br>文章要求思想健康、观点明确、材料充实、结构严谨完整、条理清楚、语言流畅。 |

可见，经济类联考和管理类联考的论说文考试大纲虽在个别词句表达上略有不同，但是意思是一样的。不过，经济类联考中此题分值为 20 分，管理类联考中此题分值为 35 分。

#### 1.2 大纲解读

##### （1）什么是论说文

考试大纲规定：

要求考生在准确、全面地理解题意的基础上，对命题或材料所给的观点进行分析，表明自己的观点并加以论证。

通过以上规定，我们不难看出，论说文的本质是"论证"，它是一篇用论据来证明自己观点的文章。

因此，老吕认为，论说文广义上属于逻辑的范畴，它要求用符合逻辑的方式论证自己的观点。而且，由于它是"管理类联考"的考试范围，因此，它对考生的管理思想、思辨能力都有较高的要求。

但有一些同学误认为论说文就是高中议论文，这是不对的。因为，高中议论文广义上属于语文的范畴，它重点考查的是考生掌握母语水平的能力。它看重考生的文采，而对考生的思想深度、思辨能力要求较低。

**（2）论说文的考试形式**

考试大纲规定：

论说文的考试形式有两种：命题作文、基于文字材料的自由命题作文。每次考试为其中一种形式。

虽然大纲规定论说文的考试形式有两种，但从历年真题来看，除了 2009 年管理类联考以外，其余各年份均为给材料作文。

而且，2009 年管理类联考的作文题目为《由三鹿奶粉事件所想到的》，但这个文体不能算严格的命题作文，你由三鹿奶粉事件想到了什么？题目并没有要求，所以，这也相当于是一篇给材料作文，题目本身所提到的"三鹿奶粉事件"不就是材料吗？因此，请考生着重备考给材料作文。

**（3）论说文对审题的要求**

考试大纲规定：

要求考生在准确、全面地理解题意的基础上，对命题或材料所给的观点进行分析，表明自己的观点并加以论证。

也就是说，大纲要求考生对材料的理解要准确、全面。

以 2019 年管理类联考真题为例：

知识的真理性只有经过检验才能得到证明。论辩是纠正错误的重要途径之一，不同观点的冲突会暴露错误而发现真理。

该素材大体分为两个部分：

①知识的真理性只有经过检验才能得到证明。

②论辩是纠正错误的重要途径之一，不同观点的冲突会暴露错误而发现真理。

第①部分谈的是检验真理的标准——实践。

第②部分谈的是发现真理的途径——论辩，不同观点的冲突。

如果我们将审题重点放在了第①部分，立意为"实践出真知"，并且在行文中忽略了第②部分，就违反了大纲中关于审题要"全面"的要求。

**（4）论说文对立意的要求**

考试大纲规定：

文章要求思想健康，观点明确。

这是大纲对立意的要求。立意要贴近材料，论点要明确、积极向上，符合主流价值观，符合公理、道德、法律、人性、管理原则。

## （5）论说文对论证的要求

考试大纲规定：

*文章要求论据充足，论证严密。*

这是大纲对论证的要求。

"论据"主要包括事实论据、道理论据。我们要用大量的事实、数据、理论来丰富我们的文章。

"论证严密"主要要求第一要有说理，第二说理要符合逻辑。这是多数考生所欠缺的，也是本书要着重帮助大家解决的问题。

## （6）论说文对行文的要求

考试大纲规定：

*文章要求结构合理，语言流畅。*

"结构合理"既是对行文的要求，又是对逻辑的要求，因为论说文的结构反映了你对某一观点认识的逻辑性。结构不合理的文章，逻辑不可能通畅。

论说文的结构是大体固定的，它不像小说可以以奇制胜，也不像散文可以形散而神不散。论说文的结构必须符合人们思考问题的逻辑顺序。因此，在文章结构上不建议你创新，按照老吕介绍的来写就可以。

"语言流畅"是对文字的要求。但要注意，论说文的文采是为论证服务的。有的同学致力于写出花样美文，但再有文采的文章，如果和论证无关，也不是一篇好的论说文。

## ❷ 真题样题

2015年真题比较具有代表性，故接下来，我们将以2015年真题为例，展示一下真题的样题及范文。当然，并不要求大家在这里就掌握文章的写法，先简单了解真题的命题形式即可。

## 2015年管理类联考论说文真题及范文

论说文：根据下述材料，写一篇700字左右的论说文，题目自拟。（35分）

孟子曾引用阳虎的话："为富，不仁矣；为仁，不富矣。"（《孟子·滕文公上》）这段话表明了古人对当时社会上"为富""为仁"现象的一种态度，以及对两者之间关系的一种思考。

**【参考范文】**

### 既要"为富"，也要"为仁"

#### 吕建刚

孟子曾引用阳虎的话说："为富，不仁矣；为仁，不富矣。"窃以为此言差矣，在我看来，既要"为富"，也要"为仁"。

"富"为"仁"提供物质基础。因为，财富本身就是生产力发展的推动力——企业家为了追求财富而生产产品、提供服务，职工为了追求财富而钻研技术、勤奋工作，这样不就提高了劳动生产率，从而促进了生产力的发展吗？而生产力的发展，才是提高大家生活水平的真正保障，这也正是"仁"的最佳体现。管子有言："仓廪实而知礼节，衣食足而知荣辱"，说的也是这个道理。

　　"仁"为"富"提供精神保障。马克思说："人类奋斗所争取的一切，都同他们的利益有关"，可见，人天然具有逐利性。但是有的时候，这种逐利性会因为我们的贪婪而误入歧途——从毒奶粉、地沟油，到瘦肉精、苏丹红，再到长春长生疫苗事件、糖水燕窝事件等，无一不是贪婪的产物。可见，"仁"的存在就特别重要，它约束我们好利而不贪，见利而思义。正如《易经》所言，"君子以厚德载物"。

　　要想形成"为富"又"为仁"的社会风气，做好以下两个方面十分重要：

　　一要继续完善市场经济体制，这是"为富"的前提。一方面，要充分发挥市场这只看不见的手的作用，在价格机制、供求机制和竞争机制的相互作用下，引导企业创新发展；另一方面，也要加强宏观调控这只看得见的手的作用，尤其是那些关系到国计民生的产业，更是要加强宏观调控，实现有序发展。

　　二要继续强化社会信用体系，这是"为仁"的保障。对于见利忘义者要严格惩治，并记入征信系统，打造"一处失信、处处受限"的失信惩戒格局。这样，让"为仁"既可自觉执行，也有制度保障。

　　王安石曾说："聚天下之人，不可以无财；理天下之财，不可以无义。"所以，为富者，切记为仁；为仁者，不忘求富。只有这样，才能推动社会和谐有序地发展！

（全文共 738 字）

## ❸ 评分标准解读

### 3.1　论说文评分标准

考试大纲对管理类联考的论说文评分标准规定如下：

（1）按照内容、结构、语言三项综合评分。

一类卷（30~35分）：立意深刻，中心突出，结构完整，行文流畅。

二类卷（24~29分）：中心明确，结构较完整，层次较清楚，语句通顺。

三类卷（18~23分）：中心基本明确，结构尚完整，语句较通顺，有少量语病。

四类卷（11~17分）：中心不太明确，结构不够完整，语句不通顺，语病较多。

五类卷（0~10分）：偏离题意，结构残缺，层次混乱，语句不通。

（2）漏拟题目扣2分。

（3）每3个错别字扣1分，重复的不记，至多扣2分。

（4）书面不整洁，标点不正确，酌情扣1~2分。

【注意】经济类联考除了总分值为 20 分外，考试要求和评分标准与管理类联考是一致的。但由于官方没有公布经济类联考各类试卷的详细分数段，老吕自行将其分段如下，供各位同学参考。分段依据为 20 分除以 5，得到每段的分值范围是 4 分。

一类卷（17~20 分）：立意深刻，中心突出，结构完整，行文流畅。

二类卷（13~16 分）：中心明确，结构较完整，层次较清楚，语句通顺。

三类卷（9~12 分）：中心基本明确，结构尚完整，语句较通顺，有少量语病。

四类卷（5~8 分）：中心不太明确，结构不够完整，语句不通顺，语病较多。

五类卷（0~4 分）：偏离题意，结构残缺，层次混乱，语句不通。

## 3.2 论说文阅卷方式

根据老吕对联考阅卷的深入了解，以及对老吕学员得分的深入调查，老吕对论说文阅卷情况剖析如下：

### （1）阅卷地点

从 2017 年起，管理类联考的写作阅卷由全国统一阅卷改为各省独立阅卷，即在考生目标院校所在地的省份进行阅卷。例如，B、C、D、E 省的考生，报考了 A 省的院校，试卷也会发往 A 省阅卷，保证了阅卷的相对公平性。

不过分省阅卷也会出现一个问题，即不同省份对写作评分标准的把握尺度可能并不完全相同，比如，一般来说北京、上海阅卷要比其他省份严格，但差距并不大。

### （2）阅卷方式

两位阅卷人阅卷，取平均分为考生得分。如果两位阅卷人对同一试卷的评价误差在 6 分或 6 分以上，则认为阅卷失误，由阅卷组组长重新裁定分数。

### （3）阅卷特点

阅卷人每天阅卷数量极大，分配给每份试卷的阅卷时间极短。另外，由于考生们文章的质量和书写工整度参差不齐，所以，阅卷人看起文章来相当痛苦。这就意味着字迹是否工整对得分的影响会比较大。也意味着，你的论点必须清晰明了，让阅卷人第一时间把握你的论证思路。

### （4）少见高分和低分

由于考生的最后得分是两位阅卷人给的分数取平均分，所以，虽然确实有人拿过 32 分的高分，但得一类卷是相对困难的。同理，如果不是你没写完，或者你完全不会下笔，得五类卷也是比较困难的。

所以，建议你在估分时，按二类卷到四类卷给自己估分。

## 3.3 阅卷实例

### 考场作文1

| 考生作文 | 老吕点评 |
|---|---|
| **为"富"为"仁"，相辅相成** | |
| "为富，不仁；为仁，不富。"终将是过去。如今，为仁，可以致富；为富，不可不仁；为"富"为"仁"，相辅相成。 | 三句开头法。 |
| 为仁，也能致富。仁义取财，万事都是以仁义出发，就做不了坏事，就避免了求富之路利欲熏心，"富"才能长久。同仁堂多年来口碑如一，财富可谓是源远流长。究其原因，就是将患者的利益放在第一位，时刻不忘从医者的仁义之心。由此看来，仁是一个企业的发展之基，是可以在市场上立足的根本。 | 分论点一。 |
| 为富，不可不仁。一富起来，忘记了仁义良心，眼里只剩下金钱利欲，导致自己失去了本心，没有了最初的目标，这样就容易走歪路，最后的结果只能是众人声讨，富也不能长久。<u>古有和珅，今有"许三多"</u>，个人为富不仁，等待的牢狱之灾。"毒奶粉""瘦肉精"企业为富不仁，等待它们的是多年招牌毁于一旦。为富不仁，求富只能是"竹篮打水一场空"。 | 分论点二。<br><br>病句。 |
| 为富，也能求仁。"要想做好事，得先有钱"，虽朴实无华，却是真理。国家遭受天灾之时，来自各行业的企业善款解决了灾区人民的温饱，重建了受灾人民的家园。而当财富满足了物质欲望时，人们自然会希望获得社会的尊重，看到自己的价值得到展现。而为富者利用钱财帮助弱者，为社会的进步贡献一份力量，便可以从中求得一份仁心。 | 分论点三。 |
| "富"和"仁"并不是对立的，而是相辅相成的。以仁可以求富，以富也可以求仁。王安石曾说："聚天下之人，不可以无财；理天下之财，不可以无义。"君子之财取之有道，我们要通过自己的真才实学获得丰厚的报酬，而不是以非法行为大发昧心财。 | 总结论点。 |
| 为富者，不忘为仁，为仁者，不忘求富，只有这样，才能促进我们社会的和谐发展。 | 结尾。 |

总评：

本文中心明确，结构完整，层次清楚。虽有一处病句，但全文语句较为通顺，可评为二类卷。

参考评分：26分。

## 考场作文 2

| 考生作文 | 老吕点评 |
|---|---|
| **为富可以为仁** | 标题合格。 |
| 《孟子》有言："为富，不仁矣；为仁，不富矣。"这种观点过于极端，有失偏颇。我认为，为富可以为仁，在为富之后做善事、行善举，既为富又为仁是完全可以做到的。 | 提出论点。 |
| 中国"首善"陈光标出身于农民家庭，他在创业成功、积累财富之后并没有忘记扶危济贫。他热衷于慈善事业近 20 年，从希望工程到汶川地震等国家和人民的危难时刻，陈光标都挺身而出慷慨解囊，雪中送炭。他已经决定死后将其全部财产回馈给国家和社会。香港娱乐业大亨邵逸夫创立了有东方诺贝尔之称的"邵逸夫奖"，对有杰出贡献的科学家进行奖励，他通过邵逸夫基金与教育部合作，连年向内地学校捐赠巨款建设教育教学设施，以其名字命名的教学楼遍布中国高校。这些富豪们在功成名就之后、荣华富贵之余，不忘为仁为善，不吝惜个人财产以求帮助更多的人，为社会为国家分忧解难。他们做到了既为富又为仁，以自己的行动践行了为富与为仁可以兼而有之。 | 第一段都是例证，不符合论说文的写作要求。 |
| 历史上不乏既为富又为仁的佳话。水浒传中的柴进是后周皇裔，家中有太祖皇帝御赐的丹书铁券，他仗义疏财，曾在林冲、宋江、武松等人走投无路之时出手相助，多次救梁山好汉于水火之中。家财万贯的柴大官人，还能如此行侠仗义，真乃令后世敬仰的英雄豪杰。 | 第二段都是例证，不符合论说文的写作要求。 |
| 主张为富与为仁是鱼和熊掌不能兼得的观点，显得过于狭隘。《孟子》中有言"达则兼济天下"，是说一个人在富贵之后还能心怀天下，关心他人疾苦，造福百姓，那么他就是一个真正成功的人士。由此可见，为富与为仁并不是矛盾的关系，而是可以同时并存和兼顾的。 | 议论。 |
| 如果一个人为富之后抛弃为仁，只一味贪图物质享受，而漠视善良和仁义甚至作恶多端，那么他的道德情操是卑微的，最终会落个多行不义必自毙的下场。为富者不要忘记为仁，因为失去了仁义，财富终将是身外之物。 | 结尾。 |

总评：

本文立意准确，但全文以事例为主，基本上没有说理，因此其说服力相当有限。可评为四类卷。

参考评分：16 分。

| 考生作文 | 老吕点评 |
|---|---|
| **为富也可为仁** | 标题合格。 |
| 　　孟子有言："为富,不仁矣;为仁,不富矣。"将富和仁看作了矛盾的对立两面,为富者,都是一副刻薄寡恩的样子,对自己大方无比,对他人却转变为"葛朗台二世"。然而,为富者都是这样的吗?富与仁就真的无法和谐相处吗?我看未必。 | 开头略显啰唆。 |
| 　　自古以来,财富积累的过程,离不开个人的奋斗和社会的发展。刘强东依靠自身的奋斗,从一位卖光盘的小商小贩,投身互联网,成长为一名电商巨擘。许家印从一名钢铁工人,在下海经商的浪潮中顺势而动,经过个人的打拼,成了一名地产大鳄。不少企业家、发明家依靠努力成了富人,但他们都是通过个人劳动获取的财富,他们改善了自己和家人的生活,怎么能称其"为富不仁"呢? | 分论点一。 |
| 　　富与仁并不是独立的两个方面。孟子曾云:"穷则独善其身,达则兼济天下。"这正是对其最好的解释。古时天灾人祸,富商士绅都会施粮于民众,而到了文明程度更高的今天,这种事情更是比比皆是。在汶川大地震发生后,众多企业家纷纷慷慨解囊,单单华人首富李嘉诚就向灾区捐款 4500 万元。著名的企业家陈光标,屡屡向贫困地区捐款捐物,虽然其慈善行为有时让人引起争议,但正是他的这种行为,让我们可以看到现代的富人们,对于社会的回馈与担当。 | 分论点二。 |

总评:

本文前三段紧扣材料,立意准确。但本文没有写完,可评为五类卷。

评分:7 分。

# 目　录

## ● 第 4 讲　论说文命题规律与审题立意

## ● 第 5 讲　论说文 1342 写作法

## 第6讲　论说文常用理论

## 第7讲　论说文真题一类卷精讲与精练

# 第7节　经济类联考真题精练

# 附录 标点符号 高分留言

第1讲

# 论证有效性分析

## 一类卷结构与3步4句法

✎  写在前面的话

本讲为大家讲解论证有效性分析的一类卷结构与3步4句法。

其中：

一类卷结构部分，大家可直接使用我们给出的结构，无须另行创新。

标题、开头与结尾部分，不是阅卷的重点，大家掌握基本的写作手法即可。

正文部分，也就是"3步4句法"，是论证有效性分析的核心，必须认真掌握并做大量的练习。练习见本书第3讲。

## 📘 本讲内容

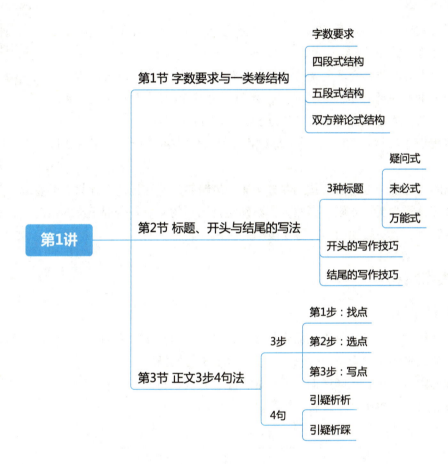

- 第1讲
  - 第1节 字数要求与一类卷结构
    - 字数要求
    - 四段式结构
    - 五段式结构
    - 双方辩论式结构
  - 第2节 标题、开头与结尾的写法
    - 3种标题
      - 疑问式
      - 未必式
      - 万能式
    - 开头的写作技巧
    - 结尾的写作技巧
  - 第3节 正文3步4句法
    - 3步
      - 第1步：找点
      - 第2步：选点
      - 第3步：写点
    - 4句
      - 引疑析析
      - 引疑析踩

# 第1节 字数要求与一类卷结构

## 1 字数要求

论证有效性分析要求写600字左右，但这个"600字"并不是实际字数。具体计算方式如下：

扫码听本节讲解

答题卡上的写作部分给的是格子纸，每行是20格。在第30行的右下角会有一个600字的提示。也就是说，我们只要写30行，即够字数。去掉空格和标点，你实际需要写的字数为540字~560字。

假定我们正好写了30行，其中标题占1行，开头占3行，结尾占2行，正文还需要写24行。

根据阅卷标准，考生需要找到并分析4个逻辑错误，这样即可评为二类卷或一类卷。因此，正文部分至少要写4段。当然，在不确定自己写的4点是否都正确的情况下，写5段可以提高容错率，故一般我们推荐写5段。

## 2 一类卷结构

### 2.1 四段式结构

四段式结构中，正文每段只需要写6行，也就是100~120字即可。当然，实际行文中不一定每段如此平均，稍微短一些或长一些，写5~7行均可。

正文的段首使用表示顺序的词语，如首先、其次、再次、另外；第一、第二、第三、第四；首先、次之、再次之、最后，等等。

结构如下表所示：

| 标题（如：一篇似是而非的论证） | | | |
|---|---|---|---|
| 段落 | 内容 | 行数 | 字数 |
| 开头 | 上述材料的论证存在多处不当，分析如下： | 2~3行 | 40~60字 |
| 正文1 | 首先，谬误1分析 | 6行 | 约110字 |
| 正文2 | 其次，谬误2分析 | 6行 | 约110字 |
| 正文3 | 再次，谬误3分析 | 6行 | 约110字 |
| 正文4 | 最后，谬误4分析 | 6行 | 约110字 |
| 结尾 | 综上所述，材料的结论难以成立。 | 1~2行 | 20~40字 |

## 2.2　五段式结构

五段式结构中，正文每段只需要写 5 行，也就是 80~100 字即可。当然，实际行文中也可适当增减。

结构如下表所示：

| 段落 | 内容 | 行数 | 字数 |
|------|------|------|------|
| 标题（如：一篇似是而非的论证） | | | |
| 开头 | 上述材料的论证存在多处不当，分析如下： | 2~3 行 | 40~60 字 |
| 正文 1 | 首先，谬误 1 分析 | 5 行 | 约 90 字 |
| 正文 2 | 其次，谬误 2 分析 | 5 行 | 约 90 字 |
| 正文 3 | 再次，谬误 3 分析 | 5 行 | 约 90 字 |
| 正文 4 | 而且，谬误 4 分析 | 5 行 | 约 90 字 |
| 正文 5 | 最后，谬误 5 分析 | 5 行 | 约 90 字 |
| 结尾 | 综上所述，材料的结论难以成立。 | 1~2 行 | 20~40 字 |

## 2.3　双方辩论式结构

如果出现双方辩论式材料，建议使用以下结构：

| 段落 | 内容 | 行数 | 字数 |
|------|------|------|------|
| 标题（如：岂能如此辩论） | | | |
| 开头 | 上述材料中，甲、乙双方就……这一问题展开了针锋相对的辩论，然而，双方的辩论都存在一些逻辑漏洞。 | 2~3 行 | 40~60 字 |
| 正文 1 | 从甲方来看，主要逻辑问题有：<br>先将正方的逻辑漏洞分析如下： | 1 行 | 20 字以内 |
| 正文 2 | 首先，甲方认为……，存在不当，因为…… | 5 行 | 约 90 字 |
| 正文 3 | 其次，甲方由……推出……，难以成立，因为…… | 5 行 | 约 90 字 |
| 正文 4 | 从乙方来看，主要逻辑问题有：<br>再看一下反方的逻辑漏洞： | 1 行 | 20 字以内 |
| 正文 5 | 第一，乙方存在不当类比，…… | 5 行 | 约 90 字 |
| 正文 6 | 第二，乙方在概念的使用上也有混淆，…… | 5 行 | 约 90 字 |
| 结尾 | 综上所述，甲、乙双方的论证都存在谬误，其争论的有效性值得怀疑。 | 2 行 | 20~40 字 |

# 第②节　标题、开头与结尾的写法

　　论证有效性分析评分的主要依据是文章对材料中论证错误的分析是不是准确并且有效，所以，该文章的标题、开头、结尾不是得分的重点，阅卷人的视线也几乎不在此处停留。故大家写标题、开头与结尾时直接用本节介绍的公式即可，不必另行构思。

扫码听本节讲解

## ❶ 标题的写作技巧

### 1.1　疑问式标题

　　疑问式标题即找到全文的核心论点，直接对论点发出质疑。

　　标题公式为：

$$材料的论点 + 吗$$

　　例如：

　　《眼见未必为实吗》（2021 年管理类联考真题）

　　《冰雪运动中心一定赚钱吗》（2020 年管理类联考真题）

　　《金融业产生革命性变化了吗》（2020 年经济类联考真题）

　　《政府不必干预生产过剩吗》（2015 年管理类联考真题）

　　《治堵必须要迁都吗？》（2011 年经济类联考真题）

### 1.2　未必式标题

　　未必式标题即找到全文的核心论点，中间用"未必"二字质疑即可。

　　例如：

　　《冰雪运动中心未必能赚钱》（2020 年管理类联考真题）

　　《治堵未必要迁都》（2011 年经济类联考真题）

### 1.3　万能式标题

　　万能式标题的优点是稳妥，缺点是太普通，难以在标题上"挣分"。要注意"万能"也是相对的，需要根据题目选择合适的标题。

　　例如：

　　《一份缺乏说服力的论证（计划／报告）》

　　《一个不严密的论证（计划／报告）》

《一份有待商榷的论证（计划／报告）》

《一份不严谨的论证（计划／报告）》

《经不起推敲的论证（计划／报告）》

《似是而非的论证（计划／报告）》

《如此建议未必可行》

## ❷ 开头的写作技巧

阅卷人在阅卷时，主要看你正文的四五个逻辑谬误的分析是否正确，对开头段落会一扫而过，因此，开头写得简洁明了即可。

开头的写作公式如下：

| ①概括材料 | ②表达质疑 |
| --- | --- |
| 上述材料认为…… | 然而其论证犯了多处逻辑错误，分析如下： |

开头的拓展公式如下：

上述材料 { 的作者认为…… / 旨在说明…… / 试图论证…… }，然而 { 论证过程存在多处不当 / 其论据有若干不妥之处 / 其论证存在多处逻辑漏洞 / 其论证出现多种逻辑谬误 }，{ 分析如下： / 以致影响了其说服力。 / 所以，其结论让人难以信服。 / 因此，其结论值得商榷。 / 故其观点难以成立。 }

根据上述公式，你可以排列组合出属于自己的开头。

例如：2020 年管理类联考真题的开头

上述材料认为，在南方投资冰雪运动中心一定可以赚钱，但其论证存在多处逻辑错误，分析如下：

## ❸ 结尾的写作技巧

论证有效性分析的结尾相当简单，只需要再次表明题干的论证缺乏有效性、题干的论点难以成立即可。建议将结尾控制在 2 行以内。

结尾公式如下：

> 总之，材料存在多处逻辑漏洞，……结论难以成立。
> 综上所述，由于材料的论证存在多处不当，……这一结论难以让人信服。
> 总之，材料犯了一系列逻辑错误，难以推出……这一结论。
> 总之，由于材料存在多处逻辑谬误，……的建议未必可行。

例如：2020 年管理类联考真题的结尾

综上所述，上述材料存在多处逻辑漏洞，在南方投资冰雪运动中心未必能赚钱。

## 第**1**步：找点

所谓找点，即识别材料中的论证以及论证中出现的逻辑错误（谬误）。

### 1.1　什么是论证

写论证有效性分析，首先要找到题干中的论证。

论证就是用一些理由（论据）来证明自己的观点（论点）的过程。论证包括三个要素：论据、论点和论证过程。

即：

🌐 例 1.

酱心复习了几个月就考上了研究生（论据），因此，她是个聪明的小孩（论点）。

### 1.2　论证的识别

#### （1）关联词识别法

论证中经常会有一些明显的标志词，用来提示语句间的关系、帮助读者理解语义及论证关系。

🌐 例 2.

据统计，2008 年民用航空飞机每飞行 100 万次发生恶性事故的次数为 0.2 次，而 1989 年为 1.4 次。由此看出，乘飞机出行越来越安全。

【分析】

此段是一个简单的论证。其中"据统计"是论据提示词，提示读者我的论点是有数据支持的；"由此看出"是论点提示词，后面跟的就是作者所主张的论点。

> 常见的论点标志词有：
>
> 因此……，所以……，可见……，这表明……，实验表明……，据此推断……，由此认为……，我认为……，这样说来……，简而言之……，显然……，等等。

常见的论据标志词有：

论据在标志词后：例如……，因为……，由于……，依据……，据统计……，等等。

论据在标志词前：……据此推断，……研究人员据此认为，……因此，等等。

## （2）内容识别法

论据是得出观点的理由，因此，论据一般是一段"事实描述"或者某一"科学理论"。

论点就是论证者所持的观点，它代表了论证者对某一问题的看法、见解、主张、态度。论点表现为"有所断定"。

### 例 3.

针对某种溃疡最常用的一种疗法可在 6 个月内将 44% 的患者的溃疡完全治愈。针对这种溃疡的一种新疗法在 6 个月的试验中使治疗的 80% 的患者的溃疡取得了明显改善，61% 的患者的溃疡得到了痊愈（论据：表现为一段事实描述）。因此，这种新疗法显然在疗效方面比最常用的疗法更显著（论点：表现为有所断定）。

【注意】

论据一般表现为事实描述，但事实描述不一定是论据。如果没有从一段事实描述中得出断定，则这一事实描述仅仅是背景信息而不是论据。

### 例 4.（2012 年经济类联考真题）

从今年开始，教育部、国家语委将在某些城市试点推出一项针对国人的汉语水平考试——"汉语能力测试（HNC）"。该测试主要考以汉语为母语的人的听、说、读、写四方面的综合能力，并将按照难度分为各个等级，其中最低等级相当于小学四年级水平（扫盲水平），最高等级相当于大学中文专业毕业水平。考生不设职业、学历、年龄限制，可直接报考。

【分析】

本段中的事实不是论据，因为，本段仅仅描述了汉语能力测试的基本情况，并未由此得出断定。

【注意】

在管理类、经济类联考的论证有效性分析中，只要有论证的部分，可以一律说这个论证不成立，存在逻辑谬误。

📝 真题精讲

# 2020 年管理类联考论证有效性分析真题

论证有效性分析：分析下述论证中存在的缺陷和漏洞，选择若干要点，写一篇 600 字左右的文章，对该论证的有效性进行分析和评论。（论证有效性分析的一般要点是：概念特别是核心概念的界定和使用是否准确并前后一致，有无各种明显的逻辑错误，论证的论据是否成立并支持结论，结论成立的条件是否充分等。）（30 分）

北京将联手张家口共同举办 2022 年冬季奥运会。中国南方的一家公司决定在本地投资设立一家商业性的冰雪运动中心。这家公司认为，该公司一旦投入运营，将获得可观的经济收益，这是因为：

北京与张家口共同举办冬奥会，必然会在中国掀起一股冰雪运动热潮。中国南方许多人从未有过冰雪运动的经历，会出于好奇心而投身于冰雪运动，这正是一个千载难逢的绝好商机，不能轻易错过。

而且，冰雪运动与广场舞、跑步等不一样，需要一定的运动用品，例如冰鞋、滑雪板与运动服装等等。这些运动用品价格不菲而且具有较高的商业利润，如果在开展商业性冰雪运动的同时也经营冬季运动用品，则公司可以获得更多的利润。

另外，目前中国网络购物已经成为人们的生活习惯，但相对于网络商业，人们更青睐直接体验式的商业模态，而商业性冰雪运动正是直接体验式的商业模态，无疑具有光明的前景。

## 【谬误分析】

| 段落 | 谬误分析 |
|---|---|
| 1 | **【材料原文】**<br>北京将联手张家口共同举办 2022 年冬季奥运会。中国南方的一家公司决定在本地投资设立一家商业性的冰雪运动中心。这家公司认为，该公司一旦投入运营，将获得可观的经济收益，这是因为：<br><br>**【辨识论证与谬误】**<br>谬误①：锁定关键词"将"可知这是对未来的预测，而"一旦……将……"则为充分条件。我们可质疑预测不当或强置充分条件。<br>另外，由于本段提出了全文论点，这一论点的成立性是由后文的论据来支持的。因此，我们如果要对这一论点进行质疑，要综合分析全文的内容。 |
| 2 | **【材料原文】**<br>北京与张家口共同举办冬奥会，必然会在中国掀起一股冰雪运动热潮。中国南方许多人从未有过冰雪运动的经历，会出于好奇心而投身于冰雪运动，这正是一个千载难逢的绝好商机，不能轻易错过。 |

| 段落 | 谬误分析 |
|---|---|
| 2 | 【辨识论证与谬误】<br>谬误②：锁定关键词"必然会"可知这是对未来的预测。我们可质疑预测不当，即"未必会"这样。<br>谬误③：锁定关键词"会"可知这也是对未来的预测。我们可质疑预测不当，即"未必会"这样。 |
| 3 | 【材料原文】<br>而且，冰雪运动与广场舞、跑步等不一样，需要一定的运动用品，例如冰鞋、滑雪板与运动服装等等。这些运动用品价格不菲而且具有较高的商业利润，(如果)在开展商业性冰雪运动的同时也经营冬季运动用品，(则)公司可以获得更多的利润。 |
| 3 | 【辨识论证与谬误】<br>谬误④：锁定关键词"如果……，则……"可知此处是充分条件。我们可以指出材料强置充分条件。当然，"公司可以获得更多的利润"也是对未来的预测，我们也可以从预测不当的角度来分析。 |
| 4 | 【材料原文】<br>另外，目前中国网络购物已经成为人们的生活习惯，但相对于网络商业，人们(更青睐)直接体验式的商业模态，而商业性冰雪运动正是直接体验式的商业模态，(无疑)具有光明的前景。 |
| 4 | 【辨识论证与谬误】<br>谬误⑤："人们更青睐直接体验式的商业模态"，是做出了一种断定，但这一断定缺少论据支持。<br>谬误⑥：锁定关键词"无疑"，可知"商业性冰雪运动无疑具有光明的前景"过于绝对。 |

# 第 ❷ 步：选点

## 2.1  为什么要选点

有的时候，我们能从管理类、经济类联考的论证有效性分析真题中找到七八个逻辑谬误，但是阅卷参考答案中一般只有 5~6 个逻辑谬误。如果你写的逻辑谬误虽然合理但并不在参考答案的范围内，那么就有可能造成阅卷人误判。因此，命中参考答案中的逻辑谬误，更容易让阅卷人给高分。

所以，我们必须要选点，即要从我们找到的逻辑谬误中，找到最好写的、并且最有可能出现在参考答案中的点。

## 2.2  选几点

阅卷人阅卷时是按点给分的，管理类联考可以认为每点 7 分，写 4 点，最高可得 28 分；

经济类联考可以认为每点 4.5 分，写 4 点，最高可得 18 分。因此，我们必须要写对 4 点。

但要注意，2023 年管理类、经济类联考公布的官方阅卷答案中，都是给了 5 个点作为标准答案。因此，为了提高容错率，也为了更好地向答案靠近，老吕强烈建议同学们写 5 点。

### 2.3  选点原则

#### （1）把握原则

首选你最有把握的谬误去写，保证不错才能得分。如果找到的几点谬误都有把握是正确的，那就选择可写性强的。

#### （2）分散原则

真题给的材料一般都是分为几段的。一般来说，首段介绍文章背景的部分无须质疑，其余部分都会存在谬误。这时，我们要分散去找，在每段中都要找谬误，绝对不可以只写其中一段中的谬误。

这样做的理由只有一个：参考答案给的谬误一定是分散在各个段落的。

#### （3）常见原则

不要写少见的逻辑谬误，也不要写少见的逻辑名词。

我见过有种逻辑谬误叫"德克萨斯神枪手"，这种谬误千万不能写。你写了一种全国只有少数人懂的逻辑谬误，即使你写得再对也不会得分。因为，第一，参考答案里不会有这一条；第二，阅卷人一般是学管理的而不是学逻辑的，也许你写的确实是对的，但是，阅卷人会认为你写的是错的。

#### （4）指向论点原则

如果一段材料中出现多个逻辑错误，可以将指向同一论点的逻辑错误写入同一段落，这叫指向论点原则。

🖌 **真题精讲**

在 2020 年管理类联考的真题中，我们找到了 6 个点。其中前 4 个点都是独立的，而第 5 点和第 6 点指向同一个论点："商业性冰雪运动无疑具有光明的前景"。故这两点可以合并到同一段中去写。这样，我们写 5 段就可以覆盖材料中的全部逻辑错误，这样就更容易踩中参考答案。

说明：如果材料中能找到的逻辑错误只有五六个，选点就相对比较容易。但有些年份的真题，材料中能找到 8 个甚至更多逻辑错误，而阅卷答案只会提供 6 个逻辑错误，此时，能否准确选点就十分重要。本书第 3 讲第 1 节会着重为大家讲解如何选点才能踩中参考答案。

## 第❸步：写点（4 句法）

### 3.1  引疑析析

论证有效性分析的正文，就是要对材料中的论证缺陷进行分析，其基本的写法为：

引＋疑＋析＋析

"引"即引用材料，告诉阅卷人你在质疑什么。

"疑"即表达质疑，指出材料存在逻辑谬误。

"析"就是对材料中的逻辑谬误进行具体分析。由于"析"是整段的主要内容，故建议"析"可以写两句，即"引＋疑＋析＋析"。

如果写完分析的部分，发现字数还不够，可以简单总结本段内容，此时段落结构变为："引＋疑＋析＋结"。

### 真题精讲

现在，我们来分析 2020 年管理类联考真题中的谬误①至④。

谬误①参考范文：

冰雪运动中心投入运营，未必能"获得可观的经济收益"（引＋疑），因为，上述材料仅仅讨论了在南方建立冰雪运动中心的可能收入，但是，未考虑诸如气候条件、消费习惯、消费水平、经营成本等诸多影响这一投资是否能够赢利的因素（析），因此，其投资结论过于乐观（结）。

谬误②参考范文：

"北京与张家口共同举办冬奥会"未必"会在中国掀起一股冰雪运动热潮"（引＋疑）。因为，冬奥会可能会引发人们的关注，但未必会让人们投入冰雪运动（析）。而且，冰雪运动需要一定的气候和场地条件才能进行，故仅靠冬奥会的带动未必能"掀起一股冰雪运动热潮"（析）。

谬误③参考范文：

材料认为："中国南方许多人从未有过冰雪运动的经历，会出于好奇心而投身于冰雪运动"（引），未必成立（疑）。因为南方人可能出于好奇心而投身冰雪运动，但也可能因为没有这种经历而不愿意投身冰雪运动（析）。

谬误④参考范文：

公司"经营冬季运动用品"未必"可以获得更多利润"（引＋疑）。因为，参与冰雪运动的人未必购买冬季运动用品，他们也有可能租用（析）；而且，冬季运动用品价格不菲，也可能成为大家购买冬季运动用品的阻力（析）。

## 3.2 引疑析踩

如果一段材料中出现多个逻辑错误，可以将指向同一论点的逻辑错误写入同一段落，此时，可以用如下结构：

引+疑+析+踩

其中，"引+疑+析"与前文相同，"踩"一般是踩本段论据所指向的论点。

📝 真题精讲

现在，我们来分析2020年管理类联考真题中的谬误⑤和⑥。

谬误⑤和⑥参考范文：

材料认为"人们更青睐直接体验式的商业模态"（引），未必成立（疑）。因为网络购物也有其自身独特的优势，比如购物方便、价格低廉等（析）。而且，即使人们青睐直接体验式的商业模态，也未必青睐冰雪运动，难以得出冰雪运动"无疑具有光明的前景"的结论（踩）。

【参考范文】

## 投资冰雪运动中心真能获利吗？

### 吕建刚

材料认为"投资商业性冰雪运动，能获得可观的经济收益"，但其论证存在多处逻辑漏洞，分析如下：

第一，"北京与张家口共同举办冬奥会"未必"会在中国掀起一股冰雪运动热潮"（引+疑）。因为，冬奥会可能会引发人们的关注，但未必会让人们投入冰雪运动（析）。而且，冰雪运动需要一定的气候和场地条件才能进行，故仅靠冬奥会的带动未必能"掀起一股冰雪运动热潮"（析）。

第二，材料认为："中国南方许多人从未有过冰雪运动的经历，会出于好奇心而投身于冰雪运动"（引），未必成立（疑）。因为南方人可能出于好奇心而投身冰雪运动，但也可能因为没有这种经历而不愿意投身冰雪运动（析）。

第三，公司"经营冬季运动用品"未必"可以获得更多利润"（引+疑）。因为，参与冰雪运动的人未必购买冬季运动用品，他们也有可能租用（析）；而且，冬季运动用品价格不菲，也可能成为大家购买冬季运动用品的阻力（析）。

第四，人们未必"更青睐直接体验式的商业模态"（引+疑）。因为网络购物也有其自身独特的优势，比如购物方便、价格低廉等（析）。而且，即使人们青睐直接体验式的商业模态，也未必青睐冰雪运动，难以得出冰雪运动"无疑具有光明的前景"的结论（踩）。

第五，材料仅讨论了在南方开设冰雪运动中心的可能收入。但是，未考虑诸如气候条件、消费习惯、消费水平、经营成本等诸多影响这一投资是否能够赢利的因素。因此，难以得出一定赢利的结论。

综上所述，在南方开设冰雪运动中心的可行性值得商榷。

（全文共602字）

# 论证有效性分析用"模板"会得低分吗?

我们先看下图:

四、写作

56. 论证有效性分析

本题的论证主要存在如下问题:

① 冰雪运动的热潮主要表现为对冰雪运动的关注,它与参与冰雪运动之间缺乏必然的逻辑联系。

② 南方许多人没有冰雪运动的经历,可能出于好奇心而投身于冰雪运动,但也有可能没有这种经历或没有好奇心而不参加冰雪运动。

③ 公司经营冬季运动用品,未必可以获得更多的利润。

④ 相对于网络购物,人们未必更青睐直接体验式的商业模态。

⑤ 即使人们更青睐直接体验式的商业模态,未必就青睐冰雪运动。

⑥ 对其他因素缺乏考虑,如在南方开展冰雪运动成本较高,也有可能影响利润。

以上图片是教育部考试中心官方公布的阅卷答案。通过以上图片我们可以知道:

1. 论证有效性分析有官方阅卷答案,阅卷人凭阅卷答案给分。

可见,这道题其实不算是一篇"作文",官方的名称叫"论证有效性分析",也就是说,这是一道分析题。你的点写得和答案一致,就可以得分;你的点写得和答案不一致,就难以得分。也就是说,这道题不看你文采好坏,而是看你能否踩中答案。

2. 我们为什么要写"引 + 疑"?

因为,我们要踩中答案,并且要让阅卷人第一时间看到。那么,如何让阅卷人快速地发现你的得分点呢?显然要把得分点写在每一段的第一句话。当然,我们可以看到,官方答案里面没有用引号,但我们为什么要用引号呢?因为答案只写得分点,不写具体的分析;而且答案是印刷体,我们在考场上是手写,手写的辨识度是远远不如印刷的。因此,用引号把自己的得分点标注出来,更容易让阅卷人看到答案。

3. 我们为什么要写"析"?

因为,"分析"是这道题的命题要求。而且,如果我们不写分析的话,字数是无法写到 600 字的。

4. 我们为什么要写"踩"?

因为我们在考场上时,看不见官方阅卷答案。通过"踩",可以扩大得分点的覆盖面,从而增加踩中参考答案的可能性。

总之,老吕教你的并不是"模板",而是论证有效性分析的高分思路。而且,论证有效性分析能否得高分,和你的文章有没有用"模板"一点关系都没有。你不要试图写得和其他人不一样,而是要尽量写得和答案一样!

# 论证有效性分析

## 常见逻辑谬误的高分写法

## ✎ 写在前面的话

论证有效性分析想要得高分，关键在于把正文写好。

通过上一讲的讲解，我们已经知道正文的基本写法是"3 步 4 句法"。但是，由于论证有效性分析题中出现的谬误具备多样性，考到不同的谬误，我们的写法也应当不同。故本讲为大家讲解各类逻辑谬误的分析技巧，这是对"3 步 4 句法"的延伸和强化，也是论证有效性分析的核心。

本讲共讲解 11 种谬误的写作技巧，其中真题中出现最多的为前 8 种。

📘 **本讲内容**

第2讲

第1节 一致性类谬误的写作技巧
- 谬误1 不当类比
- 谬误2 以偏概全
- 谬误3 偷换概念

第2节 推断不当与归因不当的写作技巧
- 谬误4 推断不当
- 谬误5 归因不当

第3节 强置必要条件的写作技巧
- 谬误6 强置必要条件

第4节 矛盾反对型谬误的写作技巧
- 谬误7 自相矛盾
- 谬误8 非黑即白

第5节 其他谬误的写作技巧
- 谬误9 平均值陷阱
- 谬误10 增长率陷阱
- 谬误11 比率陷阱

# 第①节 一致性类谬误的写作技巧

## 谬误① 不当类比

### 第1步 识别谬误类型

扫码听本节讲解

类比是根据两个或两类相关对象具有某些相似或相同的属性，从而推断它们在另外的属性上也相同或者相似。如果类比对象之间有差异，使得类比难以成立，说明犯了不当类比的逻辑谬误。

此类谬误的典型特征是，论据中的论证对象是 A，而论点中的论证对象是 B，那么这种从 A 到 B 的推论正确吗？这就值得怀疑。如下图所示：

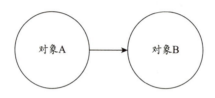

⊕ 例1.

实验发现，口服少量某种类型的安定药物，可使人们在测谎器的测验中撒谎而不被发现。测谎器对人们所产生的心理压力能够被这类安定药物有效地抑制。因此，日常生活中的心理压力也可以被这类安定药物有效地抑制。

【分析】

上述题干的论据是"<u>测谎器对人们所产生的心理压力能够被这类安定药物有效地抑制</u>"，论点是"<u>日常生活中的心理压力也可以被这类安定药物有效地抑制</u>"。可见，这一论证的论证对象出现了从 A 到 B 的变化，是一个类比论证，即：

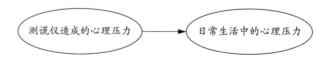

如果这两类心理压力存在本质差异（如生理机制不同、药理机制不同等），就会影响以上类比的成立性。

### 第2步 应用母题写法

#### （1）不当类比的写作思路

总结历年真题，可以发现不当类比常见以下几种类型：

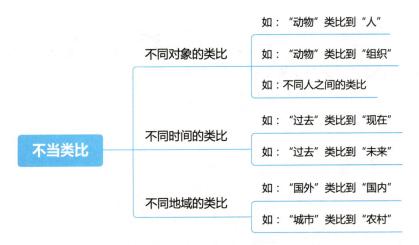

不同对象的类比的写作思路：对象 A 和 B 之间存在差异，影响了类比的成立性。

不同时间的类比的写作思路：随着时间的变化，情况出现了差异，影响了类比的成立性。

不同地域的类比的写作思路：因为两个地域之间存在差异，影响了类比的成立性。

总之，不当类比的写作思路就抓住三个字——找差异。

### （2）不当类比的母题公式

> 材料论述由　A　推出　B　，难以成立。因为二者　　　不同，　　　不同，所以，由　A　的情况难以推论出　B　的情况，这一论证存在不当类比。

## 真题精讲

### ☺ 真题 1.（2010 年在职 MBA 联考真题）

猴群中存在着权威，而权威对于新鲜事物的态度直接影响群体接受新鲜事物的进程。市场营销也是如此，如果希望推动人们接受某种新商品，应当首先影响引领时尚的文体明星。

**【谬误识别】**

材料中论据的论证对象是"猴群"，论点的论证对象是"人们"，存在不当类比，即：

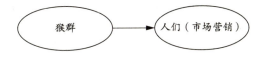

**【参考范文】**

材料从猴群的情况类比到市场营销（引），难以成立（疑）。首先，猴王对猴子的影响模式与文体明星对普通消费者的影响模式并不相同；其次，猴群的需求和消费者的需求也不相同；再者，猴群与人类社会的复杂程度也不相同（析）。因此材料存在不当类比（结）。

🌐 真题 2.（2005 年在职 MBA 联考真题）

　　过去 5 年中，洋快餐在大城市中的网点数每年以 40% 的惊人速度增长，而在中国广大的中小城市和乡镇还有广阔的市场成长空间；照此速度发展下去，估计未来 10 年，洋快餐在中国饮食行业的市场占有率将超过 20%，成为中国百姓饮食的重要选择。

【谬误识别】

材料中有两处不当类比：

1. 由"大城市"类比到"中小城市和乡镇"，即：

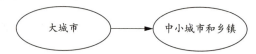

2. 由"过去 5 年"类比到"未来 10 年"，即：

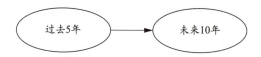

【参考范文】

　　材料中由洋快餐在"大城市"发展迅速推断洋快餐在"中小城市和乡镇"的发展情况（引），存在不当类比（疑）。因为，中小城市和乡镇的消费者的消费理念、消费能力、饮食习惯等与大城市不同（析）。而且，由于市场环境的变化，"过去 5 年"的快速发展状况也未必能在"未来 10 年"得以保持（析）。

✏️ 习题精练

🌐 习题 1.（2007 年 MBA 联考真题）

　　经济学和物理学、数学一样，所讨论的都是非常专业化的问题。只有远离现实的诱惑，潜心于书斋，认真钻研学问，才可能成为真正意义上的经济学家。

🌐 习题 2.（2007 年在职 MBA 联考真题）

　　为了解决"期界问题"，日本和德国的企业对那些专业技能要求很高的岗位上的员工，一般都实行终身雇佣制；而终身雇佣制也为日本和德国企业建立与保持国际竞争力提供了保障。这证明了"终身制"和"铁饭碗"不见得不好，也说明，中国企业的劳动关系应该向着建立长期雇佣关系的方向发展。

【习题参考范文】

习题 1. 参考范文

　　材料将经济学和物理学、数学进行类比（引），存在不当（疑）。因为，物理学、数学是自然科学；但是经济学是社会科学，与前者存在不同（析）。因此，难以由此得出"只有远离现实的诱惑,才可能成为真正意义上的经济学家"(踩)。

习题 2. 参考范文

材料认为日本和德国的"终身雇佣制"取得了成功,在我国也应该建立长期雇佣关系(引),存在不当类比(疑)。因为,我国的劳动者的就业观、价值观和社会文化与日本和德国都有差异(析),因此,日本和德国适用的方法,拿到中国并不一定适用(结)。

## 谬误 ❷   以偏概全

### 第 1 步   识别谬误类型

以偏概全又称为不当归纳,就是材料通过样本(调查、例证、个人见闻等)来总结出针对某个群体的结论。

此类谬误的典型特征是,论据中的论证对象的范围要小(对象 a),而论点中的论证对象的范围要大(对象 A),前者一般是后者的子集。如下图所示:

可见,我们可以形象地理解为"a"的范围这么小,怎么能概括"A"这么大范围的特征呢?

🌐 例 2.

《花与美》杂志受 A 市花鸟协会委托,就 A 市评选市花一事对该市的杂志读者群进行了民意调查,结果 60% 以上的读者将荷花选为市花,于是编辑部宣布,A 市大部分市民赞成将荷花定为市花。

【分析】

上述题干的论据是"60% 以上的读者将荷花选为市花",论点是"A 市大部分市民赞成将荷花定为市花"。可见,论据的论证对象仅仅是论点的论据对象的子集。即:

那么这些读者的意见能代表 A 市大部分市民的意见吗?如果这些读者的数量太少(例如就调查了十几个读者)、广度不够(例如被调查者全是女性市民)或者不是随机选取(例如特意选择喜欢荷花者进行调查),就说明他们没有代表性,不能代表 A 市大部分市民。

### 第2步 应用母题写法

#### （1）以偏概全的写作思路

以偏概全就是用一个小样本的情况，来概括一个更大的集体的情况。那我们的写作思路就是要指出为什么这个小样本无法覆盖或代表这个大集体。常从三个方面来分析：样本的数量不足、样本的广度不够、样本不是随机选取。

#### （2）以偏概全的母题公式

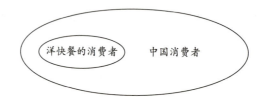

材料通过对____调查，认为____，有以偏概全之嫌。因为，这些调查对象数量不足、广度不够或不是随机选取，所以他们不一定能代表所有人的情况。

📝 真题精讲

🌐 真题 1.（2005 年在职 MBA 联考真题）

该公司去年在 100 家洋快餐店内进行的大量问卷调查结果显示，超过 90% 的中国消费者认为食用洋快餐对于个人的营养均衡有所帮助。

【谬误识别】

论据中的调查对象是"洋快餐店内的消费者"，而结论中的论证对象是"中国消费者"，显然前者仅是后者的一部分（以偏概全），即：

洋快餐的消费者 中国消费者

【参考范文】

材料通过对"洋快餐店内的消费者"的调查，得出关于"中国消费者"的结论（引），有以偏概全之嫌（疑）。因为，在洋快餐店内的消费者一般来说是认同洋快餐的，故这些调查对象广度不够，所以他们不一定能代表所有人的情况（析）。

🌐 真题 2.（2016 年管理类联考真题）

据报道，近年长三角等地区频频出现"用工荒"现象，2015 年第二季度我国岗位空缺与求职人数的比例约为 1.06，表明劳动力市场需求大于供给。因此，我国的大学生其实是供不应求的。

【谬误识别】

论据中的对象是"长三角等地区"，而结论中的论证对象是"我国"，显然前者仅是后者的一部分（以偏概全），即：

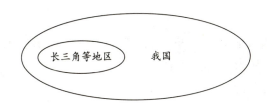

【参考范文】

材料通过对"长三角等地区"的调查以及"2015年第二季度"的情况，未必能说明"劳动力市场需求大于供给"（引＋疑），在地域和时间上未必有代表性（析）。而且，"劳动力"市场需求情况，也难以说明"大学生"是供不应求的（踩）。

📝 习题精练

🪐 习题1.（2008年在职MBA联考真题）

自古道"忠孝难以两全"。岳飞抗击金兵，常年征战沙场，未能在母亲膝下尽孝，却成了千古传颂的英雄。反观《二十四孝》里的那些孝子，有哪个成就了名垂青史的功业？孔繁森撇下老母，远离家乡，公而忘私，殉职边疆，显然未尽孝道，但你能指责他是个不合格的官员吗？

🪐 习题2.（2018年管理类联考真题）

最近一项对某高校大学生的抽样调查表明，有69%的人认为物质生活丰富可以丰富人的精神生活，有22%的人认为物质生活和精神生活没有什么关系，只有9%的人认为物质生活丰富反而会降低人的精神追求。可见，多数人认为物质生活丰富不会造成人的精神生活空虚。

【习题参考范文】

习题1.参考范文

材料用岳飞、孔繁森等例子，来证明"忠孝难以两全"（引），有以偏概全之嫌（疑）。因为，这几个人的情况可能是特例，未必有普遍的代表性。而且，《二十四孝》是专门记录孝行的书籍，而不是记录功业的书籍，无法由此断定孝子们没有成就名垂青史的功业（析）。

习题2.参考范文

材料通过对"某高校大学生"的调查，得出关于"所有人"的结论（引），有以偏概全之嫌（疑）。因为，大学生的情况未必能代表其他社会群体的情况（析）。而且，多数人"认为"物质生活丰富不会造成人的精神生活空虚，不代表他们"认为"的是"事实"（踩）。

## 谬误 ❸ 偷换概念

### 第1步 识别谬误类型

偷换概念是指在论证过程中将一些似乎一样的概念进行偷换，实际上改变了概念的修饰语、适用范围、所指对象等具体内涵。

偷换概念在真题中表现为三种类型：

**（1）AB 型**

题干中出现两个概念 A 和 B，这两个概念从字面上来看就不一样（当然意思更不一样），但题干将其进行了等同，认为 A 等同于 B。

即，题干的论证会出现：

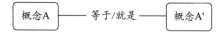

例 3.

有的写作教材上讲，写作中应当讲究语言的形式美，我的看法不同。我认为语言就应该朴实，不应该追求那些形式主义的东西。

【分析】

此例中，语言的"形式美"与"形式主义"显然不是相同的概念。

**（2）AA′ 型**

有时候，两个在字面上看起来相同的词汇，但表达的含义却是不一样的，那么也犯了偷换概念的逻辑谬误。

此类偷换概念，老吕称为"AA′型"偷换概念，即"A"和"A′"看起来似乎一样，实际上表达的含义却不一样。图示如下：

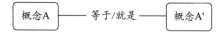

例 4.

象是动物，因此，小象是小动物。

【分析】

上述论证中，小象中的"小"和小动物中的"小"，字面虽然一样，但含义却不一样，前者指的是"年龄小"，后者指的是"体型小"。因此，此例犯了偷换概念的逻辑谬误。

### 第 2 步　应用母题写法

**（1）偷换概念的写作思路**

既然偷换概念是把两个不同的概念当成了相同的概念，那么我们的分析思路就是要说明这两个概念是不一样的。所以，偷换概念的写作思路是：分别解释一下被偷换的两个概念，从而说明两个概念的区别。

**（2）偷换概念的母题公式**

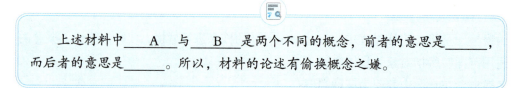

上述材料中＿＿A＿＿与＿＿B＿＿是两个不同的概念，前者的意思是＿＿＿＿，而后者的意思是＿＿＿＿。所以，材料的论述有偷换概念之嫌。

📘 真题精讲

🌐 真题 1.（2014 年管理类联考真题）

从本质上来说，权力平衡就是权力平等，因此这一制度本身蕴含着平等观念。平等观念一旦成为企业的管理理念，必将促成企业内部的和谐与稳定。

【谬误识别】

上述题干中，强行把"权力平衡"等同于"权力平等"，但实际上这两个概念并不相同，这就犯了偷换概念（AB 型）的逻辑谬误。

【参考范文】

材料认为"权力平衡就是权力平等"（引），但二者不是相同概念（疑）。"权力平衡"是指权力的动态制约关系达到均衡，而"权力平等"则是指权力的平均分配（析）。因此，不能由此推出"平等观念一旦成为企业的管理理念，必将促成企业内部的和谐与稳定"（踩）。

🌐 真题 2.（2021 年管理类联考真题）

我国古代哲学家老子早就看到了这一点。他说过，人们只看到了房子的"有"（有形的结构），但人们没看到"无"（房子中无形的空间）才有实际效用。这也说明眼所见者未必实，未见者为实。

【谬误识别】

实际效用中的"实"与眼见为实的"实"含义不同（AA′ 型偷换概念）。

【参考范文】

房子中无形的空间才有实际效用，无法说明"眼所见者未必实，未见者为实"（引＋疑）。因为，论据中的"实"是指实用价值，而论点中的"实"是指是否真实，二者含义不同（析）。房子的空间有实际作用，并不能说明人们看见的房子是假的，不是事实（析）。

📘 习题精练

🌐 习题 1.（2015 年管理类联考真题）

经济运行是一个动态变化的过程，产品的供求不可能达到绝对的平衡状态，因而生产过剩是市场经济的常见现象。既然如此，那么生产过剩也就是经济运行的客观规律。因此，如果让政府采取措施进行干预，那就违背了经济运行的客观规律。

🌐 习题 2.（2009 年管理类联考真题）

硕士、博士这些知识头衔的实际价值一再受到有识之士的质疑，道理就在这里。"知识就是力量"这一曾经激励了几代人的口号，正在成为空洞的历史回声，这其实是时代的进步。

【习题参考范文】

习题 1. 参考范文

材料认为，生产过剩是市场经济的"常见现象"，说明它是经济运行的"客观规律"（引）。实际上二者并不等同（疑）。"现象"是事物的外在表现，而"规律"是指现象背后的内在原因或联系（析）。因此，不能由此认为政府干预生产过剩"违背了经济运行的客观规律"（踩）。

习题 2. 参考范文

材料中，"知识头衔"与"知识"是两个不同的概念（引＋疑）。一个人拥有某种"知识头衔"并不代表他拥有该头衔所对应的"知识"（析）。所以，不能因为硕士、博士等"知识头衔"受到质疑，就认为"知识"无用了（踩）。

# 第**②**节　推断不当与归因不当的写作技巧

扫码听本节讲解

## 谬误**④**　推断不当

### 第1步　识别谬误类型

#### （1）结果推断不当

根据现有的事实（原因），去评估这些事实对未来的影响（结果），这就是做推断。如果这种推断有误，就可以称为推断不当。

其基本结构是：

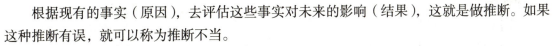

识别此类题的关键在于观察题干中有没有对未来的推断，题干常会出现诸如"会""将会""一定会"等表示推测的词。

🪐 例1.

今天上午天阴得厉害，我认为中午的时候会下一场大雨。

【分析】

现在出现了一个事实："天阴得厉害"，"我"做出了一个对未来的推断"中午的时候会下一场大雨"。如果这一推断不正确，那么就是推断不当。

#### （2）强置充分条件

充分条件：有了 A 一定有 B，即 A → B，可以理解为"有它就行"。

充分条件的识别：题干中会出现"如果……那么……""只要……就……""一……就……""……一定……"等关联词。

强置充分条件：误把不充分的条件当作充分条件，即误认为有了 A 一定有 B，实际上并非如此。

🪐 例2.

只要你成绩好，就一定能获得奖学金。

【分析】

除了成绩以外，能否获得奖学金可能还受到学生的综合素质、道德品质、社会实践等多方面因素的影响，"成绩好"只是获得奖学金的条件之一，而不是充分条件。可见，题目误认为有了 A（成绩好），就一定有 B（获得奖学金），犯了强置充分条件的逻辑谬误。

### （3）推断结果与充分条件的区别与联系

在逻辑考试中，推断结果与充分条件是不一样的。推断结果是指由原因 A 推断出结果 B，A 与 B 之间一定有因果关系；充分条件是指条件 A 满足，则事件 B 必然发生，但这二者之间可能有因果联系也可能没有因果联系。例如，如果张三考上了清华（A），则李四考上了北大（B）。这个例子中的事件 A 和事件 B 就可能没有因果联系。

在论证有效性分析考试中，充分条件要有现实含义，这种现实含义基本上都是因果关系，所以一般情况下可以直接把强置充分条件当作推断不当来写。

## 第2步　应用母题写法

### （1）推断不当的写作思路

推断不当有两种写作思路：

思路 1：他因不果。

即，因为存在其他原因（他因），导致题干中的结果未必会发生（不果）。

图示为：

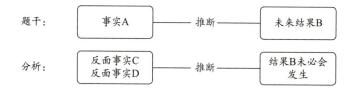

🪐 例 3.

李四得了癌症，他一定会快速死亡。

【分析】

科学的治疗（他因：存在其他原因）可能会极大地延长李四的寿命（不果：快速死亡这一结果未必会发生）。

思路 2：产生他果。

即，事实 A 可能会导致不同的结果。图示为：

🪐 例 4.

今天上午天阴得很厉害，我认为中午一定会下雨。

【分析】

阴天未必会导致下雨，也可能会导致下雪。

### （2）推断不当的母题公式

他因不果的母题公式为：

> 　　材料由___事件A___推出___结果B___，存在不妥。由于___原因C___、___原因D___等因素的存在（他因），___结果B___未必会发生（不果）。

产生他果的母题公式为：

> 　　材料由___事件A___推出___结果B___，存在不妥。因为___事件A___也可能会导致___结果C___、___结果D___等，因此，___结果B___未必会发生（产生他果）。

🖊 **真题精讲**

🌐 **真题 1.（2020 年管理类联考真题）**

　　北京与张家口共同举办冬奥会，必然会在中国掀起一股冰雪运动热潮。中国南方许多人从未有过冰雪运动的经历，会出于好奇心而投身于冰雪运动，这正是一个千载难逢的绝好商机，不能轻易错过。

【谬误识别】
锁定关键词"必然会"，可知本题是对未来的推断，可质疑其"推断不当"。

【参考范文】
"北京与张家口共同举办冬奥会"未必"会在中国掀起一股冰雪运动热潮"（引＋疑）。由于冰雪运动对气候、场地等方面条件的要求较为严格，仅靠冬奥会的带动就能"掀起冰雪运动热潮"的结果未必会发生（析）。

🌐 **真题 2.（2016 年管理类联考真题）**

　　一个人受教育程度越高，他的整体素质也就越高，适应能力就越强，当然也就越容易就业。大学生显然比其他社会群体更容易就业，再说大学生就业难就没有道理了。

【谬误识别】
本题由"受教育程度高"推断出"整体素质高、适应能力强"，从而推断出"大学生就业并不难"，存在推断不当的逻辑谬误。

　　材料中出现形如"越 A，越 B，越 C"的句式，我们也可称其为"滑坡谬误"，即把一些可能性的结果，扩大为必然性，然后进行一步又一步的推理。

【参考范文】

材料由"大学生受教育程度高"推出"其整体素质高、适应能力强"（引），存在不妥（疑）。由于心理因素、社交因素、实践因素等都会影响大学生的整体素质及适应能力，故无法由此推断出"大学生就业并不难"的结论（析）。

🌐 真题3.（2013年管理类联考真题）

由此可见，只要创作更多的具有本国文化特色的文艺作品，那么文化影响力的扩大就是毫无疑义的，而国家的软实力也必将同步增强。

【谬误识别】

锁定关联词"只要……那么……"，可知材料存在强置充分条件。而且，"文化影响力的扩大"和"国家的软实力必将同步增强"也是对结果的推断。因此，可以直接套用"推断不当"的写法。

【参考范文】

"创作更多的具有本国文化特色的文艺作品"，未必"能扩大文化影响力"（引＋疑），因为，文化影响力的扩大还取决于传播途径、交流方式等多方面因素（析）。同理，国家的软实力还包括教育、科技、卫生等各方面，因此，仅由文化影响力扩大也无法推出"国家的软实力也必将同步增强"（踩）。

✏️ 习题精练

🌐 习题1.（2005年在职MBA联考真题）

已经喜爱上洋快餐的未成年人在未来成为更有消费能力的成年群体之后，洋快餐的市场需求会大幅度跃升。

🌐 习题2.（2012年经济类联考真题）

汉语能力测试有一个科学的评测标准，可以帮助应试者了解其汉语水平在特定人群、地域中的位置。这样的测试一定会唤起大家对母语文化的重视。

【习题参考范文】

习题1.参考范文

材料认为"已经喜爱上洋快餐的未成年人成年后，洋快餐的市场需求会大幅度跃升"（引），未必成立（疑）。因为，未成年人长大后，其消费偏好、消费理念、饮食习惯、健康理念等都可能会产生变化，未成年时期喜欢洋快餐，长大后未必喜欢（析）。

习题2.参考范文

汉语能力测试未必"会唤起大家对母语文化的重视"（引＋疑）。因为，单靠这一测试难以解决母语文化面对的各种问题，比如市场经济的冲击、外来文化的冲击等（析）。如果仅靠一个测试就能解决这些问题，那么现在有好多考试都要考语文，问题应该早就解决了，又

何需汉语能力测试呢？（析：使用了归谬法）

# 谬误 ❺ 归因不当

## 第 1 步 识别谬误类型

材料中出现"归因不当"这一逻辑谬误，前提是材料中必须存在"找原因"。找原因型的题干，基本结构有两种：

**（1）先摆现象，再分析原因。结构图示如下：**

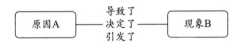

🌏 **例 5.**

最近，青岛市出现了持续一周的降雨，气象学家表示，这是台风"烟花"从华东地区登陆所致。

【分析】

"最近，青岛市出现了持续一周的降雨"是现象，"台风'烟花'从华东地区登陆"是这一现象产生的原因，故这是个找原因型的题干。如果说这个原因找错了，就犯了归因不当的逻辑谬误。

**（2）先说原因，再说结果。结构图示如下：**

🌏 **例 6.**

半年的刻苦学习，让酱宝考上了研究生。

【分析】

"半年的刻苦学习"是原因，"考上了研究生"是结果。如果这个原因找错了，就犯了归因不当的逻辑谬误。

注意：归因不当一般是对过去已经发生了事情的分析；而推断不当则是对未来结果的分析。

## 第 2 步 应用母题写法

### （1）归因不当的写作思路

归因不当简单来讲就是找原因时出现了问题，具体来说，可分为三种类型：找错了、搞反了、搞漏了。其分析思路如下表所示：

| 错误类型 | 谬误名称 | 例子 | 分析思路 |
|---|---|---|---|
| 找错了 | 归因错误 | 你和我分手,是因为我长得丑。 | 不对,是因为你长得矮。 |
| 搞反了 | 因果倒置 | 因为寂寞才想我。 | 不对,是因为想你才寂寞。 |
| 搞漏了 | 忽略他因 | 你和我分手,仅仅是因为我长得丑。 | 不仅仅因为你丑,还因为你矮。 |

通过上表我们可以发现,归因错误和忽略他因的写法很像,都可以指出现象的出现是因为其他原因,但二者又有区别,即:

| 谬误名称 | 写作思路 |
|---|---|
| 归因错误 | 现象 A 不是因为原因 B,而是因为原因 C。 |
| 忽略他因 | 现象 A 不仅仅是因为原因 B,还因为原因 C。 |

注意,因果倒置这一错误虽然在逻辑题中大量出现,但在论证有效性分析真题中从没出现过,不必作为备考重点。万一出现的话也很简单,表明"B 不是 A"的原因,而是"A 是 B"的原因即可。

**(2)归因不当的母题公式**

归因错误的母题公式为:

材料认为,__现象A__ 的出现是因为 __原因B__ ,但是,__原因B__ 可能并不是 __现象A__ 的真正原因,真正原因可能是 __原因C__ 、__原因D__ 等。

忽略他因的母题公式为:

材料认为,__现象A__ 的出现仅仅是因为 __原因B__ ,过于绝对。实际上,除了 __原因B__ 以外,__现象A__ 的出现可能是 __原因C__ 、__原因D__ 等共同作用的结果。

**真题精讲**

**真题 1.(2019 年管理类联考真题)**

选择越多,选择时产生失误的概率就越高,由于选择失误而产生的后悔就越多,因而产生的痛苦也就越多。有人因为飞机晚点而后悔没选坐高铁,就是因为可选交通工具多样而造成的。如果没有高铁可选,就不会有这种后悔和痛苦。

**【谬误识别】**

锁定关键词"是因为",可知这个词前面是现象,这个词后面是原因。可思考材料是否存在归因不当的逻辑谬误。

**【参考范文】**

材料认为"有人因为飞机晚点而后悔没选坐高铁"是因为"可选交通工具多样"（引），此处存在归因谬误（疑）。"选择多"可能并不是"后悔"的真正原因，这一痛苦的真正原因可能是"飞机晚点"（析）。因此，如果没有高铁可选，也可能会有这种后悔和痛苦（踩）。

### 真题 2.（2008 年 MBA 联考真题）

中医在中国居于主导地位的时候，中国人的平均寿命只有三十岁左右，现代中国人的平均寿命约七十岁，完全拜现代医学之赐。

**【谬误识别】**

锁定关键词"拜……之赐"，可知"现代医学"是原因，前面的现象是结果。锁定"完全"二字，可知此题存在忽略他因的逻辑谬误。

**【参考范文】**

材料认为中国人人均寿命的提高，"完全拜现代医学之赐"（引），过于绝对（疑）。因为能够提高人均寿命的因素有很多，比如现代有更充足的营养、更好的起居条件、更好的健身理念等，未必仅仅是现代医学发展的功劳（析）。

## 习题精练

### 习题 1.（2019 年管理类联考真题）

很多股民懊悔自己没有选好股票而未赚到更多的钱，从而痛苦不已，无疑是因为可选购的股票太多造成的。

### 习题 2.（2010 年管理类联考真题）

所谓"金砖四国"[①]国际声望的上升，无不得益于它们的经济成就，无不得益于互联网技术的普及。

**【习题参考范文】**

习题 1. 参考范文

材料认为，"很多股民懊悔自己没有选好股票而未赚到更多的钱，从而痛苦不已，无疑是因为可选购的股票太多造成的"（引），难以成立（疑）。股民懊悔的原因可能是买入、卖出的时机不对（析）。

习题 2. 参考范文

材料认为，"'金砖国家'国际声望上升"仅仅是因为其"经济成就"和"互联网技术的普及"（引），过于绝对（疑）。实际上，除了这两个原因以外，"'金砖国家'国际声望上升"可能是由于诸如教育、科技、文化、卫生、体育等软实力的发展（析）。

---

① 考试时中国、俄罗斯、巴西、印度被称为"金砖四国"，现在该国际组织已经扩容为11个国家，并被称为"金砖国家"。

# 第3节 强置必要条件的写作技巧

## 谬误 6 强置必要条件

### 第1步 识别谬误类型（¬A → ¬B 型）

必要条件：是指 A 对于 B 来说是必要的，没有 A 就一定没有 B，即 ¬A → ¬B。

扫码听本节讲解

必要条件的识别：题干中会出现"只有……才……""没有……就不能……"等关联词。要注意，如果题干中出现"如果要有 A，那么必须 B"，那么 A 是 B 的充分条件，B 是 A 的必要条件，即没有 B 就没有 A。

强置必要条件：误把不必要的条件当作必要条件，即误认为没有 A 就一定没有 B，实际上并非如此。

### 🌐 例1.

只有下雨，才会地湿。

【分析】

材料中出现"只有……才……"，是必要条件的关联词，即材料认为"不下雨，地就不会湿"，但实际上，不下雨，出现下雪、洒水等情况，地也会湿。因此材料犯了强置必要条件的逻辑谬误。

### 第2步 应用母题写法

**（1）强置必要条件的写作思路**

材料认为，没有 A 就没有 B（没 A 不行），我们只需要说没有 A，在 C、D、E 等情况下也可以有 B 即可（没 A 也行）。

**（2）强置必要条件的母题公式**

> 材料认为，只有有 __A__，才会有 __B__，过于绝对。实际上， __A__ 并非 __B__ 的必要条件。即使没有 __A__，通过 __C__、 __D__、 __E__ 等方式，也可以实现 __B__。

【真题精讲】

**真题 1.（2010 年在职 MBA 联考真题）**

市场营销也是如此，如果希望推动人们接受某种新商品，应当首先影响引领时尚的文体明星。位于时尚高端的消费者对于某种新商品不接受，该商品就不可能成功。

**【谬误识别】**

材料中出现"不 A，不 B"，即没有 A 就没有 B，故存在强置必要条件。

**【参考范文】**

材料认为"高端的消费者对于某种新商品不接受，该商品就不可能成功"（引），过于绝对（疑）。因为，高端消费者不接受的新商品，可能由于普通消费者的喜爱而取得成功（析）。

**真题 2.（2011 年管理类联考真题）**

如果你要从股市中赚钱，就必须低价买进股票，高价卖出股票，这是人人都明白的基本道理，但是，问题的关键在于如何判断股价的高低。

**【谬误识别】**

材料中出现"如果要有 A，就必须有 B"，可以转化为"没有 B 就没有 A"，故存在强置 B 这个必要条件。

**【参考范文】**

材料认为只有"低价买进股票，高价卖出股票"，才能"从股市中赚钱"（引），过于绝对（疑）。即使不采用低买高卖的方式，股民通过股票的分红也可以获利（析）。

## 习题精练

**习题 1.（2006 年在职 MBA 联考真题）**

媒体上频频出现的企业丑闻也让我们有足够的理由怀疑是否该给大公司高管们支付那么高的报酬。企业高管拿高薪是因为他们的决策对企业的生存与发展至关重要，然而，当公司业绩下滑甚至亏损时，他们却不必支付罚金。正是这种无效的激励机制使得公司高管们朝着错误的方向越走越远。因此，只有建立有效的激励机制，才能杜绝企业丑闻的发生。

**习题 2.（2011 年经济类联考真题）**

2010 年 9 月 17 日北京发生"惊天大堵"。当日，北京一场细雨，长安街东西双向堵车，继而蔓延至 143 条路段严重堵车，北京市交管局路况实时显示图几乎通盘红色。央视著名主持人白岩松以"令人崩溃""惨不忍睹"的字眼来形容。全国工商联房地产商会理事陈宝存在接受媒体采访时称，北京"首堵"已成常态，不"迁都"已经很难改变城市的路况。

【习题参考范文】

习题 1. 参考范文

材料认为，只有"建立有效的激励机制"，才能"杜绝企业丑闻的发生"（引），过于绝对（疑）。因为通过其他方式，如法律的健全、舆论的监督等方式，也可以减少企业丑闻的发生。另外，再有效的措施恐怕也只能"减少"企业丑闻的发生，"杜绝"企业丑闻的发生恐怕只是一个美好的愿望（析）。

习题 2. 参考范文

材料认为"不迁都已经很难改变城市的路况"（引），把迁都当作改变城市路况的必要条件，过于绝对（疑）。因为，即使不迁都，通过减少私家车出行、完善公共交通系统、合理规划城市建设等其他手段，也可以改善城市的路况（析）。

# 第④节 矛盾反对型谬误的写作技巧

## 谬误 ⑦ 自相矛盾

扫码听本节讲解

### 第1步 识别谬误类型

两个相互矛盾的命题必有一真一假。不能两个都肯定，也不能两个都否定，否则就犯了"自相矛盾"的逻辑谬误。

论证有效性分析的真题中，自相矛盾主要体现在材料的前后文中出现了观点的不一致。

**例1.**

亲爱的，我爱你，为了你我可以赴汤蹈火，如果明天下雨，我就不来接你了，你打车回家吧。

【分析】

前文中说为了"你"可以"赴汤蹈火"，但后面却因为"下雨"不来接"你"，自相矛盾。

### 第2步 应用母题写法

**（1）自相矛盾的写作思路**

自相矛盾一般只需要列举出材料中的矛盾之处即可。

**（2）自相矛盾的母题公式**

> 材料一方面肯定了 __A__ ，一方面又否定了 __A__ ，岂不是自相矛盾？

## 真题精讲

**真题1.（2015年管理类联考真题）**

首先，我国部分行业出现的生产过剩并不是真正的生产过剩。道理很简单，在市场经济条件下，生产过剩实际上只是一种假象。只要生产企业开拓市场、刺激需求，就能扩大销售，生产过剩马上就会化解。退一步说，即使出现了真正的生产过剩，市场本身也会进行自动调节。

其次，经济运行是一个动态变化的过程，产品的供求不可能达到绝对的平衡状态，因而生产过剩是市场经济的常见现象。既然如此，那么生产过剩也就是经济运行的客观规律。因此，如果让政府采取措施进行干预，那就违背了经济运行的客观规律。

**【谬误识别】**

在"首先"这一段，材料指出"生产过剩实际上只是一种假象""不是真正的生产过剩"。在"其次"这一段，材料又指出"生产过剩是市场经济的常见现象"。两处观点不一致，存在自相矛盾的逻辑谬误。

**【参考范文】**

材料既说生产过剩"不是真正的生产过剩"，又说"出现了真正的生产过剩"；既说"生产过剩实际上是一种假象"，又说"生产过剩是市场经济的常见现象"（引），存在自相矛盾的逻辑谬误（疑＋析）。

## 习题精练

**习题 1.（2011 年管理类联考真题）**

一般来说，要正确判断某一股票的价格高低，唯一的途径就是看它的历史表现。

再说，股价的未来走势充满各种变数，它的涨和跌不是必然的，而是或然的。我们只能借助概率进行预测。

**习题 2.（2015 年管理类联考真题）**

我们应该合理定位政府在经济运行中的作用。政府要有所为，有所不为。政府应该管好民生问题。至于生产过剩或生产不足，应该让市场自行调节，政府不必干预。

**【习题参考范文】**

习题 1. 参考范文

材料一方面认为，判断某一股票的价格高低"唯一的途径就是看它的历史表现"，另一方面又认为"只能借助概率进行预测"（引），二者自相矛盾（疑＋析）。

习题 2. 参考范文

材料一方面表示"政府应该管好民生问题"，另一方面又说政府不必干预"生产过剩和生产不足"（引）。而实际上，生产过剩和生产不足恰恰会影响人们的生活水平，恰恰是民生问题。所以，材料存在自相矛盾的逻辑谬误（疑＋析）。

# 谬误 ⑧ 非黑即白

## 第 1 步 识别谬误类型

黑色和白色是反对关系，而不是矛盾关系。因为，除了黑色和白色外，还有很多其他颜色，所以，不是黑色也并不一定是白色。黑色与白色的关系如下图所示：

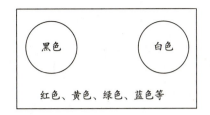

所以，非黑即白就是误把反对关系当作矛盾关系，误认为否定一方，就肯定了另外一方，也称为非此即彼或虚假二分。

非黑即白型的题目，其结构一般是"不是 A 就是 B"。

🪐 例 2.

你家的宠物不是猫就是狗。

【分析】

宠物不是猫，不一定是狗，也有可能是乌龟、仓鼠、鹦鹉等。

### 第 2 步  应用母题写法

#### （1）非黑即白的写作思路

材料认为不是"黑"就是"白"，我们只要指出还有"红""黄""蓝"等其他颜色即可。

#### （2）非黑即白的母题公式

材料认为不是"___A___"就是"___B___"，未必成立，因为，还可能是"___C___""___D___""___E___"等情况。

🖊 真题精讲

🪐 真题 1.（2004 年在职 MBA 联考真题）

这个故事告诉我们，企业经营首先要考虑的是如何战胜竞争对手，因为顾客不是选择你，就是选择你的竞争者，所以只要在满足顾客需求方面比竞争者快一点，你就能够脱颖而出，战胜对手。

【谬误识别】

锁定关键词"不是，就是"，但除了这两种选择外，消费者还有其他选择，可知此题犯了非黑即白的逻辑谬误。

【参考范文】

材料认为"顾客不是选择你，就是选择你的竞争者"（引），未必成立（疑）。因为，顾客并非必须在企业和它的竞争者之间做出选择，如果顾客的需求在企业和它的竞争者那里都得不到满足，顾客可能会放弃购买，或者转向其他需求。材料犯了非黑即白的逻辑谬误（析）。

### 习题精练

🪐 习题 1.

想成为富人，不是靠打工，就是靠理财。但是，靠打工是不可能成为富人的，试想，单靠那点死工资，你赚得再多终归是有数的。所以，想成为富人，就得学会理财，这就是所谓"你不理财，财不理你"的道理。

🪐 习题 2.

要么发展经济，要么保护环境，这两条路我们必须选一条去走。发展经济仅仅是眼前利益，而环境才是我们永恒的家园，所以，宁可不发展经济，也要把环境保护好。

【习题参考范文】

习题 1. 参考范文

材料认为"想成为富人，不是靠打工，就是靠理财"（引），存在不妥（疑）。除了这两者之外，通过创业等其他方式也可能成为富人（析）。而且，材料认为"靠打工不可能成为富人"也值得商榷，很多大型企业的职业经理人也会有不菲的收入（踩）。

习题 2. 参考范文

材料认为"要么发展经济，要么保护环境"，二者必须择一（引），难以成立（疑）。因为我们可以在发展经济的基础上保护环境，寻求二者协同发展之路（析）。

# 第 5 节　其他谬误的写作技巧

扫码听本节讲解

前文介绍了 8 大逻辑谬误的写法，但实际上在真题中主要考前 7 种，第 8 种"非黑即白"考得也很少。接下来，我们再介绍一些与数量关系有关的谬误，这些谬误只在 2005 年前后 MBA 入学考试真题中的论证有效性分析中出现过，近 15 年以来的管综、经综真题中则没有考过。大家可以做必要的了解，但不必当作论证有效性分析的备考重点。

## 谬误 ⑨　平均值陷阱

平均值陷阱：一个样本的平均值，不能代表某个或某部分个体情况。反之，某个或某部分个体的情况，也无法说明平均状况。

识别方法：看材料中是否出现平均值。

写作公式：

> 材料试图以 ＿＿A＿＿ 这一平均值，来论证 ＿＿B＿＿ 这一个体值，存在不妥。因为，平均值仅仅用来表示一组样本的整体情况，难以代表每个个体的情况。

### 真题精讲

**真题 1.（2004 年 MBA 联考真题）**

目前，国内约有 1 000 家专业公关公司。在不远的将来，若中国的人均公关费用达到日本的水平，中国公关市场的营业额将从 25 亿元增长到 300 亿元，平均每家公关公司就有 3 000 万元左右的营业收入。这意味着一大批本土公关公司将胜过外资公司，成为世界级的公关公司。

【谬误识别】

锁定关键词"平均"，可知材料存在平均值陷阱。

【参考范文】

材料认为，中国的公关公司"平均每家有 3 000 万元左右的营业收入"就说明将会有"一大批"本土公关公司成为世界级的公关公司（引），难以成立（疑）。因为，平均每家公司有 3 000 万的营业收入，并不意味着有很多公司达到这样的营业收入。较高的营业收入可能是由极少数行业巨头所创造的（析）。

## 谬误 ❿  增长率陷阱

增长率陷阱：根据基数和增长率，才能计算现值。反之，只知道基数或增长率，无法计算现值。

识别方法：看材料中是否出现增长率。

写作公式：

> 材料认为 ___A___ 的增长率很高，___A___ 的值就很大，并不妥当。因为要想衡量 ___A___ 的值，不仅要看增长率，还要看其基数的大小。

🖊 **真题精讲**

🌐 **真题 1.（2005 年在职 MBA 联考真题）**

过去 5 年中，洋快餐在大城市中的网点数每年以 40% 的惊人速度增长，照此速度发展下去，估计未来 10 年，洋快餐在中国饮食行业的市场占有率将超过 20%，成为中国百姓饮食的重要选择。

【谬误识别】

锁定关键词"40% 的惊人速度增长"，可知材料中存在增长率陷阱。

【参考范文】

材料由"洋快餐在大城市中的网点数每年以 40% 的惊人速度增长"推断出"洋快餐的市场占有率将超过 20%"（引），难以成立（疑）。因为，我们不知道洋快餐销售额的基数如何，如果其基数特别小，即使其增长率高，也未必能在短时间内创造较大的销售额（析）。

## 谬误 ⓫  比率陷阱

比率陷阱：根据分子和分母，才能计算比率。反之，只知道分子或分母，无法计算比率。

识别方法：看材料中是否出现市场占有率、利润率等比率。

写作公式：

> 材料试图判断 ___比率A___ 的大小，但材料仅考虑了分子，没有考虑分母，难以准确断定该比率的大小。

### 真题精讲

**真题 1.**（2005 年在职 MBA 联考真题）

过去 5 年中，洋快餐在大城市中的网点数每年以 40% 的惊人速度增长，照此速度发展下去，估计未来 10 年，洋快餐在中国饮食行业的市场占有率将超过 20%，成为中国百姓饮食的重要选择。

【谬误识别】

锁定关键词"市场占有率将超过 20%"，可知材料中存在比率陷阱。

【参考范文】

材料由"洋快餐在大城市中的网点数每年以 40% 的惊人速度增长"推断出"洋快餐的市场占有率将超过 20%"（引），难以成立（疑）。因为，洋快餐的市场占有率等于洋快餐的销售额除以中国餐饮业的销售总额，在不知道中国餐饮业的销售总额是否快速增长的情况下，难以判断洋快餐的市场占有率（析）。

第3讲

联考写作
要点7讲

# 论证有效性分析

## 真题一类卷精讲与精练

## ✎ 写在前面的话

本讲分为三部分：

第一部分：典型真题精讲。主要讲解"3步4句法"在真题中如何应用。

第二部分：管理类联考真题精练。包括从2013年至今的所有真题，当然，前文中已有讲解的，本讲不再赘述。

第三部分：经济类联考真题精练。经济类真题在2020年及以前由高校自主命题，自2021年起改为教育部统一命题。故早年的论证有效性分析真题与现在的真题差别非常大，学习价值不高。故本书讲解2021年至今的396真题。

## 📘 本讲内容

第3讲

### 第1节 真题一类卷写法精讲

- 2014年管理类联考论证有效性分析真题
- 2015年管理类联考论证有效性分析真题
- 2019年管理类联考论证有效性分析真题

### 第2节 管理类联考真题精练

- 2013年管理类联考论证有效性分析真题
- 2016年管理类联考论证有效性分析真题
- 2017年管理类联考论证有效性分析真题
- 2018年管理类联考论证有效性分析真题
- 2021年管理类联考论证有效性分析真题
- 2022年管理类联考论证有效性分析真题
- 2023年管理类联考论证有效性分析真题
- 2024年管理类联考论证有效性分析真题

### 第3节 经济类联考真题精练

- 2021年396经济类联考论证有效性分析真题
- 2022年396经济类联考论证有效性分析真题
- 2023年396经济类联考论证有效性分析真题
- 2024年396经济类联考论证有效性分析真题

真题精讲 **1**

## 2014 年管理类联考论证有效性分析真题

扫码听真题1讲解

### ❶ 真题原文

论证有效性分析：分析下述论证中存在的缺陷和漏洞，选择若干要点，写一篇 600 字左右的文章，对该论证的有效性进行分析和评论。（论证有效性分析的一般要点是：概念特别是核心概念的界定和使用是否准确并前后一致，有无各种明显的逻辑错误，论证的论据是否成立并支持结论，结论成立的条件是否充分等。）（30 分）

现代企业管理制度的设计所要遵循的重要原则是权力的制衡与监督。只要有了制衡与监督，企业的成功就有了保证。

所谓制衡，指对企业的管理权进行分解，然后使被分解的权力相互制约以达到平衡，它可以使任何人不能滥用权力；至于监督，指对企业管理进行严密观察，使企业运营的各个环节处于可控范围之内。既然任何人都不能滥用权力，而且所有环节都在可控范围之内，那么企业的运营就不可能产生失误。

同时，以制衡与监督为原则所设计的企业管理制度还有一个固有特点，即能保证其实施的有效性，因为环环相扣的监督机制能确保企业内部各级管理者无法敷衍塞责。万一有人敷衍塞责，也会受这一机制的制约而得到纠正。

再者，由于制衡原则的核心是权力的平衡，而企业管理的权力又是企业运营的动力与起点，因此，权力的平衡就可以使整个企业运营保持平衡。

另外，从本质上来说，权力平衡就是权力平等，因此这一制度本身蕴含着平等观念。平等观念一旦成为企业的管理理念，必将促成企业内部的和谐与稳定。

由此可见，如果权力的制衡与监督这一管理原则付诸实践，就可以使企业的运营避免失误，确保其管理制度的有效性、日常运营的平衡以及内部的和谐与稳定，这样的企业一定能够成功。

## ❷ 3步4句法

### 第1步 找点

现代企业管理制度的设计所要遵循的重要原则是权力的制衡与监督。只要有了制衡与监督，企业的成功就有了保证。

所谓制衡，指对企业的管理权进行分解，然后使被分解的权力相互制约以达到平衡，它可以使任何人不能滥用权力；至于监督，指对企业管理进行严密观察，使企业运营的各个环节处于可控范围之内。既然任何人都不能滥用权力，而且所有环节都在可控范围之内，那么企业的运营就不可能产生失误。

同时，以制衡与监督为原则所设计的企业管理制度还有一个固有特点，即能保证其实施的有效性，因为环环相扣的监督机制能确保企业内部各级管理者无法敷衍塞责。万一有人敷衍塞责，也会受这一机制的制约而得到纠正。

再者，由于制衡原则的核心是权力的平衡，而企业管理的权力又是企业运营的动力与起点，因此，权力的平衡就可以使整个企业运营保持平衡。

另外，从本质上来说，权力平衡就是权力平等，因此这一制度本身蕴含着平等观念。平等观念一旦成为企业的管理理念，必将促成企业内部的和谐与稳定。

由此可见，如果权力的制衡与监督这一管理原则付诸实践，就可以使企业的运营避免失误，确保其管理制度的有效性、日常运营的平衡以及内部的和谐与稳定，这样的企业一定能够成功。

> 谬误①：锁定关键词"只要……就……"，可知此处强置充分条件（过于绝对）。
>
> 谬误②：锁定关键词"可以使任何人"，可知此处过于绝对。
>
> 谬误③：锁定关键词"那么……就不可能……"，可知此处强置充分条件（过于绝对）。
>
> 谬误④：锁定关键词"能确保"，可知此处过于绝对。
>
> 谬误⑤："无法敷衍塞责"与"万一有人敷衍塞责"矛盾。
>
> 谬误⑥：锁定关键词"因此……就可以使……"，可知此处强置充分条件（过于绝对）。
>
> 谬误⑦："权力平衡"就是"权力平等"，此处存在偷换概念。
>
> 谬误⑧：锁定关键词"必将促成"，可知此处过于绝对。
>
> 谬误⑨：锁定关键词"一定能够"，可知此处过于绝对。

### 第2步 选点

论证有效性分析真题的官方参考答案一般给出6个点，而我们找到了9个点。说明我们找的点中至少有3个点是参考答案中没有的。当然，阅卷时有一条原则："参考答案中没有的，言之成理，也应给分。"但是要知道，阅卷人凭参考答案来阅卷。如果我们写的点有道理、符合逻辑，但参考答案中没有，阅卷人在凭参考答案阅卷时就可能误判。为了减少这种误判对我们的影响，我们应该好好选点，争取踩中参考答案。

选点方案：

选点1：谬误①出现在第一段中。在真题中，第一段的任务一般有两个：介绍文章的背景，提出核心论点。谬误①涉及的句子是全文的核心论点，从近几年真题的官方参考答案来看，除了 2019 年的真题外，历年答案中均未出现对第 1 段的核心论点的质疑。再加上本文采用的是总分总结构，即开头提出论点，结尾处又再次总结全文的论证，故谬误①与谬误⑨本质上是完全相同的，故可写谬误⑨、放弃谬误①。

选点 2：谬误②中涉及的句子是谬误③的论据，根据"同一论点可合并"的原则，这两点可以合写进一段。

选点 3 与 4：谬误④和谬误⑤在同一个段落中，但二者的谬误类型不同，故可以分开写。

选点 5：材料的第 4 段中只有谬误⑥这一个点，故这个点必写。

选点 6：谬误⑦和谬误⑧在同一个段落中，前者涉及的句子是后者涉及的句子的论据，故两个谬误可以合写。

## 第3步 写点

**【谬误②③】**

制衡与监督未必能使"任何人都不能滥用权力"和"所有环节都在可控范围之内"。即使这一目标达成，也无法得出"企业的运营就不可能产生失误"的结论。因为，企业的运营失误与否还取决于管理团队的水平等其他条件。

**【谬误④】**

材料认为"环环相扣的监督机制能确保企业内部各级管理者无法敷衍塞责"，过于绝对，无法作为论据。因而，无法证明以制衡与监督为原则所设计的企业管理制度能保证实施的有效性。

**【谬误⑤】**

材料一方面认为环环相扣的监督机制能确保企业内部各级管理者"无法敷衍塞责"，后文中又提出"万一有人敷衍塞责"，二者自相矛盾。

**【谬误⑥】**

权力的平衡未必"可以使整个企业运营保持平衡"。因为，企业运营的平衡，除了企业管理权力的平衡这一重要条件外，还取决于其他条件，例如研发、生产、销售等。

**【谬误⑦⑧】**

材料认为"权力平衡就是权力平等"，但二者并不相同。"权力平衡"是指权力的动态制约关系，而"权力平等"则是指权力的平均分配。因此，无法由此推出"这一制度本身蕴含着平等观念"，当然更不能由此得出"必将促成企业内部的和谐与稳定"这一结论。

**【谬误⑨】**

"权力的制衡与监督"难以保证"企业运营不失误、管理制度有效、日常运营平衡以及内部和谐稳定"，也难以说明"这样的企业一定能够成功"。因为，企业的成功不仅取决于企业的内部因素，还取决于市场环境等企业外部因素。

（说明：以上谬误分析参考了教育部考试中心公布的官方参考答案。）

### ❸ 参考范文

权力的制衡与监督真的有效吗?

材料认为,"只要有了制衡与监督,企业的成功就有了保证",然而其论证存在多处不当,其结论难以成立。

第一,制衡与监督未必能使"任何人都不能滥用权力"和"所有环节都在可控范围之内"。即使这一目标达成,也无法得出"企业的运营就不可能产生失误"的结论。因为,企业的运营失误与否还取决于管理团队的水平等其他条件。

第二,材料认为"环环相扣的监督机制能确保企业内部各级管理者无法敷衍塞责",事实上,即使有了监督机制,也不能确保所有管理者不敷衍塞责。而且,"确保无法敷衍塞责"与后文中的"万一有人敷衍塞责"自相矛盾。

第三,材料认为"权力平衡就是权力平等",但二者并不相同。"权力平衡"是指权力的动态制约关系,而"权力平等"则是指权力的平均分配。因此,无法由此推出"这一制度本身蕴含着平等观念",当然更不能由此得出"必将促成企业内部的和谐与稳定"这一结论。

第四,"权力的制衡与监督"难以保证"企业运营不失误、管理制度有效、日常运营平衡以及内部和谐稳定",也难以说明"这样的企业一定能够成功"。因为,企业的成功不仅取决于企业的内部因素,还取决于市场环境、国家政策、宏观经济状况等企业外部因素。

总之,权力的制衡与监督只是企业成功的因素之一,而不是全部,即使做到了这一点,也难以保证企业必然成功。

(全文共 549 字)

••▷ 真题精讲 2 ◁••

2015 年管理类联考论证有效性分析真题

扫码听真题 2 讲解

### ❶ 真题原文

论证有效性分析:分析下述论证中存在的缺陷和漏洞,选择若干要点,写一篇 600 字左右的文章,对该论证的有效性进行分析和评论。(论证有效性分析的一般要点是:概念特别是核心概念的界定和使用是否准确并前后一致,有无各种明显的逻辑错误,论证的论据是否成立并支持结论,结论成立的条件是否充分等等。)(30 分)

有一段时期,我国部分行业出现了生产过剩现象。一些经济学家对此忧心忡忡,建议政府采取措施加以应对,以免造成资源浪费,影响国民经济正常运行。这种建议看似有理,其实未必正确。

首先,我国部分行业出现的生产过剩并不是真正的生产过剩。道理很简单,在市场经济条件下,生产过剩实际上只是一种假象。只要生产企业开拓市场、刺激需求,就能扩大销售，生产过剩马上就会化解。退一步说，即使出现了真正的生产过剩，市场本身也会进行自动调节。

其次，经济运行是一个动态变化的过程，产品的供求不可能达到绝对的平衡状态，因而生产过剩是市场经济的常见现象。既然如此，那么生产过剩也就是经济运行的客观规律。因此，如果让政府采取措施进行干预，那就违背了经济运行的客观规律。

再次，生产过剩总比生产不足好。如果政府的干预使生产过剩变成了生产不足，问题就会更大。因为生产过剩未必会造成浪费，反而可以因此增加物资储备以应对不时之需。如果生产不足，就势必造成供不应求的现象，让人们重新去过缺衣少食的日子，那就会影响社会的和谐与稳定。

总之，我们应该合理定位政府在经济运行中的作用。政府要有所为，有所不为。政府应该管好民生问题。至于生产过剩或生产不足，应该让市场自动调节，政府不必干预。

## ❷ 3步4句法

### 第1步 找点

有一段时期，我国部分行业出现了生产过剩现象。一些经济学家对此忧心忡忡，建议政府采取措施加以应对，以免造成资源浪费，影响国民经济正常运行。这种建议看似有理，其实未必正确。

首先，我国部分行业出现的生产过剩并不是真正的生产过剩。道理很简单，在市场经济条件下，生产过剩实际上只是一种假象。只要生产企业开拓市场、刺激需求，就能扩大销售，生产过剩马上就会化解。退一步说，即使出现了真正的生产过剩，市场本身也会进行自动调节。

其次，经济运行是一个动态变化的过程，产品的供求不可能达到绝对的平衡状态，因而生产过剩是市场经济的常见现象。既然如此，那么生产过剩也就是经济运行的客观规律。因此，如果让政府采取措施进行干预，那就违背了经济运行的客观规律。

再次，生产过剩总比生产不足好。如果政府的干预使生产过剩变成了生产不足，问题就会更大。因为生产过剩未必会造成浪费，反而可以因此增加物资储备以应对不时之需。如果生产不足，就势必造成供不应求的现象，让人们重新去过缺衣少食的日子，那就会影响社会的和谐与定。

总之，我们应该合理定位政府在经济运行中的作用。政府要有所为，有所不为。政府应该管好民生问题。至于生产过剩或生产不足，应该让市场自动调节，政府不必干预。

谬误①：锁定关键词"只要……，就……"，可知此处存在强置充分条件的问题（或过于绝对）。

谬误②："出现了真正的生产过剩"与"不是真正的生产过剩"自相矛盾。

谬误③：锁定关键词"因而"，可知此前是论据，此后是论点，可质疑材料推断不当。

谬误④：锁定关键词"那么"，可知此前是论据，此后是论点。论据中的核心概念是"常见现象"，论点中的核心概念是"客观规律"。可质疑材料偷换概念。

谬误⑤：锁定关键词"因此"，可知此前是论据，此后是论点。可质疑材料推断不当。

谬误⑥：锁定关键词"可以"，可质疑材料推断不当。

谬误⑦：锁定关键词"就势必造成"，可质疑推断不当（或过于绝对）。

谬误⑧："政府应该管好民生问题"与"政府不必干预生产过剩或生产不足"，存在矛盾。

## 第 2 步　选点

论证有效性分析真题的官方参考答案一般给出 6 个点，而我们找到了 8 个点。说明我们找的点中至少有 2 个点是参考答案中没有的。因此，要恰当地进行选点，以求更好地踩中参考答案。

选点方案：

选点 1：谬误①是典型的强置充分条件，属于必写点。

选点 2：谬误②的自相矛盾，也是答案中最常出现的谬误点，必写。

选点 3：谬误③④⑤是递进式的推断。可以写③、踩④⑤；由于④中的偷换概念这一谬误特别典型，故建议写④踩⑤。

选点 4：谬误⑥和⑦中的内容，是一组对比关系。通过说明生产过剩好、生产不足不好，来证明"生产过剩总比生产不足好"这一观点。故二者可以合写成一段，踩"生产过剩总比生产不足好"这一观点。

选点 5：谬误⑧中的自相矛盾具有典型性，必写。

本道真题的官方参考答案提供的谬误是：①②④⑤⑥⑧，③和⑦在答案中没有出现。但通过以上选点，我们可以实现用 5 段踩材料中的所有点。

## 第 3 步　写点

【谬误①】

材料认为"只要生产企业开拓市场、刺激需求，就能扩大销售，生产过剩马上就可以化解"，过于绝对。能否扩大销售还取决于市场饱和度、社会购买力、社会消费心理等其他因素。而且，即使扩大销售，如果销售扩大的数量不够，也难以化解生产过剩。

【谬误②】

材料一方面认为生产过剩"不是真正的生产过剩"，另一方面又认为"出现了真正的生产过剩"，二者自相矛盾。

【谬误④ + ⑤】

生产过剩是市场经济的"常见现象"，不代表生产过剩也就是经济运行的"客观规律"。"常见现象"是事物的外在表现，"客观规律"是事物的本质属性，二者不能混淆。既然生产过剩不是"客观规律"，当然无法推出"政府采取措施进行干预，那就违背了经济运行的客观规律"。

【谬误⑥ + ⑦】

生产过剩可以"增加物资储备"，难以成立。因为，"生产过剩"是指某些商品的生产超过了社会总需求，此时产品已经超过了正常的消费需求和物资储备。生产不足"势必造成供不应求的现象，让人们重新去过缺衣少食的日子"也过于绝对。因此，无法认为"生产过剩比生产不足好"。

**【谬误⑧】**

材料认为"政府应该管好民生问题。至于生产过剩或生产不足，应该让市场自动调节，政府不必干预"，难以成立。因为，市场调节和政府干预并不矛盾。而且，生产过剩或生产不足也和民生相关，也是民生问题，不能将它们完全分开。

（说明：以上谬误分析参考了教育部考试中心公布的官方参考答案。）

### ❸ 参考范文

#### 政府不必干预生产过剩吗？

上述材料认为政府不必干预生产过剩，然而，其论证过程存在多处不当，分析如下：

首先，材料既说生产过剩"不是真正的生产过剩"，又说"出现了真正的生产过剩"；既说"生产过剩实际上是一种假象"，又说"生产过剩是市场经济的常见现象"，存在自相矛盾。

其次，"只要生产企业开拓市场、刺激需求，就能扩大销售，生产过剩马上就可以化解"，过于绝对化。生产企业开拓市场、刺激需求并不是扩大销售的充分条件，因为销售还取决于市场饱和度、社会购买力、社会消费心理等其他因素。

再次，生产过剩是市场经济的"常见现象"，不代表生产过剩也就是经济运行的"客观规律"。"常见现象"与"客观规律"是两个不同的概念。常见现象是事物的外在表现，客观规律是事物的本质属性，二者不能混淆。

而且，生产过剩是指某些商品的生产超过了社会总需求，即其产品已经超过了正常的消费需求和物资储备。因此，不能说生产过剩会"增加物资储备，以应对不时之需"。另外，物资储备也是按需储备，而不是剩下什么就储备什么。

最后，材料认为"政府应该管好民生问题。至于生产过剩或生产不足，应该让市场自动调节，政府不必干预"。实际上，市场调节和政府干预并不矛盾。而且，生产过剩或生产不足也会影响民生，也是民生问题。

综上所述，材料的论证存在多处逻辑漏洞，政府不必干预生产过剩的结论令人难以信服。

（全文共 565 字）

#### 真题精讲 3

#### 2019 年管理类联考论证有效性分析真题

扫码听真题3讲解

### ❶ 真题原文

论证有效性分析：分析下述论证中存在的缺陷和漏洞，选择若干要点，写一篇600字左右的文章，对该论证的有效性进行分析和评论。（论证有效性分析的一般要点是：概念特别是核心概念的界定和使用是否准确并前后一致，有无各种明显的逻辑错误，论证的论据是否成立并支持结论，结论成立的条件是否充分等等。）（30分）

有人认为选择越多越快乐。其理由是：人的选择越多就越自由，其自主性就越高，就越感到幸福和满足，所以就越快乐。其实，选择越多，可能会越痛苦。

常言道："知足常乐。"一个人知足了才会感到快乐。世界上的事物是无穷的，所以选择也是无穷的。所谓"选择越多越快乐"，意味着只有无穷的选择才能使人感到最快乐。而追求无穷的选择就是不知足，不知足者就不会感到快乐，那就只会感到痛苦。

再说，在做出每一个选择时，首先需要我们对各个选项进行考察分析，然后再进行判断决策。选择越多，我们在考察分析选项时势必付出更多的精力，也就势必带来更多的烦恼和痛苦。事实也正是如此，我们在做考卷中的选择题时，选项越多选择起来就越麻烦，也就越感到痛苦。

还有，选择越多，选择时产生失误的概率就越高，由于选择失误而产生的后悔就越多，因而产生的痛苦也就越多。有人因为飞机晚点而后悔没选坐高铁，就是因为可选交通工具多样而造成的。如果没有高铁可选，就不会有这种后悔和痛苦。

退一步说，即使其选择没有绝对的对错之分，也肯定有优劣之分。人们作出某一选择后，可能会觉得自己的选择并非最优而产生懊悔。从这种意义上说，选择越多，懊悔的概率就越大，也就越痛苦。很多股民懊悔自己没有选好股票而未赚到更多的钱，从而痛苦不已，无疑是因为可选购的股票太多造成的。

## ❷ 3步4句法

### 第1步　找点

有人认为选择越多越快乐。其理由是：人的选择越多就越自由，其自主性就越高，就越感到幸福和满足，所以就越快乐。其实，选择越多，可能会越痛苦。

常言道："知足常乐。"一个人知足了才会感到快乐。世界上的事物是无穷的，所以选择也是无穷的。所谓"选择越多越快乐"，意味着只有无穷的选择才能使人感到最快乐。而追求无穷的选择就是不知足，不知足者就不会感到快乐，那就只会感到痛苦。

再说，在做出每一个选择时，首先需要我们对各个选项进行考察分析，然后再进行判断决策。选择越多，我们在考察分析选项时势必付出更多的精力，也就势必带来更多的烦恼和痛苦。事实也正是如此，我们在做考卷中的选择题时，选项越多选择起来就越麻烦，也就越感到痛苦。

谬误①：由"知足常乐"无法推出"一个人知足了才会感到快乐"。

谬误②：锁定关键词"所以"，可知此处推断不当。

谬误③：锁定关键词"意味着"，可知此处推断不当（或过于绝对）。

谬误④：锁定关键词"就……，就……"，可知此处推断不当（或过于绝对）。

谬误⑤：锁定关键词"势必……，势必……"，可知此处过于绝对。

谬误⑥：选择题的例子是用来证明前文的，可质疑例证不当。

还有，选择越多，选择时产生失误的概率就越高，由于选择失误而产生的后悔就越多，因而产生的痛苦也就越多。有人因为飞机晚点而后悔没选坐高铁，就是因为可选交通工具多样而造成的。如果没有高铁可选，就不会有这种后悔和痛苦。

> 谬误⑦：锁定关键词"就……，就……，就……"，可知此处推断不当（或过于绝对）。

> 谬误⑧：锁定关键词"就是因为……"，可知此处归因不当。

退一步说，即使其选择没有绝对的对错之分，也肯定有优劣之分。人们作出某一选择后，可能会觉得自己的选择并非最优而产生懊悔。从这种意义上说，选择越多，懊悔的概率就越大，也就越痛苦。很多股民懊悔自己没有选好股票而未赚到更多的钱，从而痛苦不已，无疑是因为可选购的股票太多造成的。

> 谬误⑨：锁定关键词"就……，就……"，可知此处推断不当（或过于绝对）。

> 谬误⑩：锁定关键词"无疑是因为……"，可知此处归因不当。

## 第2步　选点

论证有效性分析真题的官方参考答案一般给出6个点，而我们找到了10个点。这显然太多了，因此必须要合理选点，以求更好地踩中参考答案。

选点方案：

选点1：谬误①是相对独立的点，可以写。

选点2：谬误②③④是一段递进的推理，可并入一段。

选点3：谬误⑥中选择题的例子是为了证明谬误⑤，可以写⑤踩⑥。

选点4：谬误⑦和谬误⑨都是说的概率问题，基本相同，可并入一段。

选点5：谬误⑧的"归因不当"可单独写。也可以写⑧踩⑦。

选点6：谬误⑩的"归因不当"可单独写。也可以写⑩踩⑨。

本道真题的官方参考答案提供的谬误是：①③⑤⑦⑧⑩。我们用以上的选点方案，可以全部踩中官方答案。

## 第3步　写点

【谬误①】

由"知足常乐"无法推出"一个人知足了才会感到快乐"。因为，"知足常乐"的意思是知足者常常会感觉到快乐，而后者的意思是"不知足者就不会感到快乐"，二者含义不同。

【谬误②③④】

"世界上的事物是无穷的"，并不意味着"选择也是无穷的"。因为事物是客观存在的，而选择则受多种条件的制约。因此，选择再多也是有限的，人们不可能追求"无穷的选择"，也就无所谓"不知足"。

【谬误⑤⑥】

选择多，虽然会在判断决策时带来额外的负担，但同时也意味着我们有可能做出更好的决策，从而获取更大的收益。因此，认为选择多就"势必带来更多的烦恼和痛苦"，并不妥当（写⑤）。而且，考试中的"选择题"的例子也难以代表生活中的选择（踩⑥）。

**【谬误⑦⑨】**

"选择越多，选择时产生失误的概率就越高"并不妥当。选择多少与选择失误之间未必存在正比关系。

**【谬误⑧】**

"有人因为飞机晚点而后悔没选坐高铁"，这一痛苦的真正原因是"飞机晚点"，而不是"选择多"，此处存在归因谬误。如果没有高铁可选，可能也会有这种后悔和痛苦。

**【谬误⑩】**

"很多股民懊悔自己没有选好股票而未赚到更多的钱"与"可选购的股票太多"没有直接的因果关系。

### ❸ 参考范文

#### 选择越多越痛苦吗？

材料认为"选择越多，可能会越痛苦"，但其论证存在多处不当，分析如下：

第一，"世界上的事物是无穷的"，并不意味着"选择也是无穷的"。因为事物是客观存在的，而选择则受多种条件的制约。因此，选择再多也是有限的，人们不可能追求"无穷的选择"，也就无所谓"不知足"。

第二，由"知足常乐"无法推出"不知足者就不会感到快乐"而"只会感到痛苦"。因为，"知足常乐"的意思是知足者常常会感觉到快乐，并不是只有知足者才会感觉到快乐。而且"知足常乐"只是一句俗语，其本身的成立性也值得质疑。

第三，选择多，虽然会在判断决策时带来额外的负担，但同时也意味着我们有可能做出更好的决策，从而获取更大的收益。因此，认为选择多就"势必带来更多的烦恼和痛苦"，并不妥当。

第四，"选择越多，选择时产生失误的概率就越高"并不妥当，二者未必存在正比关系。人的很多选择可能都是合适的选择，而且，也许正是因为选择多，我们才能做出更好的决策方案。

第五，"有人因为飞机晚点而后悔没选坐高铁"，这一痛苦的真正原因是"飞机晚点"，而不是"选择多"，此处存在归因错误。"如果没有高铁可选，就不会有这种后悔和痛苦"也不成立，因为如果没有高铁可选，"飞机晚点"的痛苦依然存在。

综上所述，材料的论证存在多处逻辑漏洞，难以证明"选择越多就越痛苦"。

（全文共 551 字）

# 第2节 管理类联考真题精练

**真题精练 1**

## 2013 年管理类联考论证有效性分析真题

### ❶ 真题原文

论证有效性分析：分析下述论证中存在的缺陷和漏洞，选择若干要点，写一篇 600 字左右的文章，对该论证的有效性进行分析和评论。（论证有效性分析的一般要点是：概念特别是核心概念的界定和使用是否准确并前后一致，有无各种明显的逻辑错误，论证的论据是否成立并支持结论，结论成立的条件是否充分等。）（30 分）

一个国家的文化在国际上的影响力是该国软实力的重要组成部分。由于软实力是评判一个国家国际地位的要素之一，所以如何增强软实力就成了各国政府高度关注的重大问题。

其实，这一问题不难解决。既然一个国家的文化在国际上的影响力是该国软实力的重要组成部分，那么，要增强软实力，只需搞好本国的文化建设并向世人展示就可以了。

文化有两个特性：一个是普同性，一个是特异性。所谓普同性，是指不同背景的文化具有相似的伦理道德和价值观念，如东方文化和西方文化都肯定善行，否定恶行；所谓特异性，是指不同背景的文化具有不同的思想意识和行为方式，如西方文化崇尚个人价值，东方文化固守集体意识。正因为文化具有普同性，所以一国文化就一定会被他国所接受；正因为文化具有特异性，所以一国文化就一定会被他国所关注。无论是接受还是关注，都体现了该国文化影响力的扩大，也即表明了该国软实力的增强。

文艺作品当然也具有文化的本质属性。一篇小说、一出歌剧、一部电影等，虽然一般以故事情节、人物形象、语言特色等艺术要素取胜，但在这些作品中，也往往肯定了一种生活方式，宣扬了一种价值观念。这种生活方式和价值观念不管是普同的还是特异的，都会被他国所接受或关注，都能产生文化影响力。由此可见，只要创作更多的具有本国文化特色的文艺作品，那么文化影响力的扩大就是毫无疑义的，而国家的软实力也必将同步增强。

### ❷ 谬误分析

**【谬误①】**

"一国文化在国际上的影响力"仅仅是"软实力"的重要组成部分，而不是全部。一个国家的软实力还包括教育、科技、卫生等各方面。所以，仅"搞好本国的文化建设并向世人展示"，未必能增强国家的软实力。

**【谬误②】**

文化具有普同性，不必然"一国文化就一定会被他国所接受"，既然他国已经具备了相似的伦理道德和价值观念，可能就不再需要外来文化。"文化具有特异性"，也不必然"一国文化就一定会被他国所关注"。如果两种文化的特性形成对立的话，可能吸引来的不是关注，反而是排斥。

**【谬误③】**

一国文化被"接受和关注"，不见得体现了"该国文化影响力的扩大"，更不意味着"该国软实力的增强"。因为"接受"和"关注"并不意味着会受其影响；而且，影响力有可能是正面的，也有可能是负面的，负面的影响力可能会削弱国家的软实力。

**【谬误④】**

文艺作品"肯定了一种生活方式，宣扬了一种价值观念"，但这未必能"产生文化影响力"。因为其影响力还取决于受众的价值观念和接受能力。假如受众对文艺作品中的价值观念无法认同或缺乏接受能力，那么文艺作品就未必会被接受。

**【谬误⑤】**

"只要创作更多的具有本国文化特色的文艺作品，那么文化影响力的扩大就是毫无疑义的"，过于绝对，如果只创作不传播，就谈不上文化影响力的扩大。

**【谬误⑥】**

文艺作品的影响力只是软实力的组成部分，软实力还取决于其他因素。故"国家的软实力也必将同步增强"难以成立。

（说明：以上谬误分析参考了教育部考试中心公布的官方参考答案。）

## ③ 参考范文

### 如此提高软实力未必可行

材料认为只要搞好本国的文化建设并向世人展示，就能提高国家的软实力。其论证存在多处不当，让人难以信服。

第一，"一国文化在国际上的影响力"仅仅是"软实力"的重要组成部分，而不是全部。一个国家的软实力还包括教育、科技、卫生等各方面。所以，仅"搞好本国的文化建设并向世人展示"，未必能增强国家的软实力。

第二，文化具有普同性，不必然"一国文化就一定会被他国所接受"，"文化具有特异性"，也不必然"一国文化就一定会被他国所关注"。接受和关注只是一种可能性的结果，而不是必然的。

第三，一国文化被"接受和关注"，不见得体现了"该国文化影响力的扩大"，更不意味着"该国软实力的增强"。因为"接受"和"关注"并不意味着会受其影响；而且，影响力有可能是正面的，也有可能是负面的，负面的影响力可能会削弱国家的软实力。

第四，文艺作品"肯定了一种生活方式，宣扬了一种价值观念"，但这未必能"产生文化影响力"。因为其影响力还取决于受众的价值观念和接受能力。假如受众对文艺作品中的价值观念无法认同或缺乏接受能力，那么文艺作品就未必会被接受。

第五，"只要创作更多的具有本国文化特色的文艺作品，那么文化影响力的扩大就是毫无疑义的"，过于绝对，如果只创作不传播，就谈不上文化影响力的扩大。而且，文艺作品的影响力只是软实力的组成部分，软实力还取决于其他因素。故国家软实力未必能"同步增强"。

综上所述，搞好本国文化建设就能提高本国的软实力的论断难以成立。

（全文共 617 字）

## ❹ 习作点评

### 习作（1）

## 软实力增强仅靠文化建设么？

协议班学员  孟令钊

|  |  |
|---|---|
| | 标题没有问题。 |

上述材料旨在说明，增强软实力，只需将本国文化建设好就可以了。然而其论证存在多处逻辑漏洞，所以，其论证让人难以信服。

> 开头段简明扼要，很好。

首先，"一个国家的文化在国际上的影响力"确实是该国软实力的重要组成部分，但软实力还包括人民的素质教养、经济水平以及文化程度等其他内容。因此，仅"搞好本国的文化建设并向世人展示"不代表软实力就能提高，可能还需要其他方面的发展。

> 找点正确，论证有力，可得7分。

其次，文化具有"普同性"，但并不一定会被他国所"接受"；文化具有"特异性"，也并不一定就能被他国所"关注"。因为，可能虽然两国有着相似的价值观念和伦理道德，但由于存在着生活习俗或者环境发展的差异，两国文化会产生"排斥"而并不会被接受。

> 找点正确，论证有力，可得7分。

再次，文化被"接受"或是"关注"，并不意味着文化影响力的"扩大"。<u>因为接受和关注并不代表会影响他国的文化，可能仅仅表示认同①</u>。而且，<u>如果被他国排斥，产生的文化影响力是负面的，更不能增强该国的软实力，而是减弱国家的软实力②</u>。

> 找点正确，质疑正确。但①和②都缺少主语，影响了行文流畅程度，可评5分。

又次，本国的文艺作品宣扬的"价值观念"和肯定的"生活方式"，可能会因为两国的差异导致被他国"排斥"或者"无法理解"，而不是被他国"接受"或"关注"，因此并不能产生"文化影响力"。

> 找点正确，质疑正确。可评 6 分。

最后，创作更多"具有本国文化特色的文艺作品"并不能推出"文化影响力的扩大"。<u>因为有可能本国的文艺作品无法传播到其他国家或者他国并不接受和认同，也就无法增强本国的软实力③</u>。

> 找点正确，质疑正确。可评 6 分。

综上所述，由于材料在论证过程中存在多处不当，因此仅靠文化建设增强软实力的建议未必可行。

> 结尾没有问题。

（全文共 624 字）

## 论证有效性分析 5 步评分表（详细版）

| 项目 | 要求 | 本文评价 |
|---|---|---|
| 标题 | 1. 标题可以用 3 种：后"吗"式、未必式、万能式。如果用"后'吗'式"和"未必式"，则核心论点必须找对。<br>2. 标题不能超过 14 字。 | 本文标题正确。 |
| 开头 | 开头不宜过长，简短地指出材料的论证存在问题即可。 | 本文开头段简明扼要。 |
| 找点与分析 | 1. 正文需要写 4 段或 5 段，至少分析 4 个论证错误（即得分点）。<br>2. 管理类联考每点满分为 7 分，其中，每找对一个得分点得 2 分，分析部分按照 0 到 5 分给分。例如：得分点正确，且分析有力，得分为 2 分 +5 分，故本点可得 7 分；得分点正确，且分析一般，得 2 分 +3 分，故本点可得 5 分；得分点正确但是分析错误，故 2 分 +0 分，故本点可得 2 分。<br>3. 经济类联考每点满分为 4.5 分，其中，每找对一个得分点得 2 分，分析部分按照 0 到 2.5 分给分。例如：得分点正确，且分析有力，得分为 2 分 +2.5 分，故本点可得 4.5 分；得分点正确，且分析一般，得 2 分 +1 分，故本点可得 3 分；得分点正确但是分析错误，故 2 分 +0 分，故本点可得 2 分。<br>4. 最多按 4 个得分点给分。<br>5. 一定要将质疑的点写在每段的首句，且用引号加以标注，以方便老师阅卷。<br>6. 每个段落一般分析一个论证错误；当材料中的论证错误太多时，也可在一个段落中分析两个证明同一论点的论证错误。 | 本文正文共 5 段，最多按 4 点给分，故可得：7 分、7 分、6 分、6 分。 |
| 结尾 | 简单总结全文即可。 | 本文的结尾符合要求。 |

续表

| 项目 | 要求 | 本文评价 |
|---|---|---|
| 评分 | 1. 得分点：将正文中踩分点的得分相加，即为总分。<br>2. 扣分点：论证有效性分析评分的主要依据是正文部分是否踩中得分点、分析是否有效。因此，标题、开头、结尾写得好，也不算得分点，并不能加分；但如果漏写或者写错了，则会影响阅卷老师的阅卷感受，故扣2分。<br>3. 卷面分：官方标准是卷面整洁清楚，标点正确，酌情加1-2分。实际阅卷中，卷面分的影响会大于2分，我们认为卷面分的影响在3分左右。 | 本文无扣分点。<br>参考评分：26分。 |

## 习作（2）

### 增强软实力只需搞好本国的文化建设吗？①

老吕学员　王鹏程

上述材料通过种种分析，试图论证只需搞好本国的文化建设并向世人展示，就可以增强软实力。然而其论证存在多处不当，分析如下：

首先，文章指出"要增强软实力，只需搞好本国的文化建设并向世人展示就可以了"，值得商榷，<u>因为一个国家软实力的体现不只包括文化建设，还包括科学、教育、卫生、体育等多方面建设②</u>。

其次，"文化具有普同性，所以一国文化就一定会被他国所接受"，未必如此，如果一个国家所形成的伦理道德和价值观念不被他国认同，那么该国的文化非但不会被接受，反而会被排斥。

再次，"文化具有特异性，一国文化就一定会被他国所关注"，<u>不敢苟同③，即使一国文化被他国关注，也不能体现该国文化影响力的扩大，更不能表明该国软实力的增强④</u>。

最后，"文艺作品中宣扬的生活方式和价值观念，都会被他国接受或关注"并不必然成立。因为各国文化背景不同，人民的思想意识、价值观念不同，对其他国家的文艺作品不一定认同或接

①标题字数过多，建议不超过14字。

开头段没有问题。

找点正确，质疑合理，但句②给人一种不完整感，可改为"一个国家……建设，因此只注重文化建设未必能使软实力增强"，此段可得5分。

找点正确，质疑合理，可得6分。

③"不敢苟同"使用不当。因为"不敢苟同"一词用于表达个人的观点，而论证有效性分析要求的是客观的立场。④处仅表达了质疑，但未说明理由。本段可得4分。

找点正确，分析合理，可得7分。

受，也有可能反对或排斥，所以非但不能产生文化影响力，还可能会对文化影响力产生负面的影响。

通过以上分析可知，材料存在多处逻辑错误，只需搞好本国的文化建设并向世人展示就可以增强软实力的观点难以必然成立。

结尾没有问题。

（全文共 502 字）

## 论证有效性分析 5 步评分表（简单版）

| 项目 | 要求 | 本文评价 |
| --- | --- | --- |
| 标题 | 1. 标题可以用 3 种：后"吗"式、未必式、万能式。<br>2. 标题不能超过 14 字。 | 本文标题字数过多。 |
| 开头 | 开头不宜过长，简短地指出材料的论证存在问题即可。 | 本文开头段简明扼要。 |
| 找点与分析 | 1. 正文需要写 4 段或 5 段，至少分析 4 个论证错误。<br>2. 管理类联考每点满分为 7 分，其中，每找对一个得分点得 2 分，分析部分按照 0 到 5 分给分。<br>3. 经济类联考每点满分为 4.5 分，其中，每找对一个得分点得 2 分，分析部分按照 0 到 2.5 分给分。<br>4. 最多按 4 个得分点给分。<br>5. 一定要将质疑的点写在每段的首句，且用引号加以标注，以方便老师阅卷。 | 本文正文 4 段的得分分别为：5 分、6 分、4 分、7 分。 |
| 结尾 | 简单总结全文即可。 | 本文的结尾符合要求。 |
| 评分 | 1. 得分点：将正文中踩分点的得分相加，即为总分。<br>2. 扣分点：标题、开头、结尾漏写或者写错，扣 2 分。<br>3. 卷面分：上下浮动最多 3 分。 | 本文字数不够，扣 2 分。<br>参考评分：20 分。 |

## 真题精练 2

## 2016 年管理类联考论证有效性分析真题

### ❶ 真题原文

论证有效性分析：分析下述论证中存在的缺陷和漏洞，选择若干要点，写一篇 600 字左右的文章，对该论证的有效性进行分析和评论。（论证有效性分析的一般要点是：概念特别是核心概念的界定和使用是否准确并前后一致，有无各种明显的逻辑错误，论证的论据是否成立并支持结论，结论成立的条件是否充分等等。）（30 分）

现在人们常在谈论大学毕业生就业难的问题，其实大学生的就业并不难。

据国家统计局数据，2012 年我国劳动年龄人口比 2011 年减少了 345 万，这说明我国劳动力的供应从过剩变成了短缺。据报道，近年长三角等地区频频出现"用工荒"现象，2015 年第二季度我国岗位空缺与求职人数的比率约为 1.06，表明劳动力市场需求大于供给。因此，我国的大学毕业生其实是供不应求的。

还有，一个人受教育程度越高，他的整体素质也就越高，适应能力就越强，当然，也就越容易就业。大学生显然比其他社会群体更容易就业，再说大学生就业难就没有道理了。

实际上，一部分大学生就业难，是因为其所学专业与市场需求不相适应，或对就业岗位的要求过高。因此，只要根据市场需求调整高校专业设置，对大学生进行就业教育以改变他们的就业观念，鼓励大学生自主创业，那么大学生就业难问题将不复存在。

总之，大学生的就业并不是什么问题，我们大可不必为此顾虑重重。

## ❷ 谬误分析

【谬误①】

由"2012 年我国劳动年龄人口比 2011 年减少了 345 万"难以说明"我国劳动力的供应从过剩变成了短缺"。因为，劳动年龄人口的数量减少可能会使劳动力供求比例发生变化，但不一定导致劳动力供应由过剩变成短缺。

【谬误②】

由长三角地区的"用工荒"和 2015 年第二季度的情况，难以说明"劳动力市场需求大于供给"，因为这仅仅是部分地域和一个时间段的情况，未必有代表性。而且，"劳动力"的市场需求大于供给不等同于"大学生"的市场需求大于供给。所以，不能由此推出"我国的大学毕业生其实是供不应求的"。

【谬误③】

"受教育程度越高"，未必"整体素质越高、适应能力越强，也未必越容易就业"。因为，受教育程度仅仅是影响人整体素质、适应能力的一种因素，整体素质和适应能力也仅仅是影响就业的部分因素。就业不仅取决于人才的情况，还取决于用人单位的需求。

【谬误④】

材料认为"大学生显然比其他社会群体更容易就业"难以成立。因为，其他社会群体中也有比大学生容易就业的群体。

【谬误⑤】

即使大学生比某些社会群体更加容易就业，也不能得出"大学生就业并不难"的结论。

【谬误⑥】

"实际上，一部分大学生就业难"与"大学生就业并不难"的论点自相矛盾。

【谬误⑦】

材料认为只要采取调整专业设置、进行就业教育、改变就业观念、鼓励自主创业等措施，那么"大学生就业难问题将不复存在"，过于乐观。因为以上措施只是改变了大学生的供给情况，但大学生就业如何还要看市场对大学生的需求情况。

（注意：本道真题的官方参考答案提供的谬误是：①②③④⑤⑥。谬误⑦在参考答案中没有出现，但⑦显然是强置充分条件问题，老吕认为，如果考生写的是这一点也应该给分。）

## ❸ 参考范文

### 大学生就业不难吗？

材料认为"大学生的就业不是什么问题，我们大可不必为此顾虑重重"，然而其论证存在多处问题，分析如下：

第一，由"2012年我国劳动年龄人口比2011年减少了345万"难以说明"我国劳动力的供应从过剩变成了短缺"。因为，劳动年龄人口的数量减少可能会使劳动力供求比例发生变化，但不一定导致劳动力供应由过剩变成短缺。

第二，由长三角地区的"用工荒"和2015年第二季度的情况，难以说明"劳动力市场需求大于供给"，因为这仅仅是部分地域和一个时间段的情况，未必有代表性；而且，"劳动力"的市场需求大于供给不等同于"大学生"的市场需求大于供给。所以，不能由此推出"我国的大学毕业生其实是供不应求的"。

第三，受教育程度越高，未必整体素质越高、适应能力越强，也未必越容易就业。因为，受教育程度仅仅是影响人整体素质、适应能力的一种因素，整体素质和适应能力也仅仅是影响就业的部分因素。就业不仅取决于人才的情况，还取决于用人单位的需求。

第四，材料认为"大学生显然比其他社会群体更容易就业"难以成立。因为，其他社会群体中也有比大学生容易就业的群体。即使大学生比某些社会群体更加容易就业，也不能得出大学生就业并不难的结论。

第五，"一部分大学生就业难""大学生的就业难问题将不复存在"，表明当今存在大学生就业难问题，这与"大学生就业并不难"的论点自相矛盾。

综上所述，材料"大学生就业并不难"这一观点值得商榷。

（全文共585字）

## ❹ 习作点评

### 习作（1）

#### 大学生就业难吗①

老吕协议班　孙晓艺

材料旨在说明<u>大学生就业不难</u>②，然而其论证过程中存在多处逻辑谬误，分析如下：

①标题应改为"大学生就业不难吗？"。

②建议加引号。

首先，由我国劳动年龄人口的减少，不能简单得出"我国劳动力的供应从过剩变为短缺"。劳动力市场的供应是否过剩、短缺，还取决于市场的需求。若是 2012 年需求相较 2011 年也减少了，劳动力供应量就不必然短缺。

*找点正确 2 分，分析有力 5 分，本点可得 7 分。*

其次，由"长三角地区出现'用工荒'现象"与"劳动力市场需求大于供给"，不能推出"大学毕业生供不应求"这一结论。第一，长三角地区并不能代表全国地区，不是所有大学生都去长三角地区工作③。第二，劳动力并不只包括大学生，还有工人、高端技术人才、研究生等。④而且"用工荒"大多针对的是技术工人。

*找点正确 2 分，分析合理，得 5 分。本点可得 7 分。此外，③句可删除，④处句号建议改为分号。*

再次，一个人的受教育程度、整体素质、适应能力之间，并不存在必然的共变联系。而就业的成功与否也不局限于这些因素，还要看招聘企业对人才的具体要求与招聘人数。若企业需要技术娴熟且有工作经验的人员，大学生也并不必然比其他人员好就业。

*找点正确 2 分，分析有力 5 分，本点可得 7 分。*

最后，"只要根据市场需求调整专业设置，那么大学生就业难的问题将不复存在"，这一结论过于绝对。因为市场需求在不断变化，即使大学入学时这一专业符合需求，也不能确保毕业时仍旧如此。

*找点略有偏差，因为此段分析仅涉及材料中的一个措施，对其他措施没有质疑，本点可得 4 分。*
*⑤论点要用引号。*

综上所述，由于材料在论证过程中存在多处不当，因此，大学生就业并不难⑤这一结论难以令人信服。

（全文共 525 字）

## 论证有效性分析 5 步评分表（简单版）

| 项目 | 要求 | 本文评价 |
| --- | --- | --- |
| 标题 | 1. 标题可以用 3 种：后"吗"式、未必式、万能式。<br>2. 标题不能超过 14 字。 | 本文标题不正确，扣 2 分。 |
| 开头 | 开头不宜过长，简短地指出材料的论证存在问题即可。 | 本文开头段简明扼要。 |
| 找点与分析 | 1. 正文需要写 4 段或 5 段，至少分析 4 个论证错误。<br>2. 管理类联考每点满分为 7 分，其中，每找对一个得分点得 2 分，分析部分按照 0 到 5 分给分。<br>3. 经济类联考每点满分为 4.5 分，其中，每找对一个得分点得 2 分，分析部分按照 0 到 2.5 分给分。<br>4. 最多按 4 个得分点给分。<br>5. 一定要将质疑的点写在每段的首句，且用引号加以标注，以方便老师阅卷。 | 本文正文 4 段的得分分别为：7 分、7 分、7 分、4 分。 |
| 结尾 | 简单总结全文即可。 | 本文的结尾符合要求。 |

续表

| 项目 | 要求 | 本文评价 |
|------|------|---------|
| 评分 | 1. 得分点：将正文中踩分点的得分相加，即为总分。<br>2. 扣分点：标题、开头、结尾漏写或者写错，扣2分。<br>3. 卷面分：上下浮动最多3分。 | 本文标题扣2分。<br>参考评分：23分。 |

## 习作（2）

### 大学生就业真的不难吗

学员　誉燃

上述文中，作者运用了诸多的推理论证方式试图证明"大学生就业并不难"，但在其推理过程中存在诸多不妥处，有失妥当①，分析如下：

首先，根据数据2012年与2011年相比"劳动年龄人口减少了345万"，不足以推出"劳动力从过剩变成了短缺"。由于缺乏过去的劳动年龄人口的数据，所以不能确定是否会造成"短缺"现象，因为减少一定数量的劳动年龄人口后，可能仍然会出现过剩、略微过剩以及略微短缺等现象。所以，条件不充分，不能完全推出"短缺"的结论②。

> 问题②建议改为：劳动力市场不仅仅由供给决定，还取决于需求情况。虽然劳动力相比之前变少了，但可能仍然是供过于求的。

其次，通过报道提供的"岗位空缺与求职人数的比率"数据，就认为"劳动力的需求大于供给"，进而推出"大学毕业生是供不应求的"，这是不准确的③。因为，岗位空缺的原因有很多种，其中包括衡量应聘者的资质、工作能力、办事效率以及专业背景是否符合岗位需求。岗位空缺不代表求职人数少，更不能代表劳动需求大于供给④，因此得出"大学毕业生是供不应求的"结论是欠妥当的⑤。

再次，不恰当地认为"一个人受教育程度越高""他的整体素质也就越高""适应能力就越强"也就"更容易就业"，从而推出"大学生相比其他社会群体更容易就业"。因为，衡量整体素质不

标题正确。

①语义重复，去掉"有失妥当"。

找点正确2分；但②表达过于啰唆，分析可得2分，本点可得4分。

找点正确2分；③啰唆，可直接指出：即使"劳动力"短缺，也不代表"大学生"是供不应求的，④可以明确指出，劳动力也不是仅仅由大学生构成，⑤与开头重复。分析可得2分，本点可得4分。

⑥质疑点过多，表达烦琐，总体可得2分。

69

仅仅依靠教育程度高低，还包括言语表达、处事作风，等等。而适应能力强也不仅仅是由整体素质决定的，它与生活的环境、沟通能力等都有直接的联系。退一步说，即使上述推理过程无误，大学生也未必比其他社会群体更容易就业，因为他们的校园生活可能会导致其缺乏社会经验、工作能力，等等。因此"大学生就业比其他社会群体更容易"的结论是不妥当的⑥。

最后，"根据市场需求调整专业设置""通过就业教育改变就业观念""鼓励大学生自主创业"不一定能缓解大学生就业难的现象，更不能使得这种现象不复存在。由于上述调整是需要一定的周期和时间去做改变，短期内是难以实现的。即使可以实现，也不能完全达到"不复存在"的地步。因此，此推论并不严谨。

本段找点正确，分析尚可，可得 5 分。

综上所述，作者在试图论证其观点的过程中存在诸多的推理漏洞，使得结论难以成立，该论证结果是待商榷的⑦。

⑦ "难以成立""待商榷"语义重复，删减。

（全文共 830 字）

## 论证有效性分析 5 步评分表（简单版）

| 项目 | 要求 | 本文评价 |
|---|---|---|
| 标题 | 1. 标题可以用 3 种：后"吗"式、未必式、万能式。<br>2. 标题不能超过 14 字。 | 本文标题正确。 |
| 开头 | 开头不宜过长，简短地指出材料的论证存在问题即可。 | 本文开头段略有啰唆。 |
| 找点与分析 | 1. 正文需要写 4 段或 5 段，至少分析 4 个论证错误。<br>2. 管理类联考每点满分为 7 分，其中，每找对一个得分点得 2 分，分析部分按照 0 到 5 分给分。<br>3. 经济类联考每点满分为 4.5 分，其中，每找对一个得分点得 2 分，分析部分按照 0 到 2.5 分给分。<br>4. 最多按 4 个得分点给分。<br>5. 一定要将质疑的点写在每段的首句，且用引号加以标注，以方便老师阅卷。 | 本文正文 4 段的得分分别为：4 分、4 分、2 分、5 分。 |
| 结尾 | 简单总结全文即可。 | 本文的结尾语义有重复。 |
| 评分 | 1. 得分点：将正文中踩分点的得分相加，即为总分。<br>2. 扣分点：标题、开头、结尾漏写或者写错，扣 2 分。<br>3. 卷面分：上下浮动最多 3 分。 | 本文过于啰唆了，写了八百多字，而正式考试时答题卡上只有 700 个格子。按本文的写法在考场上无法写完。故扣 3 分。<br>参考评分：12 分。 |

## 2017 年管理类联考论证有效性分析真题

### ❶ 真题原文

论证有效性分析：分析下述论证中存在的缺陷和漏洞，选择若干要点，写一篇 600 字左右的文章，对该论证的有效性进行分析和评论。（论证有效性分析的一般要点是：概念特别是核心概念的界定和使用是否准确并前后一致，有无各种明显的逻辑错误，论证的论据是否成立并支持结论，结论成立的条件是否充分等。）（30 分）

如果我们把古代荀子、商鞅、韩非等人的一些主张归纳起来，可以得出如下一套理论：

人的本性是"好荣恶辱，好利恶害"的，所以人们都会追求奖赏、逃避刑罚。因此，拥有足够权力的国君只要利用赏罚就可以把臣民治理好了。

既然人的本性是好利恶害的，那么，在选拔官员时，既没有可能也没有必要去寻求那些不求私利的廉洁之士，因为世界上根本不存在这样的人。廉政建设的关键，其实只在于任用官员之后有效地防止他们以权谋私。

怎样防止官员以权谋私呢？国君通常依靠设置监察官的方法。这种方法其实是不合理的。因为监察官也是人，也是好利恶害的，所以依靠监察官去制止其他官吏以权谋私，就是让一部分以权谋私者制止另一部分人以权谋私，结果只能使他们共谋私利。

既然依靠设置监察官的方法不合理，那么依靠什么呢？可以利用赏罚的方法来促使臣民去监督。谁揭发官员的以权谋私就奖赏谁，谁不揭发官员的以权谋私就惩罚谁，臣民出于好利恶害的本性就会揭发官员的以权谋私。这样，以权谋私的罪恶行为就无法藏身，就是最贪婪的人也不敢以权谋私了。

### ❷ 谬误分析

【谬误①】

材料由"人的本性是好利恶害的"，推断出"人们都会追求奖赏、逃避刑罚"，难以成立。因为，人的本性不等同于人的行为，由于后天的教育或环境会影响人们的思想，所以人们未必"都"会追求奖赏、逃避刑罚。

【谬误②】

"好利"也可能追求其他的利益而不追求奖赏，所以不能推出"好利"的人都会追求奖赏。同样，"恶害"也可能逃避其他的伤害而不逃避刑罚，所以不能推出"恶害"的人都会逃避刑罚。

【谬误③】

材料认为"人的本性是好利恶害的"，因此"这个世界上不存在廉洁之士"，难以成立。

因为，好利恶害不等于唯利是图而不顾礼义廉耻，由于法律和道德的约束，廉洁之士可能是存在的。因此，不能由"好利恶害"推出"没有可能"找到廉洁之士。

【谬误④】

材料由"监察官是好利恶害的"，推断出官员们会"以权谋私""共谋私利"，难以成立。因为，监察官即使欲利，但由于本身职责的限制，加上和其他官员共谋私利也需要具备一定的条件，所以未必会和其他官员共谋私利。因此，也不能因此否定设置监察官的合理性。

【谬误⑤】

"用赏罚的方法来促使臣民去监督""谁揭发就奖赏，谁不揭发就惩罚"的方法未必可行。因为揭发的前提，是臣民对于官员的以权谋私的事实是了解的，实则未必如此。而且，了解官员以权谋私事实的人也未必因为有奖赏而去揭发，还可能会因为具有共同的利益而有意隐瞒。

【谬误⑥】

即使"以权谋私的罪恶行为就无法藏身"，但如果不受到严厉的惩罚或犯罪成本很低，贪婪的人可能还会以权谋私，所以不能得出"最贪婪的人也不敢以权谋私"的结论。

（说明：以上谬误分析参考了教育部考试中心公布的官方参考答案。）

## ❸ 参考范文

### 如此赏罚可行吗

材料认为"治理臣民，只要利用赏罚就可以了"，但其论证存在多处不当，分析如下：

首先，材料由"人的本性是好利恶害"，推断出"人们都会追求奖赏、逃避刑罚"，难以成立。因为，人的本性不等同于人的行为，由于后天的教育或环境会影响人们的思想，所以人们未必"都"会追求奖赏、逃避刑罚。

其次，"好利"也可能追求其他的利益而不追求奖赏，所以不能推出"好利"的人都会追求奖赏。同样，"恶害"也可能逃避其他的伤害而不逃避刑罚，所以不能推出"恶害"的人都会逃避刑罚。

再次，材料由"监察官是好利恶害的"，推断出官员们会"以权谋私""共谋私利"，难以成立。因为，监察官即使欲利，但由于本身职责的限制，加上和其他官员共谋私利也需要具备一定的条件，所以未必会和其他官员共谋私利。因此，也不能因此否定设置监察官的合理性。

而且，"用赏罚的方法来促使臣民去监督""谁揭发就奖赏，谁不揭发就惩罚"的方法未必可行。因为揭发的前提，是臣民对于官员的以权谋私的事实是了解的，实则未必如此。而且，了解官员以权谋私事实的人也未必因为有奖赏而去揭发，还可能会因为具有共同的利益而有意隐瞒。

最后，即使"以权谋私的罪恶行为就无法藏身"，但如果不受到严厉的惩罚或犯罪成本很低，贪婪的人可能还会以权谋私，所以不能得出"最贪婪的人也不敢以权谋私"的结论。

综上所述，材料存在诸多逻辑错误，利用赏罚就可防止官员以权谋私的观点难以成立。

（全文共 591 字）

## ❹ 习作点评

### 习作（1）

#### 利用赏罚治理臣民可行吗？

老吕学员　吴海溟

上述材料试图论证："只要利用赏罚，就可以把臣民治理好。"然而，材料在论证过程中存在诸多逻辑漏洞，分析如下：

首先，材料仅仅将荀子、商鞅、韩非等人的主张归纳起来得出结论，存在不妥。因为他们的观点并不一定是事实或并不具有代表性，如果其主张不正确，那么后续基于此的论证均未必有效。

其次，从"好荣恶辱，好利恶害"难以得出人们都会追求奖赏、逃避刑罚。因为有些"好利"的人会追求其他利益而非奖赏，同时有些"恶害"的人也未必逃避刑罚，所以无法必然得出利用赏罚就可以把臣民治理好了。

再次，即使人的本性是"好利恶害"的，也不代表着世上没有正义廉洁之士。因为通过后天的学习、教育以及道德的约束等是可以使得不求私利的廉洁之士存在的。

而且，材料认为"依靠设置监察官"的方法并不合理，原因是监察官也是人，也好利恶害，会和官员共谋私利，但未必如此。因为监察官和官员也许不具有一致的利益目标，倘若利益目标不同，那么就不会共谋私利。此外，监察官还具有制约、监管官员的作用，不可片面地认为只存在弊端。

最后，即使设立监察官的方法不合理，也不能说明"促使臣民去监督"的方法就合理，因为没有充分的论据去支持此观点。而且臣民揭发官员的前提是能够掌握其充分的谋私利的证据，然而这一前提对于臣民来说很难做到。

综上所述，其论证中存在多处不当，"只要利用赏罚，就可以治理好臣民"这一观点未必成立。

（全文共 584 字）

---

标题正确。

开头段没有问题。

此点分析有道理。但若按照 2020 年后的评分标准，不在参考答案范围内的一般不给分。

找点正确 2 分，分析有力 5 分，本点可得 7 分。

找点正确 2 分，分析有力 5 分，本点可得 7 分。

找点正确 2 分，分析有力 5 分，本点可得 7 分。

找点正确 2 分，分析有力 5 分，本点得分 7 分。

结尾段没有问题。

### 论证有效性分析5步评分表（简单版）

| 项目 | 要求 | 本文评价 |
|---|---|---|
| 标题 | 1. 标题可以用3种：后"吗"式、未必式、万能式。<br>2. 标题不能超过14字。 | 本文标题正确。 |
| 开头 | 开头不宜过长，简短地指出材料的论证存在问题即可。 | 本文开头段简明扼要。 |
| 找点与分析 | 1. 正文需要写4段或5段，至少分析4个论证错误。<br>2. 管理类联考每点满分为7分，其中，每找对一个得分点得2分，分析部分按照0到5分给分。<br>3. 经济类联考每点满分为4.5分，其中，每找对一个得分点得2分，分析部分按照0到2.5分给分。<br>4. 最多按4个得分点给分。<br>5. 一定要将质疑的点写在每段的首句，且用引号加以标注，以方便老师阅卷。 | 本文正文5段的得分分别为：0分、7分、7分、7分、7分，最多按4个得分点给分。 |
| 结尾 | 简单总结全文即可。 | 本文的结尾符合要求。 |
| 评分 | 1. 得分点：将正文中踩分点的得分相加，即为总分。<br>2. 扣分点：标题、开头、结尾漏写或者写错，扣2分。<br>3. 卷面分：上下浮动最多3分。 | 本文按4个得分点算，可以得28分，但一般阅卷人不会给这么高的分，故评为26分。 |

## 习作（2）

### 仅赏罚分明可治国？

学员　奇志

　　材料以人的本性是"好荣恶辱，好利恶害"为依据①进而得出"国君只要利用赏罚就可以把臣民治理好"的结论有失妥当，分析如下：

　　首先，人的本性是"好荣恶辱，好利恶害"不一定能得出"人们都会追求奖赏、逃避刑罚"的结论。人的本性是可以改变的②，它还受后天的教育、个人价值观的影响。因此，得出"拥有足够权力的国君只要利用好赏罚就可以治理好臣民"的结论也不成立。

　　其次，世界上存在廉洁之士，古往今来众多廉洁之士备受称赞，难道他们都是杜撰出来的吗？所以，"选拔官员时没可能也没必要去寻求不求私利的廉洁之士"的说法也不成立③。再者，廉

標題没问题。

开头段没问题。材料的论证关系简单时，首段也可以像此篇①处这样简要概括材料的论证。

找点正确2分。但是，教育等因素改变的是人的后天的行为，而不是本性。故分析给2分，本点得分4分。

找点准确得2分，但③没有把质疑点放在句首，对阅卷老师定位得分点没有帮助，

政建设的关键并不只在于任用官员后有效防止他们以权谋私，还在于社会风气、任人唯贤、国家制度等方面。

再者，即使监察官好利恶害，监察官的利益点并不一定和其他官吏的利益点相同，也无法推断出监察官会和其他官吏一同以权谋私。因此，<u>材料得出的"监察官和其他官吏共谋私利"的结论也难以让人信服④。</u>

最后，<u>材料认为利用赏罚的方式可以促使臣民去监督官吏与上段的论证前后矛盾。</u>监察官好利恶害，最终会和其他官吏共谋私利，那么臣民也好利恶害的话，为什么不和官吏共谋私利呢？<u>材料自相矛盾⑤。</u>况且，从材料"好利恶害"的角度来看，也不能确定共谋私利的利益和揭发得来的奖赏孰多孰少，因此无从判断。

综上所述，材料得出"国君只要利用赏罚就能治理好臣民"的结论难以令人信服。

（全文共 575 字）

放在后边容易被误判。分析给 3 分，本点得分 5 分。

找点准确得 2 分，但④没有把质疑点放在句首，容易造成误判。分析给 3 分，本点得分 5 分。

找点正确给 2 分，但⑤语义重复，表述啰嗦。分析可得 3 分，本点得分 5 分。

结尾没有问题。

## 论证有效性分析 5 步评分表（简单版）

| 项目 | 要求 | 本文评价 |
|---|---|---|
| 标题 | 1. 标题可以用 3 种：后"吗"式、未必式、万能式。<br>2. 标题不能超过 14 字。 | 本文标题正确。 |
| 开头 | 开头不宜过长，简短地指出材料的论证存在问题即可。 | 本文开头段简明扼要。 |
| 找点与分析 | 1. 正文需要写 4 段或 5 段，至少分析 4 个论证错误。<br>2. 管理类联考每点满分为 7 分，其中，每找对一个得分点得 2 分，分析部分按照 0 到 5 分给分。<br>3. 经济类联考每点满分为 4.5 分，其中，每找对一个得分点得 2 分，分析部分按照 0 到 2.5 分给分。<br>4. 最多按 4 个得分点给分。<br>5. 一定要将质疑的点写在每段的首句，且用引号加以标注，以方便老师阅卷。 | 本文正文 4 段的得分分别为：4 分、5 分、5 分、5 分。<br>文中③④两处虽然找点正确，但由于得分点隐藏在段落之中，有可能造成命题人的误判。 |
| 结尾 | 简单总结全文即可。 | 本文的结尾符合要求。 |
| 评分 | 1. 得分点：将正文中踩分点的得分相加，即为总分。<br>2. 扣分点：标题、开头、结尾漏写或者写错，扣 2 分。<br>3. 卷面分：上下浮动最多 3 分。 | 参考评分：19 分。 |

•••◀ **真题精练 4** ▶•••

## 2018 年管理类联考论证有效性分析真题

### ❶ 真题原文

论证有效性分析：分析下述论证中存在的缺陷和漏洞，选择若干要点，写一篇 600 字左右的文章，对该论证的有效性进行分析和评论。（论证有效性分析的一般要点是：概念特别是核心概念的界定和使用是否准确并前后一致，有无各种明显的逻辑错误，论证的论据是否成立并支持结论，结论成立的条件是否充分等等。）（30 分）

哈佛大学教授本杰明·史华慈（Benjamin I.Schwartz）在二十世纪末指出，开始席卷一切的物质主义潮流将极大地冲击人类社会固有的价值观念，造成人类精神世界的空虚。这一论点值得商榷。

首先，按照唯物主义物质决定精神的基本原理，精神是物质在人类头脑中的反映。因此，物质丰富只会充实精神世界，物质主义潮流不可能造成人类精神世界的空虚。

其次，后物质主义理论认为：个人基本的物质生活条件一旦得到满足，就会把注意点转移到非物质方面。物质生活丰裕的人，往往会更注重精神生活，追求社会公平、个人尊严等等。

还有，最近一项对某高校大学生的抽样调查表明，有 69% 的人认为物质生活丰富可以丰富人的精神生活，有 22% 的人认为物质生活和精神生活没有什么关系，只有 9% 的人认为物质生活丰富反而会降低人的精神追求。

总之，物质决定精神，社会物质生活水平的提高会促进人类精神世界的发展。担心物质生活的丰富会冲击人类的精神世界，只是杞人忧天罢了。

### ❷ 谬误分析

**【谬误①】**

材料中"物质决定精神"中的"物质"与"物质丰富"中的"物质"含义不同。前者是指哲学上的物质，后者是指生活中的物质财富，因此材料偷换概念。

**【谬误②】**

材料认为"物质丰富只会充实精神世界，物质主义潮流不可能造成人类精神世界的空虚"，过于绝对。物质生活与精神生活之间不存在简单的正比关系。如果一个人沉迷于追求物质的需求与欲望，可能会导致忽视精神生活，造成人类精神世界的空虚。

**【谬误③】**

"后物质主义理论"仅仅是国外某个学派所提出的观点，这一观点是否可以普遍地说明社会问题，还需要实践的检验和学术界的认同。

【谬误④】

材料认为"物质生活丰裕的人，往往会更注重精神生活"，未必成立。这并不能否定一些人会沉溺于物质享受而忽略精神追求的事实。

【谬误⑤】

材料中以高校大学生的调查作为论据，并没有太大的说服力。第一，这个调查的抽样范围、调查方式、样本数量等关键信息不明确，无法判断该调查的有效性；第二，仅由高校大学生的情况也难以确定其他人群的情况，存在以偏概全的可能。

【谬误⑥】

"物质生活丰富"与前文中的"物质主义潮流"概念不同。因此，即使物质生活水平的提高会促进人类精神世界的发展，也无法由此来否定"物质主义潮流将极大地冲击人类社会固有的价值观念"这一命题。

（说明：以上谬误分析参考了教育部考试中心公布的官方参考答案。）

## ❸ 参考范文

### 物质生活不会冲击精神世界吗？

上述材料通过种种论证，试图说明物质生活的丰富不会冲击人类的精神世界，然而其论证存在多处不当，分析如下：

首先，材料中"物质决定精神"中的"物质"与"物质主义潮流"中的"物质"含义不同。前者是指哲学上的物质，后者是指生活中的物质条件，因此材料偷换概念。而且，"物质生活丰富"与"物质主义潮流"概念也不同。因此，无法由此来否定"物质主义潮流将极大地冲击人类社会固有的价值观念"这一命题。

其次，材料认为"物质丰富只会充实精神世界，物质主义潮流不可能造成人类精神世界的空虚"，过于绝对。物质生活与精神生活之间不存在简单的正比关系。如果一个人沉迷于追求物质的需求与欲望，可能会导致忽视精神生活，造成人类精神世界的空虚。

再次，"后物质主义理论"仅仅是国外某个学派所提出的观点，这一观点是否可以普遍地说明社会问题，还需要实践的检验和学术界的认同。

而且，"物质生活丰裕的人，往往会更注重精神生活"并不能否定一些人会沉溺于物质享受而忽略精神追求的事实。

最后，材料中以高校大学生的调查作为论据，并没有太大的说服力。第一，这个调查的抽样范围、调查方式、样本数量等关键信息不明确，无法判断该调查的有效性；第二，仅由高校大学生的情况也难以确定其他人群的情况，存在以偏概全的可能。

综上所述，材料的论证存在种种逻辑谬误，物质生活不会冲击精神世界的观点难以成立。

（全文共 578 字）

## ❹ 习作点评

### 习作（1）

#### 物质生活会冲击精神世界吗①

老吕学员　张曼

> 标题建议改为：物质生活不会冲击精神世界吗？

①拟题错误。疑问式标题格式为："材料中的论点＋吗？"

　　上述材料试图论证"物质生活不会冲击精神世界"，然而其论证过程中存在多处逻辑漏洞，分析如下：

首段简洁有力，没问题。

　　首先，材料认为"物质丰富只会充实精神世界，物质主义不会造成人类精神世界的空虚"，未必如此。物质丰富，从某些方面来讲确实会给人类精神世界带来满足感，但它也**极有可能**②会让人追求更加物质的生活，从而导致人们的精神世界变得空虚。

找点正确2分，②"极有可能"建议改为"有可能"。
分析可得4分，本点得分6分。

　　其次，材料还提到"一旦个人物质条件得到满足，便会转向非物质生活，比如追求社会公平、个人尊严等等"，存在不妥。其一，个人生活条件得到满足，不代表就一定会注重非物质生活，也许他解决了基本的温饱问题，还想着追求更好的生活条件；其二，即便如此，也未必会追求社会公平等，<u>也许会沉迷于网络不可自拔③</u>。

找点正确2分。③"其一……"的分析不错，"其二……"的分析中出现的"沉迷网络"与"物质生活"无关。分析可得3分，本点得分5分。

> 问题③建议改为：也许会沉迷于物质生活的享受而难以自拔。

　　再次，对某高校大学生进行抽样调查得出的结论并不一定准确。第一，样本的数量、随机性以及调查方式等关键信息并不明确；第二，抽取的某高校的大学生的情况并不一定能代表其他人群的情况，材料有以偏概全之嫌。所以，"物质生活丰富不会冲击精神世界"这一结论还有待商榷。

找点正确2分，分析有力5分，本点得分7分。

　　<u>最后材料中多次提到"物质生活""物质主义潮流"等词语，并不恰当地认为二者相同</u>。其实二者并不是同一概念④。前者是指社会生产、生活要素的日益丰盈；后者是指一种思想的流行，不能将其一概而论。

找点正确2分，但④处表达过于啰唆。分析可得4分，本点得分6分。

　　总之，由于上述材料在论证中存在多处不当，"物质生活不会冲击精神世界"这一结论让人难以信服。

结尾没有问题。

（全文共 567 字）

## 论证有效性分析 5 步评分表（简单版）

| 项目 | 要求 | 本文评价 |
|------|------|----------|
| 标题 | 1. 标题可以用 3 种：后 "吗" 式、未必式、万能式。<br>2. 标题不能超过 14 字。 | 本文标题不正确，扣 2 分。 |
| 开头 | 开头不宜过长，简短地指出材料的论证存在问题即可。 | 本文开头段简明扼要。 |
| 找点与分析 | 1. 正文需要写 4 段或 5 段，至少分析 4 个论证错误。<br>2. 管理类联考每点满分为 7 分，其中，每找对一个得分点得 2 分，分析部分按照 0 到 5 分给分。<br>3. 经济类联考每点满分为 4.5 分，其中，每找对一个得分点得 2 分，分析部分按照 0 到 2.5 分给分。<br>4. 最多按 4 个得分点给分。<br>5. 一定要将质疑的点写在每段的首句，且用引号加以标注，以方便老师阅卷。 | 本文正文 4 段的得分分别为：6 分、5 分、7 分、6 分。 |
| 结尾 | 简单总结全文即可。 | 本文的结尾符合要求。 |
| 评分 | 1. 得分点：将正文中踩分点的得分相加，即为总分。<br>2. 扣分点：标题、开头、结尾漏写或者写错，扣 2 分。<br>3. 卷面分：上下浮动最多 3 分。 | 本文标题扣 2 分。<br>参考评分：22 分。 |

## 习作（2）

### 物质生活不会冲击精神世界吗

老吕学员　洪嘉丽

上述材料试图证明 "物质生活的丰富不会造成人类精神世界的空虚"，然而其论证过程存在多处逻辑漏洞，分析如下：

首先，由 "精神是物质在头脑中的反映" 不必然推出 "物质丰富只会充实精神世界"。因为物质的丰富而精神作为其反映，这只能保证数量而难以保证质量，缺乏高思想作为桥梁来反映，一个低质量的精神甚至会侵害精神世界，就更谈不上充实了，这同时也就不能说明 "物质主义不会造成人类精神世界的空虚" 了①。

其次，"后物质主义理论" 是否可普遍说明社会的现实状况，这一点仍有待商榷，所以它难以作为 "物质生活丰富就更注重精神生活" 这一观点的佐证。况且，即使人们的物质生活丰富了，没有要提高精神生活水平的意识，也同样不会有精神追求，这两者并不存在正比关系。

标题正确。

开头段没有问题。

找点正确 2 分，但①处啰嗦，且写得让人难以理解。分析给 2 分，本点得分 4 分。

找点正确 2 分，分析也有道理，但表述不利于阅卷人迅速把握得分点。分析可得 3 分，本点得分 5 分。

再次，由一份对高校大学生的"抽样调查"②得出"物质生活水平的提高会促进精神世界的发展"的普遍规律，未免过于片面。因为大学生群体只是社会群体的一小部分，并不能代表大部分人的观点。而且③，"物质主义潮流"与"社会物质生活"两者是不同的概念，前者是指以注重物质的思想去看待世界，而后者是指人们的衣食住行等方面的有形事物的呈现。

找点正确得 2 分，但分析不是很多，且②"抽样调查"无须加引号。分析可得 3 分。本点得分 5 分。③找点正确 2 分，但一个段落可以质疑一个谬误，或者质疑两个有关联的谬误。但本段中质疑的两个谬误没什么关联，建议分成两段。分析可得 4 分，本点得分 6 分。

最后，即使"人类物质生活丰富不会冲击其精神世界"，也不代表它不会"冲击人类社会的价值观念"，人类社会的价值观念会随着人们的生活方式、生活追求等不同而发生变化④。

找点正确得 2 分，但④句的分析让人不大容易理解，分析可得 2 分，本点得分 4 分。

综上所述，该论证存在多处不妥，"物质不会冲击精神世界"这一论点也就难以必然成立了。

结尾没有问题。

（全文共 603 字）

### 论证有效性分析 5 步评分表（简单版）

| 项目 | 要求 | 本文评价 |
|---|---|---|
| 标题 | 1. 标题可以用 3 种：后"吗"式、未必式、万能式。<br>2. 标题不能超过 14 字。 | 本文标题正确。 |
| 开头 | 开头不宜过长，简短地指出材料的论证存在问题即可。 | 本文开头段简明扼要。 |
| 找点与分析 | 1. 正文需要写 4 段或 5 段，至少分析 4 个论证错误。<br>2. 管理类联考每点满分为 7 分，其中，每找对一个得分点得 2 分，分析部分按照 0 到 5 分给分。<br>3. 经济类联考每点满分为 4.5 分，其中，每找对一个得分点得 2 分，分析部分按照 0 到 2.5 分给分。<br>4. 最多按 4 个得分点给分。<br>5. 一定要将质疑的点写在每段的首句，且用引号加以标注，以方便老师阅卷。 | 本文正文 5 个得分点分别可得：4 分、5 分、5 分、6 分、4 分。最多按 4 个得分点给分。 |
| 结尾 | 简单总结全文即可。 | 本文的结尾符合要求。 |
| 评分 | 1. 得分点：将正文中踩分点的得分相加，即为总分。<br>2. 扣分点：标题、开头、结尾漏写或者写错，扣 2 分。<br>3. 卷面分：上下浮动最多 3 分。 | 本文无扣分点。<br>参考评分：20 分。 |

真题精练 5

## 2021 年管理类联考论证有效性分析真题

### ❶ 真题原文

论证有效性分析：分析下述论证中存在的缺陷和漏洞，选择若干要点，写一篇 600 字左右的文章，对该论证的有效性进行分析和评论。（论证有效性分析的一般要点是：概念特别是核心概念的界定和使用是否准确并前后一致，有无各种明显的逻辑错误，论证的论据是否成立并支持结论，结论成立的条件是否充分，等等。）（30 分）

常言道："耳听为虚，眼见为实。"其实"眼所见者未必为实"。

从哲学意义上来说，事物的表象不等于事物的真相。我们亲眼看到的，显然只是事物的表象而不是真相。只有将看到的表象加以分析，透过现象看本质，才能看到真相。换言之，我们亲眼看到的未必是真实的东西，即"眼所见者未必为实"。

举例来说，人们都看到了旭日东升，夕阳西下，也就是说，太阳环绕地球转。但是，这只是人们站在地球上看到的表象而已，其实这是地球自转造成的。由此可见，眼所见者未必为实。

我国古代哲学家老子早就看到了这一点。他说过，人们只看到了房子的"有"（有形的结构），但人们没看到的"无"（房子中无形的空间）才有实际效用。这也说明眼所见者未必实，未见者为实。

老子还说，讲究表面的礼节是"忠信之薄"的表现。韩非解释时举例说，父母和子女因为感情深厚而不讲究礼节，可见讲究礼节是感情不深的表现。现在人们把那种客气的行为称作"见外"，也是这个道理。这其实也是一种"眼所见者未必实"的现象。因此，如果你看到有人对你很客气，就认为他对你好，那就错了。

### ❷ 谬误分析

【谬误①】

核心概念的界定前后不一致，"眼见为实"的"实"与文中"眼所见者未必为实"的"实"内涵不同。前者指是否真实存在，后者指本质、规律、原因等。

【谬误②】

材料认为"事物的表象不等于事物真相，我们亲眼看到的显然只是事物的表象而不是真相"，难以成立。因为，表象虽然不完全等价于真相，但表象也可以是客观存在的，也就是说，我们亲眼看到的也可能是真相。

【谬误③】

地球自转造成了太阳东升西落，这只能说明地球自转是太阳东升西落的原因，无法说明我们观察到的"太阳东升西落"这一现象是假的，因此，无法说明"眼所见者未必为实"。

**【谬误④】**

材料由房子无形的空间才有"实际效用"，推断出"眼所见者未必实，未见者为实"，存在不妥。因为，前者的"实"指的是实用价值，后者的"实"指的是真实。此处存在偷换概念。

**【谬误⑤】**

材料认为"父母和子女因为感情深厚而不讲究礼节，可见讲究礼节是感情不深的表现"，推断不当。因为，仅由父母和子女之间的感情和行为，无法得出人际交往的一般性结论，其他诸如朋友、邻里、同事等人际关系的法则，可能与亲子关系存在不同。

**【谬误⑥】**

由"见外"无法说明"如果你看到有人对你很客气，就认为他对你好，那就错了"。因为，存在对你很客气但对你不好的人，但也可能存在对你很客气且对你好的人。

（说明：以上谬误分析参考了教育部考试中心公布的官方参考答案。）

## ❸ 参考范文

### 眼见未必为实吗？

上述材料认为"眼所见者未必为实"，然而其论证存在多处逻辑漏洞，分析如下：

第一，材料认为"事物的表象不等于事物真相，我们亲眼看到的显然只是事物的表象而不是真相"，难以成立。因为，表象虽然不完全等价于真相，但表象也可以是客观存在的，也就是说，我们亲眼看到的也可能是真相。

第二，地球自转造成了太阳东升西落，这只能说明地球自转是太阳东升西落的原因，无法说明我们观察到的"太阳东升西落"这一现象是假的，因此，无法说明"眼所见者未必为实"。

第三，材料认为房子中有形的结构没有实际效用，而无形的空间才有实际效用，因此，"眼所见者未必实，未见者为实"，存在不妥。此处"实际效用"不等同于"眼见为实"中的"实"。房子的空间有实际作用，并不能说明人们看见的房子是假的，不是事实。

第四，材料认为"父母和子女因为感情深厚而不讲究礼节，可见讲究礼节是感情不深的表现"，推断不当。因为仅由父母和子女之间的感情和行为，无法得出人际交往的一般性结论，其他诸如朋友、邻里、同事等人际关系的法则，可能与亲子关系存在不同。

第五，由"见外"无法说明"如果你看到有人对你很客气，就认为他对你好，那就错了"。因为，存在对你很客气但对你不好的人，但也可能存在对你很客气且对你好的人。

综上所述，上述材料漏洞百出，其结论难以成立。

（全文共544字）

# ❹ 习作点评

## 习作（1）

### 所见未必为实吗？

老吕学员　阳阳

文章试图通过论述说明"眼所见者未必为实"，但其论证过程中出现多处逻辑谬误，具体分析如下：

首先，"表象不等于事物的真相"，说法过于绝对。表象未必不是真相，一张桌子，一瓶水它们的表象和真相有什么区别呢？对于许多事物来说，"我们亲眼看到的"恰恰就是"事物的真相"。虽然不是所有的表象都等于真相，但表象在一定程度上反映了真相，它们在哲学上是对立统一的。

其次，"旭日东升、夕阳西下"是我们观察到的现象，而"地球自转"是现象产生的原因，我们观察到太阳东升西落的现象没有错误，也是实际存在的，与"地球自转"的本质并不冲突，不是"不实"。

再次，"房子中有形的结构"是房子本身，而其中"无形的空间"正是由"房子有形的结构"带来的，二者一个是存在形式，一个是功能，不是表相与本质的关系，此处存在不当类比。而且由"眼所见者未必实"也并不能得出"未见者为实"的结论。

最后，"感情深厚而不讲究礼节"并不能推出"讲究礼节是感情不深的表现"，夫妻相敬如宾被传为美谈，适当"讲究礼节"反而是互相尊重的表现。所以"对你客气"，也就并不能说明别人"对你不好"，在交往中是否客气，是否讲究礼仪往往因人而异，因事而异，因场合而异。所以是否"客气"，与是否"对你好"未必存在联系。

综上所述，由于材料在论述过程中存在多处逻辑漏洞，所以"眼所见者未必为实"这一结论的正确性有待商榷。

（全文共 576 字）

---

标题正确。

开头段简明扼要。

找点正确2分，分析有力5分，本点得分7分。

找点正确2分，分析有力5分，本点得分7分。

找点正确2分，分析有力5分，本点得分7分。

找点正确2分，分析有力5分，本点得分7分。

结尾简洁有力。

## 论证有效性分析5步评分表（简单版）

| 项目 | 要求 | 本文评价 |
| --- | --- | --- |
| 标题 | 1.标题可以用3种：后"吗"式、未必式、万能式。<br>2.标题不能超过14字。 | 本文标题正确。 |
| 开头 | 开头不宜过长，简短地指出材料的论证存在问题即可。 | 本文开头段简明扼要。 |
| 找点与分析 | 1.正文需要写4段或5段，至少分析4个论证错误。<br>2.管理类联考每点满分为7分，其中，每找对一个得分点得2分，分析部分按照0到5分给分。<br>3.经济类联考每点满分为4.5分，其中，每找对一个得分点得2分，分析部分按照0到2.5分给分。<br>4.最多按4个得分点给分。<br>5.一定要将质疑的点写在每段的首句，且用引号加以标注，以方便老师阅卷。 | 本文正文4段的得分分别为：7分、7分、7分、7分。 |
| 结尾 | 简单总结全文即可。 | 本文的结尾符合要求。 |
| 评分 | 1.得分点：将正文中踩分点的得分相加，即为总分。<br>2.扣分点：标题、开头、结尾漏写或者写错，扣2分。<br>3.卷面分：上下浮动最多3分。 | 本文无扣分点。<br>参考评分：28分。 |

## 习作（2）

### 眼见未必为实吗？

老吕学员　迪

　　文章通过一系列的论证，试图证明"眼所见者未必为实"这一观点，然而其论证过程存在多处逻辑漏洞，其结论难以成立，具体分析如下：

　　首先，文章由"透过现象看本质才能看到真相"推出"我们看到的未必是真实情况，即所见未必为实"有所不妥。"眼见为实"中，我们眼睛所看到的事物是客观存在的事物，而文章中所表达的是事物所反映出来的本质，这种本质是人们经过主观思考而得到的，并不能说明我们所看到的客观事实是虚假的。

　　其次，文章举例称"人们看到旭日东升，夕阳西下，就判断太阳绕地球转，而事实是地球自转造成的"，并不能由此推断出"眼见未必为实"。因为人们看到旭日东升，夕阳西下，并不能证明太阳绕地球转，同样也不能否定地球的自转，而事实上太阳也确实是从东边升起，西边落下，人们所见的现象就是事实存在的。

標題正確。

開头段简明扼要。

找点正确2分，分析有力5分，本点得分7分。

找点正确2分，但本段质疑过于啰唆，分析可得4分，本点得分6分。

再次，文章又举例老子曾说"人们只看到了房子的'有'，但没看到'无'才有实际效用"同样无法证明"眼见未必为实"。因为人们眼见的就是房子的有形结构，这是客观存在的事实，房子也确实存在着，所见即所得。

找点正确 2 分，分析有力 4 分，本点得分 6 分。

最后，文章再一次试图以"客气的行为称为见外"作为论据来证明"眼所见者未必为实"缺乏说服力。无论一个人的目的如何，他所表现出来的"客气的行为"是事实存在的，假设一个人给你倒了一杯茶，无论他是否真心想给你倒茶，但倒茶的行为是事实发生的，难道你所见到的是幻觉吗？

找点正确 2 分，分析有力 5 分，本点得分 7 分。

综上所述，文章用多个例子来证明"眼所见者未必为实"，然而其论据并不能证明其论点，论证过程存在多处逻辑漏洞，其结论难以成立。

结尾简洁有力。

（全文共 628 字）

### 论证有效性分析 5 步评分表（简单版）

| 项目 | 要求 | 本文评价 |
|---|---|---|
| 标题 | 1. 标题可以用 3 种：后"吗"式、未必式、万能式。<br>2. 标题不能超过 14 字。 | 本文标题正确。 |
| 开头 | 开头不宜过长，简短地指出材料的论证存在问题即可。 | 本文开头段简明扼要。 |
| 找点与分析 | 1. 正文需要写 4 段或 5 段，至少分析 4 个论证错误。<br>2. 管理类联考每点满分为 7 分，其中，每找对一个得分点得 2 分，分析部分按照 0 到 5 分给分。<br>3. 经济类联考每点满分为 4.5 分，其中，每找对一个得分点得 2 分，分析部分按照 0 到 2.5 分给分。<br>4. 最多按 4 个得分点给分。<br>5. 一定要将质疑的点写在每段的首句，且用引号加以标注，以方便老师阅卷。 | 本文正文 4 段的得分分别为：7 分、6 分、6 分、7 分。 |
| 结尾 | 简单总结全文即可。 | 本文的结尾符合要求。 |
| 评分 | 1. 得分点：将正文中踩分点的得分相加，即为总分。<br>2. 扣分点：标题、开头、结尾漏写或者写错，扣 2 分。<br>3. 卷面分：上下浮动最多 3 分。 | 本文无扣分点。<br>参考评分：26 分。 |

## 真题精练 6

## 2022 年管理类联考论证有效性分析真题

### ❶ 真题原文

论证有效性分析：分析下述论证中存在的缺陷和漏洞，选择若干要点，写一篇 600 字左右的文章，对该论证的有效性进行分析和评论。（论证有效性分析的一般要点是：概念特别是核心概念的界定和使用是否准确并前后一致，有无各种明显的逻辑错误，论证的论据是否成立并支持结论，结论成立的条件是否充分，等等。）（30 分）

默默无闻、无私奉献虽然是人们尊崇的德行，但这种德行其实不能成为社会的道德精神。

一种德行必须借助大众媒体的传播，让大家受其感染，并化为自觉意识，然后才能成为社会的道德精神。但是，默默无闻、无私奉献的精神所赖以存在的行为特点是不事张扬、不为人知。既然如此，它就得不到传播，也就不可能成为社会的道德精神。

退一步讲，默默无闻、无私奉献的善举经媒体大力宣传后为更多的人所了解，这就从根本上使这一善举失去了默默无闻的特性。既然如此，这一命题就无从谈起了。

再者，默默无闻的善举一旦被媒体大力宣传，当事人必然会受到社会的肯定与赞赏，而这就是社会对他的回报。既然他从社会得到了回报，怎么还可以说是无私奉献呢？

由此可见，默默无闻、无私奉献的德行注定不可能成为社会的道德精神。

### ❷ 谬误分析

【谬误①】
"默默无闻、无私奉献是人们尊崇的德行"与"不能成为社会的道德精神"自相矛盾。

【谬误②】
材料认为一种德行"必须"通过大众传媒传播，才能成为社会道德的精神，过于绝对。道德精神形成的途径有很多，用其他方式也可以，比如说学校教育、家庭教育等，不一定"必须借助大众媒体的传播"。

【谬误③】
当事人"不事张扬"不能说明善事"不为人知"，也不能说它"得不到传播"。一些无私奉献的事件可以通过其他人口口相传、媒体报道、政府表彰等方式为人所知。因此，材料也无法推出无私奉献的精神"不可能成为社会的道德精神"的结论。

【谬误④】
"善举被大力宣传后为人所了解"，并不能否定当事人做好事时的"默默无闻"。默默无闻的特性是在奉献做出的时间点就已经存在的，而媒体的宣传是在无私奉献行为做出之后，因此二者并无直接关系。而且，此处与前文中的"它就得不到传播"自相矛盾。

**【谬误⑤】**

"当事人受到社会的肯定与赞赏"，不能用来否定当事人"无私奉献"的动机。因为，如果当事人在做好事时并不存在索取回报的想法，那就说明他是没有私心的，那么即使他在事后收到了回报，也仍然是"无私"奉献。

（说明：教育部考试中心公布的本道真题的参考答案为以上 5 点。）

## ❸ 参考范文

### 默默奉献无法成为社会道德精神吗？

上文通过一系列论证得出"默默无闻的行为无法成为社会道德精神"的结论，但该论证过程存在诸多谬误，现分析如下：

首先，"默默无闻、无私奉献是人们尊崇的德行"与"不能成为社会的道德精神"自相矛盾。

其次，材料认为一种德行"必须"通过大众传媒传播，才能成为社会道德的精神，过于绝对。道德精神形成的途径有很多，用其他方式也可以，比如说学校教育、家庭教育等，不一定"必须借助大众媒体的传播"。

再次，当事人"不事张扬"不能说明善事"不为人知"，也不能说它"得不到传播"。一些无私奉献的事件可以通过其他人口口相传、媒体报道、政府表彰等方式为人所知。因此，材料也无法推出无私奉献的精神"不可能成为社会的道德精神"的结论。

而且，"善举被大力宣传后为人所了解"，并不能否定当事人做好事时的"默默无闻"。默默无闻的特性是在奉献做出的时间点就已经存在的，而媒体的宣传是在无私奉献行为做出之后，因此二者并无直接关系。

最后，当事人受到社会的"肯定与赞赏"，不能否定当事人"无私奉献"的动机。因为即使当事人获得了社会的回报，但如果当事人在做好事时，并不存在索取回报的想法，那就说明他是没有私心的，那么即使他在事后收到了回报，也仍然是"无私"奉献。

综上所述，由于材料存在多处逻辑漏洞，其结论的正确性有待商榷。

（全文共 551 字）

## ④ 习作点评

### 习作（1）

**无私奉献不能成为社会道德精神吗？**

老吕学员　俊英

　　文章通过一系列分析，试图证明"无私奉献不能成为社会道德精神"的结论。但该论证本身存在多处缺陷或漏洞，分析如下：

标题正确。

　　首先，"一种德行必须借助大众媒体的传播才能成为社会的道德精神"，过于绝对。大众媒体的传播并非必须条件，有些德行通过口口相传、言传身教等方式，同样可以成为社会道德精神。

开头段简明扼要。

　　其次，虽然无私奉献的行为特点是不事张扬，但其未必就得不到传播。一些无私奉献的事件可以通过受益人、公众、媒体等方式为人所知。因此，这样的行为未必得不到传播。

找点正确2分，分析有力5分，本点得分7分。

　　再次，前文提到"无私奉献的行为得不到传播"，后文又说"无私奉献的善举经媒体大力宣传后为更多的人所了解"，存在自相矛盾。如果作者认为该行为"得不到传播"，那又怎能同时认定"该行为得到了传播"呢？

找点正确2分，分析有力5分，本点得分7分。

　　最后，"受到社会的肯定与赞赏，就是社会对他的回报"，有待商榷。无私奉献与是否在社会得到回报无本质关系。默默无闻的特性是在奉献做出时已经存在了的，是当事人做出奉献的初衷。

本点逻辑上分析是正确的，但是不在参考答案范围内，不给分。

　　综上所述，由于材料在论述过程中存在多处逻辑漏洞，所以"无私奉献不能成为社会道德精神"这一结论的正确性有待商榷。

找点正确2分，分析有力5分，本点得分7分。

（全文共 466 字）

结尾简洁有力。

**论证有效性分析 5 步评分表（简单版）**

| 项目 | 要求 | 本文评价 |
|---|---|---|
| 标题 | 1. 标题可以用 3 种：后"吗"式、未必式、万能式。<br>2. 标题不能超过 14 字。 | 本文标题正确。 |
| 开头 | 开头不宜过长，简短地指出材料的论证存在问题即可。 | 本文开头段简明扼要。 |

续表

| 项目 | 要求 | 本文评价 |
|---|---|---|
| 找点与分析 | 1. 正文需要写4段或5段，至少分析4个论证错误。<br>2. 管理类联考每点满分为7分，其中，每找对一个得分点得2分，分析部分按照0到5分给分。<br>3. 经济类联考每点满分为4.5分，其中，每找对一个得分点得2分，分析部分按照0到2.5分给分。<br>4. 最多按4个得分点给分。<br>5. 一定要将质疑的点写在每段的首句，且用引号加以标注，以方便老师阅卷。 | 本文正文4段的得分分别为：7分、7分、0分、7分。 |
| 结尾 | 简单总结全文即可。 | 本文的结尾符合要求。 |
| 评分 | 1. 得分点：将正文中踩分点的得分相加，即为总分。<br>2. 扣分点：标题、开头、结尾漏写或者写错，扣2分。<br>3. 卷面分：上下浮动最多3分。 | 本文字数不够，扣2分。<br>参考评分：19分。 |

## 习作（2）

### 默默无闻能成为社会道德的精神吗①

学员　张东东

材料旨在说明默默无闻不能成为社会道德的精神②，然而其论证过程存在多处逻辑谬误，分析如下：

首先，材料认为"一种德行必须借助大众媒体的传播，让大家受其感染，并化为自觉意识，然后才能成为社会的道德精神"，论证过于绝对。一种德行未必只有借助大众媒体才能成为社会道德精神，通过媒体或者大众的日常传播③也可以让一种德行成为社会的道德精神。

其次，材料认为"无私奉献的精神存在的行为特点是不事张扬、不为人知"，就认为"其得不到传播，也不能成为一种社会精神"。不事张扬、不为人知只是无私奉献本身的特点，当事人不传播，并不代表没有其他人进行传播④。

再次，无私奉献的善举被人所了解，只能证明一个事件或者一个行为被人所了解，但无私奉献所具备的默默无闻的特性未必会改变，二者不能一概而论。所以，材料认为"无私奉献的善举经媒体大力宣传后为更多的人所了解，这就从根本上使这一善举失去了默默无闻的特性"。这种说法未免过于绝对。

①标题应改为"默默无闻不能成为社会道德的精神吗？"

②建议加引号。

找点正确得2分。③处质疑不成立，故本点分析不得分。应该指出除了大众媒体之外还有其他方式。

找点正确得2分，但引用材料过长，④句分析的前半句没有作用，故分析可得2分。本点总分可得4分。

找点正确得2分。本段直接进行分析，而不是先指出得分点，有可能造成阅卷人的误判。分析给3分，本点得分5分。

最后，材料认为"默默无闻的善举一旦被媒体大力宣传，当事人必然会受到社会的肯定与赞赏，而这就是社会对他的回报，既然他从社会得到了回报，怎么还可以说是无私奉献呢？"未必成立。因为"肯定与赞赏"和"回报"这两者不能简单等价。

综上所述，文章用多个例子来证明"默默无闻不能成为社会道德的精神"，然而其论据并不能证明其论点，论证过程存在多处逻辑漏洞，其结论难以成立。

（全文共 590 字）

> 找点正确得2分，但引用材料过长，且分析过短，只有简单的一句，分析得1分，本点可得3分。
>
> 结尾字数过多。

## 论证有效性分析 5 步评分表（简单版）

| 项目 | 要求 | 本文评价 |
| --- | --- | --- |
| 标题 | 1. 标题可以用 3 种：后"吗"式、未必式、万能式。<br>2. 标题不能超过 14 字。 | 本文标题不正确，扣 2 分。 |
| 开头 | 开头不宜过长，简短地指出材料的论证存在问题即可。 | 本文开头段简明扼要。 |
| 找点<br>与<br>分析 | 1. 正文需要写 4 段或 5 段，至少分析 4 个论证错误。<br>2. 管理类联考每点满分为 7 分，其中，每找对一个得分点得 2 分，分析部分按照 0 到 5 分给分。<br>3. 经济类联考每点满分为 4.5 分，其中，每找对一个得分点得 2 分，分析部分按照 0 到 2.5 分给分。<br>4. 最多按 4 个得分点给分。<br>5. 一定要将质疑的点写在每段的首句，且用引号加以标注，以方便老师阅卷。 | 本文正文 4 段的得分分别为：2 分、4 分、5 分、3 分。 |
| 结尾 | 简单总结全文即可。 | 本文的结尾符合要求。 |
| 评分 | 1. 得分点：将正文中踩分点的得分相加，即为总分。<br>2. 扣分点：标题、开头、结尾漏写或者写错，扣 2 分。<br>3. 卷面分：上下浮动最多 3 分。 | 本文标题扣 2 分。<br>参考评分：12 分。 |

### 真题精练 7

## 2023 年管理类联考论证有效性分析真题

### ① 真题原文

论证有效性分析：分析下述论证中存在的缺陷和漏洞，选择若干要点，写一篇 600 字左右的文章，对该论证的有效性进行分析和评论。（论证有效性分析的一般要点是：概念特别是核心概念的界定和使用是否准确并前后一致，有无各种明显的逻辑错误，论证的论据是否成立并支持结论，结论成立的条件是否充分，等等。）（30 分）

随着人口的老龄化，大家都在议论老年人还要不要继续工作的话题。我们认为，老年人应该继续工作。

我国《宪法》规定："中华人民共和国公民有劳动的权利和义务。"由此可见，老年人继续工作是法律赋予他们的权利。

据统计，我国 2019 年人均预期寿命已经达到 77.3 岁，这说明老年人的健康水平大大提高了，所以老年人完全有能力继续工作。

如果老年人不再继续工作而退出劳动力市场，就势必会打破劳动力市场的原有平衡，从而造成社会劳动力的短缺。如果老年人继续工作，就能有效地避免这一问题。

此外，老年人有权利追求更高质量的生活。他们想增加收入，改善生活，就应该继续工作。再说，有规律的生活方式有益于身体健康，而工作实际上是一种有规律的生活方式，所以老年人继续工作还有益于其身体健康。

## ❷ 谬误分析

【谬误①】
《宪法》还规定了退休制度，不能片面引用某一条款来论证老年人应该继续工作。

【谬误②】
人均预期寿命的延长不等于健康寿命的延长，不是老年人应该继续工作的充分条件。

【谬误③】
老年人退出劳动力市场，未必会造成劳动力短缺。

【谬误④】
老年人继续工作，不一定能解决劳动力短缺问题。

【谬误⑤】
老年人增加收入的方式有多种，继续工作只是其中之一。

【谬误⑥】
工作即使是一种有规律的生活方式，也不一定有益于老年人的身体健康。

（说明：教育部考试中心公布的本道真题的参考答案为以上 6 点。）

## ❸ 参考范文

### 老年人应该继续工作吗

吕建刚

上述材料认为"老年人应该继续工作"，然而其论证存在多处逻辑漏洞，分析如下：

第一，由《宪法》规定"公民有劳动的权利和义务"不能推出"老年人继续工作是法律赋予的权利"。因为，《宪法》的以上规定并未涉及公民需要工作的时间。而且，《宪法》也规定了相关退休制度，这也是法律赋予的权利。

第二，人均寿命提高不代表健康寿命提高，因此，不能由"我国2019年人均预期寿命已经达到77.3岁"说明"老年人的健康水平大大提高了"，也不能说明"老年人完全有能力继续工作"。

第三，老年人退出劳动力市场，未必会打破劳动力市场的原有平衡，也不一定会造成社会劳动力的短缺。因为老年人不再继续工作后，会有一波又一波新的年轻人投入工作。而且，即使老年人继续工作，也未必能够避免劳动力短缺问题。

第四，老年人想提高收入，未必要通过继续工作来实现。老年人还可以通过养老保险、子女赡养等方式来获得收入、改善生活。而且，很多老年人的花销并不大，对经济条件的要求也并不高，休闲的生活可能才是他们想要的。

第五，工作是一种有规律的生活方式，无法说明老年人继续工作有益于其身体健康。此处只考虑到了工作有利的一面，没有考虑到工作压力、工作强度等负面影响。

综上所述，材料的论证存在多处逻辑错误，其结论难以让人信服。

（全文共532字）

## 真题精练 8

### 2024年管理类联考论证有效性分析真题

因本书出版时，2024年真题尚未发布，故本年度真题为电子版，请扫码获取。

扫码点击"资料下载"
领取24年最新真题

> **真题精练 1**

## 2021年396经济类联考论证有效性分析真题

### ❶ 真题原文

　　论证有效性分析：分析下述论证中存在的缺陷和漏洞，选择若干要点，写一篇600字左右的文章，对该论证的有效性进行分析和评论。（论证有效性分析的一般要点是：概念特别是核心概念的界定和使用是否准确并前后一致，有无各种明显的逻辑错误，论证的论据是否成立并支持结论，结论成立的条件是否充分等。）（20分）

　　人们受骗上当的事时有发生，乃至有人认为如今的骗术太高明而无法根治。其实，如今要根治诈骗并不难。

　　首先，从道理上讲，正义终将战胜邪恶，这是历史已证明的规律。诈骗是一种邪恶的行为，最终必将被正义的力量彻底消灭。既然如此，诈骗怎么不能根治呢？

　　其次，很多诈骗犯虽然骗术高明，但都被绳之以法，这说明在法治社会中，诈骗犯根本无处藏身。这样，谁还敢继续行骗呢？没有人敢继续行骗，诈骗不是被根治了么？

　　再次，还可以通过全社会的防范来防止诈骗的发生。诈骗的目的，无非是想骗取钱财。凡是要你花钱的事情，你都要慎重考虑。例如，有些投资公司建议你向他们投资，有些机构推荐你参加高收费的培训，有些婚恋对象向你借巨款。诸如此类，其实都不靠谱。所有的人如果都不相信这些话，诈骗就无法得逞。诈骗无法得逞，不就是被根治了么？如果建立更加有效的防范机制，根治诈骗就更容易了。

　　总之，无论从道理上讲，还是从行骗者或被骗者的角度来看，如今要根治诈骗根本不是难事。

### ❷ 谬误分析

【谬误①】

　　首先，"邪恶的行为最终必将被正义的力量彻底消灭"，最多只能证明诈骗"能被根治"，但无法证明"根治诈骗并不难"。因为"彻底消灭"是一种结果，"难不难"关注的是过程。

【谬误②】

　　"很多骗术高明的诈骗犯都被绳之以法"，不能说明"诈骗犯无处藏身"，更不能说明

"没有人敢继续行骗"。因为，部分诈骗犯的情况不一定能代表整个诈骗犯群体的情况；而且，当行骗收益巨大时，可能依然会有人经不住诱惑，选择铤而走险。

**【谬误③】**

材料认为"诈骗的目的无非是骗取钱财"，实则未必，因为诈骗可能存在其他目的，比如骗色骗权等。

**【谬误④】**

不是"所有要花钱的事"都需要"慎重考虑"。生活花销中有许多程序性决策，如乘坐公交、餐饮消费等，这些消费的决策无须"慎重考虑"。而且，即使经过慎重考虑也不能保证不会受骗。

**【谬误⑤】**

"投资公司的建议、高收费的培训"等类似的事情，未必都不靠谱。可能存在有价值的投资建议、令人满意的高收费培训等。

**【谬误⑥】**

材料认为"建立更加有效的防范机制，根治诈骗就更容易"，未必成立。因为，骗术在不断变化，会使原来有效的防范机制失效。而且，我国人口众多，通过防范机制可能只能减少人们受骗的概率，未必能"根治诈骗"。

（说明：以上谬误分析参考了教育部考试中心公布的官方参考答案。）

## 3 参考范文

### 根治诈骗真的不难吗？

材料通过一系列论证试图说明"根治诈骗并不难"，但其论证过程存在多处逻辑谬误，具体分析如下：

首先，"邪恶的行为最终必将被正义的力量彻底消灭"，最多只能证明诈骗"能被根治"，但无法证明"根治诈骗并不难"。因为"彻底消灭"是一种结果，"难不难"关注的是过程。

其次，材料由"很多骗术高明的诈骗犯都被绳之以法"得出"诈骗犯无处藏身"的结论，进而得出"没有人敢继续行骗"的结论，这未必成立。因为，部分诈骗犯的情况不一定能代表整个诈骗犯群体的情况，故材料有以偏概全之嫌。此外，"诈骗犯无处藏身"并不代表"没人敢继续行骗"。当行骗收益巨大时，可能依然会有人经不住诱惑，选择铤而走险。

再次，"诈骗的目的无非是骗取钱财"未必成立，因为诈骗可能存在其他目的，比如骗色骗权等。

而且，并不是"所有要花钱的事"都需要"慎重考虑"。生活花销中有许多程序性决策，如乘坐公交、餐饮消费等，这些消费的决策无须"慎重考虑"。因此，材料的论据值得怀疑。

最后，材料认为可以通过使用"全社会的防范"的手段，来达到"根治诈骗"的目的，这十分困难。我国人口众多，通过宣传教育等手段普及防骗知识只能减少人们受骗的概率，未必能使每一个人不受骗。所以"诈骗"也就未必"不会得逞"。

综上，由于材料在论证过程中存在多处逻辑漏洞，"根治诈骗并不难"的结论的成立性有待商榷。

（全文共 566 字）

## ❹ 习作点评

### 习作（1）

#### 诈骗未必会被根治

本文通过一系列论证试图证明"如今要根治诈骗根本不是难事"这一结论，然而论证过程存在诸多逻辑错误，现分析如下：

首先，诈骗未必会被正义的力量消灭。正义终将战胜邪恶，但并非完全消灭邪恶，换句话说，邪恶依然可以存在。如此说来，诈骗未必最终会被根治。

其次，很多诈骗犯被绳之以法不能以偏概全地推出所有诈骗犯无处藏身①。这是因为，仍然存在的那一部分未被绳之以法的诈骗犯情况如何不得而知。即便无处藏身，只要违法的收益远高于违法成本，难保不会有人知法犯法，继续诈骗。因此，诈骗还是不能根治。

再次，投资公司的投资、机构推荐培训、婚恋对象借款未必都不靠谱。投资公司作为投资专业人士，给出的建议未必都是诈骗，机构也是如此。即便不相信这些，也推不出诈骗不能成功。即便诈骗不成功，也不代表以后就不会有诈骗②。

最后，建立有效的防范机制未必会使得根治诈骗更容易。有效的防御机制构建过程本身就不容易。更何况，防范机制只能预防，却不能完全消除诈骗的发生，达不到根治的目的。

综上所述，要想得出"如今根治诈骗并不难"的结论，作者还需要更加严谨的论证。

（全文共 461 字）

标题符合要求。

开头段简明扼要，很好。

材料中说"从道理上讲，正义终将战胜邪恶，这是历史已证明的规律"，这是材料得出观点的背景，不应该进行质疑。本点不得分。

找点正确2分，分析有力可得2分。①句过长，影响阅读，扣1分。本点得分3分。

找点正确2分，但②处通篇在表达"未必""推不出""不代表"，没有具体的分析，因此分析得1分，本点得分3分。

找点正确2分，分析尚可，得1分。本点得分3分。

结尾简洁有力。

## 论证有效性分析5步评分表（简单版）

| 项目 | 要求 | 本文评价 |
|------|------|----------|
| 标题 | 1. 标题可以用3种：后"吗"式、未必式、万能式。<br>2. 标题不能超过14字。 | 本文标题符合要求。 |
| 开头 | 开头不宜过长，简短地指出材料的论证存在问题即可。 | 本文开头段简明扼要。 |
| 找点与分析 | 1. 正文需要写4段或5段，至少分析4个论证错误。<br>2. 管理类联考每点满分为7分，其中，每找对一个得分点得2分，分析部分按照0到5分给分。<br>3. 经济类联考每点满分为4.5分，其中，每找对一个得分点得2分，分析部分按照0到2.5分给分。<br>4. 最多按4个得分点给分。<br>5. 一定要将质疑的点写在每段的首句，且用引号加以标注，以方便老师阅卷。 | 本文正文4段的得分分别为：0分、3分、3分、3分。 |
| 结尾 | 简单总结全文即可。 | 本文的结尾符合要求。 |
| 评分 | 1. 得分点：将正文中踩分点的得分相加，即为总分。<br>2. 扣分点：标题、开头、结尾漏写或者写错，扣1分。<br>3. 卷面分：上下浮动最多2分。 | 本文的质疑点没有用引号，不利于阅卷人阅卷。另外，本文字数也不达标。综上，额外扣1分。<br>参考评分：8分。 |

## 习作（2）

### 根治诈骗不难吗

上述材料通过种种论证，旨在说明"如今要根治诈骗并不困难"，然而其论证过程存在多处不当，具体分析如下：

第一，"正义终将战胜邪恶"是历史已经证明的规律。存在诉诸历史的嫌疑，其真实性有待商榷，由此未必能说明"诈骗"这种"邪恶"必然能被正义消灭，从而未必能得出诈骗能被根治的结论。

第二，"很多诈骗犯被绳之以法"不能得出所有的诈骗犯都无处藏身。既然存在未被绳之以法的诈骗犯，那诈骗的行为在社会中还是可能存在的；另一方面，即使之前的诈骗犯都被绳之以法，也有可能存在新的诈骗犯出现。因此，未必能说明诈骗被根治了。

第三，不相信"让你花钱的话"未必能防止诈骗。诈骗的方式有很多，除了通过让你花钱，还有很多途径。比如：欺骗你家

标题正确。

开头段简明扼要。

找点不准，不得分。

找点正确2分，分析尚可，得2分，本点得分4分。

找点正确2分，但①处列举的其他途径

里成员出事故、冒充机关人员，甚至通过绑架、抢劫等手段，让你防不胜防①。因此，仅通过防范花钱的方法防范诈骗未必可行。

第四，"建立更有效的防范机制"未必能根治诈骗。该论证没有具体论据加以说明，因此影响了其论证有效性②。

第五，材料从"道理""行骗者"以及"不受骗者"不同的角度来论证，但均会存在论证漏洞，以此来说明根治诈骗并非难事，未必可信。

综上所述，论证存在种种漏洞，因此，"如今根治诈骗并非难事"的结论难以成立。

（全文共 516 字）

旁注：

最终还是花钱，且"绑架、抢劫"不属于诈骗，故本段分析无力，得 1 分，本点得分 3 分。

找点正确 2 分，但②处分析过于简单，得 1 分。本点得分 3 分。

本段的质疑点不明确，不得分。

结尾简洁有力。

## 论证有效性分析 5 步评分表（简单版）

| 项目 | 要求 | 本文评价 |
|---|---|---|
| 标题 | 1.标题可以用 3 种：后"吗"式、未必式、万能式。<br>2.标题不能超过 14 字。 | 本文标题正确。 |
| 开头 | 开头不宜过长，简短地指出材料的论证存在问题即可。 | 本文开头段简明扼要。 |
| 找点与分析 | 1.正文需要写 4 段或 5 段，至少分析 4 个论证错误。<br>2.管理类联考每点满分为 7 分，其中，每找对一个得分点得 2 分，分析部分按照 0 到 5 分给分。<br>3.经济类联考每点满分为 4.5 分，其中，每找对一个得分点得 2 分，分析部分按照 0 到 2.5 分给分。<br>4.最多按 4 个得分点给分。<br>5.一定要将质疑的点写在每段的首句，且用引号加以标注，以方便老师阅卷。 | 本文正文 5 段的得分分别为：0 分、4 分、3 分、3 分、0 分。最多按 4 点给分。 |
| 结尾 | 简单总结全文即可。 | 本文的结尾符合要求。 |
| 评分 | 1.得分点：将正文中踩分点的得分相加，即为总分。<br>2.扣分点：标题、开头、结尾漏写或者写错，扣 1 分。<br>3.卷面分：上下浮动最多 2 分。 | 参考评分：10 分。 |

···‖‖ **真题精练 2** ‖‖···

## 2022 年 396 经济类联考论证有效性分析真题

### ❶ 真题原文

论证有效性分析：分析下述论证中存在的缺陷和漏洞，选择若干要点，写一篇 600 字左右的文章，对该论证的有效性进行分析和评论。（论证有效性分析的一般要点是：概念特别是核心概念的界定和使用是否准确并前后一致，有无各种明显的逻辑错误，论证的论据是否成立并支持结论，结论成立的条件是否充分等。）（20 分）

国内公布的一项国民阅读调查报告显示，大城市的数字阅读率正以较快的速度增长，这说明数字阅读正在改变人们传统的阅读习惯，即将成为国人主要的阅读方式。

数字阅读和传统的纸质阅读相比较具有绝对的优势。各种电子阅读器在实体店和网上商店比比皆是，人们可以十分方便地使用这些丰富的资源，这无疑会加速数字阅读的发展。

另外，为满足受众需求，电子类的报纸、杂志、书籍等出版物迅猛增加，而原有纸质媒体如古籍等也正在加速实现数字化。这些不争的事实也在佐证传统的纸质阅读方式将很快被人们舍弃而寿终正寝。

### ❷ 谬误分析

【谬误①】
仅以大城市数字阅读率的增速为根据来论证全民的阅读趋势，以偏概全。

【谬误②】
电子阅读器容易买到，但纸质书刊也容易买到，所以不能用来论证数字阅读和传统的纸质阅读相比较具有绝对的优势。

【谬误③】
电子阅读器即使可以方便地买到，但不等于容易获得和使用，因为购买电子阅读器需要一定的经济条件，使用时还需要一定的操作能力，所以不能用来论证它比纸质媒体使用更方便。

【谬误④】
互联网时代全球信息一体化，但使用这些资源有时有一定的限制，国人未必能方便地使用这些丰富的资源。

【谬误⑤】
电子媒体的快速发展有可能对传统纸质媒体的阅读造成巨大冲突，但不一定造成传统纸质媒体的消亡。

（说明：教育部考试中心公布的本道真题的参考答案为以上 5 点。）

## ❸ 参考范文

### 数字阅读将成主要阅读方式吗?

材料试图向我们证明"数字阅读即将成为国人主要的阅读方式"的观点,但是其论证过程存在一些逻辑问题,分析如下:

首先,"大城市数字阅读率不断增长",难以说明"数字阅读正在改变国人的阅读习惯,即将成为国人主要的阅读方式"。因为,"大城市"的数字阅读率情况未必能代表"国人"的数字阅读情况。故材料以偏概全。

其次,材料由"各类的电子阅读器能够很方便地购买"得到"数字阅读和传统的纸质阅读相比较有绝对的优势"的结论,存在不妥。这是因为,传统的纸质书现在也可以很方便地购买和使用,仅凭这一点无法说明数字阅读有绝对的优势。

再次,即使"电子阅读器可以方便地买到",也不等于它能方便地"使用"。因为购买电子阅读器需要一定的经济条件,使用时还需要一定的操作能力,所以不能用来论证它比纸质媒体使用更方便。

而且,"全球信息一体化"无法保证人们"充分地使用"丰富的阅读资源。因为,人们能否使用好这些阅读资源,还受到诸如信息化程度、语言文字等因素的影响。因此,这也无法保证"加速数字阅读的发展"。

最后,"电子类的报纸、杂志、书籍"的增加,只能说明数字阅读开始受到人们的欢迎,但数字阅读与纸质阅读并不矛盾,二者有可能同时存在、协同发展,因此,这无法说明"传统的纸质阅读会寿终正寝"。

综上,由于上文存在诸多逻辑错误,其结论难以成立。

(全文共 564 字)

## ❹ 习作点评

### 习作(1)

#### 数字阅读是主要的阅读方式吗

材料通过"调查报告、数字阅读的对比优势和满足受众需求"三个角度论证说明数字阅读是国人的主要阅读方式,其实整个论证过程存在许多问题,其列举的论据很难支撑论证是成立的。现分析如下:

首先,材料中由"大城市数字阅读率在不断地增长",推出"数字阅读正在改变国人的阅读习惯,将成为国人主要的阅读方

标题有问题,材料是对未来的预测,而此标题描述的是现在的情况。

开头段冗长,应精简。

找点正确2分,分析正确,可得2分。但

式"的结论，存在不妥①。即使大城市数字阅读率不断地增长也不能推出数字阅读将成为国人的主要阅读方式②。因为，我国不只是有大城市，也有中城市、小城市，单凭大城市人们的数据并不能代表国人。

①②两句语义重复，应精简，而后面的分析则过于简略。扣1分。本点总分3分。

其次，题干由"人们可以很方便地购买和使用电子阅读器"推出"数字阅读比传统的纸质阅读有绝对的优势"，存在不妥。因为，在如今的时代，人们也可以很方便地购买和使用传统图书，因此材料中的"绝对优势"难以使人信服。

找点正确2分，分析有力2.5分，本点总分4.5分。

再次，材料中由"全球信息一体化"，推出"加速了数字阅读的发展"，存在不妥。信息一体化，指的是将信息整合统一，给予人们更多的便利，只能得出让数字阅读更加便利，并不能与加速数字阅读的发展画上等号③。

找点正确2分，但③处分析有问题，更加便利也是数字阅读的一种发展，因此本段分析不够好。本点总分3分。

最后，材料由"电子类书籍、杂志、报纸在加速增加和原有的纸质媒体在以数字化体现"推出"传统纸质阅读在被人们所舍弃"，存在不妥。电子类杂志、书籍、报纸的增加并不意味着纸质媒体就在减少，原有的纸质媒体在以数字化体现也不意味着原有的纸质媒体就不以纸质形式出现了④。

找点正确2分，但④处都在表达"不意味着"，没有具体的分析，故只能得1分。本点总分3分。

综上，由于论证过程存在许多的逻辑问题，因此"数字阅读是国人的主要阅读方式"的论断值得商榷。

结尾简洁有力。

（全文共 614 字）

## 论证有效性分析 5 步评分表（简单版）

| 项目 | 要求 | 本文评价 |
| --- | --- | --- |
| 标题 | 1. 标题可以用 3 种：后"吗"式、未必式、万能式。<br>2. 标题不能超过 14 字。 | 本文标题正确。 |
| 开头 | 开头不宜过长，简短地指出材料的论证存在问题即可。 | 本文开头段过长。 |
| 找点与分析 | 1. 正文需要写 4 段或 5 段，至少分析 4 个论证错误。<br>2. 管理类联考每点满分为 7 分，其中，每找对一个得分点得 2 分，分析部分按照 0 到 5 分给分。<br>3. 经济类联考每点满分为 4.5 分，其中，每找对一个得分点得 2 分，分析部分按照 0 到 2.5 分给分。<br>4. 最多按 4 个得分点给分。<br>5. 一定要将质疑的点写在每段的首句，且用引号加以标注，以方便老师阅卷。 | 本文正文 4 段的得分分别为：3 分、4.5 分、3 分、3 分。 |

续表

| 项目 | 要求 | 本文评价 |
|------|------|----------|
| 结尾 | 简单总结全文即可。 | 本文的结尾符合要求。 |
| 评分 | 1. 得分点：将正文中踩分点的得分相加，即为总分。<br>2. 扣分点：标题、开头、结尾漏写或者写错，扣1分。<br>3. 卷面分：上下浮动最多2分。 | 标题不当，扣1分。<br>参考评分：12.5分。 |

## 习作（2）

### 数字阅读将成主要方式吗

标题正确。

　　材料试图通过一系列论证得出"数字阅读即将成为国人主要的阅读方式"，但由于其论证过程存在不少逻辑问题，因此其结论难以令人信服，分析如下：

开头符合要求。

　　首先，"一项国民阅读调查分析报告显示"，推不出"数字正在改变人们传统的阅读习惯，即将成为国人主要的阅读方式"。因为，在已有的材料中没有具体说明样本容量等相关数据，所以该样本未必具有代表性，也就推不出"数字阅读即将成为国人主要的阅读方式"。

找点正确2分，分析有力2分，本点得分4分。

　　其次，"互联网时代全球信息一体化、人们可以充分地使用丰富的阅读资源"，推不出"会加速数字阅读的发展"。因为，该说法过于绝对，假设数字阅读器售价过高，便会制约数字阅读的发展①。

找点正确2分，但①处分析过于简单，因此该段分析得1分，本点得分3分。

　　最后，"原有的纸质媒体如古籍等也在加速实现数字化"，推不出"传统的纸质阅读方式将很快被人们舍弃而寿终正寝"。因为，该说法过于绝对，纸质媒体在数字化的同时，会扩大该纸质媒体原有的知名度，吸引更多的潜在读者；再有就是纸质书籍具备电子书籍所不具有的收藏价值，所以在此过程中，读者很有可能在简单浏览电子书籍后转而购买该书籍的纸质版进行更深一步的阅读甚至是收藏，因此也就推不出"传统的纸质阅读方式将很快被人们舍弃而寿终正寝"的结论②。

找点正确2分，②处分析虽有理，但过于冗长，因此该段分析得1分，本点得分3分。

　　综上所述，材料中存在着诸如此类的逻辑错误。因此，想要证明"数字阅读即将成为国人主要的阅读方式"，作者还需要进行更完善的论证。

结尾符合要求。

（全文共553字）

### 论证有效性分析 5 步评分表（简单版）

| 项目 | 要求 | 本文评价 |
|---|---|---|
| 标题 | 1. 标题可以用 3 种：后"吗"式、未必式、万能式。<br>2. 标题不能超过 14 字。 | 本文标题正确。 |
| 开头 | 开头不宜过长，简短地指出材料的论证存在问题即可。 | 本文开头段简明扼要。 |
| 找点与分析 | 1. 正文需要写 4 段或 5 段，至少分析 4 个论证错误。<br>2. 管理类联考每点满分为 7 分，其中，每找对一个得分点得 2 分，分析部分按照 0 到 5 分给分。<br>3. 经济类联考每点满分为 4.5 分，其中，每找对一个得分点得 2 分，分析部分按照 0 到 2.5 分给分。<br>4. 最多按 4 个得分点给分。<br>5. 一定要将质疑的点写在每段的首句，且用引号加以标注，以方便老师阅卷。 | 本文只找了三个得分点，分数分别为：4 分、3 分、3 分。 |
| 结尾 | 简单总结全文即可。 | 本文的结尾符合要求。 |
| 评分 | 1. 得分点：将正文中踩分点的得分相加，即为总分。<br>2. 扣分点：标题、开头、结尾漏写或者写错，扣 1 分。<br>3. 卷面分：上下浮动最多 2 分。 | 参考评分：10 分。 |

## ◂┅ 真题精练 3 ┅▸

# 2023 年 396 经济类联考论证有效性分析真题

## ❶ 真题原文

论证有效性分析：分析下述论证中存在的缺陷和漏洞，选择若干要点，写一篇 600 字左右的文章，对该论证的有效性进行分析和评论。（论证有效性分析的一般要点是：概念特别是核心概念的界定和使用是否准确并前后一致，有无各种明显的逻辑错误，论证的论据是否成立并支持结论，结论成立的条件是否充分，等等。）（20 分）

要减轻中小学生的学习负担，还必须加强引导和管理。

首先，我们应引导家长破除"望子成龙"的传统观念，因为这一观念是加重中小学生学习负担的重要原因之一。千百年来有多少家长都是望子成龙，但大部分的孩子还是成了普通人。如果家长都能正视这一事实，破除"望子成龙"的传统观念，把期望值降低一些，过重的学习负担马上就减轻了。

其次，我们应该改变"不能输在起跑线上"的观念。众所周知，不能输在起跑线上未必能赢在终点线上。既然如此，我们又何必纠结于"起跑线"呢？学习就像马拉松，是个长期的过程，马拉松的冠军就不一定是赢在起跑线上的人。如果家长都明白了这个道理，也就不会给子女们加压，孩子们就不会再有过重的学习负担了。

再次，我们应该实施素质教育，废除应试教育。应试教育所带来的课业，无疑加重了中小学生的学习任务。如果我们全面地实施素质教育，就能有效地减轻学生的负担。

最后，如果有关部门再进一步出台更为严格的减轻中小学生学习负担的法规，减负就能获得成功。

## ❷ 谬误分析

【谬误①】
大部分孩子未成"龙"的结果不能用来否定家长对孩子成才的期待。

【谬误②】
家长不"望子成龙"，也未必能减轻中小学生的学习负担。

【谬误③】
不输在起跑线上未必能赢在终点线上，不足以论证"不输在起跑线上"是错误的。

【谬误④】
学生的学习过程具有复杂性，不可与马拉松比赛作简单类比。

【谬误⑤】
素质教育也需要通过考试来考核学生的素质，不能把素质教育和课业对立起来。

【谬误⑥】
法规要靠实施。即使出台了法规，减负未必能获得成功。

（说明：教育部考试中心公布的本道真题的参考答案为以上6点。）

## ❸ 参考范文

### 加强引导和管理就能减轻负担吗？

#### 吕建刚

上述材料针对"减轻中小学生的学习负担"这一话题，给出了种种论证。但其论证存在多处逻辑漏洞，分析如下：

第一，破除"望子成龙"的传统观念，未必能使"过重的学习负担马上减轻"。中小学生沉重的学习负担不仅仅来源于家长望子成龙的观念，还来源于其他方面，比如升学的压力、同学之间的竞争等。

第二，"不能输在起跑线上未必能赢在终点线上"无法说明我们不必纠结于起跑线。起跑线上的优势虽然不能保证终点上的成功，但是可能提高终点上成功的概率。而且，学习过程与跑马拉松的过程也存在本质不同，二者不能进行简单类比。

第三，即使家长明白了"赢在起跑线未必能赢在终点线上"这一道理，也无法推出"家长们也就不会给子女们加压，孩子们就不会有过重的学习负担了"的结论。因为，虽然赢在起跑线不能保证最终的成功，但是，赢在起跑线还是让孩子在成长过程中获得了一些竞争优势，这可能会使家长继续给孩子施加压力。

第四，全面地实施素质教育未必会减轻学生的负担。因为，素质教育也需要通过考试来考核学生的素质，不能把素质教育和课业对立起来。

第五，进一步出台更为严格的减负法规，可能会有利于减负的成功，但未必能保证减负的成功。因为，法规出台后，还要看实施的结果是否能够达到预期。

综上所述，材料的论证存在多处逻辑错误，其结论难以让人信服。

（全文共553字）

## 真题精练 4

### 2024年396经济类联考论证有效性分析真题

因本书出版时，2024年真题尚未发布，故本年度真题为电子版，请扫码获取。

扫码点击"资料下载"
领取24年最新真题

第4讲

联考写作
要点7讲

# 论说文

## 命题规律与审题立意

## ✏️ 写在前面的话

　　管理类联考、经济类联考中，论说文通常会以"给材料作文"的形式出现。也就是说，题目中会给出一段材料，让我们根据这段材料，确定一个主题，然后围绕这一主题写一篇文章。可见，审题立意是论说文的出发点。审题立意错了，文章写得再好也是跑题了，只能得到极低的分数。故本讲的内容十分重要。

　　本讲可分为两大部分：

　　第一部分："第1节　4种材料类型"是对论说文命题规律的分析。

　　第二部分："第2节　4个立意对象"和"第3节　5种写作态度"是对审题立意的讲解。

📘 **本讲内容**

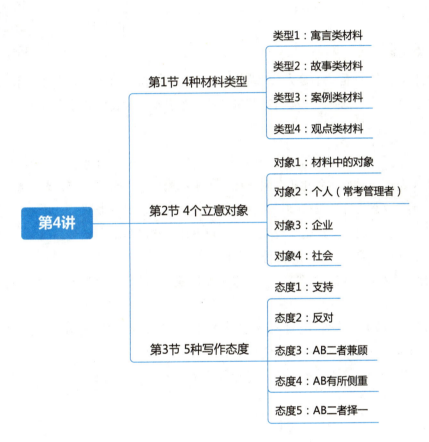

第4讲

第1节 4种材料类型
- 类型1：寓言类材料
- 类型2：故事类材料
- 类型3：案例类材料
- 类型4：观点类材料

第2节 4个立意对象
- 对象1：材料中的对象
- 对象2：个人（常考管理者）
- 对象3：企业
- 对象4：社会

第3节 5种写作态度
- 态度1：支持
- 态度2：反对
- 态度3：AB二者兼顾
- 态度4：AB有所侧重
- 态度5：AB二者择一

# 第 **1** 节   4 种材料类型

扫码听本讲讲解

　　从历年真题来看，管理类、经济类联考中，论说文的材料非常有规律性，可以分为 4 种类型，分别是：

## ❶ 寓言类材料

　　寓言类材料的特点是"不是人"，即材料中会出现植物、动物等非人类的事物，在它们身上发生了一些事件。我们需要分析这些事件的寓意以及它对我们有什么启发。

🌐 例 1.（2022 年管理类联考真题）

　　论说文：根据下述材料，写一篇 700 字左右的论说文，题目自拟。

　　鸟类会飞是因为它们在进化中不断优化了其身体结构。飞行是一项较特殊的运动，鸟类的躯干进化成了适合飞行的流线型；飞行也是一项需要付出高能量代价的运动，鸟类增加了翅膀、胸腔部位的功能，又改进了呼吸系统，以便给肌肉持续提供氧气。同时，鸟类在进化过程中舍弃了那些沉重的、效率低的身体部件。

　　【类型分析】材料中出现"鸟类"，是非人类的事物，故此材料为寓言类材料。我们要分析其寓意。

　　【寓意启发】鸟类（代表人、企业或社会）会飞（代表要成功）是因为它们在进化中不断优化了其身体结构（代表要不断优化自我）。

　　【确定主题】成功需要不断优化、企业经营需要不断迭代优化、社会治理需要不断进步等。

🌐 例 2.（2021 年经济类联考真题）

　　论说文：根据下述材料，写一篇 700 字左右的论说文，题目自拟。

　　巴西热带雨林中的食蚁兽在捕食时，使用灵活的带黏液的长舌伸进蚁穴捕获白蚁，但不管捕获多少，每次捕食都不超过 3 分钟，然后去寻找下一个目标，从来不摧毁整个蚁穴。而那些未被食蚁兽捕食的工蚁就会马上修复蚁穴，蚁后也会开始新一轮繁殖，很快产下更多的幼蚁，从而使蚁群继续生存下去。

　　【类型分析】材料中出现"食蚁兽""白蚁"，是非人类的事物，故此材料为寓言类材料。我们要分析其寓意。

　　【寓意启发】食蚁兽（代表人、企业或社会）捕食白蚁时不会吃干净（代表我们也不能把资源用光）。

　　【确定主题】不能涸泽而渔，要可持续发展。

## ❷ 故事类材料

故事类材料的特点是"是人，但过去了"，即材料中会出现人类社会中的事件，但这一事件已经过去，结果已经无法改变，我们只能从中学习经验或汲取教训。

🌐 例 3. （2013 年管理类联考真题）

论说文：根据下述材料，写一篇 700 字左右的论说文，题目自拟。

20 世纪中叶，美国的波音与麦道两家公司几乎垄断了世界民用飞机的市场，欧洲的飞机制造商深感忧虑。虽然欧洲各国之间的竞争也相当激烈，但还是采取了合作的途径，法国、德国、英国和西班牙等决定共同研制大型宽体飞机，于是"空中客车"便应运而生。面对新的市场竞争态势，波音公司和麦道公司于 1997 年一致决定组成新的波音公司，以抗衡来自欧洲的挑战。

【类型分析】材料中出现人类历史上的事件，这一事件已经过去了几十年，我们已经不可能再帮波音与麦道去做出更好的决策，只能从中汲取经验或教训，故此材料为故事类材料。

【经验教训】波音与麦道成功的原因："采取了合作的途径"。因此，我们也应该学会合作。

【确定主题】企业经营应合作共赢。

🌐 例 4. （2020 年管理类联考真题）

论说文：根据下述材料，写一篇 700 字左右的论说文，题目自拟。

据报道，美国航天飞机"挑战者号"采用了斯沃克公司的零配件。该公司的密封圈技术专家博易斯乔利多次向公司高层提醒：低温会导致橡胶密封圈脆裂而引发重大事故。但是，这一意见一直没有受到重视。1986 年 1 月 27 日，佛罗里达州卡纳维拉尔角发射场的气温降到零度以下，美国宇航局再次打电话给斯沃克公司，询问其对航天飞机的发射还有没有疑虑之处。为此，斯沃克公司召开会议，博易斯乔利坚持认为不能发射，但公司高层认为他所持理由还不够充分，于是同意宇航局发射。1 月 28 日上午，航天飞机离开发射平台，仅过了 73 秒，悲剧就发生了。

【类型分析】材料中出现人类历史上的事件，这一事件已经过去了几十年，我们已经不可能再去挽救材料中的航天飞机，只能从中汲取经验或教训，故此材料为故事类材料。

【经验教训】航天飞机爆炸有几个原因：1. 橡胶密封圈脆裂，说明我们应该注重细节；2. 没有听取专家的建议，说明我们应该集思广益、接纳建议；3. 管理层对有可能发生的潜在危机不够重视，说明我们要有危机意识。

【确定主题】要注重细节管理，要学会集思广益，要有危机意识。

## ❸ 案例类材料

案例类材料的特点是"是人，正在发生"，即材料中会出现正在发生或者正在讨论之中的人类社会的事件。这一问题尚未解决、这一事件尚存争议，需要我们去处理问题、解决争议。

对于此类题目，我们无须再从材料中提炼出新的主题，直接去分析、解决材料中的争议即可。

### 📀 例5.（2018 年管理类联考真题）

论说文：根据下述材料，写一篇 700 字左右的论说文，题目自拟。

有人说，机器人的使命，应该是帮助人类做那些人类做不了的事，而不是代替人类。技术变革会夺取一些人低端繁琐的工作岗位，最终也会创造更高端更人性化的就业机会。例如，历史上铁路的出现抢去了很多挑夫的工作，但又增加了千百万的铁路工人。人工智能也是一种技术变革，人工智能也将促进未来人类社会的发展。有人则不以为然。

【类型分析】材料中描述的是近年来出现的新生事物"人工智能"，对于人工智能，有人认为可以促进未来人类社会的发展，也有人不以为然，说明它尚存争议。因此，我们要解决争议。故此材料是案例类材料。

【材料主题】人工智能。

【确定态度】应该发展人工智能。

### 📀 例6.（2022 年经济类联考真题）

论说文：根据下述材料，写一篇 700 字左右的论说文，题目自拟。

我国不少地方规定老年人可以免费乘坐公共交通工具，这一规定体现了对老年人的关怀。但是在具体实施过程中出现了一些问题。如在早晚高峰时，老年人免费乘车在一定程度上影响了上班族的通勤；还有，有些老年人也由于各种原因无法享受这一福利。因此，有的地方把老年人免费乘车的福利改为发放津贴。

【类型分析】材料中描述的是现在尚存的一个社会政策"老年人可以免费乘坐交通工具"。这一政策存在好处，也出现了问题，因此，我们要解决问题。故此材料是案例类材料。

【材料主题】老年人免费乘坐交通工具。

【确定态度】老年人免费乘坐交通工具应该保障。

## ④ 观点类材料

观点类材料的特点是"是人说的"，即材料中会出现名人名言或直接给出某种观点。对于此类题目，我们无须再从材料中提炼出新的主题，只需要同意或不同意这一观点，然后围绕这一观点展开文章即可。

### 📀 例7.（2021 年管理类联考真题）

论说文：根据下述材料，写一篇 700 字左右的论说文，题目自拟。

我国著名实业家穆藕初在《实业与教育之关系》中指出，教育最重要之点在道德教育（如责任心和公共心之养成，机械心之拔除）和科学教育（如观察力、推论力、判断力之养成）。完全受此两种教育，实业界中坚人物遂由此产生。

【类型分析】材料中直接给出了穆藕初的观点，我们只需要支持或反对他的观点即可。

【材料观点】搞好道德教育和科学教育，实业界中坚人物遂由此产生。

【确定态度】对于材料的观点，我们应该支持。

【确定主题】要搞好两种教育。

例 8.（2019 年管理类联考真题）

论说文：根据下述材料，写一篇 700 字左右的论说文，题目自拟。

知识的真理性只有经过检验才能得到证明。论辩是纠正错误的重要途径之一，不同观点的冲突会暴露错误而发现真理。

【类型分析】材料中直接给出了一种观点，我们只需要支持或反对他的观点即可。

【材料观点】论辩是纠正错误的重要途径之一。

【确定态度】对于材料的观点，我们应该支持。

【确定主题】要敢于论辩，以求发现真理。

总之，论说文的四种材料类型如下表：

| 编号 | 名称 | 材料识别 | 材料特点 | 立意 |
|---|---|---|---|---|
| 1 | 寓言类 | 材料中出现动物、植物等非人类的事物。 | 不是人 | 需要立意：找到寓言对管理者、企业或社会的启发（寓意）。 |
| 2 | 故事类 | 材料中出现人类社会的事件，但这一事件已经过去了，无论结果是好是坏，我们都已经难以挽回或改变结果，只能学习经验或汲取教训。 | 是人，过去了 | 需要立意：分析这一事件给我们的经验或教训。 |
| 3 | 案例类 | 材料中出现人类社会中的事件，这一事件有利有弊、存在争议、存在尚待解决的问题。 | 是人，正在发生 | 无须重新立意，直接分析材料中的案例是否可行即可。 |
| 4 | 观点类 | 材料中直接给出名人名言或某种观点。 | 是人说的 | 一般无须重新立意，直接同意或反对材料的观点即可。 |

# 第 2 节　4 个立意对象

　　所谓论说文的立意对象，就是在一篇论说文中，我们主要谈"谁"的事。比如，是谈"企业"经营的事，还是谈"个人"发展的事，还是谈"社会"发展的事。

　　还有些题目中，材料中会出现明确的对象，例如 2010 年管理类联考真题论说文材料中出现对象"学者"，此时应该围绕材料中的对象来写。

　　论说文常见的立意对象有 4 个，分别是：材料中的对象、个人（常考管理者）、企业、社会。

　　例 1 中，"鸟类会飞"这一寓言，没有很明确的暗示对象，因此这篇文章写个人、企业或社会皆可。但一般只能写这三者中的其中一个，不能三个都写。

　　例 2 中，可持续发展是全社会的问题，故立意对象应该为社会。

　　例 3 中，材料给出的是企业的例子，写文章时，我们一般要和材料的对象保持一致，故我们也应该针对企业来写文章。

　　例 4 中，注重细节、集思广益、危机意识，应该是管理者需要具备的基本素质，故立意对象应该为管理者。

　　例 5 中，我们直接围绕材料中给出的"人工智能"这一主题来写即可，不必再另外确定立意对象。

　　例 6 中，我们直接围绕材料中给出的"老年人免费乘坐交通工具"这一主题来写即可，不必再另外确定立意对象。

　　例 7 中，材料的最后一句话指出"实业界中坚人物遂由此产生"，此处的"实业界中坚人物"应该是指企业家或企业的管理者，故材料中的教育也应该是针对企业管理者的教育，而不能写成一般意义上的教育。

　　例 8 的主题是"论辩"，那么谁来进行"论辩"呢，当然是人，尤其是"管理者"要接纳论辩。

# 第**3**节　5种写作态度

论说文的写作必须要有明确的态度。常见的写作态度如下：

## 态度❶ 支持

材料中的观点、事件是正面的，我们当然应该支持。

材料中的事件存在争议，我们就要对这一事件进行利弊分析，如果是利大于弊，我们的态度就应该是支持。

故：

例1的标题可以是：企业经营应该（支持）不断优化

例2的标题可以是：可持续发展势在必行（支持）

例3的标题可以是：企业应（支持）合作共赢

## 态度❷ 反对

如果材料中出现反面现象，或者材料中的事件存在争议，但经过分析以后发现这一事件弊大于利，那么我们的态度就应该是反对。

故：

例4的标题可以是：管理不应忽视细节（反对）

当然，反对忽视细节，就是提倡注重细节，故例4的标题也可以是《管理应注重细节》。

最近几年的真题中常出现"AB二元类材料"，例7中，我们可以把"道德教育"看作"A"，把"科学教育"看作"B"，故例7可以认为是个"AB二元类材料"。

对于这类材料，我们又可细分为三种态度，即：AB需要兼顾、AB要有所侧重、AB需要放弃一个发展一个。故有：

## 态度❸ AB二者兼顾

如果材料是AB二元类材料，且材料两个元素都十分重要时，我们的态度是支持AB双方，即应该二者兼顾。

例7的标题可以是：要搞好企业家的道德教育和科学教育

## 态度❹ AB有所侧重

如果材料是AB二元类材料，材料两个元素都有一定的重要性，但其中一个更加重要时，标题可以是：发展A不忘B，搞好A兼顾B，等等。

🌐 **例9.** （2016年管理类联考真题）

论说文：根据下述材料，写一篇700字左右的论说文，题目自拟。

亚里士多德说："城邦的本质在于多样性，而不在于一致性。……无论是家庭还是城邦，它们的内部都有着一定的一致性。不然的话，它们是不可能组建起来的。但这种一致性是有一定限度的。……同一种声音无法实现和谐，同一个音阶也无法组成旋律。城邦也是如此，它是一个多面体。人们只能通过教育使存在着各种差异的公民，统一起来组成一个共同体。"

【分析】

这显然是一个针对"多样性与一致性"这组关系的材料。亚里士多德说"城邦的本质在于多样性，而不在于一致性"，说明"多样性"比"一致性"更加重要，但是，亚里士多德也没有完全否定"一致性"的作用。故我们对此题的态度应该是：发展多样性，不忘一致性。

## 态度 ⑤ AB 二者择一

如果材料是 AB 二元类材料，材料两个元素一个有利一个有害，或者一个可行一个不可行时，我们就可以"踩一捧一"。标题可以是：A 胜于 B，A 优于 B，发展 A 势在必行，等等。

🌐 **例10.** （2011年管理类联考真题）

论说文：根据下述材料，写一篇700字左右的论说文，题目自拟。

众所周知，人才是立国、富国、强国之本，如何使人才尽快地脱颖而出，是一个亟待解决的问题。人才的出现有多种途径，其中有"拔尖"，有"冒尖"。"拔尖"是指被提拔而成为尖子，"冒尖"是指通过奋斗、取得成就而得到社会的公认。有人认为我国当今某些领域的管理人才，"拔尖"的多而"冒尖"的少。

【分析】

这显然是一个针对"拔尖"与"冒尖"这组关系的材料。锁定材料的最后一句话"我国当今某些领域的管理人才，'拔尖'的多而'冒尖'的少"。说明，材料是反对"拔尖"、提倡"冒尖"的。因此，我们的态度应该是："拔尖"不如"冒尖"。当然，如果你认为"拔尖"也不是完全没有作用，那你的态度也可以是："拔尖"诚可贵，"冒尖"价更高。

# 论说文

# 1342 写作法

## ✎ 写在前面的话

本讲讲解的是论说文的核心技巧，即"1342"写作法。

"1"是指一个标题。

"3"是指三句开头。

"4"是指四层结构。

"2"是指两句结尾。

其中，"一个标题"和"三句开头"必须按本书要求的写法来写，否则就会失分。

"四层结构"请大家先按本书的要求来写。写作能力强的同学，融会贯通后可根据自己的理解略作变化；写作能力弱的同学，按本书的要求来写足以拿到满意的分数。

"两句结尾"中，总结句是必需的，其他句子可视情况略作变化。

📘 **本讲内容**

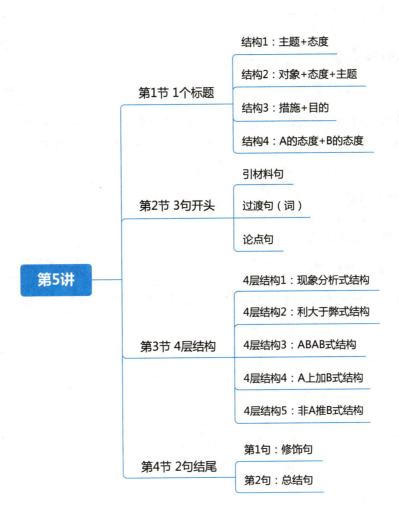

第1节 1个标题
- 结构1：主题+态度
- 结构2：对象+态度+主题
- 结构3：措施+目的
- 结构4：A的态度+B的态度

第2节 3句开头
- 引材料句
- 过渡句（词）
- 论点句

第5讲

第3节 4层结构
- 4层结构1：现象分析式结构
- 4层结构2：利大于弊式结构
- 4层结构3：ABAB式结构
- 4层结构4：A上加B式结构
- 4层结构5：非A推B式结构

第4节 2句结尾
- 第1句：修饰句
- 第2句：总结句

## 第 1 节　1 个标题

经过审题立意后，我们要根据我们的立意，确定一个主题，这个主题必须通过文章的标题直接表达出来。

### ❶ 标题的基本要求

扫码听本节讲解

#### （1）主题清晰，态度明确

第一，阅卷人看到一篇论说文的标题，必须立即知道这篇论说文的论点是什么，这就是见题知旨；第二，论说文的标题必须是有态度的，明确支持什么或者反对什么，不能含混。

例如：

《补短不如扬长》

《识人用人，拔尖不如冒尖》

《诚信为本，以义取利》

#### （2）简洁有力，慎用修辞

论说文的标题不宜过长，简洁有力的标题最为恰当。可以用对偶句、引用句作标题。

例如：

《宜未雨绸缪，勿临渴掘井》（对偶句）

《让守信者得"甜头"，让失信者吃"苦头"》（对偶句）

《祸患常积于忽微》（引用句）

《以"拙诚"赢"百巧"》

论说文的标题一般不用比喻句，更不能使用拟人句。

例如：

《当风穿越荆棘》

《创新，成功的金钥匙》

《人生若只如初见》

### ❷ 简单易用的标题结构

#### 结构 1：主题 + 态度

例如：

诚信经营（主题）势在必行（态度）

118

人工智能（主题）应该发展（态度）

互联网乱象（主题）应该遏制（态度）

### 结构 2：对象 + 态度 + 主题

例如：

企业经营（对象）应该（态度）诚信（主题）

学者治学（对象）不能（态度）急功近利（主题）

### 结构 3：措施 + 目的

例如：

精诚合作（措施）实现共赢（目的）

搞好两种教育（措施）培养企业中坚（目的）

### 结构 4：A 的态度 +B 的态度

例如：

既要搞好道德教育（A 的态度），也要搞好科学教育（B 的态度）

拔尖不如冒尖（A 与 B 的态度）

处理危机不如预防危机（A 与 B 的态度）

## 第 **2** 节　3 句开头

### ❶ 论说文的 3 句开头公式

扫码听本节讲解

因为联考中的论说文通常是给材料作文，所以，文章的开头是有规律的。

首先，我们必须有引材料句，以表明我们的文章是由材料有感而发的；其次，作为论说文，在首段中必须提出论点。在引材料句和论点句中辅以过渡句或过渡词，这样就形成了由以下三个基本句式构成的论说文的开头公式（简称为 3 句开头公式）：

引材料句→过渡句（词）→论点句

🌐 例 1.（2022 年管理类联考真题）

【开头范文】

鸟类为什么会飞？是因为它们在进化中优化了利于飞行的身体部位、舍弃了不利飞行的身体部位（引材料）。和鸟类一样（过渡句），企业经营也应不断"进化"（论点句）。

🌐 例 2.（2021 年经济类联考真题）

【开头范文】

食蚁兽以白蚁为食，却从来不摧毁整个蚁穴，让白蚁得以继续生存，也使得自己能长久地获取食物（引材料）。可见（过渡词），涸泽而渔、焚林而猎不可取，要可持续发展（论点句）。

🌐 例 3.（2020 年管理类联考真题）

【例 3 开头范文 1】

一枚小小的橡胶密封圈居然造成"挑战者号"航天飞机爆炸的严重后果，不禁让人扼腕叹息（引材料）！可见（过渡词），应树立危机意识，做好危机预防（论点句）！

### ❷ 论说文的 3 句开头的变式

"引材料句"和"论点句"是论说文开头的必需品，但并不意味着必须按照"引材料句→过渡句（词）→论点句"的顺序写，比如可以调换顺序成："论点句→过渡句（词）→引材料句"。

【例 3 开头范文 2】

危机预防优于危机处理（论点句），然而（过渡词），一枚小小的橡胶密封圈居然造成"挑战者号"航天飞机爆炸的严重后果，不禁让人扼腕叹息（引材料）！

论说文的开头中，也可以加入"引用句""对偶句"等句子，来增加开头的文采。

【例 3 开头范文 3】

欧阳修曾言"祸患常积于忽微"（引用句），"挑战者号"航天飞机的管理者们因为忽略了橡胶密封圈这么一处小小的细节，就造成了航天飞机爆炸的严重后果（引材料）。可见，要想防范危机，就要注重细节（论点句）。

## 第 ❸ 节　4 层结构

### 4 层结构 ❶　现象分析式结构

#### 1.1　结构安排

扫码听本节讲解

当材料中出现反面现象时，我们宜采用"现象分析式结构"。这种结构有两种写法：

第 1 种写法，当材料中出现值得分析的反面事件（案例）时，可以只摆材料中的现象，只分析这一个现象的原因和危害，并针对这一个现象提出解决方案。

第 2 种写法，当材料中出现反面寓言、反面故事或并不值得深入分析的事件时，我们必须要摆出生活中的类似现象，然后分析这一类现象的原因和危害，并针对这一类现象提出解决方案。

因此，我们可以得出如下结构：

| 现象分析式的 4 层结构 | | | |
|---|---|---|---|
| 层次 | 结构 | 写法 1<br>分析一个现象 | 写法 2<br>分析一类现象 |
| 第 1 层 | 摆现象 | 第 1 段：引材料，并提出论点。这时引材料就相当于摆现象。 | 第 1 段：引材料 + 提出论点。<br>第 2 段：列举现实生活中与材料类似的典型事例。 |
| 第 2 层 | 析原因 | 第 2 段：分析这一个现象产生的原因。 | 第 3 段：分析这一类现象产生的原因。 |
| 第 3 层 | 谈危害 | 第 3 段：分析这一个现象产生的危害。 | 第 4 段：分析这一类现象产生的危害。 |
| 第 4 层 | 提方案 | 第 4 段：针对这一个现象提出解决方案。 | 第 5 段：针对这一类现象提出解决方案。 |
| 最后一段 | | 总结全文。 | 总结全文。 |

说明：以上段落安排并不是绝对的，比如原因有很多，也可以用两段分析原因；如果方案很多，可以分两段提建议，等等。

## 1.2 典型例题

🪐 例 1. 论说文：根据下述材料，写一篇 700 字左右的论说文，题目自拟。

近年来，外卖业务蓬勃发展，给广大消费者带来了极大便利，也创造了商业上的奇迹。但是，因为外卖小哥送餐中频频出现的超速、违规等现象，也引发了网友的热议。

【范文分析】

| 范文 | 分析 |
|---|---|
| **外卖小哥超速送餐应遏制**<br>吕建刚<br><br>外卖为我们提供了很多便利，但外卖小哥的违规现象却引发了一系列社会争论。我认为，建立和完善外卖小哥的送餐规则、遏制外卖小哥超速送餐的行为，势在必行。<br>外卖小哥超速现象屡禁不止，并不令人意外。<br>首先，外卖小哥有超速送餐的天然动机。因为外卖小哥采用计件工资制，这就意味着每多送一单，就可以多拿一单的提成。用超速的方式，每顿多送两三单，日积月累，这就构成了一笔不小的收入。<br>其次，平台有纵容甚至鼓励外卖小哥超速送餐的可能。因为外卖小哥送餐越快越准时，平台的商业价值就越高。因此，平台会对外卖小哥的送餐时间做出严格的规定，并对送餐迟到的外卖小哥给予严厉的处罚。<br>最后，消费者也是外卖小哥超速送餐的推手。因为，多数点外卖的人都想快速、及时地吃上一口热饭，会比较介意外卖小哥的迟到行为。如若外卖小哥迟到，他们可能会在平台进行投诉。这又进一步加剧了外卖小哥超速行为的发生。<br>然而，外卖小哥超速送餐的行为往往会酿成严重的后果，甚至有人因此惨遭交通事故的伤害。这些现象并非偶发，因为每一场交通事故的产生，背后都有 29 起轻微事故、300 起未遂先兆和 1 000 起事故隐患。墨菲定律告诉我们，当同一种超速行为反复多次发生时，事故发生绝不是偶然，而是必然。"道路千万条，安全第一条；送餐不规范，亲人两行泪。"收入固然重要，但我们的生命和家人的陪伴更加重要！<br>要想解决外卖小哥超速问题，必须软硬兼施，标本兼治。<br>"软"即要加强对外卖小哥的安全教育，让他们清楚遵守交通规则既利己也利他。让他们从不愿到甘愿，由自发到自觉地践行交通规则。<br>"硬"就是要对超速行为重拳出击，当罚则罚，不能手软，不能因为外卖小哥也是谋一份生、挣一口饭而手软。当违规成本大于违规收益时，他们就失去了违规的动机。<br>"高高兴兴送餐去，安安全全回家来"，这是每个外卖小哥家人的期盼！<br>（全文共 755 字） | 摆现象，提出论点<br><br>析原因<br><br><br><br><br><br><br>谈危害<br><br><br><br>提方案 |

续表

| 范文 | 分析 |
|---|---|

【4 层结构】

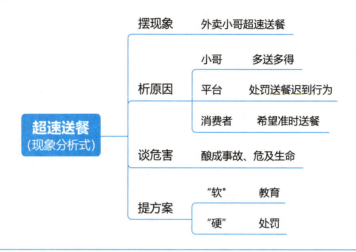

# 4 层结构 ❷ 利大于弊式结构

## 2.1 结构安排

想说服别人做一件事，最简单的方法就是告诉他这样做有好处（或有必要），但是为什么有好处的事还有人不听你的呢？说明这件事不光有好处，还有问题、风险或困难。因此，作为一个管理者，我们不能只看到一项决策的收益，也要看到它的问题，全面地思考问题才能成为一个优秀的管理者。

因此，正面提倡类的文章我们可以使用"利大于弊式结构"，结构如下：

| 层次 | | 写法 1：谈好处 | 写法 2：谈必要 |
|---|---|---|---|
| | | **利大于弊式的 4 层结构** | |
| 开头 | | 引材料，并提出论点。 | 引材料，并提出论点。 |
| 正文 | 第 1 层 | 整体有好处（1）。 | 整体有必要（1）。 |
| | 第 2 层 | 整体有好处（2）。 | 整体有必要（2）。 |
| | 第 3 层 | 当然有问题 / 风险 / 困难。 | 当然有问题 / 风险 / 困难。 |
| | 第 4 层 | 问题能解决 / 风险能规避 / 困难能克服。 | 问题能解决 / 风险能规避 / 困难能克服。 |
| 结尾 | | 总结全文。 | 总结全文。 |

续表

| 利大于弊式的 4 层结构 |
|---|

说明：

1.以上段落安排并不是绝对的，可以根据内容的多少在不同的层次中增加或删减段落。但我们一般推荐好处（必要）要写两段，因为，这一结构的名字叫作"利大于弊式"，如果好处（必要）只有一段，而弊端却写了好几段，那不就变成弊大于利了吗？

2.好处和必要的区别是：好处是有了这个措施会让情况变得更好（有它更好），比如提高收益、降低成本；而必要是没有这个措施会遭受恶果（没它不行），比如说不遵守法律会受到法律的制裁。

## 2.2　典型例题

🌐 例 2.论说文：根据下述材料，写一篇 700 字左右的论说文，题目自拟。

近年来，通过互联网买卖二手物品已经被年轻人当成了一种时尚潮流，这种潮流使得闲置经济得以迅速发展。2020 年，日本最大的二手交易平台 Mercari 的业务交易额约为 393 亿元人民币，而中国闲置市场的规模可达到 1 万亿元人民币。在阿里巴巴公布的 2020 年财报中，闲鱼年成交额已突破 2 000 亿元。

二手交易虽火，但也存在一些问题。例如，很多伪劣商品和擦边球服务存在于二手平台，交易信息不对称、保障不够周全、监管不够到位等。

【范文分析】

| 范文 | 分析 |
|---|---|
| **闲置经济应当鼓励**<br><br>吕建刚<br><br>　　闲置经济作为一种新兴事物，近年来逐渐成为了潮流。它符合绿色、循环的发展理念，应该鼓励。 | 引材料，提出论点 |
| 　　首先，闲置经济能够促进经济发展。经济发展有"三驾马车"：投资、出口、消费。消费是经济发展的主力之一。闲置经济主要经营的是二手物品，一方面，二手物品的价格较低，"花小钱办大事"有助于刺激消费；另一方面，购买二手物品时有一种类似淘"宝"的体验，有些消费者钟爱这种购物体验。可见，闲置经济能够拉动消费的增长，从而对经济发展有一定的促进作用。 | 有好处（1） |
| 　　其次，闲置经济能够减少资源浪费。很多在城市生活的人都有一种体验——很多物品用又用不上，扔了又很可惜，于是放在家里的一角成为垃圾，直到有一天忍无可忍，一扔了之。这既浪费了资源，又给环境带来了 | 有好处（2） |

续表

| 范文 | 分析 |
|---|---|
| 一定的压力，此时，不妨将这些物品交易出去。比如说婴儿车、婴儿床，孩子长大后，它对一个家庭就不再产生价值，但是对于刚生了宝宝的家庭来说，这就是宝贝。可见，闲置经济能让这些物品流动起来，变废为宝。<br>　　当然，我们也能看到，闲置经济在其发展过程中出现了一些问题。假冒伪劣、以次充好等现象时有发生。假名牌、盗版书充斥在各二手交易平台，而消费者又很难辨别这些物品的真假、好坏，这就很容易让品质好、价格高的"李逵"卖不出去，而让质量差、价值低的"李鬼"占领市场，从而造成"劣币驱逐良币"的后果。<br>　　但以上问题，我认为可以解决。<br>　　一是要加强市场引导。要引导二手交易平台加强信息和商品审核管理，建立健全消费者相互评价管理机制，以此来减少交易市场信息的不对称。<br>　　二是要加强法律监督。要出台一些强制性规定，进一步强化对卖方的监管。对于违法违规者，则要予以处罚。<br>　　总之，闲置经济虽然存在一些问题，但从整体来看，闲置经济发展利大于弊，应当鼓励。<br><br>（全文共 706 字） | 当然有问题<br><br>问题能解决（提方案）<br><br>总结全文 |

【4 层结构】

# 4 层结构 ③  ABAB 式结构

## 3.1  结构安排

　　当题干中出现 AB 二元类材料时，我们首先要看题干中 A 和 B 两个元素的关系。若二者的关系是二者需要并重，则可采用"ABAB 式结构"。

　　"ABAB 式结构"的写法如下：

| ABAB 式的 4 层结构 | | | |
|---|---|---|---|
| 层次 | 结构 | 写法 1：正面写 | 写法 2：反面写 |
| 开头 | | 引材料，并提出论点。 | 引材料，并提出论点。 |
| 正文 | 第 1 层 | A 有好处。 | 只有 A 有问题。 |
| | 第 2 层 | B 也有好处。 | 只有 B 也有问题。 |
| | 第 3 层 | 因此，需要 AB 并重。 | 因此，需要 AB 并重。 |
| | 第 4 层 | 提建议。 | 提建议。 |
| 结尾 | | 总结全文。 | 总结全文。 |
| 口诀：ABAB 提建议。 | | | |

## 3.2 典型例题

🌐 例 3. 论说文：根据下述材料，写一篇 700 字左右的论说文，题目自拟。

司马光在《资治通鉴》曾言道："才者，德之资也；德者，才之帅也。"

【范文分析】

| 范文 | 分析 |
|---|---|
| **人才任用当德才并重**<br><br>吕建刚<br><br>司马光有言："才者，德之资也；德者，才之帅也。"可见，人才任用，当德才并重。 | 引材料，提出论点 |
| "德"是用人的前提。人无德不立，我们去看那些误入歧途的企业家，哪一个不是"才华横溢"？但正是这些"才华横溢"的人，炮制出了瘦肉精事件、三鹿奶粉事件、长生生物假疫苗事件等一系列骇人听闻的丑闻。一个德行不端的人不可能为他人、为企业、为社会着想，他想的只是自身的利益罢了。可见，人才要有德行，才能把他的才华用在正道上。 | A："德"是用人的前提 |
| "才"是用人的关键。我们知道，任何组织所拥有的资源都不可能是无穷无尽的，那么如何用有限的资源谋求最好的发展呢？科斯定理告诉我们，谁能将一项资源用得最好，就应该将资源让谁来使用。因此，我们要找到最好的人才，用好这些人才，这样才不会浪费我们有限的资源。 | B："才"是用人的关键 |
| 因此，人才任用要德才并重。德，能规范人才的行为，让他不走歪门邪路；才，是"人才"的基础，是他区别于普通人的关键。人才任用，德才相辅相成，缺一不可。 | 因此，AB 并重 |
| 那么，如何衡量一个人的德行和才华呢？我认为以下两点十分重要。 | 提建议 |

续表

| 范文 | 分析 |
|---|---|
| 　　第一，观察德行，应该见微知著。俗语说，细节见人品。生活中的小细节，往往会折射出一个人的人品。所以管理者应该从细微的小事去观察人才是否具有高尚的德行。不能等到他犯了大错、甚至违法犯罪时才大吃一惊，悔之晚矣。<br>　　第二，衡量才华，需要竞争平台。经过磨砺的刀，更加锋利；经过竞争的人，更加坚韧。所以，如何选拔人才？不能只靠领导提拔，而是要设置好竞争平台，让人才从竞争中脱颖而出。<br>　　北宋教育家胡瑗说："致天下之治者在人才，成天下之才者在教化。"无论是治理国家，还是经营企业，应当任用德才兼备的人才。<br>　　　　　　　　　　　　　　　　　　　　（全文共 662 字） | 总结全文 |

【4 层结构】

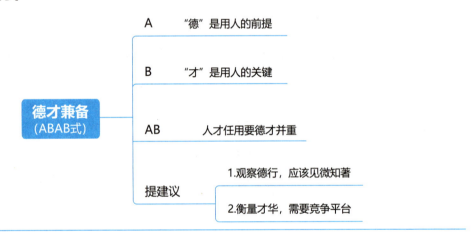

# 4 层结构 ④ A 上加 B 式结构

## 4.1 结构安排

　　当题干中出现 AB 二元类材料时，我们首先要看题干中 A 和 B 两个元素的关系。若二者的关系是都很重要，但其中一个更重要，则可采用 "A 上加 B 式结构"。

　　"A 上加 B 式结构" 的写法如下：

| A 上加 B 式的 4 层结构 | | |
|---|---|---|
| 层次 | 结构 | 内容 |
| 开头 | | 引材料，并提出论点。 |
| 正文 | 第 1 层 | A 有好处。 A 有好处（1）。 |

续表

| 层次 | 结构 | 内容 | |
|---|---|---|---|
| | | **A 上加 B 式的 4 层结构** | |
| | | 内容 | |
| 正文 | 第 2 层 | 但是，只有 A 有问题。 | A 有好处（2）。 |
| | 第 3 层 | 因此，还需要 B。 | 当然，B 也不能忽略。 |
| | 第 4 层 | 提建议。 | 提建议。 |
| | 说明 | 此结构适合两种情况：① AB 并重；② AB 并重且倾向于 A。 | 此结构适合 AB 并重且倾向于 A。口诀：AA 加 B 提建议。 |
| 结尾 | | 总结全文。 | |

## 4.2 典型例题

🌐 例 4. 论说文：根据下述材料，写一篇 700 字左右的论说文，题目自拟。

有人认为，当企业出现管理职位的空缺时，应该优先内部提拔；也有人认为，应该优先外部引进。对此，你怎么看？

【范文分析】

| 范文 | 分析 |
|---|---|
| **优先内部提拔，不忘外部引进**<br><br>吕建刚<br><br>　　当企业出现管理职位的空缺时，应该优先内部提拔，还是优先外部引进？我认为应该优先内部提拔。 | 引材料，提出论点 |
| 　　内部提拔有利于激励员工。根据马斯洛需要层次理论，人们并不仅仅追求物质上的利益，也会追求自我价值的实现。而且，越是优秀的人才，越注重自己职业生涯的发展。因此，优先采用内部提拔，意味着管理者对下级能力的认可，也代表着员工晋升渠道的畅通，有利于激发员工的工作热情，也有助于留下好的人才。 | A 有好处（1） |
| 　　内部提拔可降低用人风险。一方面，企业对于内部候选人的工作态度、素质能力和发展潜力有着比较准确的认识和把握，可以降低由于信息不对称而带来的潜在风险。另一方面，内部候选人通常比较认可企业现有的薪酬体系和福利待遇，内部提拔后，其薪酬待遇要求更加符合企业现状。 | A 有好处（2） |
| 　　当然，优先采用内部提拔，不代表拒绝外部引进。<br>　　外部引进人才，可以给企业带来新的运营模式和管理思路。这些新模式、新思路，可能会帮助企业打破"只缘身在此山中"的困境，帮助企业找到运营短板、避免管理僵化，从新的角度上解决问题。尤其是引进优秀 | 当然，不能忘了 B |

续表

| 范文 | 分析 |
|---|---|
| 的人才带来的成熟模式，能为企业节省宝贵的时间和精力，极大地降低机会成本。 | |
| 　　当然，选择内部提拔，还是外部引进，需要做到因岗制宜。 | 提建议 |
| 　　首先，要做好岗位分析。要分析企业需要的是什么类型、什么水平的人才。最好能制作好岗位说明书，明确该岗位对人才的具体要求。 | |
| 　　其次，要做好人才盘点。分析企业内部是否有合适的人才，内部人才若能够与岗位匹配，则可优先内部提拔。若不能，就必须选择外部引进。 | |
| 　　总之，人才任用是企业管理的重中之重，应该优先内部提拔，但也要根据情况适时引进外部人才。 | 总结全文 |
| （全文共 665 字） | |

【4 层结构】

人才提拔与引进（A上加B式）

- A有好处（1）　　内部提拔有利于激励员工
- A有好处（2）　　内部提拔可降低用人风险
- 当然也要B　　优先采用内部提拔，不代表拒绝外部引进
- 提建议
  - 首先，要做好岗位分析
  - 其次，要做好人才盘点

# 4 层结构 ⑤　非 A 推 B 式结构

## 5.1　结构安排

　　当题干中出现 AB 二元类材料时，我们首先要看题干中 A 和 B 两个元素的关系。若二者的关系是其中一个重要，另外一个不重要，则可采用"非 A 推 B 式结构"。

　　非 A 推 B 式结构的原理，基于我们在形式逻辑中学过的一个公式："A∨B=¬A→B"。将这个公式用在论证中，可称为选言论证。例如：

　　拔尖∨冒尖 =¬拔尖→冒尖。

　　模仿∨创新 =¬模仿→创新。

　　"非 A 推 B 式结构"如下：

| 非 A 推 B 式的 4 层结构 | | |
|---|---|---|
| 层次 | 结构 | 内容 |
| 开头 | | 引材料，并提出论点。 |
| 正文 | 第 1 层 | A 有问题。 |
| | 第 2 层 | B 有好处（可写 2 段）。 |
| | 第 3 层 | 因此，应该采取 B。 |
| | 第 4 层 | 提建议。 |
| 结尾 | | 总结全文。 |
| 口诀：非 A 推 B 提建议。 | | |

## 5.2 典型例题

🌐 例 5. 论说文：根据下述材料，写一篇 700 字左右的论说文，题目自拟。

自上海实行垃圾分类以来，网友议论纷纷。支持者认为垃圾分类有助于环保，反对者认为垃圾分类给自己的生活造成了负担，还是应该集中处理垃圾。

【范文分析】

| 范文 | 分析 |
|---|---|
| **垃圾分类，势在必行**<br><br>吕建刚　花爷<br><br>　　上海推行的垃圾分类政策引发了广泛讨论，有人大力支持，有人极力反对。在我看来，垃圾分类是污染管理的先行条件，垃圾分类，势在必行。<br>　　集中处理垃圾不可行。从前我们处理垃圾都是"一窝端"，将其大量填埋与焚烧，看似简单易行却祸根深种。填埋的垃圾需百年降解，而焚烧产生的颗粒物和残渣不仅无益于环境保护，更造成了二次污染。<br>　　垃圾分类有利于提高资源的回收利用率。从前人们没有垃圾分类的意识，将有用的、无用的，有毒的、无毒的垃圾都丢在一起，使许多本可以变废为宝的物品难以被发现和回收。将垃圾进行分类，能增加材料回收利用的可能性和可行性，有助于实现由高能耗社会到低能耗社会的转型，提高资源的回收利用率。<br>　　垃圾分类有助于降低垃圾的处理成本。这是因为，个人提前分拣少量垃圾所耗费的精力远少于海量垃圾混合后再进行分类的时间。而且，将垃圾分门别类后，就可以规模化处理，这就形成了规模效应，降低了垃圾处理的成本。 | 引材料，提出论点<br><br>A 不可行<br><br><br><br>B 有好处（1）<br><br><br><br><br>B 有好处（2） |

续表

| 范文 | 分析 |
|---|---|
| 　　当然，垃圾分类的落地需要一个过程。目前来看，一些城市的垃圾分类政策尚无很强的约束力，一些居民也缺少垃圾分类的相关知识，导致垃圾分类的投放行为并不准确，从而影响了垃圾分类处理的效率和效果，甚至产生乱扔乱放的行为，使垃圾分类达不到效果。<br>　　想解决以上问题，要从以下两个方面下手：<br>　　一要尽快完善垃圾分类的基础设施。建成、健全全链条的垃圾分类处理系统，确保垃圾分类从投放、收集、中转贮存、清运到最终处理的每个环节都得到实现，从根本上落实垃圾分类。<br>　　二要强化垃圾分类的宣传教育。要多渠道、全方位地开展垃圾分类宣传活动，引导群众自觉参与生活垃圾分类工作，从源头上养成绿色生活习惯，减少垃圾产生量。<br>　　垃圾分类功在当下，利在千秋。做好垃圾分类，推动绿色发展，势在必行。<br><br>（全文共 718 字） | 当然 B 还存在困难<br><br><br>提建议<br><br><br><br><br><br><br>总结全文 |

【4 层结构】

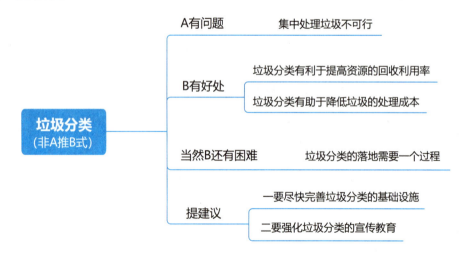

扫码听本节讲解

论说文结尾的核心目的就是总结全文、再次点明论点。

但由于中国人写文章主张"凤头、猪肚、豹尾"，阅卷人在阅卷时也往往会重点看开头、结尾的部分。所以，我们可以在结尾部分给予适当的修饰，如对偶句、引用句等句式，来增加文章的文采。

因此，论说文的2句结尾基本公式如下：

> 修饰句 + 总结句

例如：

总之，国家发展在于实业，实业发展基于人才，人才发展寄于教育（修饰句）。以教育促进实业发展势在必行（总结句）。

——《以教育促进实业发展》的结尾

科斯定律告诉我们，资源应流向最能利用好它的人，这样的人应该是"冒尖"人才（修饰句）。所以，企业用人，与其"拔尖"，不如"冒尖"（总结句）。

——《"拔尖"不如"冒尖"》的结尾

孟子曰："诚者，天之道也；思诚者，人之道也。"（修饰句）诚实守信、见利思义，才是企业的经营之道（总结句）。

——《由三鹿奶粉事件所想到的》的结尾

## 论说文能用"万能模板"解题吗？

不能！

我见过很多所谓的"万能模板"，比如说第一段写个人，第二段写企业，第三段写国家，然后在每一段里举上两个例子。这种所谓的"万能模板"其实并不万能，而且，它们基本上是用例子来代替说理，说服力十分有限。

但要注意，不能机械地套用"万能模板"，不代表写论说文没有规律。如果论说文连规律都没有，我写书上课、你们看书听课的意义是什么？所以，我们必须要掌握论说文的高分规律，才能在考试中脱颖而出。那么，高分规律是什么？

第一，准确的审题立意。

准确的审题立意是论说文的起点。文章写得再好，但是写跑题了，也只能得到四类卷或五类卷的分数。因此，必须要学会审题立意的方法，重视审题立意的训练。

第二，严谨的文章结构。

论说文不像散文、小说，论说文的结构只有固定的几种，例如"是什么，为什么，怎么办""并列三点式""正反对比式"，以及本章讲解的结构等。无论你看国内的还是国外的教材，无论你看我的书还是别人的书，任何人讲论说文都会给你讲上几种常用结构。即使口口声声和你说千万不要用模板写作文的，也会先讲论说文的结构套路。为什么？因为论说文以说服别人为目的，要想说服别人，你的论证就得符合正常人类的认知，人类认知的规律性就造成了论说文结构的相对统一性。

而且，阅卷人的阅卷速度非常之快，我们写的文章结构清晰，才能让阅卷人在短时间内把握文章脉络。如何让阅卷人看清楚你的结构呢？最基本的要求就是分论点必须写在每段的第一句话。

第三，有深度的说理。

一般不会写论说文的人，会使用大量的例证。其实，例证只能作为论说文的点缀，不可能作为论说文的主要论据。写好论说文，要学会说理，就是要用管理学、经济学、社会学、心理学等学科中已经被证明了的科学理论来说服别人。这些理论在联考中具备相对的万能性，本书以及《写作考前必背33篇》中会着重介绍以及使用这些理论来写文章。

作为选拔性考试，我们应该追求论说文得高分，但追求高分不代表标新立异。管理类联考每年约有30万考生，经济类联考每年约有15万考生。30万人写同一篇文章，如果你写的和所有人完全不一样，只有一种可能，就是你跑题了。而且，因为我们考的是给材料作文，每个人都要结合材料进行发挥，所以，即使用相同的结构写文章，大家写出来的文章也千差万别。只要你不是原封不动地照抄老吕的文章，而是根据材料进行了改写，那么你写的和别人完全一样的概率约等于零。

第四，快速写作的能力。

无论是管理类联考，还是经济类联考，我们都需要用55分钟左右写2篇作文。纯粹靠考场上的原创，这么短的时间内写2篇文章几乎是不可能的。因此，既要加强文章常见结构的训练，做到胸有成竹；又要背诵一定数量的素材，做到即拿即用。

老吕的学生经常能拿到高分，秘诀就是准确的审题立意、严谨的文章结构、深度的理论分析、快速的写作能力。把这四点做好，你也可以拿到高分！

# 论说文

## 常用理论

## 写在前面的话

论说文要用摆事实、讲道理的方式说服别人，这其中更关键的是讲道理。

但问题是，多数同学不会讲道理。如果我们能找到一些道理，这些道理可以在论说文中通用，是不是就解决了这一问题呢？

这个世界上的道理当然有很多，但论说文终究考的是那些对决策有帮助的道理，即如何帮助别人预测收益、核算成本、评估风险，等等。

但不是所有的理论都适用于论说文，因为，有的理论过于高深，我们很难掌握；有的理论学术性太强，很难在论说文中用一两句话解释清楚；有的理论适用范围太窄，即使我们学了，在论说文中也很难考到。因此，老吕把这些不适用的理论剔除，留下那些适合我们写论说文并且可以用在多篇论说文中的理论，称之为"母理"。

可见：

所谓母理，是指管理学、经济学、社会学、心理学、哲学中那些能够被简洁表述、通用性强、可以解释多种现象、可以用在多篇不同话题的论说文中的经典理论。

## 📘 本讲内容

- 第6讲
  - 谈好处
    - 母理1.马斯洛需要层次理论
    - 母理2.边际收益与边际成本
    - 母理3.规模效应
  - 谈必要
    - 母理4.社会分工理论
    - 母理5.资源稀缺性
    - 母理6.瓶颈理论
  - 析原因
    - 母理7.经济人假设
    - 母理8.自利性偏差
    - 母理9.机会成本
    - 母理10.沉没成本
    - 母理11.信息不对称
    - 母理12.科斯定理
    - 母理13.路径依赖
  - 谈危害
    - 母理14.墨菲定律与海恩法则
    - 母理15.量变质变规律
    - 母理16.公共地悲剧
    - 母理17.劣币驱逐良币
  - 提方案
    - 母理18.定位理论
    - 母理19.强化理论
    - 母理20.治标与治本
    - 母理21.戴明环（PDCA循环）

# 第①节　与"谈好处"有关的理论

本节内容涉及"马斯洛需要层次理论""边际收益""边际成本""规模效应"等理论。

这些理论一般用在"利大于弊式结构"中"整体有好处"的部分，也可用于"AB 二元类"题目"谈好处"的部分。

扫码听本节讲解

## 母理① 马斯洛需要层次理论

### 1.1　理论介绍

马斯洛需要层次理论是由美国著名社会心理学家马斯洛提出的关于需要结构的理论。该理论认为，人们需要动力实现某些需要，有些需要优先于其他需要。

马斯洛的需要层次结构是心理学中的激励理论，包括人类需要的五级模型，通常被描绘成金字塔内的等级。从层次结构的底部向上，需要分别为：生理（如食物和衣服），安全（如工作保障），情感和归属的需求（如友谊），尊重和自我实现。

基于"马斯洛需要层次理论"，有以下五个基本观点：

（1）五种需要是最基本的，与生俱来的，构成不同的等级或水平，并成为激励和指引个体行为的力量。

（2）低级需要和高级需要的关系：马斯洛认为需要层次越低，力量越大，潜力越大。随着需要层次的上升，需要的力量相应减弱。高级需要出现之前，必须先满足低级需要。在从动物到人的进化中，高级需要出现得比较晚，婴儿有生理需要和安全需要，但自我实现需要在成人后出现；所有生物都需要食物和水分，但是只有人类才有自我实现的需要。

（3）低级需要直接关系个体的生存，也叫缺失需要，当这种需要得不到满足时直接危及生命；高级需要不是维持个体生存所绝对必需的，但是满足这种需要使人健康、长寿、精力旺盛，所以叫做生长需要。高级需要比低级需要复杂，满足高级需要必须具备良好的外部条件：社会条件、经济条件、政治条件等。

（4）马斯洛看到低级需要和高级需要的区别，他后来澄清说，满足需求不是"全有或全无"的现象，他承认，他先前的陈述可能给人一种"错误的印象，即在下一个需求出现之前，必须百分之百地满足需求"。在人的高级需要产生以前，低级需要只要部分的满足就可以了。例子：为实现理想，不惜牺牲生命，不考虑生理需要和安全需要。

（5）个体对需要的追求有所不同，有的对自尊的需要超过对爱和归属的需要。

### 1.2　相关事件或例证

（1）《史记·管晏列传》中有一句话"仓廪实而知礼节，衣食足而知荣辱"，这其实是马斯洛需要层次理论的一种体现。

（2）对一些员工来说，有时候公开的奖励和表扬，强调工作任务的艰巨性，更能激发他的工作动力。

## 母理 ❷  边际收益与边际成本

### 2.1  理论介绍

#### （1）边际收益

边际收益是指增加一单位产品的销售所增加的收益，即最后一单位产品的售出所取得的收益。它可以是正值或负值。边际收益是厂商分析中的重要概念。利润最大化的一个必要条件是边际收益等于边际成本，此时边际利润等于零，达到利润最大化。在完全竞争条件下，任何厂商的产量变化都不会影响价格水平，需求弹性对个别厂商来说是无限的，总收益随销售量的增加同比例增加，边际收益等于平均收益，也等于价格。

#### （2）边际成本

边际成本是指在一定产量水平下，增加或减少一个单位产量所引起成本总额的变动数。这个概念表明每一单位的产品的成本与总产品量有关。比如，仅生产一辆汽车的成本是极其巨大的，而生产第 101 辆汽车的成本就低得多，生产第 10 000 辆汽车的成本就更低了（这是因为规模经济带来的效益）。但是，考虑到机会成本，随着生产量的增加，机会成本也可能会增加。通过这个例子我们还可以知道，生产一辆新汽车时，所用的材料可能有更好的用处，所以要尽量用最少的材料生产出最多的车，这样才能提高边际收益。

### 2.2  相关事件或例证

（1）假如黄鹤楼的票价为 80 元，坐公交的路费为 2 元，那么我每去一次黄鹤楼的成本为 82 元。后来我办了一张旅游年卡 200 元，去黄鹤楼不限次。那么，我首次去黄鹤楼的成本变为 202 元，而再去一次黄鹤楼的边际成本为 2 元。但是，我未必会办这张年卡，因为同一个景点，我去的次数多了，它的美景对我就没有吸引力了，这时它的边际收益大大降低了。

（2）归根结底，每个人都是在出卖自己的时间，从这一点上而言，上帝是公平的，每个人每天只拥有 24 小时。那么，决定这 24 小时的时间能否带来更多收益的关键，就是你的边际收益和边际成本。比如，一个作家写了一本书，他的初始成本是很高的，可能需要一年的时间。可是他的边际成本很低，再印一本书的时间约等于零，而且这本书可以卖给很多人，因此，他的边际收益是高的。但是一个保安看了一个月大门，获得了一个月的工资，但他再看一个月的大门的边际成本还是一个月的时间，边际收益还是那一个月的工资。这使得他的收入永远无法提高到很高的水平上。

## 母理 ❸  规模效应

### 3.1  理论介绍

规模效应又称规模经济，即因规模增大带来经济效益的提高，但是规模过大可能使信息传递的速度变慢且容易造成信息失真、管理官僚化等弊端，反而产生"规模不经济"。

当企业的生产达到或超过盈亏平衡点时，才会产生规模效益。企业的成本包括固定成本和变动成本，在生产规模扩大后，变动成本同比例增加而固定成本不增加，所以单位产品的成本就会下降，企业的销售利润率就会上升。

## 3.2  相关事件或例证

（1）大多数的高科技产品如计算机的软、硬件，医药产品，航天、电信器材，生物科技与遗传工程的产品，研发费用都非常高。但是一旦被开发成功以后，产品大量生产的边际成本会非常低，甚至会接近于零。厂商在成功开发此类产品后，可以用非常低的成本将此类产品迅速地推广到全球各地，从而占领市场。

（2）信息产品的规模优势明显。一旦信息产品形成规模后，后来者想进入同一市场的难度就会越来越大。因为，最初的信息产品开发的固定成本相当高，而这些固定成本中的绝大部分是沉没成本。这样，后进入市场的企业就会面临着巨大的风险，弄不好不仅无法收回以前的投入，还很难生存下去。

（3）不是所有具有规模效应的制造业集群都能称得上先进制造业集群。最典型的例子是墨西哥制鞋产业集群。墨西哥制鞋业主要集中在莱昂、瓜达拉哈拉和墨西哥城，三地的制鞋份额各占墨西哥制鞋业的51%、22%和12%。其中莱昂、瓜达拉哈拉雇员少于100人的企业占比分别高达88%、93%，产业呈现出总体规模大、小企业多、企业之间联系弱、缺乏创新等特征，生产方式相对落后。

# 第②节  与"谈必要"有关的理论

本节内容涉及"社会分工理论""资源稀缺性""瓶颈理论"等理论。这些理论一般用在"利大于弊式结构"中"整体有必要"的部分，也可用于"AB 二元类"题目"谈好处"的部分。

需要注意的是，"有好处"一般指有它更好；"有必要"一般指没它不行。

扫码听本节讲解

## 母理④  社会分工理论

### 4.1  母理介绍

社会分工，是指不同的劳动者分别从事不同的劳动。

社会分工是社会化的标志之一，也是人类出现商品经济发展的基础。对人类来说，没有社会分工，就没有交换，市场经济也就无从谈起。如果没有社会分工，社会就难以正常运转。人类社会分工的优势，是让人做自己擅长的事情，使平均社会劳动时间最大程度缩短，生产效率显著提高。能够提供优质高效劳动产品的人，才能在市场竞争中获得高利润和高价值。人尽其才，物尽其用，就是社会分工的结果。

### 4.2  相关事件或例证

（1）畜牧业和农业的分离是人类历史上第一次社会大分工。社会分工促进了生产力的发展，带来了更多的劳动产品。劳动产品在满足本部落的共同消费之外，还出现剩余。进入交换的劳动产品的种类和数量增加了。一些氏族部落首领开始把剩余产品据为己有，私有制产生，氏族部落共同体开始瓦解，在此基础上，奴隶制社会随之产生。

（2）随着金属冶炼技术的出现，专门从事生产工具制造的手工业逐渐从农业中分离出来，从而出现了农业和手工业相分离的人类历史上第二次社会大分工。这次社会大分工出现了专门以交换为目的商品生产。

（3）为了适应商品生产和交换发展的需要，社会中开始出现了专门从事商品买卖的商人阶层，于是又有了人类历史上的第三次社会大分工。在手工业者和商人活动的集中地，逐渐产生了城市经济，又有了城乡的分工。分工带来了生产力的进步和剩余产品的增加，使得一部分人完全摆脱了体力劳动，专门从事监督生产、管理国家及科学、艺术等活动，最终形成了脑力劳动和体力劳动的分工。

## 母理⑤  资源稀缺性

### 5.1  母理介绍

资源是稀缺的。一方面，一定时期内物品本身是有限的；另一方面，利用物品进行生产的技术条件是有限的，同时人的生命也是有限的。

资源的稀缺性是经济学第一原则，一切经济学理论皆基于该原则，因为资源的稀缺性，所以人类的经济及一切活动需要面临选择，使得人们必须考虑如何使用有限的、相对稀缺的生产资源来满足多样化的需要，这就是所谓的"经济问题"，经济学理论即围绕这一问题展开论证。

## 5.2 相关事件或例证

（1）科斯定理。资源是稀缺的，因此社会必须以有效率的方式使用它。科斯定理就指出：只要财产权是明确的，并且交易成本为零或者很小，那么，无论在开始时将财产权赋予谁，市场均衡的最终结果都是有效率的，实现资源配置的帕累托最优。其体现的就是在资源有限的条件下，资源该如何被分配。

（2）城市之间之所以存在"抢人大战"，是因为高水平的人才资源是稀缺的。

（3）优质教育资源的稀缺，造就了天价"学区房"。

# 母理 ⑥ 瓶颈理论

## 6.1 理论介绍

TOC（Theory of constraints）中文译为"瓶颈理论"，也被称为制约理论或约束理论，由以色列物理学家高德拉特博士创立。

瓶颈指的是位于瓶口下面的一部分，寓意整个系统中最薄弱的环节。瓶颈理论认为，企业的整体生产效率往往由效率最低的那一部分决定。任何系统至少存在着一个制约因素（瓶颈），否则它就可能有无限的产出。因此要提高一个系统（任何企业或组织均可视为一个系统）的产出，必须打破系统的瓶颈，只有这样才可以更显著地提高系统的产出。而解决了一个瓶颈以后，原来排在第二位的限制因素又会变成新的瓶颈，因此解决瓶颈的过程是不断循环的。

木桶定律与瓶颈理论类似，一只木桶想盛满水，必须每块木板都一样平齐且无破损，如果这只木桶的木板中有一块不齐或者某块木板下面有破洞，这只木桶就无法盛满水。

瓶颈理论是制造工业提高生产效率的重要管理理论之一，但事实上它却能用来解决各个方面的问题。

## 6.2 相关事件或例证

（1）新买的手机配置高、像素好、外形炫，但只有 1GB 内存，这时手机的性能再高，也会受制于过小的运行空间。手机的运行受到极大的内存限制，这个时候给手机加个内存卡，使用体验就会很快提升。

（2）一家包子铺的生意很好，做出的包子每天供不应求。但是，老板发现，每天打烊时，都会扔掉多余的馅料和包子皮。调查之后发现，是负责包包子的员工数量相对较少，生产出的馅料和包子皮不能很快进入下一环节所致。于是老板增加了员工数量，很好地解决了原料剩余的问题。其次，因为蒸笼不够大，包子不能及时入笼，于是老板又购入了新的蒸笼。经过这种不断调整的过程，包子铺的生意越来越好。

# 第❸节   与"析原因"有关的理论

本节内容涉及"经济人假设""自利性偏差""机会成本""沉没成本""信息不对称""科斯定理""路径依赖"等理论。这些理论一般用在"现象分析式结构"中"析原因"的部分。

有时候也可以反过来使用，用于"提建议"的部分。

例如：

合作中，要尤其注意摆脱自利性偏差的影响。

创新的关键在于摆脱路径依赖。

做决策时，要摆脱沉没成本的影响。

扫码听本节讲解

## 母理❼   经济人假设

### 7.1  母理介绍

"经济人"的假设，起源于享乐主义哲学和英国经济学家亚当·斯密（Adam Smith）关于劳动交换的经济理论。亚当·斯密认为：人的本性是懒惰的，必须加以鞭策；人的行为动机源于经济和权力维持员工的效力和服从。该理论有两层含义：

含义一：人们经济生活的原动力是人的利己主义行为，即把人当作"经济动物"来看待，人的一切行为都是为了最大限度地满足自己的私利，工作目的只是获得经济报酬。同样，别人帮助我们也只是利己的行为。这样看来，人都是天然的利己者。

含义二：人在利己的动机下，在自由的市场机制下，不仅能够实现自己的利益，还能使整个社会达到最好的福利状态。简单来说，在追求自己利益的同时，往往能更有效地促进社会的利益。

基于"经济人"假设，有以下推论：

（1）多数人天生是懒惰的，他们都会尽可能地逃避工作。

（2）多数人都没有雄心大志，不愿负任何责任，而心甘情愿受别人的指导。

（3）多数人的个人目标都是与组织目标相矛盾的，必须用强制、惩罚的办法，才能使他们为达到组织的目标而工作。

（4）多数人工作都是为了满足基本的生理需要和安全需要，因此，只有金钱和地位才能鼓励他们努力工作。

（5）人大致可分为两类：一类是符合上述设想的人，这类人是多数人；另一类是能够自己鼓励自己，能够克制感情冲动的人，这些人应负起管理的责任。

## 7.2 相关事件或例证

（1）人为财死，鸟为食亡。

（2）利益是人类行动的一切动力。——霍尔巴赫

（3）医生、老师、商人为了使自身的金钱收入更多而积极投入工作，医生深度研究医学、老师教研学科知识、商人促进贸易往来，如此，医学进步、教育提高、商业发展，国家也更加富强。

# 母理 8　自利性偏差

## 8.1 母理介绍

自利性偏差是一种常见的心理学现象，指的是从对自己有利的一面来判断客观事物，把不好的、错误的原因归于其他人或者外因。

自利性偏差一般会分为两种情况：第一，如果我这件事没做好，那肯定是不可控的、别人的或者意外的缘故；第二，如果我做这件事情成功了，那肯定是因为我水平高。

## 8.2 相关事件或例证

（1）玩游戏的人都有一种体会，赢了是"我带飞"，输了"队友是猪"，这就是自利性偏差的典型体现。

（2）夫妻两个人总会有一种错觉，双方都觉得自己是对家庭贡献更大的一方，而对方的责任更小、更轻松，这其实就是自利性偏差的体现。

# 母理 9　机会成本

## 9.1 母理介绍

企业为从事某项经营活动而放弃另一项经营活动的机会，或利用一定的资源获得某种收入时所放弃的另一种最高收入，称为机会成本。通过对机会成本的分析，要求企业在经营中正确选择经营项目，其依据是实际收益必须大于机会成本，从而使有限的资源得到最佳配置。

在稀缺性的世界中选择一种东西意味着放弃其他东西。一项选择的机会成本，也就是所放弃的物品或劳务的价值。机会成本是指在资源有限的条件下，当把一定的资源用于某种产品的生产时所放弃的用于其他可能得到的最大收益。

## 9.2 相关事件或例证

（1）当一个厂商决定利用自己所拥有的经济资源生产一辆汽车时，就意味着该厂商不可能再利用相同的经济资源来生产 200 辆自行车。于是，可以说，生产一辆汽车的机会成本是所放弃生产的 200 辆自行车。如果用货币价值来代替对实物商品数量的表述，且假定 200 辆自行车的价值为 10 万元，则可以说，一辆汽车的机会成本是价值为 10 万元的其他商品。

（2）在学校，你天天不好好学习，就知道到处瞎玩、谈恋爱、攀比、打架，这样就放弃了学习奋斗必将拥有的未来选择权。在本该拼搏的年纪选择了安逸，"少壮不努力，老大徒伤悲"，丧失的未来选择权就是你不学无术选择安逸的机会成本。

## 母理 ⑩ 沉没成本

### 10.1 母理介绍

沉没成本是指以往发生的、已经付出且不可收回的成本，如时间、金钱、精力等。从决策的角度看，以往发生的费用只是造成当前状态的某个因素，当前决策所要考虑的是未来可能发生的费用及所带来的收益，而不考虑以往发生的费用。也就是说，人们在决定是否去做一件事情的时候，要看这件事对自己有没有好处，而无须考虑过去是不是已经在这件事情上有过投入。

### 10.2 相关事件或例证

（1）我今天去看一部电影，花了50元买了一张电影票。结果这部电影一点儿都不精彩，我现在就离开位置走人，或者把它看完。不管我要留下来继续看还是要立刻走人，花了50元买的电影票的钱是要不回来了，这就是所谓的沉没成本。

（2）每年都有学员和我说："老吕呀，我听了你的课，感觉我之前的备考时间都浪费了。教我的老师比你讲的差多了。"我说："那你赶紧报老吕的班呀。"学员说："不行呀，我报这个班花了20 000多块钱，不听就浪费了。"你看，这个20 000多块钱就是你的沉没成本了，它不应该作为决策依据，你不能让别人浪费了你的钱，再继续浪费你的备考时间，还同时减小了你考上的可能性！

## 母理 ⑪ 信息不对称

### 11.1 母理介绍

在市场经济活动中，各类人员对有关信息的了解是有差异的。掌握信息比较充分的人员，往往处于比较有利的地位；而掌握信息比较贫乏的人员，则处于比较不利的地位。

一般而言，卖家比买家拥有更多关于交易物品的信息。比如，饭店老板给你用劣质地沟油做菜，但是作为食客，你可能不知道，反而还要按正常价格付钱。在这个交易中，掌握信息比较少的食客处于不利的地位，一句话总结就是"买的不如卖的精"。

而食客们为了尽量避免遇到这种情形，通常会去选择一些更为有名的牌子。这体现了信息不对称理论的另一个角度：因为名牌提供了更多、更可靠的信息，所以买家愿意为了获得更多的信息而付出更多的钱。简而言之，花钱买放心。

### 11.2 相关事件或例证

（1）最早研究信息不对称现象的人是阿克尔洛夫，1970年，他在哈佛大学经济学期刊上发表了著名的《次品问题》一文。阿克尔洛夫从当时司空见惯的二手车市场入手，发现了旧车市场由于买卖双方对车况的掌握不同而滋生的矛盾，并最终导致旧车市场的日渐式微。

在旧车市场中，卖主一定比买主掌握更多的信息。为了便于研究，阿克尔洛夫将所有的旧车分为两大类：一类是保养良好的车，另一类是车况较差的"垃圾车"，然后再假设买主愿意购买好车的出价是 20 000 美元，差车的出价是 10 000 美元，而实际上卖主的收购价却可能分别只有 17 000 美元和 8 000 美元，从而产生了较大的信息差价。

由此可以得出一个结论：如果让买主不经过旧车市场而直接从车主手中购买，那将产生一个更公平的交易，车主会得到比卖给旧车市场更多的钱，与此同时买主出的钱也会比从旧车市场买的要少。但接下来会出现另外一种情况，当买主发现自己总是在交易中处于不利位置时，他会刻意压价，以至低于卖主的收购价，例如好车的出价只有 15 000 美元，差车价只出 7 000 美元，这便使得交易无法进行。面对这种情况，旧车交易市场的卖主通常会采取以次充好的手段满足低价位买主，从而使得旧车质量越来越差，最后难以为继。

信息不对称现象的存在使得交易中总有一方会因为获取信息的不完整而对交易缺乏信心。对于商品交易来说，这个成本是昂贵的，但仍然可以找到解决的方法。还是以旧车交易市场为例，对于卖主来说，如果他们一贯坚持只卖好车不卖一辆"垃圾车"，长此以往建立的声誉便可增加买主的信任，大大降低交易成本；对于买主而言，他们同样也可以使用更好的策略将"垃圾车"剔除出来。

（2）在人才市场上也存在着信息不对称的问题，应聘者往往比雇主更清楚地知道自己的能力。设想市场上有两种应聘者——高能者和低能者，二者都积极地向雇主传递自己能力很高的信息，尤其是低能者，要想方设法把自己伪装成一个高能者。这时候，作为应聘者其实是有更多信息优势的，此时，教育程度就成为一种可信的传递信号的工具。那些上过名牌大学的人一般来说要比普通学校的学生更聪明、更勤奋，也更专注、更有自制力。当然，高学历也不一定就意味着高能力，名牌大学有时候也会出现一些能力及知识较差的学生，但是在没有更好的选择的情况下，雇主们只能相信学历所传递的信号了。

（3）俗话说"从南京到北京，买的不如卖的精"，这其中的道理就是信息不对称。中国古代有所谓"金玉其外，败絮其中"的故事，讲的是商人卖的货物表里不一，由此引申比喻某些人徒有其表。在商品中，有一大类商品是内外有别的，而且商品的内部情况很难在购买时加以检验，如瓶装的酒、盒装的香烟、录音、录像带等。人们或者看不到商品包装内部的样子（如香烟、鸡蛋等），或者看得到却无法用眼睛辨别产品质量的好坏（如录音、录像带）。显然，对于这类产品，买者和卖者了解的信息是不一样的，卖者比买者更清楚产品实际的质量情况，这时卖者很容易依仗买者对产品内部情况的不了解而欺骗买者。如此看来，消费者的地位相当脆弱，对掌握了"信息不对称"武器的骗子似乎毫无招架之术。

# 母理 ⑫ 科斯定理

## 12.1 母理介绍

科斯定理：只要财产权是明确的，并且交易成本为零或者很小，那么，无论在开始时将财产权赋予谁，市场均衡的最终结果都是有效率的，都会实现资源配置的帕累托最优。根据科斯定理，可以有以下三个方面的思考：

①在交易费用为零的情况下，不管权利如何进行初始配置，当事人之间的谈判都会实现资源配置的帕累托最优。

②在交易费用不为零的情况下，不同的权利配置界定会带来不同的资源配置。

③因为交易费用的存在，不同的权利界定和分配会带来不同效益的资源配置，所以产权制度的设置是优化资源配置的基础（达到帕累托最优）。

在现实世界中，科斯定理所要求的前提往往是不存在的，财产权的明确是很困难的，交易成本也不可能为零，有时甚至是比较大的。因此，依靠市场机制矫正外部性是有一定困难的。因此，科斯认为可以通过产权解决这一问题。

例如：

钢铁厂生产钢，自己付出的代价是铁矿石、煤炭、劳动等，但这些只是"私人成本"；钢铁厂在生产过程中排放的污水污染了附近的河流，则是社会付出的代价。如果仅计算私人成本，生产钢铁也许是合算的，但如果从社会的角度看，可能就不合算了。于是，经济学家提出要通过征税解决这个问题，即政府出面干预，赋税使得成本高了，生产量自然会小些。

但是，恰当地规定税率和有效地征税，也要花费许多成本。于是，科斯提出：政府只要明确产权就可以了。例如，如果把河流的产权"判给"河边的居民，钢铁厂不给居民们赔偿费就别想在此设厂开工；企业若付出了赔偿费，成本高了，产量就会减少。如果把河流的产权给钢铁厂，居民认为付给钢铁厂一些"赎金"可以使其减少污染，由此换来健康上的好处大于那些赎金的价值，他们就会用"收买"的办法"利诱"厂方减少生产从而减少污染。

因此，科斯定理可以教我们用社会成本的眼光看问题，从而做出因势利导的决策。从这方面来分析，可以有以下三个基本原理：

### ①谁避免意外所付出的成本最低，谁的责任就越大

比如，两个人过独木桥，A是步行，而B推着一车货物，他们在桥中间相遇，谁让谁？通常情况下，A会主动让步，退回岸边，等B过桥后自己再过去。看似是生活常识，其背后却是科斯定理的应用。A和B在独木桥中间遇到，这是个意外，谁都没料到。对A来说，避免或解决意外的成本更小，责任就更大，所以应该主动让步。这样做的结果是社会运行总效率的提高。

### ②谁用得好就归谁

以道路的使用权为例：最早没车的时候，只有行人。有马车的时候，人们就会给马车让一让。后来自行车成为80年代人们主要的代步工具，大马路上浩浩荡荡的自行车队颇为震撼。但现在道路的主人基本是汽车，自行车道被挤到一边去，人行道放在了最边上。这种现

象的发生与不同交通工具的出行效率有关——既然汽车的出行效率最高，就赋予汽车更多的道路使用权。

### ③所有的伤害都是相互的

老王有两块相邻的地，左边的地种小麦，右边的地养牛。如果牛冲过栅栏，跑到麦地里吃小麦，那是否应该阻止这头牛？科斯定理认为，所有的伤害都是相互的，不是一方在伤害另一方，而是双方为了不同的用途，在争夺相同的稀缺资源：牛跟小麦争的是那块地。如果让牛吃小麦，那牛就伤害了小麦；但如果禁止牛吃小麦，那小麦就伤害了牛。至于牛能不能吃小麦，就需要运用科斯定理的含义来看牛肉和小麦分别能卖多少钱。如果小麦的价格高于牛肉，那么肯定要阻止这头牛，否则会付出更多的成本。

## 12.2 相关事件或例证

（1）为什么汽车追尾后车要负全责？"明明是前车急刹车给我弄了个措手不及，我不上去揍他算好的了，为什么还要赔钱？"针对你的质疑，警察只会说有问题申诉，但追尾就是你的责任。如果套用科斯定理，就不难理解。因为后车保持车距，付出的代价较小；而前车注意和后车拉开距离，这个代价太大，甚至不可能做到。谁避免意外的成本小，谁的责任就大。所以，追尾判为后车责任。

（2）像 985、211 这类名校，优质的教学资源总是稀缺的，那么谁应该去 985、211 名校里去学习呢？答案是高考成绩较高的学生，因为他们被认为是更聪明的，更能够利用这些优质的教学资源提高自己的能力，继而为社会作贡献。而这就是科斯定理：谁用得好就归谁。

# 母理 ⑬ 路径依赖

## 13.1 母理介绍

路径依赖指一旦进入某一路径（无论是"好"还是"坏"），就可能对这种路径产生依赖。一旦人们做了某种选择，就好比走上了一条不归之路，惯性的力量会使这一选择不断自我强化，并让你轻易走不出去。

## 13.2 相关事件或例证

（1）在电影《肖申克的救赎》里，"路径依赖"被比喻为监狱：刚到监狱的那会儿，因犯总想走出去，但待久了，就再也离不开监狱了。

（2）一个人到了一个新的地点工作或者生活，起初他会对新地点周边提供餐饮和生活服务的商家进行比较和选择。在这段时间里，他可能会进行比较理性的考察评判。然而一旦他对初次的选择给予了肯定之后，那么在下一次面对这一类型的消费时，他就很少会进行替代性思考了。

（3）键盘上的 26 个字母

你是否思考过这样的问题：电脑键盘上 26 个字母的排序一定经过某种严谨、科学的论证。然而事实并非如此。

早期的键盘是机械式的，因为 "Q、W、A、S" 这几个键很容易坏，为了便于修理，人们便把它设置在键盘左上角的位置，这与手指的生理运动规律及英文字母的使用频率完全没有关系。

既然如此，在电子化键盘问世的时候，就有人对这一问题提出了解决方案。新的排序方案便结合了英文字母的使用频率与手指的生理运动规律，可以使人们的打字效率提高近 30%。于是有关组织和机构很快便接受了这一科学建议，开始普及推广新的键盘。

结果却出人意料，尽管人们知道重新排序后的键盘有诸多好处，却没有人愿意接受它，因为人们已经习惯了键盘原来的排序方式，不愿意再改变自己的习惯。于是，这个并不科学的字母排序就一直沿用至今。

# 第**4**节 与"谈危害"有关的理论

本节内容涉及"墨菲定律与海恩法则""量变质变规律""公共地悲剧""劣币驱逐良币"等理论。这些理论一般用在"现象分析式结构"中"谈危害"的部分。

## 母理 ⑭ 墨菲定律与海恩法则

扫码听本节讲解

### 14.1 母理介绍

墨菲定律：如果一件事情有变坏的可能，不管这个可能性有多小，这件事都会发生，并且造成的后果极其严重。换句话说，如果因为侥幸而不去做某件事，那不好的结果最终都会发生。

与此类似的还有海恩法则，海恩法则指出每一起严重事故的背后，必然有 29 次轻微事故和 300 起未遂先兆及 1 000 起事故隐患。它强调：一、事故的发生是由日常的隐患堆积而起的；二、再好的技术和制度，如果缺失人自身的责任心和能力素质，也无法完全规避风险。

海恩法则是墨菲定律的佐证，若是心存侥幸，对隐患视若无睹，那么祸患有一天一定会到来，并且会造成不可估量的后果。事故的发生看似偶然，其实是各种因素累积到一定程度的必然结果。

墨菲定律（Murphy's Law）的主要内容有四个方面：

（1）任何事都没有表面看起来那么简单。

（2）所有事的实际执行时间都会比你预计的时间长。

（3）会出错的事总会出错。任何一件事只有三种结局：变好、变坏或保持不变。尽最大的努力，做最坏的打算。

（4）如果你担心某种情况发生，那么它就更有可能发生。

### 14.2 相关事件或例证

（1）有些东西闲置了很久派不上用场，一旦丢掉，往往就必须用到它。你在买爆米花时，屏幕上偏偏就出现了电影的精彩镜头，而且还会是你最想要看的镜头。当你在排队时，你发现另一队比较快，而当你换到另一队时，你原来站的那一队就开始走动地比较快了，原来那一队中站得更靠后的人往往往会比你先排到。

（2）2018 年 11 月 28 日，张家口发生了严重爆炸事件。据报道，爆炸事故的初步原因为运输乙炔的大货车爆炸，引起了化工厂周边车辆连环爆炸、燃烧。事发点位于化工厂外部的道路一侧，发生爆炸的是在化工厂外停靠着的拉运"危化品"的大型车辆。大量运输"危化品"的货车深夜聚集于工厂附近，等待收货或送货，无疑增加了事故发生的风险，也是造成如此严重事故的直接原因。究其根源，是缺少必要的安全监控。"危化品"货车能否就这样聚集在同一地点？相关负责人员是否疏于管理？是否对安全隐患抱有侥幸？只要是存在风险，而又不加以管理的话，坏事往往会朝着最坏的结果发展。

## 母理 ⑮ 量变质变规律

### 15.1 母理介绍

量变质变规律是唯物辩证法的基本规律之一，它揭示了事物发展的量变和质变两种状态，以及由事物内部矛盾所决定的由量变到质变，再到新的量变的发展过程。量变和质变规律主要包括以下三个方面：

①量变是质变的前提，质变是量变的结果。

②质变不仅可以完成量变，而且为新的量变开辟道路。

③量变和质变的区分标志——是否超出度。

### 15.2 相关事件或例证

（1）《本草纲目》是由李时珍历时 27 年，一点一滴积累资料、一页一页写出初稿，逐步积累而成的。李时珍把平时日积月累的初稿，经过反复修改，最终写成了《本草纲目》这部完整的著作，实现了质的飞跃，为我国药物学的发展作出了巨大贡献。

（2）在西方哲学史上有两个著名的辩论，一个叫作"谷堆辩"，另一个叫作"秃头辩"。前者说的是"增加一粒谷子，能否形成一堆谷子？"回答是不能。那如果再加一粒呢？一直往上加呢？结果会怎样？我们说，最终会形成一堆谷子。也就是说，量变的积累最终会引起质变。"秃头辩"从反向说明了同一个道理，当一个人的头发一根一根地少下去，最终会变为秃头。

## 母理 ⑯ 公共地悲剧

### 16.1 理论介绍

公共地悲剧指的是有限的资源因为被自由使用和缺少受限要求而被过度剥削。因为人的趋利性，每一个人都希望从免费的资源里获得更多，最终导致公共物品的过度使用或消失，从而损害所有人的利益。

### 16.2 相关事件或例证

（1）牧民与草地的故事

有一块牧草地，当其完全向牧民开放时，每一个牧民都想多养一头牛，因为多一头牛的售卖收益高于养殖成本，是有利可图的。虽然这会使草场平均草量下降，但对单个牧民而言，增加一头牛是获益的。如果每个牧民都增加一头牛，那么草地会因为过度放牧而无法满足需要，导致所有牛都被饿死。

（2）在我们身边，有这样一些现象似乎不起眼却又普遍存在着。屋外阳光灿烂、屋内光线明亮，可办公室照样电灯齐明；有的办公室一边开着空调，一边还开着窗户；一些人吃自助餐不是吃多少取多少，而是菜肴和主食先堆满大盘和大碗再说，最后是暴殄天物，吃一半扔一半，抹抹嘴扬长而去。

这些办公室及公共场所"长明灯"、办公室无效空调、自助餐严重浪费等现象，其实都是经济学和社会学上"公共地悲剧"原理的具体表现。公共地作为一项资源或财产有许多拥有者，每个人都有使用权，但没有权力阻止其他人使用，从而造成资源过度使用和枯竭。过度砍伐的森林、过度捕捞的渔业资源及污染严重的河流和空气，都是"公共地悲剧"的典型例子。之所以叫悲剧，是因为每个当事人都知道资源将由于过度使用而枯竭，但每个人对阻止事态的继续恶化都感到无能为力，而且都抱着"及时捞一把"的心态加剧事态的恶化。公共物品因竞争性而被过度使用或侵占是必然的结果。

（3）在免费通行的情况下，公路作为一种资源势必被无数车辆的巨大需求所吞噬。每个人都想趁着免费通行这一便利，节省过路费。结果就是，许多法定节假日都出现了高速公路极度拥堵的情况。公路作为一种资源，因过度的需求而受到"剥削"，每个出行者的利益也受到损害。

# 母理 ⑰ 劣币驱逐良币

## 17.1 母理介绍

在16世纪的英国，因为黄金储量紧张，只能在新制造的金币中掺入其他金属。于是市场上就有两种金币：一种是此前不掺杂质的金币，一种是掺入了杂质的金币，但两种货币的法定价值一样。这样，人们都会收藏不掺杂质的良币，使用掺入杂质的劣币。时间一长，市场上流通的就只有劣币了，全部良币都退出了流通。这就是"劣币驱逐良币"，它由16世纪英国伊丽莎白时代的财政大臣格雷欣提出，也称"格雷欣现象"。

从狭义上来说，"劣币驱逐良币"是指因为信息不对称，物品的估值方（信息缺少的一方）估值一定时，物品的提供方（信息充分的一方）会选择提供实值较低的物品（劣币），致使实值较高的物品（良币）越来越少。从广义上来说，"劣币驱逐良币"也可以泛指一般的逆淘汰（劣胜优汰）现象。

## 17.2 相关事件或例证

（1）"东方蜜"是有别于普通甜瓜的一种有特别味道的甜瓜，口感、风味出众，甜度高，奶香味浓郁，吃过一次后，普通甜瓜便再难入嘴。但"东方蜜"在市面上很难买到，最常见的情况是买回去所谓的"东方蜜"，打开一看，却是白色的果肉，让人毫无食欲。买不到的原因除了"东方蜜"走高端路线、价格偏高、市场接受度一般外，瓜农用生瓜、次果以次充好，甚至用脆肉白瓜冒充"东方蜜"令其口碑打折是主要因素。看着市场上满眼的"玉茹"等甜瓜品牌，优质的"东方蜜"却难觅芳踪，这就是"劣币驱逐良币"。

（2）公司对能力不同的人给以相同的报酬，结果必定是能力高的离开而能力低的留下，造成劣币驱逐良币的局面。

# 第5节　与"提方案"有关的理论

本节内容涉及"定位理论""强化理论""治标与治本""戴明环（PDCA循环）"等理论。这些理论一般用在本书讲授的五种结构的"提方案"部分。

## 母理 18　定位理论

扫码听本节讲解

### 18.1　理论介绍

定位理论，最初是由美国著名营销专家艾·里斯（Al Ries）与杰克·特劳特（Jack Trout）于20世纪70年代早期提出来的。里斯和特劳特认为，"定位是你对未来的潜在顾客的心智所下的功夫，也就是把产品定位在你未来潜在顾客的心中。"

菲利普·科特勒对市场定位的定义是：所谓市场定位，就是对公司的产品进行设计，从而使其能在目标顾客心中占据一个独特的、有价值的位置的行动。市场定位的实质是使本企业和其他企业严格区分开来，并且通过市场定位使顾客明显地感觉和认识到这种差别，从而在顾客心中留下特殊的印象。

定位理论认为，品牌就是某个品类的代表，或者说是代表某个品类的名字。建立品牌就是要实现品牌对某个品类的主导，成为某个品类的第一。当消费者一想到要消费某个品类时，立即想到这个品牌，我们就说你真正建立了品牌。

定位理论认为，定位要从一个产品开始。此产品可能是一种商品、一项服务、一个机构甚至是一个人，也许就是你自己。但是，定位不是你对你产品要做的事，而是你对预期客户要做的事。换句话说，你要在预期客户的头脑里给产品定位，确保产品在预期客户头脑里占据一个真正有价值的地位。

### 18.2　相关事件或例证

（1）很多品牌并没有遵循定位法则，比如联想生产电脑，品牌名也叫联想，笔记本也叫联想，智能手机也叫联想，平板电脑也叫联想，所有这些产品全球化的时候，都叫联想这个名字，这就是一个巨大的错误。因为消费者看到联想，不会联想到某一特定的优秀的产品。联想的电脑质量很好而手机相对来说比较差一些，但是因为用的是共同的品牌，所以消费者在用到体验比较差的手机时，会直接影响消费者心中对联想的良好印象。我们对比一下苹果公司和联想公司，苹果的Macbook是电脑，iPod是音乐播放器，iPhone是手机，iPad是平板。消费者在看到相应的苹果品牌时，会把这个品牌和整个产品品类联系起来。

（2）定位与顾客的心智有关，比如一提到英国就想到大本钟，一提到法国就想到埃菲尔铁塔，一提到宝马汽车就想到运动，一提到奔驰汽车就想到豪华。

（3）王老吉原本是广东的凉茶品牌，在广东以外很少见到。定位理论把王老吉从"清热、解毒、祛暑湿"的药饮产品重新定位为"预防上火的饮料"，一是消除中国人心目中"是药三分毒"的顾虑，二是拓展了消费群。从此我们也就看到了那句耳熟能详的广告词："怕上火，喝王老吉！"

## 母理 ⑲ 强化理论

### 19.1 理论介绍

最早提出强化概念的是俄国著名的生理学家巴甫洛夫，而系统性的强化理论则由美国心理学家斯金纳首先提出。强化理论是一种过程型的激励理论，该理论认为，如果某种刺激对人的行为有利，这种行为就会重复出现；若不利，这种行为就会减弱直至消失。因此，管理者要采取各种强化方式，以使人们的行为符合组织的目标。

强化的具体方式有四种：

#### （1）正强化

正强化就是奖励那些符合组织目标的行为，以便使这些行为得到进一步的加强、重复出现。

#### （2）负强化

负强化强调的是一种事前的规避。俗语"杀鸡儆猴"形象地说明了惩罚和负强化的联系与区别。对出现了违规行为的"鸡"加以惩罚，意欲违规的"猴"会从中深刻地意识到组织规定的存在，从而加强对自己行为的约束。

#### （3）惩罚

当员工出现一些不符合组织目标的行为时，采取惩罚的办法，可以约束这些行为少发生或不再发生。惩罚是力图使所不希望的行为逐渐削弱，甚至完全消失，也有人把惩罚称为负强化。

#### （4）忽视

忽视就是对已出现的不符合要求的行为进行"冷处理"，达到"无为而治"的效果。

### 19.2 相关事件或例证

（1）在管理上，正强化就是对那些对组织有利的行为进行奖励，从而加强这种行为；负强化就是对不良行为进行惩罚，从而削弱这种行为。正强化的方法包括奖金、认可、表扬、工作环境的改善、安排具有挑战性的工作、晋升、给予学习和成长的机会等。负强化的方法包括批评、罚款、处分、降级等，有时不给予奖励或少给奖励也是一种负强化。

（2）海底捞会根据店长的表现给店长的父母发工资。这一制度就是运用了强化理论中的正强化的方法来改善店长的行为，在有效激励了店长的同时还能保持店长对工作的热情。不仅如此，海底捞还用强化理论对员工的创新进行激励，对其予以奖金并且以员工的名字来命名此项成果，让员工在物质和精神层面都得到满足，这在很大程度上激励了员工的创新热情。

（3）商家通常以积分兑奖的方式来鼓励消费者进行消费。当消费金额达到一定限额时，商家便进行兑奖，使消费者获得消费之后的"奖励"。对于引导顾客的消费习惯来说，这确实不失为一种好方法。另外，消费者往往会纠结商品"可买可不买"，而商家运用强化原理，采取比如"在本店消费满 300 元送礼物一份""消费满 500 元可免费成为会员"等对策，激励消费者进行消费。

（4）在需要短时间内达成目标且无须考虑以后的情况下，负强化有更大的效用，如面对拆迁钉子户、老赖等情况时。然而从长期来看，负强化也会有反效果，例如严厉的老师在课堂上通过骂学生来维持纪律。从长期发展来看，学生在课堂上安静不一定就是在认真听讲，而且还会因为这节课的高压力而在其他"好说话"的老师的课堂上释放压力，这就与老师维持纪律的初衷背道而驰了。

## 母理 ⑳ 治标与治本

### 20.1 理论介绍

标本兼治原是中医术语，用来阐明治病过程中矛盾的主次关系。

"治标"就是用"头痛医头，脚痛医脚"的方式尽快解决眼前问题；"治本"就是挖掘问题的根源、机制，从根本上解决问题；而标本兼治，意指既要解决问题的表象，又要根除问题产生的源头。

### 20.2 相关事件或例证

（1）直播乱象

治理直播乱象需要标本兼治。治标就是对违规主播重拳打击，治本就是要改变直播背后的市场机制，用市场的手段引导直播行业健康发展。

（2）善除害者察其本，善理疾者绝其源。

（3）去疴当用猛药，刮骨才能疗毒。

## 母理 ㉑ 戴明环（PDCA 循环）

### 21.1 理论介绍

PDCA 循环是美国质量管理专家沃特·阿曼德·休哈特（Walter A. Shewhart）首先提出的，由戴明采纳、宣传，获得普及，所以又称戴明环。PDCA 循环的含义是将质量管理分为四个阶段，即 Plan（计划）、Do（执行）、Check（检查）和 Act（处理改进）。在质量管理活动中，要求把各项工作按照做出计划、计划实施、检查实施效果的程序开展，然后将成功的纳入标准，不成功的留待下一循环去解决。这一工作方法是质量管理的基本方法，也是企业管理各项工作的一般规律。

四个阶段的具体工作内容包括：

（1）计划阶段。要通过市场调查、用户访问等，摸清用户对产品质量的要求，确定质量政策、质量目标和质量计划等。包括现状调查、分析、确定要因、制订计划。

（2）设计和执行阶段。实施上一阶段所规定的内容。根据质量标准进行产品设计、试制、试验及计划执行前的人员培训。

（3）检查阶段。主要是在计划执行过程之中或执行之后，检查执行情况，看是否符合计划的预期结果效果。

（4）处理改进阶段。主要是根据检查结果，采取相应的措施。巩固成绩，把成功的经验尽可能纳入标准，进行标准化，遗留问题则转入下一个 PDCA 循环去解决。

按流程来分析如何进行事前的计划和预防、事中的执行和控制以及事后的激励和改进。

## 21.2 相关事件或例证

### （1）全面质量管理

著名的全面质量管理（TQM）的思想基础和方法依据就是 PDCA 循环。

全面质量管理的执行要分到 PDCA 四个阶段来落实，在计划阶段，分析现状，找出存在的质量问题并分析产生问题的原因或影响因素，并针对该因素提出计划和制定措施；在执行阶段，执行计划，落实措施；在检查阶段，检查计划实施的情况；在处理阶段，总结经验，巩固成绩，并提出尚未解决的问题，转入下一循环。

### （2）计划管理

在企业的计划管理当中，又会被划分成三个阶段，即"事前、事中、事后"管理。事前管理主要是对"计划"的审核，对计划的可行、可靠性进行审核评估；事中管理是对计划执行体系工作效率的管理，对计划执行过程进行跟踪，对偏差进行控制；事后管理是对计划实施完毕后进行绩效考核、总结经验等。

第7讲

# 论说文

## 真题一类卷精讲与精练

## ✏ 写在前面的话

本讲分为两大部分：

第一部分：第1节至第5节为真题一类卷精讲，讲解五大结构的代表性真题。

第二部分：第6节至第7节为真题一类卷精练，训练近年管理类联考和经济类联考的真题。

其中，管理类联考真题包括从2013年至今的所有真题，当然，前文中已有讲解的，本讲不再赘述。

396经济类真题在2020年及以前由高校自主命题，自2021年起改为教育部统一命题。故，早年的论说文真题有的有高的学习价值，有的则学习价值不高。因此本书挑选2017年至今的396真题进行讲解。当然，前文中已有讲述的真题，本讲不再重复。

📘 **本讲内容**

第1节 现象分析式真题一类卷精讲　　2010年管理类联考真题

第2节 利大于弊式真题一类卷精讲　　2020年经济类联考真题

第3节 ABAB式真题一类卷精讲　　2021年管理类联考真题

第4节 A上加B式真题一类卷精讲　　2016年管理类联考真题

第5节 非A推B式真题一类卷精讲　　2011年管理类联考真题

**第7讲**

第6节 管理类联考真题精练

2013年管理类联考真题

2014年管理类联考真题

2015年管理类联考真题

2017年管理类联考真题

2018年管理类联考真题

2019年管理类联考真题

2020年管理类联考真题

2022年管理类联考真题

2023年管理类联考真题

2024年管理类联考真题

第7节 经济类联考真题精练

2017年经济类联考真题

2018年经济类联考真题

2019年经济类联考真题

2021年经济类联考真题

2022年经济类联考真题

2023年经济类联考真题

2024年经济类联考真题

# 第①节 现象分析式真题一类卷精讲

## ❶ 真题原文

（2010年管理类联考真题）论说文：根据下述材料，写一篇700字左右的论说文，题目自拟。

一个真正的学者，其崇高使命是追求真理。学者个人的名利乃至生命与之相比都微不足道，但因为其献身于真理就会变得无限伟大。一些著名大学的校训中都含有追求真理的内容。然而，近年学术界的一些状况与追求真理这一使命相去甚远，部分学者的功利化倾向越来越严重，抄袭剽窃、学术造假、自我炒作、沽名钓誉等现象时有所闻。

扫码听本节讲解

## ❷ 四步审题立意法

| | |
|---|---|
| **第1步**<br>判断材料类型 | 寓言、故事、案例（√）、观点。<br>　　材料中出现转折词"然而"，多数有转折词的材料，我们都需重点分析转折词后面的部分："部分学者的功利化倾向越来越严重，抄袭剽窃、学术造假、自我炒作、沽名钓誉等现象时有所闻"。<br>　　可见，材料中描述了一种反面现象："学者功利化现象"。这一问题现在仍时有发生，需要我们去解决这一问题。故此题为案例类材料。<br>　　案例类材料不需要另行寻找话题，直接写材料中的话题"学者功利化现象"即可。 |
| **第2步**<br>确定立意对象 | 材料中的对象（√）、个人或管理者、企业、社会。<br>　　材料中的对象为学者，故本题应该围绕学者来写。 |
| **第3步**<br>确定写作态度 | 支持、反对（√）、AB二者兼顾、AB有所侧重、AB二者择一。<br>　　材料中的现象是反面的，我们应该反对。 |
| **第4步**<br>拟出文章标题 | 主题+态度：<br>学者功利化现象（主题）应遏制（态度）<br>杜绝（态度）功利（主题）追求（态度）真理（主题） |

## ❸ 全文思路

学者功利化造成了极其恶劣的后果，本文宜采用"现象分析式"结构进行写作。

### （1）摆现象

由于本题的材料中已经给出了较详细的现象，故我们无须再摆现象，仅在第一段中引材料即可。

🪐 例文：

近几年，学术界抄袭剽窃、学术造假、自我炒作、沽名钓誉等不良现象屡见报端。这些现象带来了诸多不利后果，应该予以遏制。

### （2）析原因

摆完现象后，需要分析现象产生的原因。现象产生的原因一般可以分为内因和外因两部分：

#### ① 内因

追求利益是人的天然动机，学者也不例外。学者的主要利益动机是：提高学术地位、评上更高的职称、拿到更高的工资、争取更多的项目。

🌐 例文1：

这些现象之所以发生，利益是背后的推手。多数人都是"经济人"，会追求自身的利益，学者当然也不例外。而且，越是重大的发明，往往越需要潜心多年的钻研，失败的风险往往也越大。学者即使研究多年，可能也很难有所成就。因此，与其苦心钻研，不如通过抄袭、造假、炒作等来得方便和实在。

🌐 例文2：

学者功利化的动机之一是科研工作者急功近利。当科学研究成为一种谋生的职业时，很多科研工作者主观上都会存在追名逐利的动机和欲望，渴望通过科研成果取得名誉、地位、权力、职称、奖金和升迁等各种经济利益和社会利益。

🌐 例文3：

学者想评职称、提工资、拿项目，都需要学术成果作为基础。学术水平不行、学术成果不够时，怎么办？搞点拿来主义、做点翻译工作、弄点偷梁换柱，甚至直接抄袭剽窃，"学术成果"信手拈来，岂不快哉！

#### ② 外因

反面现象的发生，一般与两个因素有关：一是这种事情有隐蔽性（信息不对称）；二是违规成本较低。

❖ 例文 1：

学术界天然存在的信息不对称现象，让一些学者心存侥幸。因为学术界与普罗大众之间天然存在一定的鸿沟，普通老百姓难以对学者进行有效的监督。甚至是学术界有时也很难判定一篇论文是否造假。韩春雨事件不就是如此吗？韩春雨教授的基因编辑技术是真是假到现在还存在争议。

❖ 例文 2：

很多学者胆敢铤而走险，与这些行为的隐蔽性有关。学者在进行抄袭剽窃、学术造假时，往往采取偷梁换柱的方法，美其名约"降重"。这样，经过一番"改造"后的论文，别人很难发现其中端倪。

❖ 例文 3：

学者功利化现象频频发生，其中一个重要原因便是信息不对称。学术成果具有极强的专业性，不仅是大众很难了解，有时候即使是专业人员也很难判断真假。以韩春雨事件为例，韩春雨教授在《自然》上发表了"诺奖级"的基因编辑技术 NgAgo-gDNA。因为这项技术，各种荣誉纷至沓来。然而，韩春雨的实验却不具备可重复性，其研究成果被广泛质疑，论文也被《自然》杂志撤稿。但即使如此，学术界也不能断定韩春雨一定存在论文造假。可见，这种信息不对称的存在，给学术造假等功利化现象提供了土壤。

❖ 例文 4：

学者功利化的外在因素之一是激励制度不合理。在重数量、轻质量的科研绩效考评制度激励下，科研工作者通过抄袭、造假、炒作等能够谋取可观的利益。学者们并非不知道这些行为违背道德行为准则，也不会不考虑事情败露的可能性及后果。但如果事情败露的可能性不高，处罚力度不大，一些学者就会铤而走险。

### 📖 （3）谈危害

危害一般分为两种，一种是对当事人（当事企业）的危害。一种是对他人、对社会的危害。学者的功利化现象，尤其是学术造假、抄袭剽窃等学术不端行为，一是影响学者的职业生涯，二是不利于学术的发展。

❖ 例文 1：

学者功利化等不良行为，会给学者带来十分严重的后果。一方面，再精巧的功利化行为也会存在漏洞，早晚有一天会暴露；另一方面，功利化行为一旦败露，后果就极其严重。比如翟天临的博士学位就被取消，演艺生涯也因此终止。

**例文 2：**

近年来，我国对学术不端行为处罚日益严厉，此类行为一旦曝光，学者就可能面临"灭顶之灾"：学术成果被取消、学历证书被剥夺、学术生涯被终止。如此严重的后果，会让学者难以承受。

**例文 3：**

如果我们对学者功利化行为置之不理，将会产生严重的后果。功利化学者违法成本远远低于他的既得收益，难免让刻苦钻研的人心生动摇。如果这种行为没有得到有效地制止，那么，长此以往，此种行为极易形成不良风气，最终导致"劣币驱逐良币"的现象。

## （4）提方案

### ①"软""硬"兼施

"软"就是要通过教育让抵制学术不端成为自觉行为。"硬"就是加大处罚力度，增大违规成本。

**例文：**

改善学术风气，学者自律是基础。因为无论制度多么健全，想要抄袭、造假、炒作的学者依然会想方设法"钻空子"。因此，要加强学者的自律教育，让学者自发地约束自己的行为。

改善学术风气，增大处罚是关键。因为学者毕竟也是趋利避害的，当违规成本大于违规收益时，学者就失去了违规的动机。

### ②"标""本"兼治

治"标"即针对问题学者，应对其进行严惩；治"本"则要改变激励机制。

**例文：**

防范学者功利化，不如先从制度建设做起。

一是要加大处罚力度。健全学术论文等相关学术成果的审查制度，发现问题，一要及时处理，二要加重处罚。当违规成本大于违规收益时，学者就失去了违规的动机。

二是要健全激励机制。一方面，对学者的考核要从重论文数量，转移到重论文质量上来；另一方面，对于一些需要长期钻研才能出学术成果的基础学科，要加大支持力度，提高这些领域学者的基本待遇，让他们的生活好起来，他们才能有把冷板凳坐热的耐心。

**❹ 结构导图**

**❺ 参考范文**

## 学者功利化现象应遏制

### 吕建刚

近几年，学术界抄袭剽窃、学术造假、自我炒作、沽名钓誉等不良现象屡见报端。这些现象带来了诸多不利后果，应该予以遏制。

其实分析这些现象背后的原因，无外乎是"利益"二字。

一方面，学者想评职称、提工资、拿项目，这些都需要学术成果作为基础。学术水平不行、学术成果不够时，怎么办？搞点拿来主义、做点翻译工作、弄点偷梁换柱，甚至直接抄袭剽窃，"学术成果"信手拈来，岂不快哉！

另一方面，学术界天然存在的信息不对称现象，让一些学者心存侥幸。因为学术界与普罗大众之间天然存在一定的鸿沟，普通老百姓难以对学者进行有效的监督。甚至是学术界有时也很难判定一篇论文是否造假。韩春雨事件不就是如此吗？韩春雨教授的基因编辑技术是真是假到现在还存在争议。

学者的功利化，往往会带来严重的后果。近年来，我国对学术不端行为处罚日益严厉，此类行为一旦曝光，学者就可能面临"灭顶之灾"：学术成果被取消、学历证书被剥夺、学术生涯被终止。而且，功利化的倾向还极易造成学科发展的不平衡——易出学术成果、易产生市场价值的学科门庭若市；难出学术成就、难以进行变现的学科则门庭冷落。

解决学者的功利化现象，要依赖制度建设，可以从以下两个方面下手：

一是要加大处罚力度。健全学术论文等相关学术成果的审查制度，发现问题，一要及时处理，二要加重处罚。当违规成本大于违规收益时，学者就失去了违规的动机。

二是要健全激励机制。一方面，对学者的考核要从重论文数量，转移到重论文质量上来；另一方面，对于一些需要长期钻研才能出学术成果的基础学科，要加大支持力度，提高这些领域学者的基本待遇，让他们的生活好起来，他们才能有把冷板凳坐热的耐心。

总之，学者功利化现象弊端深重，应多措并举，予以遏制。

（全文共 717 字）

# 第2节 利大于弊式真题一类卷精讲

## ① 真题原文

扫码听本节讲解

（2020年经济类联考真题）论说文：根据下述材料，写一篇700字左右的论说文，题目自拟。

2018年，武汉一名退休老人向家乡木兰县教育局捐赠1 000万元，引起了广泛的关注。这笔巨款是马旭与丈夫一分一毫几十年积攒下来的，他们至今生活简朴，住在一个不起眼的小院里，家里没有一件像样的家具。

马旭1932年出生于黑龙江省木兰县，1947年参军入伍，在东北军政大学学习半年后，成为解放军第四野战军的一名卫生员，先后参加过解放战争、抗美援朝战争，期间多次立功受奖。20世纪60年代，她被调入空降兵部队，成为一名军医，后来主动要求学习跳伞，成为中华人民共和国第一代女空降兵。此后20多年里，马旭跳伞多达140多次，创下空降女兵跳伞次数最多和年龄最大两项纪录。如今，马旭事迹家喻户晓，许多地方邀请她参加各类活动，她大多婉拒。

她说："我的一生都是党和部队给的，我只是做了我力所能及的事。只要活着，我们还会继续攒钱捐款，把自己的一切献给党和国家。"

## ② 四步审题立意法

| | |
|---|---|
| 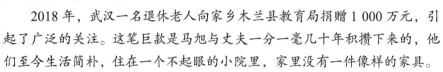**第1步**<br>判断材料类型 | 寓言、故事（√）、案例、观点。<br>马旭无偿捐款是个具备榜样作用的典型事件。那么，对联考论说文来说，我们应该把"榜样"当作案例呢，还是应该把"榜样"当作"故事"呢？根据本书的定义，如果材料中的事件有争议、需要我们去分析解决这一事件中存在的问题，则这一事件是案例；如果材料中的事件无争议，需要我们从中得到启发，则这一事件是"故事"。故本材料应该为"故事"，我们要分析可以从材料的事件中得到什么启发，可以从马旭这个榜样身上学到什么。<br>那么，马旭老人无偿捐款1 000万元，为什么？因为她有社会责任感，愿意回报社会、奉献社会。<br>那我们应该怎么办？向她学习。 |
| **第2步**<br>确定立意对象 | 材料中的对象、个人或管理者（√）、企业、社会。<br>向马旭学习的应该是每个个人，故本题应该围绕个人来写。 |

续表

| | |
|---|---|
| **第3步**<br>确定写作态度 | 支持（√）、反对、AB 二者兼顾、AB 有所侧重、AB 二者择一。<br>材料中的现象是正面的，我们应该支持。 |
| **第4步**<br>拟出文章标题 | 对象＋态度＋主题：<br>我们（对象）应该（态度）积极回报社会（主题）<br>积极回报社会（主题）值得提倡（态度） |

## ❸ 全文思路

很多同学感觉这个题目相当难写。为什么呢？因为题干中的材料非常正面，我们好像除了赞叹马旭老人的行为之外没有什么可写的；再加上我们扪心自问，好像多数人也做不到如此伟大。那该怎么展开文章呢？

一方面，我们要认可马旭老人的行为，说明这种行为的好处和必要性；另一方面，我们也得承认做到马旭老人的行为有困难性。而且，正是因为它存在困难性，我们才需要写文章进行劝说呀，如果人人都可以做到，反而不需要写文章了。

因此，本文可以采用"利大于弊式"结构：首先，肯定马旭老人的行为的社会意义，其次，承认做到这一点是有困难的，继而针对这些困难提出建议。

### （1）有必要

自进入社会起，人就在消耗<u>社会成本</u>，那么相应地也要付出一些"代价"来回报社会。

🌐 例文1：

回报社会，是对个人消耗的社会资源的补偿。人人都是社会人，每个人的成长不是凭空而来，也不仅仅是自己父亲母亲的付出。每个人在成长过程中必然会消耗一定的社会资源，比如教育资源、自然资源等，也就是说，人的成长是存在社会成本的。因此，既然你消耗了<u>社会</u>

**初次分配：**
指国民总收入（即国民生产总值）直接与生产要素相联系的分配。任何生产活动都离不开劳动力、资本、土地和技术等生产要素，"有钱的出钱，有力的出力"。市场经济条件下，生产要素都有价格，使用这些要素必须支付报酬，这种报酬就形成了各要素提供者的初次分配收入。初次分配的原则是根据各生产要素在生产中贡献的效率产生的收益进行分配，即高效率获得高回报。初次分配主要解决的是生产资料所有者与劳动者的利益分配问题。

**再分配（二次分配）：**
指政府根据法律法规，在初次分配的基础上通过征收税收和政府非税收入，在各收入主体之间以现金或实物进行的收入再次分配过程。进行再分配主要为了满足非物质生产部门发展、加强重点

成本，那么为社会做出一些贡献当然是应该的。

🌐 例文 2：

　　回报社会，是实现"共同富裕"的必然要求。我们的国家采取的是社会主义制度，该制度的目标之一就是实现全体国民的共同富裕。当然，共同富裕不是同时富裕，会有一个先富带动后富的过程，在这个过程中，必然需要有人站出来，做一些回报社会的事。2021 年，中央提出的"第三次分配"政策，其实就是对这一方面进行的顶层设计。

建设和保证国民经济按比例协调发展、社会保障基金和社会后备基金的需要。再分配主要通过国家预算、银行信贷、劳务费用和价格变动等途径进行。

三次分配：
主要是企业、社会组织、家族、家庭和个人等基于自愿原则和道德准则，以募集、捐赠、资助、义工等慈善、公益方式对所属资源和财富进行分配，是对前两种分配的补充，对缩小社会差距、实现更合理的收入分配和公平有重要意义。社会组织和社会力量是三次分配的中坚力量。

## （2）有好处

　　人人积极回报社会的好处，就是会让社会变得更加美好。

🌐 例文：

　　回报社会，能让社会变得更加美好。回报社会，是对财富的再一次分配。富人把 10 万块钱捐赠给穷人，可能就会解决孩子的入学问题，可能就会解决老人的养老问题，但富人把这个钱留在手里，可能就仅仅是买个名包、买块名表，这就是经济学中的边际效用递减理论的体现。可见，财富的转移可以在财富不变的前提下，提高财富的效用。

## （3）有困难

　　回报社会就可能意味着让渡自己的利益，这是存在一定的困难的。

🌐 例文：

　　当然，回报社会也存在一些困难。根据经济人假设，每个人都是考虑自身利益的经济人。因此，要把自己的利益让渡给他人和社会，是存在一定困难的，尤其是对一些自己物质条件还不是特别好的人来说。

## （4）提方案

　　马斯洛需要层次理论告诉我们，生理需要被满足之后，人会追求更高层次的精神需要，可以表现为回报社会、贡献社会。

🌐 例文 1：

　　回报社会、为社会做贡献看起来好像与人自私的一面相矛盾，其实不然。根据马斯洛需要层次理论，人在满足了自己的衣食住行等方面的需要之后，会存在更高的精神层面的需要，比如自我价值的实现。回报社会是实现自我价值的一种方式。

例文2：

其实，要想做到回报社会并不困难。一方面，做好分内之事是对社会最大的贡献。工人努力做工、农民辛勤种地、学者勤奋钻研，努力做好本职工作，进而推动劳动生产率的提高和社会的发展，这样就能提高社会总福利；另一方面，如果自己条件比较好，对于有困难的群众伸伸手，帮一把，这时候财富并没有消失，只是转移到更需要的人手里了，从而也提高了社会总福利。这就是"穷则独善其身，达则兼济天下"的道理。

## ❹ 结构导图

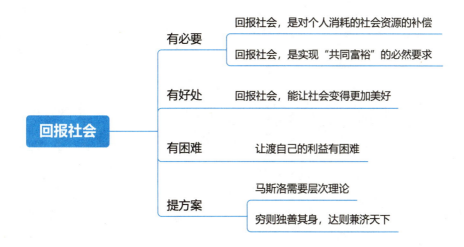

回报社会
- 有必要
  - 回报社会，是对个人消耗的社会资源的补偿
  - 回报社会，是实现"共同富裕"的必然要求
- 有好处
  - 回报社会，能让社会变得更加美好
- 有困难
  - 让渡自己的利益有困难
- 提方案
  - 马斯洛需要层次理论
  - 穷则独善其身，达则兼济天下

## ❺ 参考范文

### 积极回报社会值得提倡

吕建刚

车尔尼雪夫斯基曾言："生命跟时代的崇高责任联系在一起，就会永垂不朽。"马旭把毕生积蓄回馈给家乡的善行义举，彰显出其"心怀大爱"的家国情怀。我们也应该向她学习，常怀感恩之心，积极回报社会。

首先，回报社会是对个人消耗的社会资源的补偿。人人都是社会人，每个人的成长不是凭空而来，也不仅仅是自己父亲母亲的付出。每个人在成长过程中必然会消耗一定的社会资源，比如教育资源、自然资源等，也就是说，人的成长是存在社会成本的。因此，既然你消耗了社会成本，那么为社会做出一些贡献当然是应该的。

其次，回报社会能让社会变得更加美好。回报社会，是对财富的再一次分配。富人把10万块钱捐赠给穷人，可能就会解决孩子的入学问题，可能就会解决老人的养老问题，但富人把这个钱留在手里，可能就仅仅是买个名包、买块名表，这就是经济学中的边际效用递减理论的体现。可见，财富的转移可以在财富不变的前提下，提高财富的效用。

当然，回报社会也存在一些困难。根据经济人假设，人们都是考虑自身利益的经济人。因此，要把自己的利益让渡给他人和社会，是存在一定的困难的，尤其是对一些自己物质条件还不是特别好的人来说。

但其实，要想做到回报社会并不难。一方面，做好分内之事是对社会最大的贡献。工人努力做工、农民辛勤种地、学者勤奋钻研，努力做好本职工作，进而推动劳动生产率的提高和社会的发展，这样就能提高社会总福利；另一方面，如果自己条件比较好，对于有困难的群众伸伸手，帮一把，这时候财富并没有消失，只是转移到更需要的人手里了，从而也提高了社会总福利。这就是"穷则独善其身，达则兼济天下"的道理。

总之，积极回报社会的思想值得提倡。

（全文共 691 字）

# 第❸节　ABAB式真题一类卷精讲

## ❶ 真题原文

（2021年管理类联考真题）论说文：根据下述材料，写一篇700字左右的论说文，题目自拟。

我国著名实业家穆藕初在《实业与教育之关系》中指出，教育最重要之点在道德教育（如责任心和公共心之养成，机械心之拔除）和科学教育（如观察力、推论力、判断力之养成）。完全受此两种教育，实业界中坚人物遂由此产生。

扫码听本节讲解

## ❷ 四步审题立意法

| 第1步 判断材料类型 | 寓言、故事、案例、观点（√）。<br>材料是穆藕初先生的观点，显然是"观点类"材料。 |
| --- | --- |
| 第2步 确定立意对象 | 材料中的对象、个人或管理者（√）、企业、社会。<br>材料可分为两部分：①教育最重要之点在道德教育和科学教育；②完全受此两种教育，实业界中坚人物遂由此产生。<br>这说明我们的立意要针对"实业界中坚者"的两种教育，即针对企业管理者的两种教育。 |
| 第3步 确定写作态度 | 支持、反对、AB二者兼顾（√）、AB有所侧重、AB二者择一。<br>观点类材料，直接同意或不同意材料的观点即可。另外，材料中出现科学教育（A）和道德教育（B），我们需要权衡二者的重要性。而本材料明确指出要搞好两种教育，因此，我们要做到AB二者兼顾。 |
| 第4步 拟出文章标题 | 对象+态度：<br>搞好企业家的两种教育（材料中的对象）势在必行（态度） |

## ❸ 全文思路

本材料指出"教育最重要之点在道德教育和科学教育"，可见，"道德教育"和"科学教育"都重要，是二者并重的关系，故可使用"ABAB式"结构。

📝 写法（1）：A有好处+B有好处

任何话题，在谈好处时都不能脱离收益、成本、风险。教育也不例外，一方面，道德教育可以让很多行为变成自觉行为，这就可以降低社会的契约成本和执法成本；另一方面，科学教育可以提高企业家的决策效率，降低决策风险。

⊕ 例文：

对企业家进行道德教育，可以降低社会总成本（A）。这体现在两个方面：一方面，它可以降低企业间合作的契约成本。如果企业家是诚实守信、遵守道德、具有契约精神的，那么企业就不必把更多的精力放在防止合作伙伴的道德风险上，这无疑会提高企业间的合作效率。另一方面，它可以降低消费者的交易成本。因为如果企业都遵守企业道德，消费者就无需把过多的精力放在辨别商品的真假、好坏上。

对企业家进行科学教育，可以减少决策失误（B）。我们都知道，企业家决策能力的高低，往往会直接决定企业的命运。华为的成功，离不开任正非决策的恰当；乐视的失败，也反映出贾乐亭决策的问题。所以，对企业家进行科学教育，尤其是让企业家接受系统的战略、管理、营销、经济等方面的系统的理论知识，会极大地提高企业家决策的科学性，从而减少决策失误。

📖 **写法（2）：A有必要+B有必要**

必要性可以从两个角度下手去写。第一种角度，可以写资源、条件、人才等的制约；第二种角度，可以写不这么做会产生种种恶果，因此需要这样做。对企业家的教育问题，适合从第二种角度去写。

⊕ 例文：

道德教育是基础（A）。我们都知道，追求财富是企业的天然动机；亚当·斯密也告诉我们，人是天然的利己者，企业家当然也不例外。但是，如果企业家不具备足够的德行，其追求财富的行为就容易误入歧途。从前几年的毒奶粉、地沟油、瘦肉精、苏丹红，到近年的糖水燕窝事件，无一不是见利忘义的产物。可见，企业家有足够的德行，企业才会行稳致远，此所谓"厚德载物"也。因此，要做好企业家的道德教育。

科学教育是关键（B）。这是因为，对任何一个企业来讲，其人力、物力、财力以及其他资源，都具备稀缺性，如何将这些有限的资源用到刀刃上，产生最好的效果，需要企业家科学的判断力。而且，几乎所有决策都是在信息不对称、信息不完整的情况下做出的，这就特别考验企业家的观察力、推论力和判断力。因此，要做好企业家的科学教育。

📖 **（3）过渡段（AB并重）**

分析完道德教育和科学教育的重要性后，我们可以对这两种教育做一下简单的总结，说明要搞好这两种教育，即需要AB并重。

⊕ 例文1：

总之，道德教育和科学教育是相辅相成、辩证统一的关系。想成为出众的实业家、行业中的顶尖人才，离不开道德教育和科学教育。

**例文2：**

可见，道德教育是企业家的精神保障，它能规范企业家的行为，让企业家的才华用在正道上；科学教育是企业家才能的来源，它能让一个普通的管理者成长为真正的企业家。因此，道德教育和科学教育相辅相成，缺一不可。

### （4）提建议

提建议的段落最好要有针对性，既然前文指出了道德教育和科学教育都很重要，接下来就应该针对怎么搞好这两种教育提出建议。

**例文1：**

一方面，我们要以道德教育为基础，推动企业人文精神的培养，让实业家自发自觉地诚信经营、承担社会责任；另一方面，我们要以科学教育为根本，推动科学精神的发展，并把科学意识纳入实业发展的轨道，让实业家的终身学习成为可能。

**例文2：**

第一，道德教育要和法治建设相结合。一方面，加强对企业家的道德教育和法治教育，让企业家自发自觉地诚信经营、承担社会责任；另一方面，对于一些违法乱纪的企业家，应该重拳出击，不能姑息。

第二，要搭建更多的企业家学习平台，加强对企业家的科学教育。一方面，可以发展诸如 MBA、EMBA 等学历教育，引导更多的企业家接受管理学的科学理论；另一方面，规范非学历教育的发展，让企业家的终身学习成为可能。

## ❹ 结构导图

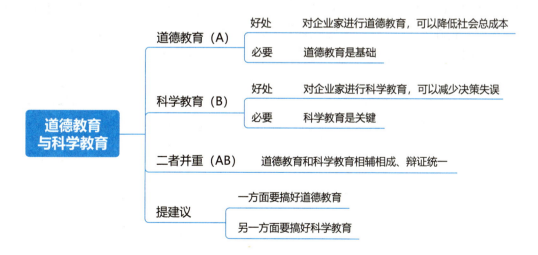

## ❺ 参考范文

### 以教育促进实业发展

吕建刚

发展实业关键在人才，而要想育人，关键在于教育。

首先，道德教育是基础。我们都知道，追求财富是企业的天然动机；亚当·斯密也告诉我们，人是天然的利己者，企业家当然也不例外。但是，如果企业家不具备足够的德行，其追求财富的行为就容易误入歧途。从前几年的毒奶粉、地沟油、瘦肉精、苏丹红，到近年的糖水燕窝事件，无一不是见利忘义的产物。可见，企业家有足够的德行，企业才会行稳致远，此所谓"厚德载物"也。因此，要做好企业家的道德教育。

其次，科学教育是关键。这是因为，对任何一个企业来讲，其人力、物力、财力以及其他资源，都具备稀缺性，如何将这些有限的资源用到刀刃上，产生最好的效果，需要企业家科学的判断力。而且，几乎所有决策都是在信息不对称、信息不完整的情况下做出的，这就特别考验企业家的观察力、推论力和判断力。因此，要做好企业家的科学教育。

可见，道德教育是企业家的精神保障，它能规范企业家的行为，让企业家的才华用在正道上；科学教育是企业家才能的来源，它能让一个普通的管理者成长为真正的企业家。因此，道德教育和科学教育相辅相成，缺一不可。

那么，如何做好两种教育呢？我认为以下两点非常重要：

第一，道德教育要和法治建设相结合。一方面，加强对企业家的道德教育和法治教育，让企业家自发自觉地诚信经营、承担社会责任；另一方面，对于一些违法乱纪的企业家，应该重拳出击，不能姑息。

第二，要搭建更多的企业家学习平台，加强对企业家的科学教育。一方面，可以发展诸如 MBA、EMBA、DBA 等学历教育，引导更多的企业家接受管理学的科学理论；另一方面，规范非学历教育的发展，让企业家的终身学习成为可能。

总之，国家发展在于实业，实业发展基于人才，人才发展寄于教育。以教育促进实业发展势在必行。

（全文共 725 字）

# 第❹节　A 上加 B 式真题一类卷精讲

## ❶ 真题原文

（2016 年管理类联考真题）论说文：根据下述材料，写一篇 700 字左右的论说文，题目自拟。

扫码听本节讲解

亚里士多德说："城邦的本质在于多样性，而不在于一致性。……无论是家庭还是城邦，它们的内部都有着一定的一致性。不然的话，它们是不可能组建起来的。但这种一致性是有一定限度的。……同一种声音无法实现和谐，同一个音阶也无法组成旋律。城邦也是如此，它是一个多面体。人们只能通过教育使存在着各种差异的公民统一起来组成一个共同体。"

## ❷ 四步审题立意法

| 第1步<br>判断材料类型 | 寓言、故事、案例、观点（√）。<br>本材料是亚里士多德的观点，显然是"观点类"材料。 |
| --- | --- |
| 第2步<br>确定立意对象 | 材料中的对象、个人或管理者、企业、社会（√）。<br>　亚里士多德的话可分为 3 部分"①城邦的本质在于多样性，而不在于一致性。②……无论是家庭还是城邦，它们的内部都有着一定的一致性。不然的话，它们是不可能组建起来的。但这种一致性是有一定限度的。……同一种声音无法实现和谐，同一个音阶也无法组成旋律。城邦也是如此，它是一个多面体。③人们只能通过教育使存在着各种差异的公民统一起来组成一个共同体。"<br>　①是亚里士多德的观点，②是对①的具体解释，③是亚里士多德提出的组成城邦的措施，即教育。<br>　因此，我们的立意对象应该是"城邦"的"多样性"和"一致性"。城邦是什么呢？当然是指社会、国家。 |
| 第3步<br>确定写作态度 | 支持、反对、AB 二者兼顾（√）、AB 有所侧重（√）、AB 二者择一。<br>　通过句①可知，亚里士多德在"多样性"（A）与"一致性"（B）之间更强调"多样性的作用"，但通过句②可知，亚里士多德也没有否定"一致性"的作用。<br>　故，如果我们完全认同亚里士多德的话，可以持 AB 有所侧重的态度，即："多样性"（A）与"一致性"（B）都很重要，但"多样性"（A）更加重要。<br>　当然，我们也可以持 AB 二者兼顾的态度，即："多样性"（A）与"一致性"（B）都很重要，需要兼顾。 |

175

续表

| 第4步 拟出文章标题 | A 的态度 +B 的态度：<br>既要"多样性"，也要"一致性"<br>促进"多样性"，不忘"一致性"<br>"多样性"应发展，"一致性"应保障 |
| --- | --- |

## ❸ 全文思路

本材料中，亚里士多德认为多样性非常重要，但他也没有完全否定一致性的重要性，只是说一致性应该有一定限度。如果我们完全同意亚里士多德的观点，我们可以采用"A 上加 B 式"结构。如果我们认为多样性与一致性都很重要，也可以使用"ABAB 式"结构。

### （1）A：多样性的好处 / 必要

从宏观角度（社会）来讲，多样性是资源稀缺性的必然要求；从微观角度（个人 / 企业）来讲，多样性是社会化大分工的必然结果。

🌏 例文 1：

多样性是个人发展之需。一方面，我们都有表达自己想法、展现自己个性的权利。一花一世界，一人更是一世界；你听你的京戏，我爱我的昆曲，这正是你我的权利。另一方面，我们要利用各自的优势，成为各有专长的人才。"尺有所短、寸有所长"，每个人都有自己的不足，再加上时间和精力有限，我们不可能掌握所有知识和技能，因此，样样精通不可取，各有所长才可行。

多样性是社会进步之要。现代人类社会高速发展的基础，是越来越精细的社会分工机制。社会分工让我们可以集中精力发展自己的优势和专长，从而减少了工作转移时产生的效率损失；而且，它让规模效应得以实现，从而推动了劳动生产率的提高。而要实现精细化的社会分工，必须要求社会多样化发展。

🌏 例文 2：

多样性是个人发展的基础。人与人之间存在先天性的差异，有人擅长运动，有人擅长思维；而人与人之间后天经历的差距则更大，有人娇生惯养，也有人饱经挫折；因此，不同的人的世界观、价值观就有差异，而兴趣和特长则更有不同。这些不同决定了人与人的发展一定是有差异的。所以，多样性为人的发展提供了选择，让人们可以挑选出适合自己的人生道路。

多样性是社会进步的保障。我们都知道，资源具有稀缺性，无论是人力、物力、还是财力，都不可能取之不尽、用之不竭，因此，社会的进步会受到资源稀缺性的制约。那么，如何有效地配给资源，让资源发挥出最大效用，就成为社会进步的关键。而科斯定理告诉我们，谁能把资源用到最好，就应该把资源分配给谁。正因如此，只有有了多样化的、各有所长的人才，才能充分利用好不足的资源，从而保障社会的进步。

**（2）当然也不能忽略 B：一致性的好处 / 必要**

一致性就是共同的价值观和行为准则，它对于社会来说是不可或缺的。

**例文 1：**

<u>"一致性"是社会和谐的前提。</u>这是因为"一致性"为我们提供主流价值观和共同的行为准则。前者让多数人在道德层面具备相对的一致性，从而使很多事情的执行、很多问题的解决成为一种自觉行为；而后者，从法律法规的层面上确定了利益边界、减少了谈判成本。

**例文 2：**

<u>"一致性"是社会和谐的要求。</u>一方面，一致性为人们提供共同的主流价值观。在共同理念的基础上，人们可以减少沟通中的摩擦，也更容易达成默契。另一方面，一致性为人们提供共同的行为准则。这些准则可以培养人们的底线思维、约束着人们的日常行为。多数人都在规范下做事，社会的发展才可能是有秩序的、积极的、健康的。

**例文 3：**

<u>"一致性"是社会快速发展的保障。</u>我们知道，现代社会快速发展的基础是社会化大分工。社会化大分工的结果就是你做你擅长的，我做我专业的。既然大家做的事各不相同，那么，彼此之间的协调就尤为重要。因此，必须有大家共同的规则及其他行为规范，才能让这种社会化分工产生协同效应。

**（3）过渡段**

分析完多样性和一致性的重要性后，我们可以简单做一下总结，说明要搞好多样性与一致性。

**例文 1：**

<u>所以，"多样性"与"一致性"相辅相成，缺一不可。</u>

**例文 2：**

<u>因此，"多样性"和"一致性"皆不可或缺。</u>缺少了"多样性"，则整个社会千人一面，社会发展丧失活力；而没有了"一致性"，规则和秩序则无法建立，社会秩序陷入混乱。

**（4）提建议**

提建议的段落要有针对性，既然前文指出了"多样性"与"一致性"相辅相成，那么就可以根据如何搞好"多样性"与"一致性"分别提出建议。另外，由于材料中提出"人们只能通过教育使存在着各种差异的公民，统一起来组成一个共同体"，接下来就应该结合教育举措，针对怎么促进多样性、保障一致性提出建议。

**例文 1：**

<u>要想实现在一致性基础上的多样发展，教育是关键。</u>

一方面，要培养"多样性"的人才，就要建立和健全多层次、多元化的教育体系。比如既要搞好以培养专家学者为目标的学术型学位，也要搞好以培养专业能手为目标的专业型学位；既要搞好普通高等教育，也要着力发展中等、高等职业教育。

另一方面，要培养"一致性"的价值观。要通过教育形成全社会认可的主流价值观，也要通过教育让人才具备完整的、向上的道德观和法治观。

**例文 2:**

要想实现"多样性"与"一致性"协同发展，软硬兼施是关键。

"软"是指搞好教育。教育有两方面的作用：一是培养"多样化"的人才，让人才的发展不拘一格；二是培养"一致性"的价值观，让社会和谐有统一的思想基础。

"硬"是指完善法治。一方面，加强立法和执法，使得社会生活的方方面面有法可依、执法必严；另一方面，要加强普法宣传，使守法成为自觉行为。这是实现"一致性"的基础。

**例文 3:**

我们要正确处理一致性和多样性的关系，关键在于"求同存异"。

一要"求同"。一方面，通过宣传教育，让人们认可社会主流价值观、自觉遵守社会行为规范；另一方面，通过道德和法律，约束人们的行为，让人们接受共同的行为底线。

二要"存异"。一方面，要尊重差异，也就是说要尊重不同性格、不同喜好的各色人群；另一方面，要发展差异，也就是说要着力培养各有不同、各有所长的人才。

## ❹ 结构导图

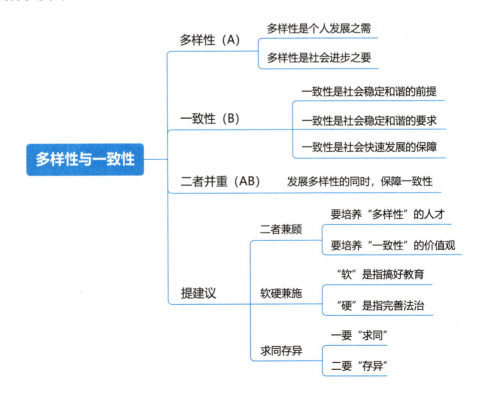

**⑤ 参考范文**

<h2 align="center">"多样性"应发展，"一致性"应保障</h2>

吕建刚

亚里士多德说："城邦的本质在于多样性，而不在于一致性"，但我认为，既要提倡"多样性"发展，但也需要"一致性"的保障。

首先，多样性是个人发展之需。一方面，我们都有表达自己想法、展现自己个性的权利。一花一世界，一人更是一世界；你听你的京戏，我爱我的昆曲，这正是你我的权利。另一方面，我们要利用各自的优势，成为各有专长的人才。"尺有所短、寸有所长"，每个人都有自己的不足，再加上时间和精力有限，我们不可能掌握所有知识和技能，因此，样样精通不可取，各有所长才可行。

其次，多样性是社会进步之要。现代人类社会高速发展的基础，是越来越精细的社会分工机制。社会分工让我们可以集中精力发展自己的优势和专长，从而减少了工作转移时产生的效率损失；而且，它让规模效应得以实现，从而推动了劳动生产率的提高。而要实现精细化的社会分工，必须要求社会多样发展。

当然，提倡多样性发展，并不代表忽略"一致性"。这是因为"一致性"为我们提供主流价值观和共同的行为准则。前者让多数人在道德层面具备相对的一致性，从而使很多事情的执行、很多问题的解决成为一种自觉行为；而后者，从法律法规的层面上确定了利益边界、减少了谈判成本。

要想实现在一致性基础上的多样发展，教育是关键。

一方面，要培养"多样性"的人才，就要建立和健全多层次、多元化的教育体系。比如既要搞好以培养专家学者为目标的学术型学位，也要搞好以培养专业能手为目标的专业型学位；既要搞好普通高等教育，也要着力发展中等、高等职业教育。

另一方面，要培养"一致性"的价值观。要通过教育形成全社会认可的主流价值观，也要通过教育让人才具备完整的、向上的道德观和法治观。

总之，"多样性"发展应该提倡，"一致性"思想应该保障。

（全文共728字）

# 第5节　非 A 推 B 式真题一类卷精讲

## ❶ 真题原文

（2011 年管理类联考真题）论说文：根据下述材料，写一篇 700 字左右的论说文，题目自拟。

众所周知，人才是立国、富国、强国之本，如何使人才尽快地脱颖而出，是一个亟待解决的问题。人才的出现有多种途径，其中有"拔尖"，有"冒尖"。"拔尖"是指被提拔而成为尖子，"冒尖"是指通过奋斗、取得成就而得到社会的公认。有人认为我国当今某些领域的管理人才，"拔尖"的多而"冒尖"的少。

扫码听本节讲解

## ❷ 四步审题立意法

| | |
|---|---|
| **第1步**<br>判断材料类型 | 寓言、故事、案例、观点（√）。<br>　　材料可分为三部分：①众所周知，人才是立国、富国、强国之本，如何使人才尽快地脱颖而出，是一个亟待解决的问题。②人才的出现有多种途径，其中有"拔尖"，有"冒尖"。"拔尖"是指被提拔而成为尖子，"冒尖"是指通过奋斗、取得成就而得到社会的公认。③有人认为我国当今某些领域的管理人才，"拔尖"的多而"冒尖"的少。<br>　　①是背景介绍，②是"拔尖"和"冒尖"的定义，③是有人提出的观点，显然③是本材料的核心。③直接给出了某种观点，故本材料是"观点类"材料。 |
| **第2步**<br>确定立意对象 | 材料中的对象、个人或管理者（√）、企业、社会。<br>　　本材料明显让我们分析"拔尖"与"冒尖"这两种选人方式的优劣，因此，直接围绕这两种选人方式来写即可。<br>　　那么是谁决定了选拔人才的方式呢？当然是管理者或用人者。 |
| **第3步**<br>确定写作态度 | 支持、反对、AB 二者兼顾、AB 有所侧重、AB 二者择一（√）。<br>　　材料中出现"拔尖"（A）与"冒尖"（B），我们需要权衡二者的重要性。本材料明确指出"'拔尖'的多而'冒尖'的少"，建议我们写文章时同意此观点，即"拔尖"与"冒尖"之间选择"冒尖"。 |
| **第4步**<br>拟出文章标题 | A 的态度 +B 的态度：<br>"拔尖"不如"冒尖"（材料中的主题 + 态度）<br>态度 + 话题：<br>管理者（对象）应（态度）多用"冒尖"选人（话题） |

## ❸ 全文思路

本题中，材料认为不应该"拔尖"选人，而应该更多地"冒尖"选人，因此材料中的"A"和"B"是二者择一的关系，建议使用"非 A 推 B 式"的结构。即，"拔尖"有问题（非A），"冒尖"有好处（B），因此应该"冒尖"选人，并提建议说明如何做好"冒尖"选人。

### 📖（1）"拔尖"有问题（非 A）

拔尖是指被提拔而成为尖子，难免涉及管理者的主观印象，容易出现问题。

比如，管理者与下属之间存在信息不对称、管理者对下属产生"晕轮效应"，都可能导致选人、用人失误：

🌐 例文 1：

"拔尖"容易出问题。一方面，管理者与人才之间存在信息不对称，管理者很难对人才进行充分了解，这就有可能造成选人失误。另一方面，由于"晕轮效应"的存在，管理者容易因为某个人才有某一方面的优点，就觉得他样样精通，这也容易造成用人失误。

> **晕轮效应：**
> 晕轮效应又称成见效应、光圈效应等，指人们在交往认知中，对方的某个特别突出的特点、品质就会掩盖人们对对方的其他品质和特点的正确了解。这种错觉现象，心理学中称之为"晕轮效应"。

🌐 例文 2：

"拔尖"未必能够选出真人才。首先，管理者受到晕轮效应的影响，可能会因为候选人在某一方面表现极佳就认为候选人面面俱佳；其次，由于信息不对称的存在，管理者所了解的信息也未必完全真实，这就导致管理者的判断缺乏客观性和科学性，最终造成用人失当。

除此之外，管理者还可能受到"帕金森定律""路径依赖"的影响，使得选人有失公正。

🌐 例文 3：

"拔尖"选拔人才，容易失去公正。这是因为，很多管理者出于权力危机感的心理，往往会任用那些不如自己的员工作为下属，说是"拔尖"，反而变成了淘汰尖子，留下庸才。管理学有个名词叫"帕金森定律"，说的就是这种现象。

> **帕金森定律：**
> 是官僚主义现象的一种别称，也可称之为"官场病""组织麻痹病"或者"大企业病"。指的是管理者会任用不如自己的下属，而他的下属也会如此，从而导致组织机构臃肿、效率低下。

🌐 例文 4：

"拔尖"选拔人才，容易受到"路径依赖"的影响。每个管理者都有用得得心应手的下属，因为跟他比较熟悉，就乐意把工作交付给他，久而久之，就会产生一种惯性。当要提拔某一个人的时候，可能就会首先想到那个人，然而，这样的选拔并不客观。

● 例文5:

"拔尖"选拔人才,容易产生"近亲繁殖"的弊端。人们通常更愿意与那些交往密切、关系亲近的人共事。因此,对于管理者而言,在分配任务时,可能愿意把工作给到熟悉的下属,尽管他不是真正适合的那个人,长此以往,不仅会埋没人才,还会导致效率的低下。

### (2)"冒尖"有好处(B)

冒尖是指通过奋斗、取得成就而得到社会的公认,相对来说会更具客观性,因此,管理者与下属之间的信息不对称的影响会得到缓解,人岗匹配度也会更高。

● 例文1:

"冒尖"能出真人才。这是因为,它避免了人才选拔中的信息不对称。俗话说,"是骡子是马拉出来遛遛",把马儿放在一个赛场,赛一赛、跑一跑,谁是千里马、谁是驽马,就一目了然了。

● 例文2:

"冒尖者"能将一个职位的职能发挥得最好。通过"冒尖"机制提拔人才,不仅可以有效防止"空降兵""关系户"挤占企业资源,抢得先机,也可以给予人才充分展示能力的机会,减少因管理者判断有误而产生的不利影响。这也正是科斯定理告诉我们的,资源应该流向最能利用好它的人。

另外,由于每个人都可以通过奋斗获得承认,"冒尖者"更容易得到认同,员工之间也会形成正向激励,激发企业活力。

● 例文3:

"冒尖"的方式更易服众。因为被选拔者都是参加统一的、公平的选拔方式,这样选出来的人才,是通过自身努力脱颖而出的,公开透明,这就避免了"走关系、潜规则"等问题,所以员工更认同"冒尖者",也更愿意服从领导的安排。

● 例文4:

"冒尖者"能激发企业活力。这是因为,"冒尖者"可释放"鲶鱼效应"。如果公司长期处于多数员工奋斗动力不足的状态中,积极"冒尖者"相比于被动"拔尖者",更能给在职者一种警示和危机感,成为激活死水的"鲶鱼",激发企业的活力。

● 例文5:

"冒尖"会形成示范效应。冒尖鼓励人们通过不懈奋斗来取得成功,由于人们都有可能

> **鲶鱼效应:**
> 鲶鱼效应,原是指鲶鱼在搅动小鱼生存环境的同时,也激活了小鱼的求生能力。后来,鲶鱼效应是指采取一种手段或措施,刺激一些企业活跃起来投入到市场中积极参与竞争,从而激活市场中的同行业企业。从人才开发的角度来看,"鲶鱼效应"是企业管理者激发员工活力的有效措施,具体是指组织管理部门通过引进优秀人才以激活原有员工的活力,产生一石激起千层浪的激荡效果。

通过奋斗获得承认，也就没有必要通过其他方法来求取公平，因此这又进一步激励了人们通过正常努力获得向上流动的空间，容易形成崇尚实干、积极进取的价值取向。

## （3）过渡段（因此要"冒尖"选人）

分析完"拔尖"和"冒尖"的利害关系后，我们需要对这两种人才选拔方式做个简单总结，表明我们的态度。

例文：

可见，相比于"拔尖"，我们要更多地采用"冒尖"方式选人。

## （4）提建议

提建议的段落最好要有针对性，既然我们鼓励"冒尖"，接下来就应该针对怎么搞好"冒尖"选人提出建议。

老吕在此提供四个角度的建议，可概括为"保公平""搭平台""定标准""养氛围"。

例文 1：

做好"冒尖"选人，需要公平的选人机制。"冒尖"能不能选出真人才，选人机制是否公平是关键。如果选人机制不够公平，那就不是在带动而是在打压人才的积极性了。因此，一方面，领导要明确，自己不是比赛的"掌舵者"，而仅仅是"裁判员"，要保证竞争环境公平合理。另一方面，选人过程应当公开、透明，选人结构应该公示、公认。

例文 2：

做好"冒尖"选人，要搭建多样的选人平台。"尺有所短，寸有所长"，人才不可能面面俱到，所有人都有自己的长处和短处。通过设置多样化的"冒尖"选人平台，让不同性格、不同专业、不同特长的人，找到适合自己的平台去竞争、去发展，这样才能挖掘出多样化的人才。

例文 3：

做好"冒尖"选人，需要定好选人标准。管理者可制定一系列统一、公正、公平的标准。比如，职位晋升的标准，奖金发放的标准等，这更有利于企业规范员工，激发员工的积极性。

例文 4：

做好"冒尖"选人，需要营造"冒尖"的氛围。一方面，要打击近亲繁殖、裙带关系，另一方面，营造人人敢于"冒尖"、人人乐于"冒尖"、人人善于"冒尖"的社会氛围。从小处讲，要让"冒尖"成为企业文化；从大处讲，则要让"冒尖"成为社会风气。如此一来，人才就能不断涌现。

管理类、经济类联考
写作要点 7 讲

## ❹ 结构导图

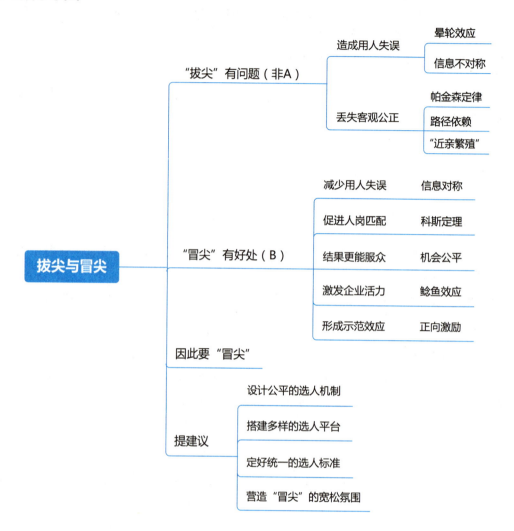

## ❺ 参考范文

### "拔尖"不如"冒尖"

吕建刚

　　领导赏识，提拔成才，是为"拔尖"；经历竞争，脱颖而出，是为"冒尖"。人才任用，"拔尖"不如"冒尖"。

　　"拔尖"易出问题。一方面，管理者与人才之间存在信息不对称，管理者很难对人才进行充分了解，这就有可能造成选人失误；而且，由于"晕轮效应"的存在，管理者容易因为某个人才有某一方面的优点，就觉得他样样精通，这又容易造成用人失误。另一方面，很多管理者出于权力危机感的心理，往往会任用那些不如自己的下属，说是"拔尖"，反而变成了淘汰尖子，留下庸才。管理学中有个名词叫"帕金森定律"，说的就是这种现象。

"冒尖"能出人才。因为"冒尖"靠竞争选人，更具公平性。正如俗语所说，"是骡子是马，拉出来遛遛"。把人才放到同一个赛场，赛一赛，跑一跑，谁是真人才，谁是假李逵就一目了然了。而且，"冒尖"选人，也可以给组织带来正向的激励作用，让更多人看到付出的预期收益，从而使他们愿意为了个人前程而卖力工作。

可见，相比于"拔尖"，我们要更多地采用"冒尖"方式选人。做好"冒尖"选人，以下两个方面是关键：

一是要注重"冒尖"选人机制的公平性。"冒尖"能不能选出真人才，选人机制是否公平是关键。如果选人机制不公平，那就不是在带动而是在打压人才的积极性了，又怎么可能涌现出更多的人才呢？

二是要打造"冒尖"选人平台的多样性。"尺有所短、寸有所长"，人才不可能面面俱到，所有人都有自己的长处和短处。通过设置多样化的"冒尖"选人平台，让不同性格、不同专业、不同特长的人，找到适合自己的平台去竞争、去发展，这样才能挖掘出多样化的人才。

科斯定理告诉我们，资源应该流向最能利用好它的人，这样的人应该是"冒尖"人才。所以，企业用人，与其"拔尖"，不如"冒尖"。

（全文共 714 字）

说明：

本书涵盖 2013~2024 年管理类联考真题。其中 2024 年真题以电子版方式提供；前文中已对 2016 年、2021 年真题进行了详细讲解，本节不再重复。

**真题精练 1**

## 2013 年管理类联考论说文真题

### ❶ 真题原文

论说文：根据下述材料，写一篇 700 字左右的论说文，题目自拟。

20 世纪中叶，美国的波音与麦道两家公司几乎垄断了世界民用飞机的市场，欧洲的飞机制造商深感忧虑。虽然欧洲各国之间的竞争也相当激烈，但还是采取了合作的途径，法国、德国、英国和西班牙等决定共同研制大型宽体飞机，于是"空中客车"便应运而生。面对新的市场竞争态势，波音公司和麦道公司于 1997 年一致决定组成新的波音公司，以抗衡来自欧洲的挑战。

### ❷ 审题立意

#### （1）命题背景

材料源于波音公司与麦道公司的合并案：波音公司是美国最大的飞机制造企业，在全球大型客机生产市场上取得了市场支配地位，与欧洲的空中客车公司在民用领域竞争非常激烈。麦道公司是美国和世界上最大的军用飞机制造企业，同时也生产大型民用客机。1996 年年底，波音公司用 166 亿美元兼并了麦道公司。在干线客机市场上，合并后的波音不仅成为全球最大的制造商，还是美国市场唯一的供应商，占美国国内市场的份额几乎达 100%。美国波音公司和麦道公司的合并加强了波音公司在世界市场的支配地位，也巩固了美国的航空工业大国地位。

#### （2）四步审题立意法

| 第 1 步<br>判断材料类型 | 寓言、故事（√）、案例、观点。<br>波音和麦道的合作是个商业案例，但要注意，在论说文中这不能叫案例，而是叫故事，因为这一事件已经发生，我们要找的是这一事 |
| --- | --- |

续表

| 第1步<br>判断材料类型 | 件对我们的启发，而不是直接解决这一事件中的问题。<br>波音与麦道采取了什么方式？合作。<br>这对我们有什么启发？我们也要合作。 |
|---|---|
| 第2步<br>确定立意对象 | 材料中的对象、个人或管理者、企业（√）、社会。<br>一般我们的写作对象要和材料保持一致，材料的对象是企业，我们文章的对象最好也是企业。 |
| 第3步<br>确定写作态度 | 支持（√）、反对、AB二者兼顾、AB有所侧重、AB二者择一。<br>对于合作，我们显然要持支持态度。 |
| 第4步<br>拟出文章标题 | 对象＋态度＋主题：<br>企业（对象）应（态度）加强合作（主题） |

## ❸ 全文思路

无论是对企业还是国家，合作当然是有好处的。那么，既然合作有好处，为什么还需要我们来提倡呢，说明合作也存在困难或风险，故本文可以采用"利大于弊式"结构，即：整体有好处／必要，当然有问题／风险／困难，问题能解决／风险能规避／困难能克服。

### （1）有好处

材料是一个企业管理的案例，因此，我们的文章也要围绕企业管理来写合作。

对企业而言，一项经营策略的好处无非就是：提高收益、降低成本、规避风险、塑造品牌。具体表现为形成核心竞争力、形成规模效应、降低边际成本、提高边际收益、提高劳动生产率、产生口碑效应等。

**例文1：**

合作有助于企业形成核心竞争力。我们都知道，由于资源的稀缺性，企业的经营不可能做到面面俱到。通过合作，企业就不用硬着头皮去做自己不擅长的事情，而是把这些事件交给合作伙伴来处理。这样，企业就可以把有限的资源、资金、人才，投放到自己最擅长的领域，从而在这一领域形成规模效应、降低边际成本、提高边际收益、取得竞争优势。

**例文2：**

合作有助于企业降低生产经营成本。这体现在两个方面：一方面，在企业自身擅长的领域中，企业可以集中优势资源，投入资金和人才，通过研发新型技术、引进先进设备等方式提高劳动生产率，从而降低成本；另一方面，在企业自身不擅长的领域，企业可以通过合作，以相对较低的成本享受合作伙伴的成果。

**（2）有必要**

有好处与有必要存在差别，前者是有它更好，后者是没它不行。必要性可以从两个方面来思考，即内在必要性和外在必要性。

**① 内在必要性**

对企业而言，内在必要性主要体现在：内部资源的稀缺性、瓶颈的存在、管理者自身的局限性。

例文1：

资源稀缺性决定了我们必须合作。因为，在企业经营中，无论是人才、资金，还是其他资源，都不可能取之不尽、用之不竭。因此，企业的经营不可能面面俱到，只能集中精力在某一领域，以求形成规模效应、降低边际成本、提高边际收益、取得竞争优势。科技巨头苹果是全球现金储备最多的公司，即便如此，他们也不可能掌握所有资源，于是他们集中精力在自己擅长的研发上，而把生产制造交给富士康等合作伙伴。

例文2：

瓶颈的存在决定了我们必然合作。"尺有所短，寸有所长"，以色列学者高德拉特的瓶颈理论也告诉我们，任何企业必然存在着限制整体效率提高的瓶颈，整个系统的效率等于瓶颈处的效率。当我们自身的力量无法解决这样的瓶颈时，就需要寻求合作。

**② 外在必要性**

对企业而言，外在必要性主要体现在：社会化大分工的要求、市场竞争的要求、消费者需求的要求、信息不对称带来的挑战等。

例文：

越来越细的社会分工机制决定了我们必须合作。社会分工机制让我们每个人、每个企业能各司其职，做自己最擅长的事情，这样就可以减少工作转移时的效率损失，大大提高资源的利用效率。而对于那些自己不擅长的事，就可以交给合作伙伴去处理。

**（3）有问题/困难/风险**

"甘蔗没有两头甜"，一项决策有好处，一般也会随之带来问题、困难或风险。

例文1：

信息不对称会让合作产生障碍。一方面，合作达成前，信息不对称的存在可能会导致我们选错合作伙伴，直接埋下合作失败的种子；另一方面，合作达成后，信息不对称极易导致合作双方不能坦诚沟通，甚至互相猜忌、心生怨念，于是工作重点会从解决实际问题转移到如何规避自身风险上，从而导致合作失败。

🜨 例文 2：

　　自利性偏差会让合作面临风险。所谓自利性偏差，就是指人们常把功劳归因于自己，把过错推脱于他人。合作成功之时，认为功劳在己，企图分享更多利益；合作失败之后，认为责任在人，试图减少自己的损失。这样的合作很容易因为心理上的利益分配不均衡而导致破裂。

## （4）提方案

　　在利大于弊的结构中，由于前文提出了问题、弊端、困难、风险。在提方案的部分，我们就要给出针对性的解决方案：

　　针对问题，我们要提出解决方案；

　　针对弊端，我们要表明利大于弊；

　　针对困难，我们要指出如何克服。

🜨 例文：

　　要想清除合作中的障碍，需要企业和政府协同用力。

　　对企业来说，要有契约精神。一方面，在契约签订之前，要充分做好调研，了解合作伙伴的情况；同时，也要明确双方的责任、义务、利益分配等诸多问题。另一方面，在契约签订之后，要重合同、守信誉，按合同规定办事。

　　对政府来说，要完善征信体系。建立违规企业黑名单，打造"一处失信、处处受限、寸步难行"的失信惩戒格局，为企业间的合作保驾护航。

## ④ 结构导图

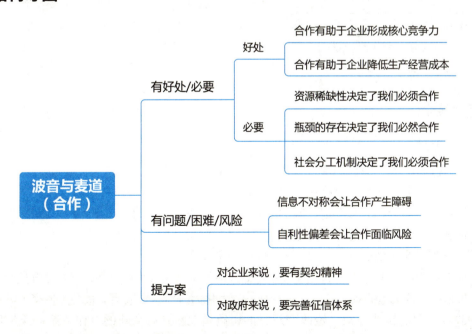

**⑤ 参考范文**

## 企业经营应合作共赢

### 吕建刚

面临来自"空中客车"的挑战，波音与麦道通过合作来应对竞争。可见，企业经营应合作共赢。

首先，合作有助于企业形成核心竞争力。我们都知道，由于资源的稀缺性，企业的经营不可能做到面面俱到。通过合作，企业就不用硬着头皮去做自己不擅长的事情，而是把这些事情交给合作伙伴来处理。这样，企业就可以把有限的资源、资金、人才，投放到自己最擅长的领域，从而在这一领域形成规模效应、降低边际成本、提高边际收益、取得竞争优势。

其次，合作有助于企业降低生产经营成本。这体现在两个方面：一方面，在企业自身擅长的领域中，企业可以集中优势资源，投入资金和人才，通过研发新型技术、引进先进设备等方式提高劳动生产率，从而降低成本；另一方面，在企业自身不擅长的领域，企业可以通过合作，以相对较低的成本享受合作伙伴的成果。

当然，信息不对称可能会让合作产生障碍。这是因为，合作达成前，信息不对称的存在可能会导致我们选错合作伙伴，直接埋下合作失败的种子；而合作达成后，信息不对称极易导致合作双方不能坦诚沟通，甚至互相猜忌、心生怨念，于是工作重点会从解决实际问题转移到如何规避自身风险上，从而导致合作失败。

要想解决这些问题，需要企业和政府协同用力。

对企业来说，要有契约精神。一方面，在契约签订之前，要充分做好调研，了解合作伙伴的情况；同时，也要明确双方的责任、义务、利益分配等诸多问题；另一方面，在契约签订之后，要重合同、守信誉，按合同规定办事。

对政府来说，要完善征信体系。政府要建立违规企业黑名单，打造"一处失信、处处受限、寸步难行"的失信惩戒格局，为企业间的合作保驾护航。

总之，"积力之所举，则无不胜也"，精诚合作，促进共赢。

（全文共 700 字）

**⑥ 相关素材**

### 6.1 典型事例

#### （1）招行信用卡＋故宫淘宝，合作定制"奉招出行"行李牌

招行信用卡联合故宫淘宝推出"奉招出行"定制行李牌，将"奉诏出行"的"诏"换为"招"，让招行信用卡和故宫淘宝之间的关联完成一次大写的加粗。招行借势故宫文化，和客户搭建情感上的交流，在精神层面上获得消费者的深度认同。

#### （2）沃尔玛与宝洁公司——从关系破裂到实现共赢

早在 1962 年，全球最大的日化用品制造商宝洁被沃尔玛选为供应商，并与之开始合作，但双方仅仅是纯粹的买卖关系，各自以自身利益最大化为目标，导致不愉快乃至冲突不断发生。

1987 年 7 月，宝洁公司决定改变双方的尴尬境地，开启全新的合作关系。沃尔玛把销

售数据和客户信息共享给宝洁，为宝洁的产品研发和生产预测提供市场依据；而宝洁则通过信息技术及时跟踪沃尔玛店铺的销售情况，为沃尔玛提供及时的补货服务，改善了繁琐的订货流程和缺货状况，大大降低了沃尔玛的运营成本，提高了沃尔玛的利润率。

2003 年，宝洁 514 亿美元的销售额中有 8% 来自沃尔玛；沃尔玛 2 560 亿美元销售额中有 3.5% 归功于宝洁。

### （3）高铁与民航的竞争与合作

近年，中国高铁迅猛发展，为民众带来了更多的便捷，但也给民航业带来了较大的冲击。面对高铁的发展，民航部门虽然受到挑战，但也深知这是一个新的发展机遇。"空铁联运"，为高铁和民航的合作带来了一种新的可能性，这种方式不仅能够促成双方的合作，而且能打造一种全新的生活方式，因而逐渐被民众喜爱。

民航的优势在于 1 500 公里以上的长途旅行业务；高铁的优势在于 1 500 公里以内的中短途旅行业务，而且准点率高，同时可以触达二线以下城市和广大边远地区。两者在中短途旅行业务上虽形成竞争，但在更广泛的时空范围内，却存在广大的合作空间。"空铁联运"，能够把两种交通方式有机地融合在一起，给民众提供最佳的出行方案。

正是这种竞争与合作的关系，促进了双方进一步发展，使双方在竞争中找到自身的不足，在合作中共同谋求发展。相信在今后，"空铁联运"将成为民众最喜爱的交通方式之一。

## 6.2  引用句

（1）天时不如地利，地利不如人和。（《孟子》）

（2）二人同心，其利断金。（《周易》）

（3）万人操弓，共射一招，招无不中。（《吕氏春秋》）

（4）上下同欲者胜，风雨同舟者兴。（"上下同欲者胜"出自《孙子兵法》；"风雨同舟者兴"为后人所加。）

（5）能用众力，则无敌于天下矣；能用众智，则无畏于圣人矣。（《三国志·吴书·吴主传》）

（6）积力之所举，则无不胜也；众智之所为，则无不成也。（《淮南子·主术训》）

（7）单丝不成线，独木不成林。（"单丝不成线"出处：元·《连环计》第二折；"独木不成林"出处：汉·崔骃《达旨》；后人将二者放到一起。）

# 7  习作点评

## 习作（1）

### 合作才能共赢

学员  Zoo

| 正文 | 点评 |
|---|---|
| | 标题没有问题。 |
| 20 世纪中叶，欧洲各国采取合作的方式，共同阻止美国在民用飞机市场上的垄断。而面对新的竞争市场，波音、麦道重组成为一家新的波音公司，以此抗衡来自欧洲的挑战①。由此可见，在日益激烈的市场竞争中，合作才能共赢。 | 三句式开头，但①句过于啰唆。 |

首先，企业的存在就是为了追逐利益最大化，而市场的份额是恒定的，如果企业想要发展，就要侵吞他方利益②。在竞争如此激烈的环境中，一些自身实力不是极强的企业，一意孤行的结果就是逐渐被淘汰。那么，何不学习欧洲各国民用飞机企业，暂时放下竞争，通过合作来抵御更强的竞争对手③？

其次，合作可以使企业资源互补，实现规模经济，集中优势，也有利于技术创新④。正如现在的"奔驰"汽车，是由原来的奔驰和戴姆勒两家汽车公司组成的。这两家本是竞争对手，为了对付福特汽车，他们一致对外，分别把自己擅长的技术整合在一起，成立了戴姆拉本茨有限公司，一跃成为世界屈指可数的汽车大亨。通过合作，两家企业从原有行业霸主福特手中夺取了可观的市场份额，铸造了自己的汽车神话⑤。材料中的波音和麦道也是如此。

> 问题④⑤可改为：合作有助于企业优势互补。我们知道，资源具有稀缺性，再强势的企业也不可能占有全部资源，再厉害的企业也必然有其短处。这时，通过合作就可以整合资源，取长补短。正如现在的"奔驰"汽车，是由原来的奔驰和戴姆勒两家汽车公司组成的，这二者通过技术、品牌、市场上的优势互补，赢得了更好的未来。

但是，有些企业仍固执己见，不愿合作，又是为何？一方面，是为"险"所困。因为合作的伙伴之间往往也存在竞争，如果对方趁着合作机会窃取了己方的核心技术，那就会得不偿失。所以，有些企业宁愿自己独自挣扎前行，也不愿合作共赢⑥。另一方面，是为"贪"障目。合作意味着资源共享，而最终收益也应适当分配，可自利性偏差让我们常常从好的方面看待自己，将功劳归于自己，错误推脱给别人，于是在利益分配时更不愿让利一分，希望所有利益都能归属自己。

可是这只是合作过程中存在的一些风险和冲突，我们可以借助外部合同以及法律的约束、加强自身契约精神等措施来规避这些问题⑦。

"单丝不成线，独木不成林。"要想取得成功，合作才是硬道理。

（全文共727字）

本段的分论点不明确。
②分析有问题。
企业确实是为追求利益而设立的组织，但这并不意味着"企业想要发展，就要侵吞他方利益"，而且"侵吞"含有贬义。
③"一意孤行的结果就是逐渐被淘汰"过于绝对，而且它作为一个判断缺少论据支持。

④分论点由两句话构成，句式杂糅。"合作可以使企业资源互补，实现规模经济"和"集中优势，也有利于技术创新"是两句话。

⑤例子过长。

⑥句是结论句，应该在原因分析完成后再进行总结。

⑦此段篇幅过短，说服力不够。

结尾没有问题。

## 论说文6步评分表

| 项目 | 要求 | 本文评价 |
|------|------|----------|
| 标题 | 1. 标题必须点明论点。<br>2. 标题必须是提倡什么，反对什么。 | 标题没有问题。 |
| 开头 | 1. 开头必须引入材料。<br>2. 开头必须要提出论点。<br>3. 材料和论点间最好有适当的过渡。<br>4. 开头无须展开论证。 | 本文开头使用三句开头法，基本满足要求。但语句有些啰唆。 |
| 结构 | 1. 要有明确的结构。<br>2. 分论点必须明确，且分论点须在每段开头第一句话。<br>3. 分论点必须能概括本段内容。 | 本文第二、三段作为正面论证，结构是明确的。但是第三段谈了太多合作的坏处，而第四段又没有把这个坏处做出完美的化解。既然合作坏处这么多，我们为什么还要合作呢？可见，这种写法会影响文章的说服力。 |
| 论证 | 1. 必须要有说理。<br>2. 例证要简洁。<br>3. 说理和例证要与论点具备相关性。<br>4. 案例型材料的论证不应脱离材料；寓言型材料的论证可不必过多分析材料。<br>5. 论证对象要有一致性。 | 1. 本文第二段说理分析有问题。<br>2. 本文第三段的例证过长。 |
| 结尾 | 1. 结尾必须总结论点和材料。<br>2. 结尾可以有一些对偶、引用等出彩的句子。 | 本文的结尾基本符合要求。 |
| 评分 | 按管理类联考的一至五类卷标准进行评分。<br>根据字迹好坏可浮动3分。 | 评分等级：四类卷。<br>参考评分：16分。 |

## 习作（2）

### 在竞争中合作

老吕MBA班学员　刘月

古语有云："一根竹竿容易弯，三缕麻纱扯脱难。"欧洲各国面对波音和麦道两家公司的垄断，放下竞争寻求合作，研制新型客机。面对新的竞争，波音和麦道两家公司也选择合作。这说明，在市场竞争中合作才能共赢①。

标题可以。

①开头段落啰唆，须简化。

竞争与合作不是敌对关系。有人认为，物竞天择，有竞争就不能有合作。其实不然，竞争中的合作无处不在，在考研学习中互帮互助、取长补短②，在竞技比赛中团结协作、永争第一，在企业竞争中也有信息交流、技术共享。

既竞争又合作才能真正地成功。合则两利，分则两害，具有合作精神越来越重要。习总书记提出的"一带一路"倡议，随着越来越多的国家加入，沿途各国经济得到快速发展。华为之所以能够取得成功，就是将"合作"定为企业的发展主题，通过与各地区的通信公司合作，迅速扩大占领各地区市场，增加企业效益。通信公司也在合作中降低了设备购买成本，获得了收益③。由此看来，在竞争激烈的市场中，合作双赢才是赢。

没有合作的竞争，是孤独的竞争，获得的成功只是短暂的。当今很多企业在竞争中不愿去合作，很重要的一个原因是，在合作的时候需要把利益给合作伙伴分一杯羹，丧失了原本可以全部获得的收益。例如，战国时期，秦国采取张仪的策略，联合各国迅速崛起，统一全国。反观赵国、齐国等六国如果采取合作，就可以抗衡强大的秦国，但是各国都有各自的打算，为了各自的利益而相互竞争，放弃合作，最后被秦国一一灭国④。可见，只注重竞争会很快失败，懂得合作才能赢得长久。

合作与竞争是相辅相成的，大到国家的战略合作，小到企业的协同发展、个人的发展问题，竞争中都不要忘记合作⑤。在合作中，合作双方信息互通有无，明确自身的短板和不足之处，找准自身的定位，通过合作取长补短，才能在激烈的市场中取得竞争优势。

合作共赢是一种生存的智慧，也是一种发展的策略。所以，在竞争中合作，才能赢得长久。

（全文共 754 字）

②本段指出"竞合"关系，很好。但是"在考研学习中……"这一例子格局不高。记住，我们的身份定位应该是管理者，而不是学生。

③例子的使用突兀，两个例子像是突然跳出来的，应该有适当的过渡词或过渡句。

④例子需要精简。

⑤从"国家"到"企业"再到"个人"，看起来全面，实则混乱。前面的例证也是一会儿国家，一会儿企业。写文章应该有确定的说服对象，如果论证对象太多，会导致文章说服力下降。

结尾回扣材料会更好。

## 论说文 6 步评分表

| 项目 | 要求 | 本文评价 |
|------|------|----------|
| 标题 | 1. 标题必须点明论点。<br>2. 标题必须是提倡什么，反对什么。 | 标题本身没有问题，但其实这篇文章立意为"竞合"就很难写，因为你既要写竞争，又要写合作，很难处理这二者的关系。 |
| 开头 | 1. 开头必须引入材料。<br>2. 开头必须要提出论点。<br>3. 材料和论点间最好有适当的过渡。<br>4. 开头无须展开论证。 | 本文开头使用三句开头法，基本满足要求。但语句有些啰唆。 |
| 结构 | 1. 要有明确的结构。<br>2. 分论点必须明确，且分论点须在每段开头第一句话。<br>3. 分论点必须能概括本段内容。 | 本文试图用正反对比式结构，正文前两段是正面论证，第三段是反面论证，第四段是提建议。但是，各段的分论点不明确，阅卷人难以在短时间内把握全文结构。 |
| 论证 | 1. 必须要有说理。<br>2. 例证要简洁。<br>3. 说理和例证要与论点具备相关性。<br>4. 案例型材料的论证不应脱离材料；寓言型材料的论证可不必过多分析材料。<br>5. 论证对象要有一致性。 | 1. 本文例证太长。<br>2. 本文的例证对象混乱。 |
| 结尾 | 1. 结尾必须总结论点和材料。<br>2. 结尾可以有一些对偶、引用等出彩的句子。 | 本文的结尾基本符合要求。 |
| 评分 | 按管理类联考的一至五类卷标准进行评分。<br>根据字迹好坏可浮动 3 分。 | 评分等级：三类卷。<br>参考评分：18 分。 |

## 真题精练 2

## 2014 年管理类联考论说文真题

### ❶ 真题原文

论说文：根据下述材料，写一篇 700 字左右的论说文，题目自拟。

生物学家发现，雌孔雀往往选择尾巴大而艳丽的雄孔雀作为配偶，因为雄孔雀的尾巴越大越艳丽，表明它越有生命活力，其后代的健康越能得到保证。但是，这种选择也产生了问题：孔雀尾巴越大越艳丽，就越容易被天敌发现和猎获，其生存反而会受到威胁。

## ❷ 审题立意

### （1）命题背景

2014年的这道题目，考的是一则寓言，材料来源于《哈佛商业评论》的一篇关于"孔雀效应"的文章。雌孔雀在择偶时，会以雄孔雀的尾巴大小为标准。尾巴越大，表明雄孔雀越健康，越有优势。这样，大尾巴的基因得到保护，一代代传下去。刚开始的时候，这是优胜劣汰；可是很多代以后，这种单向选择给优胜者带来了问题：尾巴越来越大，行动变慢，更容易被天敌猎获。于是到了一定阶段，孔雀的数量就下降了。

实际上，时常陷入选择困境的又何止孔雀？如同"孔雀的选择"一样，在企业经营过程中，"管理者的抉择"也同样需要承担风险。决策的风险何在？信息的不完整与不对称、决策者本人决策能力有限、对市场情况的误判、宏观环境的制约等，都会是决策产生风险的原因。

毫无疑问，选择带来的机遇与风险并存。当管理者站在选择的"坐标系"之时，要顾大局、想长远，全盘考虑，均衡博弈，切忌单纯从个体与局部角度看得失、论成败。要敢于"险"中求胜，更要对风险有把控和防范能力。如此，企业才能在激烈的市场厮杀中得以立足、长远发展。

### （2）四步审题立意法

| | |
|---|---|
| **第1步**<br>判断材料类型 | 寓言（√）、故事、案例、观点。<br>材料中出现孔雀的选择，以物喻人，故此材料显然是寓言类材料，我们需要找到材料的寓意。<br>材料中有转折词"但是"，这一转折词前后均出现了"选择"这一字样，因此，我们的文章可以围绕"选择"进行立意。对于管理者或者企业来说，"选择"的意思就是"决策"。因此，也可以围绕决策立意。<br>通过"但是"后面的文字我们可以发现，孔雀的行为存在一定的风险，因此，我们也可以围绕"风险"或"冒险"立意。 |
| **第2步**<br>确定立意对象 | 材料中的对象、个人或管理者（√）、企业（√）、社会。<br>方向一：材料以物喻人，因此，立意的对象可以是个人，也可以是管理者。<br>方向二：本材料也可以把企业作为立意对象。因为企业也同样存在决策、冒险的问题。 |

续表

| | |
|---|---|
| **第3步**<br>确定写作态度 | 支持（√）、反对、AB 二者兼顾、AB 有所侧重、AB 二者择一。<br><br>材料中，孔雀的选择是有利也有弊的，此时，我们就要分析这一行为是利大于弊的还是弊大于利的。<br><br>老吕认为，孔雀的选择是利大于弊的，因为对于动物来说，繁衍是至关重要的，决定了这一物种是否得以延续。<br><br>既然这一行为是利大于弊的，我们的态度就应该是支持的。 |
| **第4步**<br>拟出文章标题 | 对象＋态度＋主题：<br>企业经营（对象）应该（态度）理性决策（主题）<br>企业经营（对象）应（态度）敢于冒险（主题）<br>管理者（对象）应（态度）学会理性决策（主题）<br>管理者（对象）应（态度）有冒险精神（主题） |

## ❸ 全文思路

### （1）有必要

对于 2014 年的这个题，老吕建议先写有必要。原因在于，风险是客观存在的，企业经营涉及的每一个决策和选择都面临着风险，也就是说，一家企业不冒险是不可能的。既然不可能不冒险，我们说服别人的时候应当先说明这一点。

**例文：**

企业的经营风险是客观存在的。一方面，企业的外部经营环境是不断变化的，比如政治法律环境、人文科技环境、市场竞争环境等都在变化，这就不可避免地给企业经营带来不确定性，风险随之产生；另一方面，企业的内部管理也存在风险：研发能出成果吗？营销投入有效吗？是否需要扩大生产规模？这一系列的问题使得企业经营不可能避免风险，那么企业家就应该有点冒险精神。

### （2）有好处

当别人已经意识到了风险是必然存在的，我们再来谈冒险的价值，就会更加有说服力。对企业而言，追求收益是宗旨，一项决策虽然有风险，但也伴随着收益，而高风险对应着高收益，因此，决策需要直面风险。

**例文 1：**

收益与风险成正比。财务管理学告诉我们风险与报酬的关系：在投资报酬率相同的情况下，人们都会选择风险小的投资，结果竞争使其风险增加，报酬率下降。最后的结果是，高风险的项目必须有高报酬，否则就没有人投资；低报酬的项目必须风险很低，否则也没有人投资。因此，企业家的冒险精神和战略眼光，往往决定了企业发展的上限。

🌐 例文 2：

很多人愿意冒险，当然是因为冒险是有价值的。投资学上有一个概念，叫："风险溢价"，它是指一个高风险高收益的投资的回报率与无风险的投资的回报率之间的差额。正是风险溢价的存在，才会有人愿意冒险。

🌐 例文 3：

敢于冒险，有时可以让企业避免直接竞争。尤其是在产品同质化比较严重的市场上，企业大胆冒险，可以推陈出新、另辟蹊径，就可走出红海进入蓝海，从而避免与竞争对手的同质化竞争，以此获得更高的利润。

### 📝（3）有问题 / 困难 / 风险

对于风险，我们固然要有直面风险的勇气，但是一些管理者，面临决策时，眼里只有可观的利益，看不到背后的危机，做出许多非理性决策。因此，管理者也要做好权衡，坚持适度原则，不能盲目冒险。

🌐 例文 1：

当然，敢于冒险，不是盲目冒险。其实，管理决策上也存在"光环效应"，也就是说，当面临一项决策时，一些管理者往往只看到可观的利益，利益的光环掩盖了潜在的风险，从而使他们做出非理性决策。这种决策失误对于企业的经营来说可能是致命的。因此，管理者既要敢于冒险，也要学会理性分析、理智涉险。

🌐 例文 2：

当然，敢于冒险，不是盲目冒险。在企业经营中，最忌讳的是不了解行情、不了解实际情况就盲目出击。但很多管理者还是踩了雷，事前没有做好调研，自以为是有价值的冒险，实则是乱出手。由于信息的不对称，很容易失手，这种盲目性让很多企业吃尽了苦头。

🌐 例文 3：

当然，敢于冒险，不是盲目冒险。因为，在企业经营中，无论是人才、资金，还是其他资源，都不可能取之不尽、用之不竭。当我们选择冒险进取的时候，如果我们的配套资源跟不上，即使刚开始势头良好，但到了中后期难免产生疲态，一旦资源不能持续到位，冒险就容易失败。

🌐 例文 4：

然而，当企业处于信息劣势时，冒险决策极有可能遭受风险。管理者应该清楚，几乎所有的冒险决策都是在信息不对称、不完整的情况下做出的，再加上决策者能力不同、风险偏好不同。这使得很多冒险决策并不科学，这种决策的失误对于企业的经营来说往往是致命的。

**（4）提方案**

对于风险，我们当然是希望能够做好风险的预测、规避。为此，我们可以从"流程控制"的角度来提建议：

**例文1：**

企业欲减小决策风险，需做好流程管理。一要做好事前调研，调研越仔细，决策就越有依据；二要做好事中控制，决策执行过程中，要不断地发现问题并迅速解决，不能等最后的不良结果出现后才追悔莫及；三要做好事后复盘，对于没有留意到的地方进行改进。

当然，对于风险控制，SWOT 分析也是一个很好的工具。

**例文2：**

理智涉险的关键在于企业用科学的方法来预测风险与效益。SWOT 分析就是一套很好的工具，企业通过对自身优劣势的认识，并结合对外部环境中的机会与威胁的评估，来预测风险的大小与自身应对风险能力的高低，从而决定是否进行该项决策。

## ❹ 结构导图

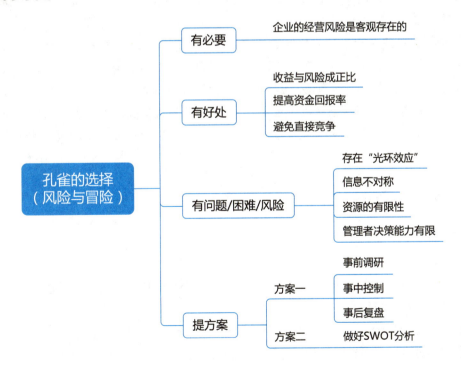

## ❺ 参考范文

### 敢于冒险　理智涉险

#### 吕建刚

材料中，雄孔雀选择长出艳丽的尾巴，这既带来了收益也带来了风险。其实，企业的经营决策也往往伴随着风险。企业经营既要敢于冒险，又要理智涉险。

企业的经营风险是客观存在的。一方面，企业的外部经营环境是不断变化的，比如政治法律环境、人文科技环境、市场竞争环境等都在变化，这就不可避免地给企业经营带来不确定性，风险随之产生；另一方面，企业的内部管理也存在风险：研发能出成果吗？营销投入有效吗？是否需要扩大生产规模？这一系列的问题使得企业经营不可能避免风险，那么企业家就应该有点冒险精神。

而且，收益与风险成正比。财务管理学告诉我们风险与报酬的关系：在投资报酬率相同的情况下，人们都会选择风险小的投资，结果竞争使其风险增加，报酬率下降。最后的结果是，高风险的项目必须有高报酬，否则就没有人投资；低报酬的项目必须风险很低，否则也没有人投资。因此，企业家的冒险精神和战略眼光，往往决定了企业发展的上限。

当然，敢于冒险，不是盲目冒险。管理者应该清楚，所有的决策都是在信息不对称、不完整的情况下做出的，再加上决策者能力不同、风险偏好不同，这使得很多决策并不科学。这种决策失误对于企业的经营来说往往是致命的，因此，管理者既要敢于冒险，也要学会理性分析、理智涉险。

理智涉险的关键在于用科学的方法来预测风险与效益。SWOT分析就是一套很好的工具，企业通过对自身优劣势的认识，并结合对外部环境中的机会与威胁的评估，来预测风险的大小与自身应对风险能力的高低，从而决定是否进行该项决策。

文艺复兴时期的法国作家拉伯雷曾说过一句话："不敢冒险的人既无骡子又无马，过分冒险的人既丢骡子又丢马。"企业经营要敢于冒险，更要理智涉险，争取得了骡子也得马。

（全文共696字）

## ❻ 相关素材

### 6.1 典型事例

#### （1）新兴技术与风险

新兴技术推动了金融科技的发展，同时也带来了潜在的风险。若是急于在并不牢固的地基上搭建城堡，很可能因小失大。

大数据：大数据的应用可以聚合和分析大规模数据集，但是大数据也会在个人金融信息的收集和使用方面造成潜在的风险，导致个人隐私泄露。

人工智能：随着人工智能在金融领域应用的加快，未来也会出现潜在的风险，比如人工智能算法的公平性和伦理问题，如何确保人工智能算法的安全性和稳健性等。

区块链：区块链作为一种新兴的、具有广泛前景的革命性技术，可被广泛地应用到医疗、溯源、慈善、金融等领域，例如，在"新冠肺炎"疫情期间，区块链技术就在慈善捐赠管理溯源平台、防疫物资信息服务平台等多个场景落地。然而，区块链技术的应用也会产生链上数据泄露、商业敏感信息被曝光等不可预估的风险。

### （2）ofo 没有合理规避风险

小黄车 ofo 在运营过程中，只注重市场的扩张，吸引更多的用户，但过程中却没有合理的规避风险。除了没有考虑市场的饱和度以外，也没有注意到资金链的断裂，由此产生了一系列问题，才导致目前的局面。

### （3）李彦宏的选择

李彦宏在创立百度初期，有两个方向摆在眼前：一是走谷歌的全球搜索；二是走国内的基础搜索。走全球搜索很可能会像谷歌一样成为全球霸主，但未免拾人牙慧，同时因为在全球内和谷歌竞争，会产生极大失败的风险，李彦宏为此坚定的选择国内基础搜索，由于李彦宏的选择，百度短时间内成为国内搜索的佼佼者，并成为全球最大的中文搜索引擎。

### （4）破除"共享"的路径依赖

街电公司想走共享的热潮，通过调研、观察市场，发现共享自行车和电动车行业已经是人挤人，"共享自行车"已经形成路径依赖，再一头扎进去的结果大概率是失败。但与此同时，街电公司发现很多顾客出门手机用电量经常不足，于是产生了共享充电宝的想法。街电就是破除路径依赖，走出来了自己的共享之路。

## 6.2　引用句

（1）祸兮，福之所倚；福兮，祸之所伏。（《老子》）

（2）愚蠢的行动，能使人陷于贫困；投合时机的行动，却能令人致富。（克拉克）

（3）人生中最困难者，莫过于选择。（莫尔）

（4）求生，就是在风险与收益之间平衡取舍。（贝尔·格里尔斯）

（5）欲思其利，必虑其害；欲思其成，必虑其败。（诸葛亮）

（6）天下者，得之艰难，则失之不易；得之既易，则失之亦然。（苏轼）

（7）承担风险，无可指责，但同时记住千万不能孤注一掷。（乔治·索罗斯）

（8）不少画家害怕空白画布，但空白画布也害怕敢冒风险的、真正热情的画家。（梵高）

（9）航海者虽然要比观望者冒风险，但是却有希望达到彼岸。

## ❼ 习作点评

### 习作（1）

**冒点风险又何妨**

老吕学员　缪一馨

雌孔雀为了后代的健康，冒风险选择尾巴大而艳丽的雄孔雀

标题合格。

开头段没有问题。

作为配偶，正印证了古人所言："不入虎穴，焉得虎子。"收益并非从天而降，有时冒点风险又何妨呢？

人不经"险"难成才，业不经"险"难成功。古有刘邦造反、李世民兵变，正是冒着断头的风险，才成就一番帝王霸业。今有任正非创业，放下安逸生活，在商海浮沉中激流勇进，才有了华为的传奇。可见，获得成功，取得收益，都非谈笑而来，皆要冒险取之①。

> 正面论证。
> ①本段以例证为主。例证的力度不如说理的力度大。缺少说理。

"不入虎穴，焉得虎子"的道理相信大多数人都懂，然而做到这一点并不容易。一方面，在自保心理的驱使下，安于现状才是大多数人的处世哲学。对于很多人来说，眼下的利益才是最重要的，为什么要为了未知的利益而舍身去冒险。另一方面，对于企业来说，冒险是需要承担机会成本的，在行动过程中，很可能会因此失掉其他既得利益，一旦失败，便将是企业不小的损失。

> 反面分析原因。

有人会说："高风险未必能有高收益，冒险而失败的事数不胜数。"②诚然，不是每个人都会成为任正非，不是每个企业都可以像华为那么成功。但是，拒绝冒险，就能避免风险吗？不能。因为生存在这世上本身就是一种冒险，吃饭可能被噎，走路可能被撞，企业可能被市场淘汰。但你能因为这些就停止进食，拒绝出门，甚至不办企业吗？既然风险客观存在，我们不如主动面对。

> 反驳不愿意冒险的人。
> ②句不是很必要，直接进入反驳会更好。

当然，冒险不等同于冒进。在承担风险的同时，也要充分考量，用科学的方法来预测风险与收益，冷静分析后果和对策才能让冒险行为更有效率，让收益来得更有保障。

> 提建议。

"人生若不是大胆地冒险，便是一无所获。"孔雀凭本能尚能实践这个道理，更何况我们。若真正渴望成功，冒点风险又何妨。

> 结尾简洁大方，回扣材料。

## 论说文 6 步评分表

| 项目 | 要求 | 本文评价 |
| --- | --- | --- |
| 标题 | 1.标题必须点明论点。<br>2.标题必须是提倡什么，反对什么。 | 本文标题没问题，满足标题2个要求。 |
| 开头 | 1.开头必须引入材料。<br>2.开头必须要提出论点。<br>3.材料和论点间最好有适当的过渡。<br>4.开头无须展开论证。 | 本文开头使用三句开头法，满足开头4个要求。 |

续表

| 项目 | 要求 | 本文评价 |
|---|---|---|
| 结构 | 1. 要有明确的结构。<br>2. 分论点必须明确，且分论点须在每段开头第一句话。<br>3. 分论点必须能概括本段内容。 | 1. 本文四个分论点之间没有明确的逻辑关系。难以确定分论点之间是递进？是正反？还是并列？<br>2. 分论点句不够明确。 |
| 论证 | 1. 必须要有说理。<br>2. 例证要简洁。<br>3. 说理和例证要与论点具备相关性。<br>4. 案例型材料的论证不应脱离材料；寓言型材料的论证可不必过多分析材料。<br>5. 论证对象要有一致性。 | 本文的论证有说理、也有例证，论证尚可。 |
| 结尾 | 1. 结尾必须总结论点和材料。<br>2. 结尾可以有一些对偶、引用等出彩的句子。 | 本文的结尾符合要求。 |
| 评分 | 按管理类联考的一至五类卷标准进行评分。<br>根据字迹好坏可浮动3分。 | 评分等级：二类卷。<br>参考评分：26分。 |

## 习作（2）

### 有风险也可选择

学员　李牛牛

雌孔雀选择配偶时，往往选择尾巴大而艳丽的雄孔雀，以保证后代健康，但是这种选择也冒着被天敌发现和猎获的风险。在我看来，冒这点风险又何妨？有风险也可做选择。

吃感冒药都有副作用，但这点副作用并不能阻止我们追求更大的利益；赤壁之战中，孙权虽知投降可保一时平安，但他仍然决定冒着兵败的风险开战，最终成就了一段佳话；任正非放弃了稳定的工作，敢于冒着失败的风险创业，最终成就了华为的商业传奇①。可见，要想获得更大的收益，偏安一隅是行不通的，更大的收益往往是给那些勇于尝试、敢于冒险的人。

标题合格。

引材料，提出论点。

①三个例子的使用有问题：一是三个例子差异太大，使用这样的例子应该有过渡；二是安排例子时，应该有逻辑关系，是从古到今，还是由小到大，等等；三是例子篇幅过长；四是例子没有为说理服务，空谈例子没有力度。

203

人们往往害怕自己做出的选择得到的不是预期效果，使自己过去的付出成为沉没成本。但生活中的选择往往是收益与风险并存，要想获得更大的收益，必然要冒一定的风险，只有好处没有风险的选择并不常见②。企业开发新产品可能会有血本无归的风险，难道企业就要死守老本，不敢前进吗？大学毕业生找工作，可能找到的是一份自己不喜欢或不适合的工作，但如果不勇于尝试，只会丢失更多发展机遇，浪费大好青春。

②本段开头分论点不够简明扼要。建议将第一句删除，将第二句精简。

> 问题②可改为：生活中往往收益与风险并存，要想获得更大的收益，必然要冒一定的风险。

当然，我们所提倡的也不是只顾利益毫不考虑风险③。贩毒以极高的利益吸引许多亡命之徒奋不顾身④，就像马克思所说："当利润高达100%时，他们敢于践踏人间一切法律；当利润达到300%时，甚至连上绞刑架也毫不畏惧"。这些毒贩为了获得那极高的利润，冒着妻离子散、身陷囹圄的风险也毫不畏惧。他们的行为最终只能使自己成为危害国家、人民的毒瘤，堕入深渊。

③让步句使用不当。让步句应该是前面承接上文，后面开启下文。但此处上文并不是谈"利益"。
④这个例子在此处多余。毒贩的例子与管理者面临的问题相关性太小了。

当今世界瞬息万变，竞争与机遇并存，我认为在坚守法律和道德的前提下⑤，勇于尝试，敢冒风险才是最佳选择。

⑤多余。

（全文共 637 字）

## 论说文6步评分表

| 项目 | 要求 | 本文评价 |
|---|---|---|
| 标题 | 1. 标题必须点明论点。<br>2. 标题必须是提倡什么，反对什么。 | 本文标题没问题，满足标题2个要求。 |
| 开头 | 1. 开头必须引入材料。<br>2. 开头必须要提出论点。<br>3. 材料和论点间最好有适当的过渡。<br>4. 开头无须展开论证。 | 本文开头使用三句开头法，满足开头4个要求。 |
| 结构 | 1. 要有明确的结构。<br>2. 分论点必须明确，且分论点须在每段开头第一句话。<br>3. 分论点必须能概括本段内容。 | 本文分论点不明确，结构不清晰，十分影响阅卷人阅卷。 |

续表

| 项目 | 要求 | 本文评价 |
|---|---|---|
| 论证 | 1. 必须要有说理。<br>2. 例证要简洁。<br>3. 说理和例证要与论点具备相关性。<br>4. 案例型材料的论证不应脱离材料；寓言型材料的论证可不必过多分析材料。<br>5. 论证对象要有一致性。 | 1. 例子的使用存在多处不当，逻辑关系不好。<br>2. 作者的写作基础相对薄弱，表达啰唆且不到位，说理力度不大。 |
| 结尾 | 1. 结尾必须总结论点和材料。<br>2. 结尾可以有一些对偶、引用等出彩的句子。 | 本文的结尾基本符合要求。 |
| 评分 | 按管理类联考的一至五类卷标准进行评分。<br>根据字迹好坏可浮动 3 分。 | 评分等级：四类卷。<br>参考评分：13 分。 |

## 真题精练 3

### 2015 年管理类联考论说文真题

### ❶ 真题原文

论说文：根据下述材料，写一篇 700 字左右的论说文，题目自拟。

孟子曾引用阳虎的话："为富，不仁矣；为仁，不富矣。"（《孟子·滕文公上》）这段话表明了古人对当时社会上"为富""为仁"现象的一种态度，以及对两者之间关系的一种思考。

### ❷ 审题立意

#### （1）命题背景

富，即利也；仁，即义也。这是中国哲学史上一个重要的话题——"义利之辨"。

2014 年 7 月，习近平主席在访问韩国国立首尔大学时，发表过题为《共创中韩合作未来 同襄亚洲振兴繁荣》的演讲，他说道："倡导合作发展理念，在国际关系中践行正确义利观。'国不以利为利，以义为利也。'在国际合作中，我们要注重利，更要注重义。中华民族历来主张'君子义以为质'，强调'不义而富且贵，于我如浮云'。"

2015 年李克强总理在访问拉美时，强调"'正确义利观'下谈钱不伤感情"。

另外，本文与 2009 年的管理类联考真题"由三鹿奶粉事件所想到的"有一定的相似性，可互相参考。

**（2）四步审题立意法**

| 第1步<br>判断材料类型 | 寓言、故事、案例、观点（√）。<br>本材料显然是"观点类"材料。 |
| --- | --- |
| 第2步<br>确定立意对象 | 材料中的对象、个人或管理者（√）、企业（√）、社会（√）。<br>从话题来看，直接围绕"为富"与"为仁"来写即可。<br>从对象来看，"为富"与"为仁"既是管理者的责任，也是企业的责任，也是全社会的责任。当然，我们在文章中只能选择其中一个来立意。 |
| 第3步<br>确定写作态度 | 支持、反对、AB二者兼顾（√）、AB有所侧重、AB二者择一。<br>阳虎认为"为富，不仁矣；为仁，不富矣"，也就是说认为"为富"与"为仁"是对立关系。<br>我们认为，阳虎的观点是错误的，"为富"与"为仁"是相辅相成、缺一不可的关系。 |
| 第4步<br>拟出文章标题 | 态度＋主题：<br>既要"为富"，也要"为仁"（材料中的主题＋态度） |

## ❸ 全文思路

如前文所述，我们认为"为富"和"为仁"需要并重，因此，本文可以采用"ABAB式"结构，即："为富"很重要，"为仁"也很重要，因此需要二者并重，最后提建议。

当然，由于社会上存在见利忘义现象，也可以用以下结构："为富"很重要，但只注重"为富"容易产生种种问题，因此，也要注重"为仁"，最后提建议。

**（1）A："为富"很重要**

追求财富本身具有正当性，经济人假设告诉我们，人具有天然的趋利性。而且，财富的积累也可以推动社会的发展。

**例文1：**

"富"为"仁"提供物质基础。因为，财富本身就是生产力发展的推动力——企业家为了追求财富而生产产品、提供服务，职工为了追求财富而钻研技术、勤奋工作，这样不就提高了劳动生产率，从而促进了生产力的发展吗？而生产力的发展，才是提高大家生活水平的真正保障，这也正是"仁"的最佳体现。管子有言："仓廪实而知礼节，衣食足而知荣辱"，说的就是这个道理。

**例文2：**

"富"为"仁"提供物质基础。什么是"仁"？让老百姓过上好日子，就是最大的"仁"。如何让老百姓过上好日子？归根结底得靠财富的积累。所以，财富绝对不是洪水猛兽，老百姓的衣、食、住、行，哪一样都离不开财富。因此，我们有权利也有义务去追求财富，从而先富带动后富，最终达到共同富裕，这才是"仁"的最高境界。管仲有言："凡治国之道，必先富民"，说的就是这个道理。

### （2）B："为仁"也很重要

《易经》有言，"君子以厚德载物"。有德行的君子，当以深厚的德行，来容载世间万物。因此，"为仁"也很重要。

**例文1：**

"仁"为"富"提供精神保障。马克思说："人类奋斗所争取的一切，都同他们的利益有关"，可见，人天然具有逐利性。但是有的时候，这种逐利性会因为我们的贪婪而误入歧途——从毒奶粉、地沟油，到瘦肉精、苏丹红，再到长春长生疫苗事件、糖水燕窝事件等，无一不是贪婪的产物。可见，"仁"的存在特别重要，它约束我们好利而不贪，见利而思义。正如《易经》所言，"君子以厚德载物"。

**例文2：**

"仁"是"富"的精神保障。当今社会，见利忘义者并不鲜见："毒奶粉""地沟油""毒疫苗""毒跑道"等事件屡见不鲜。这是为何？究其原因，是这些人、这些企业丢掉了仁义，只为求富。然而，这些"富"并不长久，很容易"东窗事发"，使当事人声誉扫地甚至锒铛入狱。可见，"富"需要"仁"作为精神保障。

### （3）AB：过渡句/过渡段

分析完"为仁"与"为富"的重要性之后，我们可以对其做一个简单总结，倡导大家既要"为富"（A），也要"为仁"（B），即AB。

**例文：**

所以，为富者，切记为仁；为仁者，不忘求富。

### （4）提建议

对本文而言，提建议有两种方式：

第一种方式，针对"为富"和"为仁"分别提出建议。

第二种方式，由于追求财富是多数人的自觉行为，无须建议多数人也可以做到，那么我们就更多地针对"为仁"提出建议。

**例文1：**

要想形成"为富"又"为仁"的社会风气，做好以下两个方面十分重要：

一要继续完善市场经济体制，这是"为富"的前提。一方面，要充分发挥市场这只看不见的手的作用，在价格机制、供求机制和竞争机制的相互作用下，引导企业创新发展；另一方面，也要加强宏观调控这只看得见的手的作用，尤其是那些关系到国计民生的产业，更是要加强宏观调控，实现有序发展。

二要继续强化社会信用体系，这是"为仁"的保障。对于见利忘义者要严格惩治，并记入征信系统，打造"一处失信、处处受限"的失信惩戒格局。这样，让"为仁"既可自觉执行，也有制度保障。

例文2：

要想形成"为富"又"为仁"的社会风气，就要软硬兼施：

"软"，就是要加强宣传教育。这是因为，任何法律都不可能面面俱到，不可能事无巨细地监督到每个人的所有行为。因此，通过宣传教育，让"为仁"成为一种自觉行为，无疑事半功倍。

"硬"，就是要加强法律监管。对于那些一心"为富"，忘记"为仁"的个人和企业，严惩不贷。当违规成本大于违规收益时，这些人就失去了违规的动机。

## ④ 结构导图

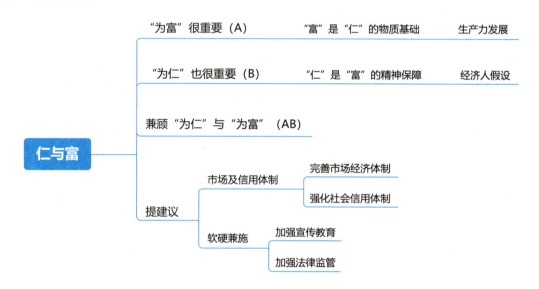

## ⑤ 参考范文

### 既要"为富"，也要"为仁"

吕建刚

孟子曾引用阳虎的话说："为富，不仁矣；为仁，不富矣。"窃以为此言差矣，在我看来，既要"为富"，也要"为仁"。

"富"为"仁"提供物质基础。因为，财富本身就是生产力发展的推动力——企业家为了追求财富而生产产品、提供服务，职工为了追求财富而钻研技术、勤奋工作，这样不就提高了劳动生产率，从而促进了生产力的发展吗？而生产力的发展，才是提高大家生活水平的真正保障，这也正是"仁"的最佳体现。管子有言："仓廪实而知礼节，衣食足而知荣辱"，说的就是这个道理。

　　"仁"为"富"提供精神保障。马克思说："人类奋斗所争取的一切，都同他们的利益有关"，可见，人天然具有逐利性。但是有的时候，这种逐利性会因为我们的贪婪而误入歧途——从毒奶粉、地沟油，到瘦肉精、苏丹红，再到长春长生疫苗事件、糖水燕窝事件等，无一不是贪婪的产物。可见，"仁"的存在特别重要，它约束我们好利而不贪，见利而思义。正如《易经》所言，"君子以厚德载物"。

　　要想形成"为富"又"为仁"的社会风气，做好以下两个方面十分重要：

　　一要继续完善市场经济体制，这是"为富"的前提。一方面，要充分发挥市场这只看不见的手的作用，在价格机制、供求机制和竞争机制的相互作用下，引导企业创新发展；另一方面，也要加强宏观调控这只看得见的手的作用，尤其是那些关系到国计民生的产业，更是要加强宏观调控，实现有序发展。

　　二要继续强化社会信用体系，这是"为仁"的保障。对于见利忘义者要严格惩治，并记入征信系统，打造"一处失信、处处受限"的失信惩戒格局。这样，让"为仁"既可自觉执行，也有制度保障。

　　王安石曾说："聚天下之人，不可以无财；理天下之财，不可以无义。"所以，为富者，切记为仁；为仁者，不忘求富。只有这样，才能推动社会和谐有序地发展！

（全文共 737 字）

## ❻ 相关素材

### 6.1　典型事例

#### （1）共同富裕

　　新时代，习近平总书记把促进全体人民共同富裕摆在更加重要的位置。2021年，时值中国共产党百年华诞，中华大地上全面建成了小康社会，历史性地解决了绝对贫困问题。2021年8月17日，习总书记主持召开中央财经委员会第十次会议，研究了扎实促进共同富裕问题，对促进共同富裕的方向、路径和重要任务等，作出更为明确的阐释和部署。

　　《中华人民共和国国民经济和社会发展第十四个五年规划和2035年远景目标纲要》中，既强调了"坚持以人民为中心。坚持人民主体地位，坚持共同富裕方向，始终做到发展为了人民、发展依靠人民、发展成果由人民共享，维护人民根本利益，激发全体人民积极性、主动性、创造性，促进社会公平，增进民生福祉，不断实现人民对美好生活的向往。"也明确了"更加积极有为地促进共同富裕。"从十四五规划中可见实现共同富裕的重要性。

#### （2）利义共生，国产品牌卖到断货

　　2020年，河南发生千年一遇的水灾之后，运动服饰品牌鸿星尔克公司低调向灾区捐赠5 000万元的钱物。鸿星尔克作为国货品牌，在自身经营不佳的情况下，慷慨捐款5 000万元。长期以来产品价格亲民，宣传低调。这一善举偶然被网友发现，激发了全国人民支持鸿星尔克的热情，争相购买鸿星尔克产品。鸿星尔克线上销售额达到3亿多元。线下门店也异常火爆，人山人海，很多店面的商品被一抢而空，3天销售额就超过1亿元。广大民众一举将一个濒临倒闭的国产运动服饰品牌拯救回来，重新成为大众关注的焦点。

**（3）人民网三批"王者荣耀"，腾讯股份一日蒸发 1 300 亿**

"王者荣耀"是由腾讯游戏开发的一款手游，仅仅两年已有超过两亿的注册用户，日均活跃用户达 8 000 万人。然而，腾讯公司在获取巨额收益的同时，也遭到了众多媒体的批评。2017 年 6 月下旬，先由《杭州晚报》《钱江晚报》等媒体报道"王者荣耀"用户低龄化和学生沉迷的案例，后自 7 月 2 日起人民网连续发文三批"王者荣耀"游戏虚构扭曲历史，对儿童身心健康造成巨大伤害。人民网发文后，腾讯控股股价暴跌，市值蒸发千亿港元。腾讯游戏的成功不可否认，但承担社会责任是企业应尽的义务。在争取商业利益的同时，也需要尽到企业的社会责任。

## 6.2 引用句

（1）世界上有两根杠杆可以驱使人们行动——利益和恐惧。（拿破仑）

（2）私欲之中，天理所寓。（王夫之）

（3）精明的人是精细考虑他自己利益的人，智慧的人是精细考虑他人利益的人。（雪莱）

（4）凡百事业，收效愈速，利益愈小；收效愈迟，利益愈大。（孙中山）

# 7 习作点评

## 习作（1）

### 求富路上，仁义随行

学员　张弛

古语有云："为富，不仁矣；为仁，不富矣。"依我之见，仁与富的关系不是割裂的，而是相互影响、相互作用的。求富路上，仁义随行。

见利忘义，必不可取。菲尔丁曾说："把金钱奉若神明，它就会像魔鬼一样降祸于你。"如果一个人心中只剩下一个"利"字，而将仁义抛到脑后，一味见钱眼开，只会在求富路上误入歧途。"毒奶粉""地沟油""瘦肉精"，这些企业满口仁义道德，一肚子见利忘义。他们禁不住成本低廉、获利迅速的诱惑，在短期利益面前败下阵来①。然而，随着信息愈发公开透明，违法成本愈发高昂，他们最终也难逃法律的制裁。因此，"仁"是"富"的警戒线，越线之后，必将滑向万丈深渊。

取义否利，也不可行。亚当·斯密认为："人的一切行为都是为了最大限度地满足自己的私利，以获取经济报酬。"②但是这种利己的本性，却促进了劳动生产率的提高，使整个社会获得最好的福利状态，这就是"经济人假设"告诉我们的道理。可见，人

標題滿足要求。

三句开头：引材料＋过渡＋论点。

只有 A 不行。

①可以更新为最新的例子。

只有 B 不行。

②作为分论点一的论据会更恰当。

们在追求利益的同时，往往更有效地促进了社会的利益。如果人人只说仁义至上，闭口不谈利益财富，那么将会导致一个效率低下的人情社会，而非利益驱动、发展快速的现代社会。因此，"富"为"仁"提供了物质上的保障。

所以，求富路上，仁义随行。以盈利为目的的企业应当具备足够的社会责任感，因为能力越大，责任越大，为了给国家交税、给员工发工资、给社会解决就业，企业也必须盈利③。而一个既有社会责任感又具备盈利能力的企业才能收获消费者的信任，而市场也会给予其相应的回报。所谓，"义以生利，利以丰民。"当是如此。

AB 要并重。

③建议此句用"一方面……另一方面……"分层，会更有逻辑性。

王安石曾说："聚天下之人，不可以无财；理天下之财，不可以无义。"可见，仁与富并不矛盾，求富路上，仁义二字当常挂心头，常伴吾身。

两句结尾。

（全文共 701 字）

## 论说文 6 步评分表

| 项目 | 要求 | 本文评价 |
| --- | --- | --- |
| 标题 | 1. 标题必须点明论点。<br>2. 标题必须是提倡什么，反对什么。 | 本文标题论点清晰，有明确的倡导。 |
| 开头 | 1. 开头必须引入材料。<br>2. 开头必须要提出论点。<br>3. 材料和论点间最好有适当的过渡。<br>4. 开头无须展开论证。 | 本文开头使用三句开头法，满足开头 4 个要求。 |
| 结构 | 1. 要有明确的结构。<br>2. 分论点必须明确，且分论点须在每段开头第一句话。<br>3. 分论点必须能概括本段内容。 | 1. 本文采用"ABAB 式"结构，即"只有 A 不行—只有 B 不行—AB 并重才行"，结构明确。<br>2. 本文前两个分论点写得过长，最后也没有提出有效的建议，整体结构头重脚轻，不够完整。 |
| 论证 | 1. 必须要有说理。<br>2. 例证要简洁。<br>3. 说理和例证要与论点具备相关性。<br>4. 案例型材料的论证不应脱离材料；寓言型材料的论证可不必过多分析材料。<br>5. 论证对象要有一致性。 | 第二个分论点的论证有问题。此分论点是"取义否利，也不可行"，那么就应该直接分析为什么"没有利不可行"，而不是花大段的笔墨来证明人有逐利性。 |

续表

| 项目 | 要求 | 本文评价 |
|---|---|---|
| 结尾 | 1. 结尾必须总结论点和材料。<br>2. 结尾可以有一些对偶、引用等出彩的句子。 | 结尾符合要求。 |
| 评分 | 按管理类联考的一至五类卷标准进行评分。<br>根据字迹好坏可浮动 3 分。 | 评分等级：三类卷。<br>参考评分：23 分。 |

## 习作（2）

### "为富"也要"为仁"

学员　圆圆

标题没问题。

孟子引用阳虎的话说："为富，不仁矣；为仁，不富矣。"但对于当今社会而言，二者未必不能共存。为富也可以为仁，同时，也倡导要为仁先为富。

三句开头，基本符合要求。

<u>为富是指积累财富的结果，而为仁是指使用、支配财富的过程或方法①</u>。

①"为仁"定义不当。

<u>为富和为仁并不矛盾，是可以共存的②</u>。首先，如果一个个体积累的财富连最基本的生存问题都不能解决，又怎么去苛求他去为仁呢，这是不现实的。<u>为富为为仁创造条件③</u>。人只有在满足了基本需求之后，才有余力去考虑更高层次的精神追求。"仓廪实而知礼节，衣食足而知荣辱。"就是这样的道理。

句②没有恰当概括本段的论点，本段的核心观点其实是句③。

其次，<u>为富必须先为仁④</u>，趋利避害是人的本性，而要想在现在的市场经济中获得利益，就必须自我实现，<u>通过利他，人们可以满足自身更高层次的需求⑤</u>。正所谓"先义后利者荣，先利后义者辱"，不外如是。为仁可以更好地帮助个体达到预期目标，实现自我价值，从而更有利于为富目标的达成。

④要用句号把论点与之后的分析隔开。

⑤本段的论证难以成立，没有解释清楚为什么要获益必须先利他。

虽是如此，为富不仁未必不会发生。在当今社会的转型阶段，<u>追逐利益依旧是每个人的本性，而人们缺乏自律意识，不足以对自我进行有效的约束，进而导致许多人为实现财富的积累，不择手段。在一般人难以抵挡的诱惑面前，纷纷缴械投降⑥</u>。

⑥本段的逻辑关系混乱，"虽是……未必……而……进而……"等逻辑关系词的使用太多，整段缺少从一而终的大逻辑。

为富不仁的手段使得<u>大多数人</u>有羞愧感，即便如此，仅仅依靠人们的自律来抵挡强大的利益诱惑依旧是不现实的。因此，要

⑦本段有两个问题：第一，要实现"良性

实现为富先为仁的良性制度，就必须确保为仁者能够实现预期的目标，即精神和物质的双重满足，通过制度来保证为仁是可以为富的。没有完善的制度约束人们的行为，以及低成本的违法，势必会驱使人们追逐利益，为了短期利益，做出伤害他人的行为。⑦

制度"，要"通过制度……"，这是循环论证；第二，过多地使用"势必"等绝对化的程度词。

"为仁"须先"为富"，"为富"可以更好地"为仁"。要辩证地看待二者之间的关系，社会的发展离不开两者的协同进步。

结尾没有问题。

（全文共 697 字）

## 论说文 6 步评分表

| 项目 | 要求 | 本文评价 |
|------|------|----------|
| 标题 | 1. 标题必须点明论点。<br>2. 标题必须是提倡什么，反对什么。 | 本文标题论点清晰，有明确的倡导。 |
| 开头 | 1. 开头必须引入材料。<br>2. 开头必须要提出论点。<br>3. 材料和论点间最好有适当的过渡。<br>4. 开头无须展开论证。 | 本文开头使用三句开头法，满足开头 4 个要求。 |
| 结构 | 1. 要有明确的结构。<br>2. 分论点必须明确，且分论点须在每段开头第一句话。<br>3. 分论点必须能概括本段内容。 | 1. "是什么"这一段定义有误，其实这一段没有必要，删去即可。<br>2. 本文试图使用"ABAB 式"结构，但分论点不明确。 |
| 论证 | 1. 必须要有说理。<br>2. 例证要简洁。<br>3. 说理和例证要与论点具备相关性。<br>4. 案例型材料的论证不应脱离材料；寓言型材料的论证可不必过多分析材料。<br>5. 论证对象要有一致性。 | 1. 本文第四段的论据不能很好地支撑论点。<br>2. 本文第六段循环论证。 |
| 结尾 | 1. 结尾必须总结论点和材料。<br>2. 结尾可以有一些对偶、引用等出彩的句子。 | 本文结尾基本符合要求。 |
| 评分 | 按管理类联考的一至五类卷标准进行评分。<br>根据字迹好坏可浮动 3 分。 | 评分等级：四类卷。<br>参考评分：15 分。 |

## 真题精练 4

## 2017 年管理类联考论说文真题

### ❶ 真题原文

论说文：根据下述材料，写一篇 700 字左右的论说文，题目自拟。

一家企业遇到了一个问题：究竟是把有限的资金用于扩大生产呢，还是用于研发新产品？有人主张投资扩大生产，因为根据市场调查，原产品还可以畅销三到五年，由此可以获得丰厚的利润。有人主张投资研发新产品，因为这样做虽然有很大的风险，但风险背后可能有数倍于甚至数十倍于前者的利润。

### ❷ 审题立意

#### （1）命题背景

20 世纪 90 年代以来，全球经济格局进入深刻调整期。越来越多的国家开始意识到，推动经济发展从生产要素驱动和投资驱动转向创新驱动的重要性和紧迫性。为了促进创新发展，获取新的国际竞争力，世界各国都出台了各自的创新发展战略。美国在 2009 年、2011年、2015 年发布了三版《美国创新战略》，指导美国政府工作，以确保美国能够继续引领创新经济、发展未来产业，并利用创新来解决国家发展中遇到的挑战。

2016 年 5 月，中共中央、国务院正式发布《国家创新驱动发展战略纲要》（以下简称《纲要》），即日起实施。《纲要》指出，"创新驱动就是创新成为引领发展的第一动力，科技创新与制度创新、管理创新、商业模式创新、业态创新和文化创新相结合，推动发展方式向依靠持续的知识积累、技术进步和劳动力素质提升转变，促进经济向形态更高级、分工更精细、结构更合理的阶段演进。"

当前，我国创新驱动发展已具备发力加速的基础，经过多年努力，科技发展正在进入由量的增长向质的提升的跃升期。同时，也要看到，我国许多产业仍处于全球价值链的中低端，一些关键核心技术受制于人，发达国家在科学前沿和高新技术领域仍然占据明显领先优势。

但需要注意的是，这道题的命题大背景虽然与创新有关，但如果文章的主题写成"创新"则属于偏题。因为本材料是明显的案例分析类材料，要求考生做出"生产旧产品"或"生产新产品"的决策，因此，要紧密围绕两种决策的选择来展开文章。

## （2）四步审题立意法

| 第1步 判断材料类型 | 寓言、故事、案例（√）、观点。<br>本材料给出了一个商业案例，让我们做出决策，因此是"案例类"材料。 |
|---|---|
| 第2步 确定立意对象 | 材料中的对象（√）、个人或管理者、企业（√）、社会。<br>"争议案例类"材料直接针对材料中的案例进行分析即可，即：我们需要做出"扩大生产旧产品"还是"研发新产品"的决策。<br>当然，材料中的案例针对"一家企业"，故我们的写作对象也应该针对这家企业的情况来写。 |
| 第3步 确定写作态度 | 支持、反对、AB 二者兼顾、AB 有所侧重、AB 二者择一（√）。<br>材料的问题是"究竟是把有限的资金用于扩大生产呢，还是用于研发新产品？"在"资金有限"这一限定条件下，我们不可能选择二者兼顾，而是应该帮企业做出二者择一的决策。<br>决策1：敢于冒险，研发新品。但要注意研发新品未必一定成功，这背后的风险不容忽视。<br>决策2：扩大生产，理性发展。但也要注意，扩大生产后产品真的能畅销三五年吗？三五年后企业该如何发展？<br>当然，我们更建议支持研发新产品，因为这更符合这个时代"大众创业、万众创新"的主旋律。 |
| 第4步 拟出文章标题 | 对象＋态度：<br>着眼未来，研发新品（决策1）<br>理性决策，扩大生产（决策2） |

## ❸ 全文思路

本文可以采用"非 A 推 B 式"结构，即：扩大生产旧产品有弊端（A 不可行），研发新产品有好处（B 可行），因此，要研发新产品。

### （1）扩大生产旧产品有弊端（A 不可行）

指出由于种种原因，扩大生产旧产品有弊端，是不正确的决策。

例文1：

扩大生产旧产品不可行，因为，旧产品本身的生命周期可能并不能支持未来三到五年的畅销。随着时间的推移，旧产品可能已经到达了成长期的尾声，进入了饱和期，甚至是衰退期，从而使企业失去市场。而且，消费者的需求是不断变化的、不断升级的，旧产品很难跟上这种需求的变化和升级。

例文2：

扩大生产旧产品不可行，因为，旧产品往往会面临同质化竞争。竞争对手很容易在产品的外观设计、理化性能、使用价值、包装与服务、营销手段上相互模仿，以至产品的技术含量、使用价值逐渐趋同，这必然会导致利润下滑。

◐ 例文 3：

　　扩大生产旧产品这种决策可能是一种误判。因为，跟随原定路线、生产现有产品，几乎不需要决策成本，旧的机制的惯性就能推动管理者自然而然地做出这一决策。但这种决策很可能是"路径依赖"的产物，容易使企业陷入困局。柯达在数码时代的没落、诺基亚在手机领域的凋零，皆因如此。

## （2）研发新产品有好处（B 可行）

　　涉及企业的文章，要谈好处时，无非从几个方面下手，如：降低成本、提高利润、打造品牌、形成竞争优势、打造核心竞争力等。

◐ 例文 1：

　　研发新产品，有利于形成差异化竞争优势。在完全竞争市场上，同质化产品一般都会走向价格竞争，这就摊薄了企业的利润。但通过创新，可以让企业发现新需求、造出新产品，从而让企业走出红海，发现蓝海，从而提高利润。

◐ 例文 2：

　　研发新产品，有利于形成竞争壁垒。拥有知识产权的企业，可以凭专利权、商标权坐收渔利，甚至钳制竞争对手的发展。曾经的华为为什么陷入芯片短缺，因为那时我们还没有掌握芯片制造的核心技术。

◐ 例文 3：

　　研发新产品，有利于提高产品利润率。这是因为新产品往往在某一方面领先于对手，比如性能更好、价格更低、有更多的差异性等，因而能卖出更高的价格。如果这种新产品是市场上独有的，那么企业就掌握了定价权，当然会有更高的利润率。

## （3）过渡段

　　分析完扩大生产旧产品和研发新产品的利害关系后，我们需要对两种方式做个简单总结，表明我们的态度。

◐ 例文：

　　因此，扩大生产旧产品没有出路，研发生产新产品才有未来。

## （4）提建议

　　研发新产品有风险，所以企业要做好风险管理，做好精准定位。

◐ 例文 1：

　　研发新产品，要做好风险控制。一方面，新产品的研发并不能保证成功，一旦研发失败，对于企业造成的损失不言而喻；另一方面，由于信息不对称，新产品的市场预期也可能存在极大不确定性。研发出的新产品未必能满足消费者的最新偏好。可见，做好研发新产品的风险管理十分关键。

**例文 2：**

研发新产品，精准定位是关键。一方面企业的资源是有限的，要把有限的资源利用到自己最擅长的地方，才能产生好的效果。另一方面，定位越精准的产品，越能找到自己的细分市场，越能赢得消费者的青睐。

**例文 3：**

研发新产品，好的机制是关键。首先，不仅管理者自身要有创新意识和冒险精神，而且要健全创新激励制度，让企业内部的创新源泉充分涌流；其次，企业需建立一套有效的风险防范与规避机制，在创新的过程中，加强对风险的把控能力；此外，企业需要培养"鼓励创新，允许失误"的宽容氛围，并确保其得到有力贯彻。

## ❹ 结构导图

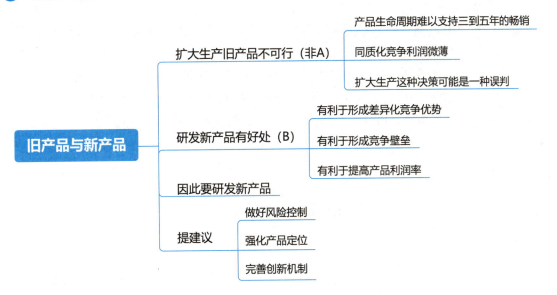

## ❺ 参考范文

### 范文 1　支持研发新产品

#### 着眼未来，研发新品

吕建刚

企业拥有有限的资金时，是应该用于扩大生产旧产品还是研发新产品呢？我认为应该拥抱未来，研发新产品。

扩大生产旧产品不可行，因为，旧产品本身的生命周期可能并不能支持未来三到五年的畅销。随着时间的推移，旧产品可能已经到达了成长期的尾声，进入了饱和期，甚至是衰退期，从而使企业失去市场。而且，消费者的需求是不断变化的、不断升级的，旧产品很难跟上这种需求的变化和升级。柯达在数码时代的没落、诺基亚在手机领域的凋零，皆因执着于旧产品的生产。

研发新产品则有诸多好处：

一方面，有利于提高产品利润率。这是因为新产品往往在某一方面领先于对手，比如性能更好、价格更低、有更多的差异性等，因而能卖出更高的价格。如果这种新产品是市场上独有的，那么企业就掌握了定价权，当然会有更高的利润率。

另一方面，有利于形成竞争壁垒。拥有知识产权的企业，可以凭专利权、商标权坐收渔利，甚至钳制竞争对手的发展。曾经的华为为什么陷入芯片短缺，因为那时我们还没有掌握芯片制造的核心技术。

当然，研发新产品，要做好风险控制。一方面，新产品的研发并不能保证成功，一旦研发失败，对于企业造成的损失不言而喻；另一方面，由于信息不对称，新产品的市场预期也可能存在极大不确定性。研发出的新产品未必能满足消费者的最新偏好。可见，做好研发新品的风险管理十分关键。

最后，研发新产品，好的机制是关键。首先，不仅管理者自身要有创新意识和冒险精神，而且要健全创新激励制度，让企业内部的创新源泉充分涌流；其次，企业需建立一套有效的风险防范与规避机制，在创新的过程中，加强对风险的把控能力；此外，企业需要培养"鼓励创新，允许失误"的宽容氛围，并确保其得到有力贯彻。

综上所述，研发新产品的未来更加光明，值得我们冒些风险。

（全文共 729 字）

## 范文 2  支持扩大生产

### 理性选择，扩大生产

**吕建刚**

企业拥有有限的资金时，是应该用于扩大生产旧产品还是研发新产品呢？我认为应该理性决策，扩大生产旧产品。

首先，谋利是企业的天性，如果扩大生产旧产品有利于企业赢利，那么这样做有何不可呢？"根据市场调查，原产品还可以畅销三到五年，由此可以获得丰厚的利润"，这说明原产品实际上是"波士顿矩阵"这一理论所描述的"现金牛"产品，这一类产品是企业最大的利润来源。因此，扩大生产是理性选择。

其次，与研发新产品不同，旧产品的扩大生产不必引进创新人才、不必投入创新资源、不必承担创新风险，是一种风险极小且利润回报丰厚的选择，我相信任何理性的经理人都不会放弃这样的选择。

而且，多数产品的研发其实都是从创新始，以规模化生产终。这是因为研发成果需要规模化才能产生效益——规模效应所带来的边际成本的下降、边际效益的提高是企业的利润来源。因此，拒绝扩大生产是违背管理常识的。

当然，有人认为，既然资金有限，投入了旧产品的扩大生产，不就影响了新产品的研发吗？这看起来很有道理，却忽视了企业并不应该拒绝负债。实际上，即使是一些很好的企业，也会有一定的资产负债率，因为这样更加有利于企业扩大规模，获取更丰厚的利润。因此，不论是生产旧产品，还是研发新产品，如果确有回报，进行融资或者举债不失为一种好的选择。

因此，选择扩大生产旧产品，并不意味着拒绝创新。事实上，扩大生产能让企业获取更多的利润，有了更多的利润才有更多的钱去研发创新，这其实正是马太效应的原理。以互联网行业为例，阿里巴巴、腾讯、百度、字节跳动等巨头们，凭借大规模的资本和流量优势，进行了大量的创新，同时，又通过并购新型创新企业扩充着自己的商业版图。

综上所述，扩大生产旧产品，不失为一种风险较小的理性决策。

（全文共 721 字）

## ❻ 相关素材

### 6.1　典型事例

#### （1）福特"山鸡"变"凤凰"之路

福特汽车从默默无名的状态一跃成为全美最大的汽车公司，就是通过扩大生产完成了华丽的转变。通过规模经济，福特汽车增加的产量可以急剧降低生产成本，从而可以降低价格，由此占据了很大的市场份额，取得了极大的成功。

#### （2）格兰仕的品牌之路

1995~2002 年，格兰仕在中国微波炉市场上连续 8 年蝉联第一，成功的秘诀就是在短时间内接连不断地重复生产品种相同的产品，也就是扩大生产。由于格兰仕产品产量大，生产比较稳定，由此达到了降低成本的目的，之后便迅速地占领了市场。

#### （3）苹果的创新之路

苹果公司通过研发新产品，避免自己产品同质化，使自己和同行形成差异化，从而成为手机行业的风向标和领导者。除了在手机市场耕耘新产品，苹果公司还研发了一系列的新智能设备，以此形成自己的产品组合。

#### （4）格力掌握核心科技

格力在空调领域销量的遥遥领先，并非偶然。格力通过产品自主创新，工艺创新开发，提升了企业核心竞争力，成为真正的行业领跑者。"创新是企业的灵魂，是企业发展的唯一推动力。"格力电器董明珠曾在接受采访时这样说道。正是这样"格力式"的创新，才使格力家用空调产销量连续多年位居中国第一。创新助力企业发展，让世界爱上"中国智造"。

### 6.2　引用句

（1）不入虎穴，焉得虎子。（《后汉书·班超传》）

（2）人生要不是大胆地冒险，便是一无所获。（海伦·凯勒）

（3）万无一失意味着止步不前，那才是最大的危险。为了避险，才去冒险，避平庸无奇的险，值得。（杨澜）

（4）不敢冒险的人既无骡子又无马，过分冒险的人既丢骡子又丢马。（拉伯雷）

（5）求生，就是在风险与收益之间平衡取舍。（贝尔·格里尔斯）

（6）不要在已成的事业中逗留着！（巴斯德）

（7）天下者，得之艰难，则失之不易；得之既易，则失之亦然。（苏轼）

（8）只有先声夺人，出奇制胜，不断创造新的体制、新的产品、新的市场和压倒竞争对手的新形势，企业才能立于不败之地。（黄汉清）

（9）企业的成败在于能否创新，在企业特殊困难时期，更需要有这种精神。（黄汉清）

## ❼ 习作点评

### 习作（1）

#### 着眼长远，敢于创新

学员　张晓雪

究竟把有限的资金用于扩大生产，还是用于研发新产品？我赞同后者，当代市场瞬息万变，竞争激烈，要想获利，应着眼长久发展，敢于创新。

那么为何仍有企业选择投资扩大生产，坚持销售原产品呢？这是因为创新存在机会成本，尤其当企业采用的旧方法、旧模式，产生过效果，取得过成就，更容易形成路径依赖，不愿去冒险研发新产品。而且，冒险的后果未知，一旦失败，就意味着我们之前的投入都变成了沉没成本，很多人不愿意支出这样的成本。

然而，风险是具有普遍性的，就算你不创新，风险仍然存在，可能面临更严峻的、竞争更加激烈的市场环境。更何况，"风险与收益是成正比的"，正如材料中的观点"风险背后可能有数倍于甚至数十倍于前者的利润"。因此，研发新产品、开展创新，是企业的必然选择。

创新，可以降低企业的边际成本，对企业特别有价值。创新，意味着全新产品的投产、工作方法的革新、工作流程的改进、先进设备的使用，等等，这些都会推动企业生产效率的提高。一旦投产，形成规模，企业的边际成本会大幅下降，未来创造的价值不可限量。

标题最好紧扣材料，直接点明支持"研发新品"。

开头回扣材料，点明主题。

此段指出企业愿意生产旧产品的原因。

指出上述做法的问题。

指出创新的作用。

220

若企业选择原地踏步，故步自封，一味投资扩大生产，一味"复制粘贴"，长此以往，会大概率吸引竞争者进入市场当中，进而导致严重的产品同质化，最终形成互害的"劣币驱逐良币"的局面。

*指出企业不创新的问题。*

那么，如何激励创新行为呢？对于企业来说，应建立容错机制，鼓励员工创新。员工不怕犯错，自然愿意钻研"新点子"，改进新方法。对国家来说，应正面强化创新企业的积极性，例如建设创新科技园，实施税收优惠、房租补贴措施等，如此才真正暖在了创新企业的心里。

*提建议，指出如何创新。*

在大竞争时代的这片"红海"中，勇于创新，是企业这只小帆突破重围的原动力！

*结尾没有问题。*

（全文共 689 字）

## 论说文 6 步评分表

| 项目 | 要求 | 本文评价 |
| --- | --- | --- |
| 标题 | 1. 标题必须点明论点。<br>2. 标题必须是提倡什么，反对什么。 | 本题应该立意为"研发新品"，而不是"创新"。因为"创新"作为主题虽与材料相关，但并不是材料本身的内容。 |
| 开头 | 1. 开头必须引入材料。<br>2. 开头必须要提出论点。<br>3. 材料和论点间最好有适当的过渡。<br>4. 开头无须展开论证。 | 本文开头使用三句开头法，基本满足要求。 |
| 结构 | 1. 要有明确的结构。<br>2. 分论点必须明确，且分论点须在每段开头第一句话。<br>3. 分论点必须能概括本段内容。 | 本文结构混乱。先说了不创新的原因，又指出不创新有问题，然后又说明创新的好处，然后又指出不创新有问题。前后文存在重复。 |
| 论证 | 1. 必须要有说理。<br>2. 例证要简洁。<br>3. 说理和例证要与论点具备相关性。<br>4. 案例型材料的论证不应脱离材料；寓言型材料的论证可不必过多分析材料。<br>5. 论证对象要有一致性。 | 本文的说理基本能证明自己的观点。 |
| 结尾 | 1. 结尾必须总结论点和材料。<br>2. 结尾可以有一些对偶、引用等出彩的句子。 | 本文的结尾基本符合要求。 |

续表

| 项目 | 要求 | 本文评价 |
|------|------|----------|
| 评分 | 按管理类联考的一至五类卷标准进行评分。<br>根据字迹好坏可浮动3分。 | 评分等级：三类卷。<br>参考评分：18分。 |

## 习作（2）

### 企业发展应当创新

老吕MBA班学员　张雲霆

习近平总书记说："创新，像撬动地球的杠杆，总能创造令人意想不到的奇迹。"同样我也认为企业应投资研发新品，不断创新，才能长期发展。

创新是企业发展的第一助推器，谁能领先这一步，谁就能抢占市场先机。随着大竞争时代的来临，市场也变成了公司间厮杀的"红海"，而企业要启动和保持获利性增长，就必须超越产业竞争，开创全新市场。例如，红牛在初诞生之时，首创了"功能性饮料"，开拓了一片全新的市场，而红牛作为首创者，取得了先发优势，并以此奠定了行业龙头位置。

罗曼·罗兰曾说，"我创造，所以我生存。""胶卷大王"柯达的终结，是由于市场激烈的价格竞争以及数字成像技术对传统成像技术造成的冲击。柯达并未有效地应对技术落后的问题，由于担心胶卷销量受影响，决策者们一直未敢大力发展数字业务，而是选择扩大生产，不选择投资研发新品，最终被市场淘汰。

为什么有的企业不愿意创新呢？究其原因之一是投资研发新品要付出极大的机会成本。同时，在投资研发新品的过程中，也面临极大的不确定性，有可能产生沉没成本，企业无法从其前期投入中获取任何收益。前期也要为此付出大量的金钱、时间与资源，而企业本身可以利用这些资源获取一个相对稳定的收益。

创新可以展现企业的独特竞争优势，进而帮助企业赢得超额利润。如若企业守旧不创新，旧有的技术有可能会形成瓶颈，变相提高了企业的成本，制约着整体效率的提升。同时由于边际效益的存在，对单一项目的持续投入会导致收益的不断减少。因而

**（右侧批注）**

标题存在的问题与上文一样，论点最好直接与生产新产品相关，比如《勇于研发新品》。

三句开头。

正：正面论证创新的重要性。

反：反面论证不创新的后果。

析：分析不创新的原因。

驳：指出还是要创新。

企业若想保持获利性增长，在具备相应的资源条件下，应当选取创新战略。

李渔曾说，"变则新，不变则腐；变则活，不变则板。"与其投资扩大生产，还不如投资研发新品。这样，企业才能长期生存下去。

两句结尾。

（全文共 696 字）

## 论说文 6 步评分表

| 项目 | 要求 | 本文评价 |
|---|---|---|
| 标题 | 1. 标题必须点明论点。<br>2. 标题必须是提倡什么，反对什么。 | 本文立意为"创新"，而且全文基本未涉及材料中的"生产旧产品与研发新产品"的问题，故本文偏题。 |
| 开头 | 1. 开头必须引入材料。<br>2. 开头必须要提出论点。<br>3. 材料和论点间最好有适当的过渡。<br>4. 开头无须展开论证。 | 本文开头没有紧扣材料。 |
| 结构 | 1. 要有明确的结构。<br>2. 分论点必须明确，且分论点须在每段开头第一句话。<br>3. 分论点必须能概括本段内容。 | 1. 本文论证结构基本明确。<br>2. "罗曼·罗兰"的话作为分论点不妥。 |
| 论证 | 1. 必须要有说理。<br>2. 例证要简洁。<br>3. 说理和例证要与论点具备相关性。<br>4. 案例型材料的论证不应脱离材料；寓言型材料的论证可不必过多分析材料。<br>5. 论证对象要有一致性。 | 本文说理和例证与材料关联性不大。 |
| 结尾 | 1. 结尾必须总结论点和材料。<br>2. 结尾可以有一些对偶、引用等出彩的句子。 | 本文的结尾基本符合要求。 |
| 评分 | 按管理类联考的一至五类卷标准进行评分。<br>根据字迹好坏可浮动 3 分。 | 评分等级：四类卷。<br>参考评分：12 分。 |

# 2018 年管理类联考论说文真题

## ❶ 真题原文

论说文：根据下述材料，写一篇 700 字左右的论说文，题目自拟。

有人说，机器人的使命，应该是帮助人类做那些人类做不了的事，而不是代替人类。技术变革会夺取一些人低端繁琐的工作岗位，最终也会创造更高端更人性化的就业机会。例如，历史上铁路的出现抢去了很多挑夫的工作，但又增加了千百万的铁路工人。人工智能也是一种技术变革，人工智能也将促进未来人类社会的发展。有人则不以为然。

## ❷ 审题立意

### （1）命题背景

人工智能，英文缩写为 AI，是对人的意识、思维的信息过程的模拟。人工智能可以像人那样思考、进行深度学习，甚至极有可能超过人的智能。

2017 年 3 月 5 日，国务院总理李克强发表 2017 年政府工作报告，指出："要加快培育壮大包括人工智能在内的新兴产业。""人工智能"首次被写入全国政府工作报告；同年 7 月，国务院印发《新一代人工智能发展规划》，将人工智能上升为国家发展战略。

2017 年 6 月，首届世界智能大会在天津召开。在此次会议上，有参会者提出"不要让机器去模仿人类，而让机器去做人做不到的事情。每次技术革命都会诞生很多新的就业，人类要去做更多有价值的东西，做人类应该做的事情，而不是去做机器要做的事情。"

### （2）四步审题立意法

| | |
|---|---|
| **第 1 步**<br>**判断材料类型** | 寓言、故事、案例（√）、观点。<br>对于人工智能，材料中存在争议，我们要解析材料中的争议，故本材料是个"案例类材料"。<br>材料中的反对者仅仅表示了反对，没有给出理由。因此重点看支持者。<br>支持者的话可分为三部分："①机器人的使命，应该是帮助人类做那些人类做不了的事，而不是代替人类。技术变革会夺取一些人低端繁琐的工作岗位，最终也会创造更高端更人性化的就业机会。②例如，历史上铁路的出现抢去了很多挑夫的工作，但又增加了千百万的铁路工人。③人工智能也是一种技术变革，人工智能也将促进未来人类社会的发展。"<br>②仅仅是例子，可忽略。<br>比较①和③，可以发现①是③的理由，③是支持者对人工智能做出的断定，是他的真正观点。<br>综上，支持者支持人工智能的发展，反对者不以为然。 |

续表

| 第2步 确定立意对象 | 材料中的对象（√）、个人或管理者、企业、社会。 争议案例类材料，直接以材料中的对象作为立意对象即可，即围绕"人工智能"来立意。 |
|---|---|
| 第3步 确定写作态度 | 支持（√）、反对、AB 二者兼顾、AB 有所侧重、AB 二者择一。 材料中说"人工智能也将促进未来人类社会的发展"，这当然是好事，因此我们要支持人工智能的发展。 |
| 第4步 拟出文章标题 | 对象 + 态度： 人工智能（对象）应该发展（态度） 发展人工智能（对象）势在必行（态度） |

## ❸ 全文思路

### 📝（1）有好处

可能很多同学在面对"人工智能"这个话题时，会感觉十分陌生。而且，我们多数同学也不了解与人工智能相关的 IT 技术，这就让很多同学面临此话题时无从下手。

其实此类题有两个非常万能的角度，一是它是不是提高了社会总收益；二是它是不是降低了社会总成本。

#### ① 提高社会总收益

本题的材料在这方面给了很多行文思路，比如材料提到"人工智能可以帮助人类做那些人类做不了的事"，"创造更高端、更人性化的就业机会"。我们就需要思考，人工智能做了哪些人类做不了的事呢？是不是促进了经济发展？推动了劳动生产率的提高？助力了产业结构升级？实现了工作的智能化？

🌐 例文 1：

发展人工智能，能够促进经济发展。这是因为，经济发展归根到底是由劳动生产率决定的，而人工智能可以帮助我们实现大数据分析、精准运营、自动化运营等，从而由智能化劳动代替传统的机器劳动或人工劳动，从而提高劳动生产率，最终实现社会生产力的跃升和经济可持续发展。

🌐 例文 2：

发展人工智能，有助于实现服务升级。在商业领域，人工智能能够收集客户的信息，再利用大数据分析，对接客户从而制定满足客户个性化需求的用户方案。在医疗领域，人工智能能够通过分析病患的身体特征，快速诊断出病患的身体毛病，匹配出最快的治疗方案。在生活领域，人工智能使得无人驾驶成为可能，降低了交通事故率。

☄ 例文 3：

发展人工智能，有助于实现就业升级。人工智能的运用和逐步普及，代替了许多可以被代替的行业劳动，使人们可以从笨重的、重复的、机械的劳动中解放出来，转到更富智慧、更人性化、更高端的工作中去，有利于进一步提升人们的综合能力和生活品质。

☄ 例文 4：

人工智能的发展，能让劳动者实现更大的劳动价值。现如今，不少的人还在从事低端或者危险系数极高的工作。这些工作倘若由人工智能来完成，就可以使这一部分人解放出来，或使这一份工作给人带来的伤害降至最低。此外，人工智能也能给这部分人创造更加高端、人性化的岗位，以助于满足他们更高层次的人生追求。

☄ 例文 5：

人工智能有利于维护社会稳定。我国目前正面临着严重的人口老龄化现象，在这个现象下，劳动力不足的趋势将会越来越严重，如果这时候采用和发展人工智能，就能有效分担这一部分的劳动力缺口，缓解我国供给侧不足的现象，进而保证社会平稳运行。

☄ 例文 6：

人工智能有利于带动产业升级。人工智能是以计算机程序为依托，能够与其他领域深度融合的新技术科学。比如，人工智能与汽车领域的融合，带来了无人驾驶；人工智能与医学领域的融合，形成超强的"诊断"能力，降低误诊的概率。在国家倡导新发展格局，促进高质量发展的今天，人工智能在重塑传统行业发展模式方面的作用巨大。

☄ 例文 7：

发展人工智能，有助于实现产业升级。随着时代的发展，从劳动密集型产业向技术密集型产业转型，是我国经济发展的必由之路。而人工智能能够与制造、医疗、物流、安防、教育、交通、金融等领域相结合，不断改变着人们的生产、生活方式，推动行业发展模式和经济结构的转型，从而重塑产业结构。

## ② 降低社会总成本

☄ 例文：

发展人工智能，可以降低社会总成本。一方面，人工智能可以帮助我们实现大数据分析、精准运营、自动化运营等，从而由智能化劳动代替传统的机器劳动，从而提高劳动生产率，从而降低了生产成本；另一方面，人工智能可以取代一部分人的劳动，减少企业用工数量，从而降低人工成本。

## （2）有问题 / 困难 / 风险

正如材料所言，"技术变革会夺取一些人低端繁琐的工作岗位"，也就是说，发展人工智能确实会带来一些就业问题，如果这些问题不能妥善解决，可能会加剧社会的两极分化。

☯ 例文1：

　　人工智能确实对就业存在一定的威胁。因为，人工智能在各行业的普遍应用，极有可能引起大量现存工作岗位的消失，尤其是一些简单、重复性的工作岗位，相应的员工也会失业。即使会有新的工种产生，这部分员工也可能因为无法胜任而失业。

☯ 例文2：

　　当然，人工智能在发展过程中，不可避免会带来种种阵痛。比如材料中提到的就业威胁问题。的确，人工智能取代了一些人的劳动岗位，尤其是一些简单、重复性的工作岗位，造成一部分人的失业。

☯ 例文3：

　　人工智能可能会加剧社会的两极分化。相对廉价的劳动力因为人工智能的冲击在就业方面更显艰难，而从事人工智能开发及利用人工智能的高端人才，其未来的发展机遇与前途则是一片光明，这就很可能导致强者愈强、弱者愈弱的局面，加剧社会矛盾。

　　除了一些就业威胁，人工智能也面临一些法律问题，比如对用户隐私的侵犯。

☯ 例文4：

　　随着人工智能技术的愈发成熟，人类隐私、安全、数据等风险也将出现。例如人脸识别技术，如果人脸图像等数据没有被妥善保管和合理使用，就会侵犯用户的隐私。再比如，用户在网站上的浏览行为也都会变成数据被沉淀下来，而这些数据的汇集都可能导致个人隐私的泄露。

　　当然，人工智能的发展也存在困难，技术创新需要大量的人才，但目前我国的人才储备显然存在不足。

☯ 例文5：

　　人工智能的发展需要大量的高科技人才。但是，我国目前的人才储备还不能完全满足人工智能的发展需求，在培养人工智能人才方面，还存在空心化、碎片化等种种不足。

🗂 **（3）提方案**

　　针对人工智能发展中的人才问题，不同主体可以给出各自的方案。因此，可从主体划分角度提出建议。

☯ 例文1：

　　要想为人工智能发展提供支持，需要政府与企业协同用力。

　　对于政府，要加大力度推动为科技人才"松绑""减负"的政策落地，形成更加灵活的人才管理体制，让更多的科技人才通过创新得到合理回报。

　　对于企业，要通过激励手段，给予AI科研项目更多的资金支持和人才补贴，激发科技人才的创新活力，让他们能毫无顾忌地执行好自己的科研任务。

而人工智能造成的隐私泄露等问题，不能期待企业自行解决，因为企业是逐利的，如果用户隐私对企业有利，就会有人铤而走险。因此，要迅速完善这方面的立法并提高法律执行的力度。本部分可从"标本兼治""主体划分"的角度进行提方案。

🌐 例文 2：

要杜绝这类现象，需要标本兼治。

一要治标，对于使用人工智能侵权的行为，严惩不贷，以求产生震慑作用。

二要治本。首先要进一步完善人工智能相关立法，对伦理法理进行明确的界定，做到有法可依，执法必严。其次要打造完善的企业征信系统，将用人工智能侵权牟利的企业打入黑名单，形成"一处侵权、处处受限、寸步难行"的侵权惩戒格局。

最后，对于人工智能带来的就业威胁问题，一方面，我们可以表明利大于弊来消除顾虑，另一方面，我们也可以针对问题提出解决方案。

🌐 例文 3：

其实，人工智能造成的就业问题，更准确地说并不是让人"失业"，而是让人"转业"。人工智能和其他的发明创造一样，节省了人类的劳动，让人类从繁重的劳动，尤其是低质量、重复性的劳动中解放出来，让人类有更多的时间从事更擅长的、更有价值的工作。当然，对于那些并不能很好地适应社会的变革和新岗位的劳动者，要通过知识教育、职业技能教育来实现素质的提高，从而解决这一问题。

🌐 例文 4：

发展人工智能离不开教育。一方面，人工智能对就业造成的威胁，其实不是让人失业，而是让人"转业"，也就是说，让就业人群从低端、重复性劳动中转移到高端、创新性劳动中，从劳动密集型产业转移到技术密集型产业中来。但这种转移背后必然要伴随着劳动者素质的提高，因此，发展教育至关重要。另一方面，人工智能造成的贫富差距增大问题，需要继续通过推进教育公平来进行缓解。要让不同家庭背景的人有通过自己的努力得到高端就业岗位的可能。

当然，如果觉得以上的写法难度较大，我们还是可以采用相对万能的"主体划分"角度提出解决之道。

🌐 例文 5：

尽管人工智能给就业带来了一些负面影响，但在我看来，并非没有解决之道。

对于被人工智能夺走工作的劳动力，首先可以通过继续教育，增加自己的知识，提升自己的能力，再度站上能掌控人工智能的位置。

对于政府，有责任为难以通过自身改造的劳动力，在人工智能未涉足或是难以涉足的领域进行在职再培训，保障就业，缓和社会矛盾。

## ④ 结构导图

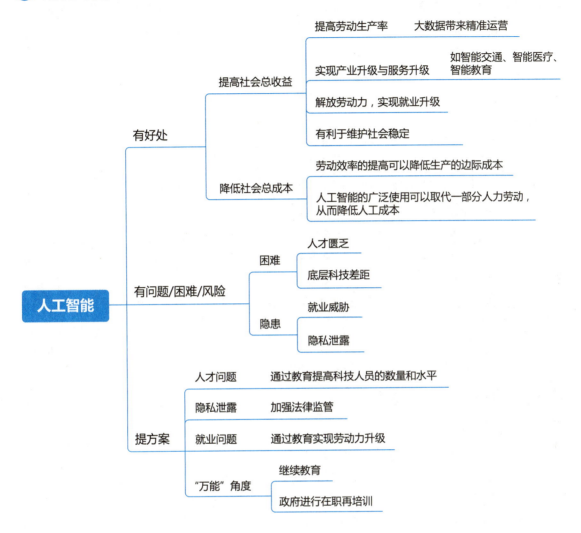

## ⑤ 参考范文

### 发展人工智能势在必行

吕建刚

关于人工智能是福还是祸，它们是否会让很多人失业，甚至它们是否会取代人类，众说纷纭。而我认为，我们应该拥抱人工智能，走技术创新之路。

首先，发展人工智有利于促进经济发展。这是因为，经济发展归根到底是由劳动生产率决定的，而人工智能可以帮助我们实现大数据分析、精准运营、自动化运营等，从而由智能化劳动代替传统的机器劳动或人工劳动，从而提高劳动生产率，最终实现社会生产力的跃升和经济可持续发展。

其次，发展人工智能有助于实现产业升级。随着时代的发展，从劳动密集型产业向技术密集型产业转型，是我国经济发展的必由之路。而人工智能能够与制造、医疗、物流、安防、教育、交通、金融等领域相结合，不断改变人们的生产、生活方式，推动行业发展模式和经济结构的转型，从而重塑产业结构。

当然，人工智能的发展过程中，不可避免会带来种种阵痛。比如材料中提到的就业威胁问题。的确，人工智能取代了一些人的劳动岗位，尤其是一些简单、重复性的工作岗位，造成一部分人的失业。

但是，以上问题都可以得到解决。因为，人工智能造成的就业问题，更准确地说并不是让人"失业"，而是让人"转业"。人工智能和其他的发明创造一样，节省了人类的劳动，让人类从繁重的劳动，尤其是低质量、重复性劳动中解脱出来，让人类有更多的时间从事更擅长的、更有价值的工作。

诚然，也有一部分人并不能很好地适应社会的变革和新的劳动岗位，但这不应该成为科技创新和发展人工智能的阻力。而是要通过知识教育、职业技能教育来实现劳动者素质的提高，从而解决这一问题。

总之，科技是第一生产力，人工智能则是重大科技突破。拥抱人工智能、发展人工智能，势在必行！

（全文共 688 字）

## ❻ 相关素材

### 6.1 典型事例

#### （1）人工智能促进医疗技术发展

人工智能在医学上发挥了重要作用。一方面，在感知环节应用机器视觉技术识别医疗图像，帮助影像医生减少读片时间，提升工作效率，降低误诊的概率；另一方面，人工智能通过大量的影像数据和诊断数据，不断对神经元网络进行深度学习训练，形成了超强的"诊断"能力。

#### （2）无人驾驶基于人工智能

人工智能和汽车研究领域的交叉发展给目前的交通行业带来了革命性的变化，自动驾驶可以基于感知的信息作出应变，一边担任驾驶员的角色，一边提供车内管家的服务，还能应对其他各方面的需求和任务。

#### （3）人工智能精准营销

通过分析用户的购买、浏览、点击等行为，结合各类静态数据得出用户的全方位画像，搭建机器学习模型去预测用户何时会购买什么样的产品，并进行相应的产品推荐。新一代人工智能技术精准营销，带来的不只是机器模型效果的提升，通过机器视觉技术收集消费者在线下门店内的数据，通过自然语言处理技术分析客户在与客服沟通时的语料数据，用于构建消费者画像的数据维度与数据量得到了极大的提升与丰富，提高了精准营销的效果。

## 6.2  引用句

（1）新一代人工智能正在全球范围内蓬勃兴起，为经济社会发展注入了新动能，正在深刻改变人们的生产生活方式。（习近平）

（2）当今世界，信息技术创新日新月异，数字化、网络化、智能化深入发展，在推动经济社会发展、促进国家治理体系和治理能力现代化、满足人民日益增长的美好生活需要方面发挥着越来越重要的作用。（习近平）

（3）未来10年，将是世界经济新旧动能转换的关键10年。人工智能、大数据、量子信息、生物技术等新一轮科技革命和产业变革正在积聚力量，催生大量新产业、新业态、新模式，给全球发展和人类生产生活带来翻天覆地的变化。我们要抓住这个重大机遇，推动新兴市场国家和发展中国家实现跨越式发展。（习近平）

（4）科学技术从来没有像今天这样深刻影响着国家前途命运，从来没有像今天这样深刻影响着人民生活福祉。（习近平）

（5）如果人工智能发展到一定程度，绝大部分人将成为无用的群体。尤其是在强人工智能时代，机器人有了人类的心理能力之后，能够被替代的工作种类将更多。（尤瓦尔·赫拉利《未来简史》）

（6）全面化人工智能可能意味着人类的终结。机器可以自行启动，并且自动对自身进行重新设计，速率也会越来越快。受到漫长的生物进化历程的限制，人类无法与之竞争，终将被取代。（霍金）

## 7  习作点评

### 习作（1）

#### 善用人工智能

学员 景

随着技术的发展，人工智能一步一步走入了人类的生活，许多人对此褒贬不一。我认为，应该要善用人工智能。

标题合格。

回扣材料，点明主题。

首先，什么是人工智能？人工智能并不是指它们具有了真正的"智能"，而是人类运用算法，赋予了它们一部分的"能力"，使得它们在遇见同类问题时，能够很快地做出计算、得出答案。人工智能的运用，能够将人类从大量重复而又繁杂的事物中脱离开，从事更多"高、精、尖"的工作，创造更大的财富。这可以提高社会总效益，所以我们要善用人工智能。

本段有两个内容：人工智能是什么，人工智能的作用。建议分为两段。

其次，每一次技术的大变革，都会促进人类社会的发展。第一次工业革命，工厂出现了，许多商品都更便宜了，让大家都获得了实

本段的内容是技术变革的作用。论证对象

惠；第二次工业革命，电进入了千家万户，使大家都获得了便利。我认为，人工智能也是如此，大家应该善于利用人工智能的力量。

与全文不一致。

但是，为何许多人对人工智能的发展感到担忧，甚至不满呢？因为，他们害怕人工智能夺去他们的工作。就像铁路的出现，夺去了许多挑夫的工作；纺织机的出现，夺去了许多手工纺织工人的工作一样。

分析有人反对人工智能的原因。

然而，这点是无须担心的。技术变革在夺取一些人低端繁琐的工作岗位时，也会创造更高端、更人性化的就业机会。而且，技术的发展也不是一蹴而就的。挑夫转身成了铁路工人，手工业者走进了工厂。善用人工智能，人们有足够的时间来适应大环境的转变，为自己找到一份更好的工作①。

反驳对人工智能的担心。

①处句子逻辑有问题。

①处可改为：人工智能在夺取一些人低端烦琐的工作岗位时，也会创造更高端、更人性化的就业机会。挑夫转身成了铁路工人，手工业者走进了工厂。而且，技术的发展也不是一蹴而就的，人工智能的发展也需要时间，人们有足够的时间来适应大环境的转变，为自己找到一份更好的工作。

怕的就是那些坐井观天的"青蛙"们！一味地缩在"乌龟壳"里、不想进步的人，只能被时代所淘汰。在这个社会日益发展、技术不断变革的大时代，我们不能固步自封地当一只"青蛙"，要不断了解新资讯，跟随时代的脚步，利用人工智能的力量来服务自己②。

②本段存在如下问题：一是没有明确的分论点，容易产生阅卷困难；二是与上文缺少过渡，读起来十分生硬；三是可以把"呼吁"改成"提建议"，那么这一段在整体结构上更清晰，说服力度也更大。

人工智能的发展已是大势所趋，我们不能做阻拦大势的"螳螂"，要善用人工智能，使自己不断地进步，避免被时代所淘汰。

总结全文。

（全文共716字）

## 论说文6步评分表

| 项目 | 要求 | 本文评价 |
|---|---|---|
| 标题 | 1. 标题必须点明论点。<br>2. 标题必须是提倡什么，反对什么。 | 本文标题没问题，满足标题2个要求。 |
| 开头 | 1. 开头必须引入材料。<br>2. 开头必须要提出论点。<br>3. 材料和论点间最好有适当的过渡。<br>4. 开头无须展开论证。 | 本文开头使用三句开头法，满足开头4个要求。 |

续表

| 项目 | 要求 | 本文评价 |
|---|---|---|
| 结构 | 1. 要有明确的结构。<br>2. 分论点必须明确，且分论点须在每段开头第一句话。<br>3. 分论点必须能概括本段内容。 | 1. 本文基本结构没有问题，即"人工智能是什么—人工智能的作用—人工智能的问题—问题不用担心"。<br>2. 本段第二段写了人工智能是什么。我们看很多习作，都能把"是什么"写得很好，但这类习作大都是查阅了相关资料后写的，在考场上很难把"是什么"写好。 |
| 论证 | 1. 必须要有说理。<br>2. 例证要简洁。<br>3. 说理和例证要与论点具备相关性。<br>4. 案例型材料的论证不应脱离材料；寓言型材料的论证可不必过多分析材料。<br>5. 论证对象要有一致性。 | 本文没有把握好论证对象的一致性，在"人工智能""技术变革"之间横跳。 |
| 结尾 | 1. 结尾必须总结论点和材料。<br>2. 结尾可以有一些对偶、引用等出彩的句子。 | 本文的结尾符合要求。 |
| 评分 | 按管理类联考的一至五类卷标准进行评分。<br>根据字迹好坏可浮动3分。 | 评分等级：三类卷。<br>参考评分：18分。 |

# 习作（2）

## 珍视人工智能，展望美好未来

### 学员　燕翔宇

　　面对人工智能的发展，有人抱乐观态度，有人持反对观点。技术变革的确会影响到人类生活的方方面面。是好是坏，难以定论。

　　而我认为，历史上每一次技术变革都会使人类社会向前发展，面对当下的人工智能，我们不妨以积极的态度对待它、珍视它①。

　　问题①建议改为：面对人工智能的发展，有人抱乐观态度，有人持反对观点。我认为，我们应该展望美好未来，拥抱人工智能。

"珍视""展望"用得不够好，可以改为"发展人工智能，创造美好未来"。
①用两段才提出自己的论点不可取，不利于阅卷人阅卷。开头必须要用简洁明了的语言提出论点。

每一场技术变革必将带来某些有利的方面，人工智能的到来也是如此。在过去，电话客服的工作只能由人承担，因为在那时只有人能够理解客户的需求，从而为客户提供服务。而如今随着人工智能的发展，智能 AI 语音已经取代人工电话客服，我们甚至已经无法分辨电话那端的声音究竟是人传来的还是人工智能传来的。不仅是电话客服，还有一些前台人员和餐厅服务员都变为 AI 机器人，甚至一些财务核算工作也通过人工智能完成②。这些转变都大大节约了成本，提高了效率，使生活更便捷。

②例子过长，应简化。

人工智能的发展不仅方便了人们的生活与工作，还可以解决一些人脑无法解决的难题。面对海量的数据，人工智能能够匹配到最优的数据、最佳的方法，并能在极短的时间内完成运算。在备受瞩目的围棋人机大战中，人工智能就战胜了人类冠军，可见其运算能力的优势。借助人工智能，人类也能够解决某些更复杂的问题③。

③什么更复杂的问题？在文章中并没有提及，显得没头没尾。

> 问题③建议改为：随着技术的不断完善，借助人工智能，人类甚至能够解决某些更复杂的问题，如医疗保健、交通管理等。

然而，人工智能的发展也确实带来了一些问题。人工智能毕竟有异于人类，无法理解人类的情感并提供相应的需求，有时也会曲解人类的真实意图。并且人工智能的出现剥夺了许多人的工作，造成失业问题。这些问题虽然对社会不利，但也会促使人往更高层次的方向发展。伴随着这些问题，我们依旧无法否认发展人工智能是利大于弊的④。

④让步句的连词使用不当，应该是"即使存在这些问题……"。

"科学技术是第一生产力"，面对人工智能的发展，我们应当珍视它。这样的技术变革一定会带我们走向更好的未来。

结尾可以。

（全文共 673 字）

## 论说文 6 步评分表

| 项目 | 要求 | 本文评价 |
|---|---|---|
| 标题 | 1. 标题必须点明论点。<br>2. 标题必须是提倡什么，反对什么。 | 本文标题没问题，满足标题 2 个要求。 |
| 开头 | 1. 开头必须引入材料。<br>2. 开头必须要提出论点。 | 本文开头用了两段才提出自己的论点，不够简洁明了，不利于阅卷。 |

续表

| 项目 | 要求 | 本文评价 |
|---|---|---|
| 开头 | 3. 材料和论点间最好有适当的过渡。<br>4. 开头无须展开论证。 | 本文开头用了两段才提出自己的论点，不够简洁明了，不利于阅卷。 |
| 结构 | 1. 要有明确的结构。<br>2. 分论点必须明确，且分论点须在每段开头第一句话。<br>3. 分论点必须能概括本段内容。 | 本文结构存在欠缺。本文在倒数第二段指出了人工智能存在问题，但这些问题大不大？问题是否能解决？后文中没有回答这些问题，因此，难以说明发展人工智能利大于弊。 |
| 论证 | 1. 必须要有说理。<br>2. 例证要简洁。<br>3. 说理和例证要与论点具备相关性。<br>4. 案例型材料的论证不应脱离材料；寓言型材料的论证可不必过多分析材料。<br>5. 论证对象要有一致性。 | 1. 本文例证过多，说理过少，整体说理力度不大。<br>2. 本文的例证过长。 |
| 结尾 | 1. 结尾必须总结论点和材料。<br>2. 结尾可以有一些对偶、引用等出彩的句子。 | 本文的结尾符合要求。 |
| 评分 | 按管理类联考的一至五类卷标准进行评分。<br>根据字迹好坏可浮动 3 分。 | 评分等级：三类卷。<br>参考评分：20 分。 |

## 真题精练 6

# 2019 年管理类联考论说文真题

## ① 真题原文

论说文：根据下述材料，写一篇 700 字左右的论说文，题目自拟。

知识的真理性只有经过检验才能得到证明。论辩是纠正错误的重要途径之一，不同观点的冲突会暴露错误而发现真理。

## ② 审题立意

### （1）命题背景

2019 年的这道题目，考的话题是"论辩与真理"。材料话题源于以胡福明为主要作者的《实践是检验真理的唯一标准》一文。

1978年5月11日，《光明日报》发表本报特约评论员文章《实践是检验真理的唯一标准》，由此引发了一场关于真理标准问题的大讨论。文章指出，检验真理的标准只能是社会实践，理论与实践的统一是基本原则，任何理论都要不断接受实践的检验。2018年是中国改革开放40周年，而本年的考题也贴近了改革开放40周年的热点，回溯改革开放前夕的真理标准问题大讨论。

在实践的过程中，把个人观点放置于公共空间以接受他人的检验，让不同见解进行思想的碰撞与交锋，可以纠正错误、辨明方向。换句话说，"论辩"可以摆脱个人观点的片面性、局限性，让人的认识由片面到全面、由浅显到深刻，让人发现偏见、揭示错误，从而获得真理。真理不是一蹴而就的，是在论辩的过程中逐步获得的。

### （2）四步审题立意法

| | |
|---|---|
| **第1步**<br>判断材料类型 | 寓言、故事、案例、观点（√）。<br><br>材料直接提出了观点，是观点类材料。观点类的材料，一般直接围绕材料中的观点进行写作即可。<br><br>材料是措施目的的结构。措施：论辩。目的：发现真理。<br><br>那么，我们要围绕论辩写呢还是围绕发现真理写呢？很简单，论说文的目的是说服别人认同我们的观点、按我们提出的观点做事情，因此，我们只需要考虑我们要说服别人做什么即可。我们要说服别人让别人去论辩呢，还是说服别人发现真理呢？显然是说服别人去论辩，因此应该围绕论辩来写。 |
| **第2步**<br>确定立意对象 | 材料中的对象、个人或管理者（√）、企业、社会。<br><br>谁来参与论辩、组织论辩呢？材料没有对论辩的参与者进行限制，写谁都可以。但老吕认为写管理者会更好，因为管理类联考的目的是选拔未来的管理者。 |
| **第3步**<br>确定写作态度 | 支持（√）、反对、AB二者兼顾、AB有所侧重、AB二者择一。<br>材料的观点显然是正面的，我们要持支持态度。 |
| **第4步**<br>拟出文章标题 | 对象 + 态度：<br>敢于（态度）论辩（材料中的对象），发现真理<br>管理者（对象）应接受（态度）论辩（材料中的对象） |

## ❸ 全文思路

此题是一个"正面提倡"类话题，宜使用"利大于弊式"结构，即：论辩有好处/有必要，当然，论辩过程中也会出现一些问题或困难，但是这些问题或困难可以解决（提出建议）。

### （1）有好处

"论辩"的好处，题目中已经给出了线索，即通过观点碰撞"纠正错误"从而"发现真理"。将这一点放入管理决策情境中，双方观点碰撞的过程也是信息交换的过程，是一个从"知其一"到"知其二"的过程，因此"论辩"可以通过减少信息不对称，使得决策更加科学。

例文 1：

论辩，是发现真理和解决问题的有效途径。一方面，任何人都不可能掌握全部知识，最多可能在某些方面有所专长，通过论辩，我们就可以取别人之所长补自己之所短。另一方面，信息不对称普遍存在，但通过论辩，我们可以打开"上帝视角"，发现从前"看不见的背面"，让信息由不对称到对称，从不完善到逐渐完善，从而发现真理、解决问题。

例文 2：

论辩，能帮助我们摆脱对过往路径的依赖。现实生活中，很多人对于"未来"的决策会受到"历史"经验的影响，从而影响决策的正确性。论辩给了我们用不同的眼睛看世界的机会，让我们从关注自身到留心环境，从沉浸历史到展望未来。这样便丰富了我们的"时空观"，从而提高了决策的有效性。

## （2）有必要

有好处与有必要存在差别，前者是有它更好，后者是没它不行。

例文 1：

论辩，是管理者自身局限性的主观需要。我们知道，"金无足赤，人无完人"，再优秀的管理者也只可能是某一方面或某一领域的专家，不可能做到面面俱到。那么，对于自己不擅长领域的问题怎么办？当然需要借助他人来解决问题。论辩，就是一种与他们交换意见，以人之长补己之短的方式。

例文 2：

论辩，是决策信息不对称的客观要求。决策过程中，信息不对称普遍存在。也就是说，没有人可以掌握和决策相关的所有信息，这就为日后的决策失败埋下了风险。论辩过程中，不同思想的碰撞可以为决策提供更广阔的视角和思路。尤其是那些相左的意见，更是难得的警示，帮助我们避开前路上未曾预料的风险。

## （3）有问题／困难／风险

论辩虽有好处，但在执行过程中也会有问题、困难或风险。

以"信息不对称"为例，论辩虽然能够降低信息不对称带来的负面影响，但论辩各方若受信息不对称的影响，坚持自己所掌握的信息才是"真理"，反而会促成决策的偏差。

此外，能否有一个健康的论辩氛围，也决定了论辩是否有效。若是人人都维护自己的立场，那论辩就会变成各执己见争吵不休；若是权威在论辩中声音过高、威力过大，那论辩就会变成权威的"一言堂"、普通人的"拍马场"。

🌐 例文 1:

　　自利性偏差的存在，会让论辩失去其本意。所谓自利性偏差，就是人们总是会出于自身的利益或立场来考虑问题。甚至有时候，即使知道自己错了，但是"屁股决定脑袋"式的思维也会使我们为了维护自己的立场和脸面而不肯认输。

🌐 例文 2:

　　论辩有时候很难达成共识，这是因为，在信息不对称的情况下，各方掌握的信息不同，思想往往会产生巨大分歧，甚至误认为自己掌握的才是真理。如果各方都固执己见，或者坚持"沉默是金"，那么信息无法顺畅地沟通和互换，错误和偏差也就无法避免。

🌐 例文 3:

　　人们有时候不敢论辩。一是因为迷信权威，误认为权威的观点就是对的，即使自己与权威的观点不同，也会产生自我怀疑，不敢发声质疑权威；二是出于盲从心理，尤其是当一种观点成为多数人的选择时，自己的"异见"就难免被视为异端邪说。

🌐 例文 4:

　　如果领导比较独断专行，论辩就很难发生。因为，人们会觉得自己的观点"说了也白说"，搞不好还被"穿小鞋"。一些领导者在决策之前，虽然也会征求各方意见，但实际情况往往是：要么提意见的人范围有限、代表性不足；要么对"不同意见"舍大取小乃至听而不闻。更有甚者，把提出异议的人视为不听话的"刺儿头"，要么"封杀"，要么"设障"。如此一来，又有谁敢踊跃发声？

### 📝（4）问题能解决

　　在"利大于弊式"结构中，由于前文提出了问题、弊端、困难、风险。在提方案的部分，我们就要给出针对性的解决方案：
　　针对问题，我们要提出解决方案；
　　针对弊端，我们要表明利大于弊；
　　针对困难，我们要指出如何克服。

🌐 例文 1:

　　客观理性的态度是论辩有效的前提。如果论辩时只是维护自己的面子或利益，不能做到中立客观，那么论辩就不可能让我们发现真理。因此，如果论辩中发生冲突，要及时调整思考策略，从而找到知识的真理性，切勿让"摊开手掌"的相互论辩，成为"攥紧拳头"的相互攻击。

🌐 例文 2:

　　知识储备是论辩有效的关键。真理是人们对客观事物及其规律的正确认识，而论辩则是以一定的逻辑基础为规则，这就要求双方有一定的知识储备、思想水平，有理有据、合规合法，才能让论辩发挥更大的价值。

🪐 例文 3：

　　宽松的氛围和畅通的沟通渠道是论辩有效的保障。管理者要做到"兼听则明"，允许不同声音的存在，听取各种不同的建议和意见，才能比较全面客观地了解和掌握各方面情况，做出理性的判断和正确的决策。

## ❹ 结构导图

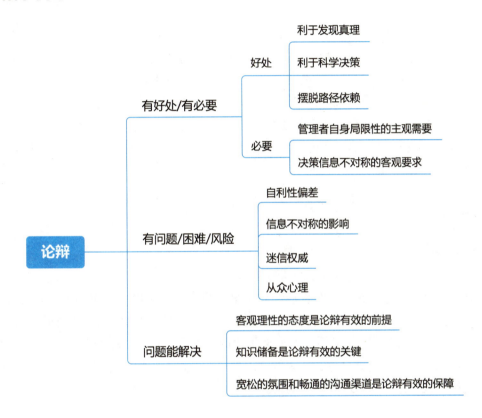

## ❺ 参考范文

### 敢于论辩，发现真理

#### 吕建刚

　　诚如材料所言，知识的真理性只有经过检验才能得到证明。我认为，在不同的观点产生时，应鼓励它们之间的碰撞与交流，敢于论辩，方能发现真理。

　　论辩，是管理者自身局限性的主观需要。我们知道，"金无足赤，人无完人"，再优秀的管理者也只可能是某一方面或某一领域的专家，不可能做到面面俱到。那么，对于自己不擅长领域的问题怎么办？当然需要借助他人来解决问题。论辩，就是一种与他们交换意见，以人之长补己之短的方式。

　　论辩，是决策信息不对称的客观要求。决策过程中，信息不对称普遍存在。例如，高层管理者就很难发现生产线上的具体操作问题，但基层员工就很容易发现。如果这些发现不能很好地传递到高层管理者耳上，就为日后的决策埋下了失败的种子。因此，通过论辩这种方式，可以创造一种信息沟通的渠道，掌握别人所拥有的信息，从而优化决策方案。

然而，自利性偏差的存在，会让论辩失去其本意。很多论辩由理性讨论到大肆争吵，再由破口大骂走向拳脚相向，都是因为我们难以站在客观的立场上去衡量他人的观点。而"屁股决定脑袋"式的思维常常使我们盲目的维护自己的立场，这样的论辩很难澄清是非、发现真理。

想让论辩真正能起到作用，要做好以下两点：

第一，营造宽松氛围。论辩既要避免迷信权威，也要避免盲从大众，因此，只有营造好宽松的讨论氛围，让大家能轻松地各抒己见，才能让论辩公平公正。

第二，搭建论辩平台。要建立多形式、多渠道、常态化的论辩平台，定期开展头脑风暴会议，让大家在一个相对正式的场合，用相对平和的态度讨论问题，从而集思广益，发现真理。

王充有云："事莫明于有效，论莫定于有证。"敢于论辩，方能有效有证，发现真理。

（全文共 690 字）

## ❻ 相关素材

### 6.1 典型事例

#### （1）《光明日报》文章《实践是检验真理的唯一标准》

1978 年 5 月，《光明日报》发表特约评论员文章《实践是检验真理的唯一标准》，由此引发了一场关于真理标准问题的大讨论，暴露了国家在前进过程中的缺点和错误。正是由于这场"论辩"，我国重新确立了马克思主义的理论、路线、方针、政策和指导思想，开启了改革开放的伟大实践。由此可见，知识的真理性只有经过检验才能得到证明，论辩作为实践的途径之一，也会是检验真理的必由之路。

#### （2）鹅湖之会

"鹅湖之会"是中国古代思想史上的第一次著名的哲学辩论会。陆九渊的思想属于主观唯心论，他认为人们心中先天存在着善良，主张"发明本心"；而朱熹强调"格物致知"，认为格物就是穷尽事物之理。双方到鹅湖寺，就各自的哲学观点展开了激烈的辩论，这就是"理学"与"心学"之争。鹅湖之会对后世产生了巨大而深远的影响。

#### （3）春秋战国时期的论辩

春秋战国时期，各种思想学术流派的成就，与同期古希腊文明交相辉映。孔子、墨子、韩非子"群星璀璨"，儒家、墨家、法家"各成一家之言"。不同学派的"论辩"，铸就了春秋时期思想文化空前繁荣的景象。在学术自由的环境中，他们敢于不断论辩、探求和创新，冲破旧传统的思想束缚，极大地促进了学术的发展。论辩，可以让思想活跃、真理显现。

#### （4）定比定律

法国科学家普鲁斯特，为了探索定比定律，同贝索勒进行了 9 年的论辩。在这期间，贝索勒向普鲁斯特提出了种种质疑，迫使他潜心研究，终于发现了定比定律。当人们为普鲁斯特庆功时，他执意要将一半的功劳归于贝索勒，因为他知道，正是贝索勒的质疑和这9年的论辩才使他获得了成功。

## 6.2 引用句

（1）真理常常藏在事物的深底。（席勒）

（2）论如析薪，贵能破理。（刘勰《文心雕龙》）

（3）事莫明于有效，论莫定于有证。（王充《论衡》）

（4）真理越辩越明，道理越讲越清。（黎汝清）

（5）真理之川从它的错误之沟渠中流过。（泰戈尔）

（6）没有思想自由，就没有科学，没有真理。（勒南）

（7）如果你想独占真理，真理就要嘲笑你了。（罗曼·罗兰）

（8）说服是一只摊开的手掌，而不是一个攥紧的拳头。（希腊哲学家芝诺）

# 7 习作点评

## 习作（1）

### 容许论辩，方见真理

#### 学员　李珍

正如材料所言，论辩是纠正错误的有效途径之一，不同观点的冲突会暴露错误而发现真理。所以，在观点出现分歧和碰撞的时候，要容许论辩，宽于争鸣，方见真理。

> 标题很好。

> 三句开头：引材料＋过渡＋论点。

凡事都用"正确答案"判断、"统一标准"衡量，只会使社会发展停滞，甚至"拉历史的倒车"。"八股文""样板戏"难道不是最好的例证吗？《四书》当然是经典，《五经》当然是巨著，但以此为标杆、以此为准绳，断然不可取。凡事追求统一、讲求定式就可以获得功名利禄，谁还去创新？凡事都有样板、都有"规定"，谁还敢去创新？历史证明，没有人！所以，"唯标准是瞻"要不得，用唯一标准衡量更是要不得。

> 反面论证。

容许论辩、喜见争鸣，让不同的思想发声，才会发现真理。《论语》中有："知者乐水，仁者乐山；知者动，仁者静；知者乐，仁者寿。""山水、动静、快乐长寿"不分伯仲、不较高低，方能彰显"智者""仁者"不同的品格。先秦诸子"百家争鸣"亦是如此，孔子、墨子、韩非子等"群星璀璨"，儒家、墨家、法家等"各成一家之言"。不同学派的"争奇斗艳"、相互学习，铸就了春秋时期思想文化空前繁荣的景象。因此，要听见不同的声音，首先要有一颗想听到不同声音的心。

> 正面论证。

反观今天，很多管理者大搞"一言堂"，只要下属与自己的观点相悖，就怨之、怒之、孤立之甚至打压之。这种行为表面上看起来颇有魄力，实则独断专行，给下属以压迫感。久而久之，真正的人才难以施展才华，愤然离去；而"顺毛驴"们却凭着溜须拍马青云直上。管理者孤立了自己，成了孤家寡人，组织运营自然也每况愈下。

摆现象＋恶果吓唬。

所以，管理者要允许不同观点的论辩，乐见不同声音的争鸣，从而暴露错误、发现真理！

总结全文。

（全文共 687 字）

## 论说文 6 步评分表

| 项目 | 要求 | 本文评价 |
|---|---|---|
| 标题 | 1. 标题必须点明论点。<br>2. 标题必须是提倡什么，反对什么。 | 本文标题论点清晰，有明确的倡导。 |
| 开头 | 1. 开头必须引入材料。<br>2. 开头必须要提出论点。<br>3. 材料和论点间最好有适当的过渡。<br>4. 开头无须展开论证。 | 本文开头使用三句开头法，满足开头 4 个要求。 |
| 结构 | 1. 要有明确的结构。<br>2. 分论点必须明确，且分论点须在每段开头第一句话。<br>3. 分论点必须能概括本段内容。 | 1. 本文虽然没有采用"整体有好处／有必要一当然有问题一问题能解决"的论述结构，但其自身整体结构清晰完整。<br>2. 本文论述部分首句皆为明确的分论点，且论述过程能够有力支撑论点。 |
| 论证 | 1. 必须要有说理。<br>2. 例证要简洁。<br>3. 说理和例证要与论点具备相关性。<br>4. 案例型材料的论证不应脱离材料；寓言型材料的论证可不必过多分析材料。<br>5. 论证对象要有一致性。 | 本文虽然没有用到母理，但例证简洁、数量丰富，与分析过程紧密结合，论证得当。 |
| 结尾 | 1. 结尾必须总结论点和材料。<br>2. 结尾可以有一些对偶、引用等出彩的句子。 | 本文结尾对偶，再次重申论点，十分出彩。 |
| 评分 | 按管理类联考的一至五类卷标准进行评分。<br>根据字迹好坏可浮动 3 分。 | 评分等级：一类卷。<br>参考评分：32 分。 |

## 习作（2）

### 论辩方能现真理

学员　黄静

正如"一千个人心中有一千个哈姆雷特"所言，人们的思想各异，现实中，论辩不可避免，但经论辩之后，真理才能浮现①。

"理不辩不明"，许多真理的发现都来源于论辩。内有春秋战国时期，百家争鸣，诸子百家各抒己见，多角度思维得以相互碰撞、相互影响，从而成就多部著作，流传百世。外则有"地心说"和"日心说"之争、"神创论"与"进化论"的冲突，才能得知太阳系和"适者生存"的真理②。

然而，"理非越辩越明"③，争辩的发生往往来源于人们自身的利益冲突。即使是诸子百家，他们也曾是站在春秋各国的利益下，想要助各国统一天下。"神创论"和"进化论"的冲突，更是代表了宗教利益群体和追求新思想、解脱束缚的人们的利益分歧。激化的争辩更会演变成人身攻击，脱离了寻求真理的本质。正像当下的"键盘侠"，躲在键盘之后，相互指责，不容他人观点的差异。

况且，辩明真理后的纠错成本是真实存在的。越是知名的专家学者和有头有脸的公众人物，其认错的成本也随名声威望而增大了。除了之前错误的观点为他们带来了名利，让他们难以放弃这些名利之外，让人否定曾经的自己，更是难以做到。一旦权威们不肯纠错，普通民众更是难以发现真理，抑或是人微言轻，即便发现真理了也无法传扬，进而埋没了真理。

因此，论辩在客观和冷静的条件下④，才能使得真理浮现。面对他人观点时，学会包容与接纳，杜绝自利性偏差——有利于自己的观点，百般维护；不利于自己的观点，我视而不见⑤。

所谓"博百家之长"，在理性的争辩中，思维的多样性带来的真理，方能使得社会进步。

（全文共 639 字）

---

标题可以。

①行文啰唆，可进一步优化。

②本段的例证虽然妥帖，但与上一篇习作相比，少了些自身观点的输出。（整体有好处）

③此处引用不当，乍一看与第二段自相矛盾，建议改为：真理未必能"越辩越明"。（当然有困难1）

（当然有困难2）

④语序不对，建议改为：在客观和冷静的条件下论辩。
⑤此处破折号后的解释容易让阅卷人误判。（困难能解决）

结尾没有问题。

管理类、经济类联考
写作要点 7 讲

## 论说文 6 步评分表

| 项目 | 要求 | 本文评价 |
|---|---|---|
| 标题 | 1. 标题必须点明论点。<br>2. 标题必须是提倡什么，反对什么。 | 本文标题论点清晰，有明确的倡导。 |
| 开头 | 1. 开头必须引入材料。<br>2. 开头必须要提出论点。<br>3. 材料和论点间最好有适当的过渡。<br>4. 开头无须展开论证。 | 本文开头使用三句开头法，满足开头 4 个要求。 |
| 结构 | 1. 要有明确的结构。<br>2. 分论点必须明确，且分论点须在每段开头第一句话。<br>3. 分论点必须能概括本段内容。 | 1. 本文采用"整体有好处—当然有困难—困难能解决"的结构。<br>2. 本文整体结构虽然明确、完整，但列举了两点困难，在对策部分的论证又不够充分有力，让人有一种"弊大于利"的感觉，反而不利于支撑论点。<br>3. 本文分论点明确，但分论点 2 表达有歧义。 |
| 论证 | 1. 必须要有说理。<br>2. 例证要简洁。<br>3. 说理和例证要与论点具备相关性。<br>4. 案例型材料的论证不应脱离材料；寓言型材料的论证可不必过多分析材料。<br>5. 论证对象要有一致性。 | 1. 本文例证丰富。<br>2. 本文个别语句的语法结构不够清晰，让人感觉费解。 |
| 结尾 | 1. 结尾必须总结论点和材料。<br>2. 结尾可以有一些对偶、引用等出彩的句子。 | 本文结尾引用了名言，再次重申论点。 |
| 评分 | 按管理类联考的一至五类卷标准进行评分。根据字迹好坏可浮动 3 分。 | 评分等级：二类卷。<br>参考评分：25 分。 |

**真题精练 7**

## 2020 年管理类联考论说文真题

### ① 真题原文

论说文：根据下述材料，写一篇 700 字左右的论说文，题目自拟。

据报道，美国航天飞机"挑战者"号采用了斯沃克公司的零配件。该公司的密封圈技术专家博易斯乔利多次向公司高层提醒：低温会导致橡胶密封圈脆裂而引发重大事故，但是，

244

这一意见一直没有受到重视。1986 年 1 月 27 日，佛罗里达州卡纳维拉尔角发射场的气温降到零度以下，美国宇航局再次打电话给斯沃克公司，询问其对航天飞机的发射还有没有疑虑之处。为此，斯沃克公司召开会议，博易斯乔利坚持认为不能发射，但公司高层认为他所持理由还不够充分，于是同意宇航局发射。1 月 28 日上午，航天飞机离开发射平台，仅过了 73 秒，悲剧就发生了。

## ❷ 审题立意

### （1）命题背景

2020 年的这道题目，材料源于 1986 年美国"挑战者"号航天飞机失事爆炸的真实事件。

1986 年 1 月 28 日，美国"挑战者"号航天飞机升空后，因其右侧固体火箭助推器的密封圈失效导致火焰泄露，毗邻的外部燃料舱在高温烧灼下结构失效，使高速飞行中的航天飞机在空气阻力的作用下于发射后的第 73 秒解体，机上 7 名宇航员全部罹难。

事实上，在"挑战者"号发射前一天的夜里，工作人员已经发现了这个问题，并向美国宇航局提出了紧急建议，要求推迟或者取消这次发射任务，然而建议并未被采纳。此外，之前也有专家认为，发射当天的气温在零度以下，低温会导致橡胶材料失去弹性，而密封圈从未在如此低的温度环境中进行过测试，如果坚持发射，可能导致密封圈在低温中破裂，从而发生不可预知的后果。但因为种种原因，火箭承包商和 NASA 高层最终没有将其作为推迟发射的理由，坚持认为发射可以如期进行。随后，惨剧发生了。

其实，该年度考试考这么一个话题，与国家的方针政策有关。在 2019 年，国家提出要"防范化解重大风险"。另外，《人民日报》2019 年 6 月 25 日第 7 版《思想纵横》栏目上刊载了署名"曹平"的文章《防范危机好过应对危机》。文章的开头第 1 段是这样写的：

1986 年，美国"挑战者"号航天飞机爆炸，这是人类航天史上的一次重大灾难。据事后调查，灾难的主要原因与航天飞机上的 O 型密封圈有关。这种密封圈存在一个缺陷，即在低温环境下密封性会变差，导致危险气体漏出，从而威胁整个航天飞机的安全。"挑战者"号发射之前，有几个工程师已经发现这个问题并提出警告，可是美国宇航局忽视了这些警告，仍然在一个寒冷的早晨强行发射，结果酿成机毁人亡的惨剧。"挑战者"号灾难事故发生的原因令人深思，它提醒我们既要高度警惕"黑天鹅"事件，也要防范"灰犀牛"事件。

### （2）四步审题立意法

| 第1步 判断材料类型 | 寓言、故事（√）、案例、观点。 当材料中出现人类社会中的事件时，如果这一事件已盖棺定论，需要看这一事件带给我们的经验教训，则为故事类材料；如果这一事件正在发生，仍有问题需要我们解决，则为案例类材料。本材料显然是故事类材料。 材料出现两次转折词"但"，要重点分析转折词后的内容："但是，这一意见一直没有受到重视""但公司高层认为他所持理由还不够充分"。这两次转折存在共同之处，就是没有听取专家意见。因此， |
| --- | --- |

续表

| | |
|---|---|
| **第1步**<br>判断材料类型 | 这个故事对我们的启发就是，应该听取专家意见或应该听取他人意见。<br>　　当然，事故的发生还有一个直接原因：橡胶密封圈脆裂。一枚小小的密封圈居然引起了航天飞机爆炸的严重后果，说明我们要做好细节管理，或者说明我们要有危机意识。 |
| **第2步**<br>确定立意对象 | 材料中的对象、个人或管理者（√）、企业、社会。<br>　　材料中的决策是由管理者做出的，因此，我们文章的立意对象应为管理者。 |
| **第3步**<br>确定写作态度 | 支持、反对（√）、AB二者兼顾、AB有所侧重、AB二者择一。<br>应该反对材料中航天飞机管理者的做法。<br>　　当然，反对材料的做法，就是支持听取意见，支持有危机意识，支持搞好细节管理。 |
| **第4步**<br>拟出文章标题 | 对象＋态度＋主题：<br>管理者（对象）应（态度）集思广益（主题）<br>管理者（对象）要（态度）听取意见（主题）<br>管理者（对象）要有（态度）危机意识（主题）<br>细节管理（主题）应重视（态度） |

## ❸ 全文思路

　　"挑战者号"航天飞机爆炸是一场严重的事故，这当然是反面现象。如果我们立意为危机意识，可采用"现象分析式"结构，即：摆现象—析原因—谈危害—提方案。

### （1）摆现象

　　本题的材料涉及"挑战者号"航天飞机爆炸，作为管理类、经济类联考的考生，我们显然不大可能去管理航天飞机，因此，本题的材料可以看作是一则寓言，需要我们从这个故事中，联想到生活中的一些事件，得到对我们生活的启发。因此，本题在摆现象的部分建议列举一些生活实例。

　　例文：

　　危机预防优于危机处理（论点句），然而（过渡词），一枚小小的橡胶密封圈居然造成"挑战者"号航天飞机爆炸的严重后果，不禁让人扼腕叹息（引材料）！

　　无独有偶，现实生活中也有很多类似的故事上演。黎巴嫩爆炸、澳大利亚大火、巴黎圣母院火灾，都是从小事故起，以大灾难终。

### （2）析原因

#### ① 内因

　　内因要谈利益。防范危机最好的结果是无事发生，但为此结果却需要付出极大的成本，收益看不见，成本又很高，管理者当然不愿意为此付出行动。另外，这也与管理者的路径依赖、侥幸心理相关：虽然可能确实存在安全隐患，但由于一直平安无事，管理者就容易懈怠。

🌐 **例文 1：**

"防患于未然"的口号嘴上说说、纸上写写、墙上挂挂，预防危机的实际行动却不见踪影。这是为何？一方面，未雨绸缪最大的成功不过是平安无事，既无赫赫之战功，亦无煌煌之美名；另一方面，在很多人眼中，所谓未雨绸缪，不过是徒增成本而已。侥幸心理让他们认为，反正危机不一定发生，我为什么要付出这么多时间、精力、金钱去做一件根本不会产生利润的事呢？因此，对于防范危机，他们往往"说起来重要、做起来次要、忙起来不要"。

🌐 **例文 2：**

很多危机之所以发生，与管理者的"路径依赖"有关。管理者的决策模式和行为路径存在某种惯性，一旦做出某种决策，惯性的力量会使他不断自我强化，轻易走不出去。因此，即使管理者的决策存在问题和隐患，在这些问题和隐患没有酿成大灾难之前，这一决策往往会沿着既定的路线执行下去，难以改弦更张。

### ② 外因

外因要谈机制。一些企业内部的考核机制并不合理，它要求高层更多地寻求突破。高层如果此前已经在一件事上投入了相当多的资源，往往风险偏好度较高，因此做不好危机管理。

🌐 **例文：**

很多危机之所以发生，与管理者的考核压力有关。企业如果已经在项目前期投入了大量的资源，那么管理者迫于考核的压力，就不得不考虑成本、工期、诚信等的影响，对于一些不利因素或风险，可能会选择性地屏蔽，甚至不爱听反对意见。"挑战者"号作为航天飞机，其前期的投入肯定相当巨大，一旦停止，将产生不可估量的沉没成本。因此，风险偏好度较高的管理者，最终还是做出了发射的决定。

### 📝（3）谈危害

墨菲定律告诉我们：如果因为侥幸而不去做某一件事，那不好的结果最终都会发生。也就是说，如果我们缺乏危机意识，不做好危机管理，迟早会造成无法挽回的恶果。

🌐 **例文：**

"祸患常积于忽微"。任何危机的发生都有一个从产生隐患、酝酿发展，再到偶然触发的过程，也都有一个从量变到质变、从微疵到大错的经过。所以，危机意识的匮乏、事前控制的缺失往往会引发难以控制的恶性后果。无论是"挑战者"号航天飞机爆炸事件，还是黎巴嫩爆炸事件，抑或是澳大利亚大火事件，皆是如此。

### 📝（4）提方案

#### ① 流程控制

对于危机管理，我们要懂得事后补救不如事中控制，事中控制不如事前预防。因此，我们可以从流程控制角度提出方案。

🌐 例文：

要想做好危机管理，事前预防是最关键的一点。如果我们在祸患发生之前就加以预防，"治未病""治欲病""早发现""早治疗"，将问题扼杀在摇篮阶段，就可以收到事半功倍的效果。《淮南子》中有一句话，"良医者，常治无病之病，故无病；圣人者，常治无患之患，故无患也"。说的正是这个道理。

### ② 思想上重视，行动上落实

我们提到危机时，常把"危机"和"意识"四字连用，这说明预防危机，要先有危机意识。因此，本题可以从"思想上重视，行动上落实"的角度提出方案。

🌐 例文：

要想做好危机管理，以下两点至关重要。

一是思想上重视。首先要树立危机意识。这听起来好像是老生常谈，可实际上，思想是指导行动的依据，如果连思想上的重视都做不到，就更不可能有防范危机的行动。

二是行动上落实。想把危机预防落到实处，要建立危机预防和防范机制，也要舍得为防范危机投入资源。

## ❹ 结构导图

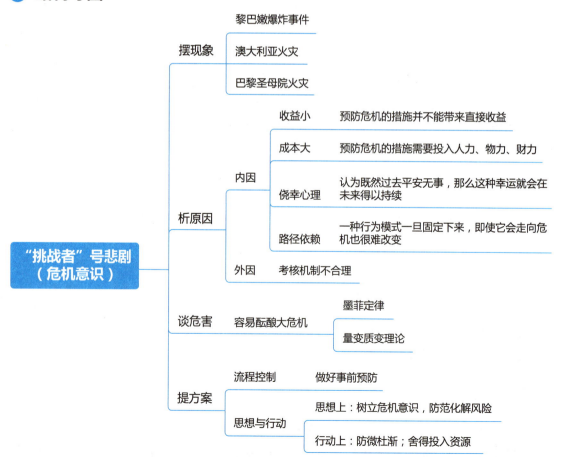

## ❺ 参考范文

### 预防危机胜过处理危机

吕建刚

世人皆知危机预防优于危机处理，然而，一枚小小的橡胶密封圈居然造成"挑战者"号航天飞机爆炸的严重后果，不禁让人扼腕叹息！

无独有偶，现实生活中也有很多类似的故事上演。黎巴嫩爆炸、澳大利亚大火、巴黎圣母院火灾、新冠肺炎暴发，都是从小事故起，以大灾难终。

"防患于未然"的标语嘴上说说、纸上写写、墙上挂挂，预防危机的实际行动却不见踪影。这是为何？一方面，未雨绸缪最大的成功不过是平安无事，既无赫赫之战功，亦无煌煌之美名；另一方面，在很多人眼中，所谓未雨绸缪，不过是徒增成本而已。侥幸心理让他们认为，反正危机不一定发生，我为什么要付出这么多时间、精力、金钱去做一件根本不会产生利润的事呢？因此，他们往往对表面文章乐此不疲，而对事前预防和事中控制敬而远之。

然而，"祸患常积于忽微"。任何危机的发生都有一个从产生隐患、酝酿发展，再到偶然触发的过程，也都有一个从量变到质变、从微疵到大错的经过。所以，危机意识的匮乏、事前预防的缺失往往会引发难以控制的恶性后果。无论是"挑战者"号航天飞机爆炸事件，还是黎巴嫩爆炸事件，抑或是澳大利亚大火事件，皆是如此。

因此，要想做好危机管理，事前预防是最关键的一点。如果我们在祸患发生之前就加以预防，"治未病""治欲病""早发现""早治疗"，将问题扼杀在摇篮阶段，就可以收到事半功倍的效果。试想，如果"挑战者"号的管理者们多一点危机意识，多一些事前预防，认真思考专家的忠告，也许就不会有航天飞机爆炸的恶性后果了。

"明者远见于未萌，而智者避危于无形"。记住，处理危机不如预防危机，亡羊补牢难比未雨绸缪！

（全文共 675 字）

## ❻ 相关素材

### 6.1 典型事例

#### （1）天津港爆炸事件

2015 年 8 月 12 日，位于天津市滨海新区天津港的瑞海公司危险品仓库发生火灾爆炸事故，本次事故中爆炸总能量约为 450 吨 TNT 当量，造成 165 人遇难，核定的直接经济损失高达 68.66 亿元。

调查组查明，事故直接原因是：瑞海公司无视安全生产主体责任，严重违反天津市城市总体规划和滨海新区控制性详细规划，违法建设危险货物堆场，安全管理极其混乱，安全隐患长期存在，导致危险品仓库运抵区南侧集装箱内的硝化棉由于湿润剂散失出现局部干燥，在高温（天气）等因素的作用下加速分解放热，积热自燃，引起相邻集装箱内的硝化棉和其他危险化学品长时间大面积燃烧，导致堆放于运抵区的硝酸铵等危险化学品发生爆炸。

### （2）黎巴嫩爆炸事件

2020 年 8 月 4 日，黎巴嫩首都贝鲁特港口区发生巨大爆炸。此次爆炸造成至少 190 人死亡、6 500 多人受伤。调查结果显示，贝鲁特港口 12 号仓库的管理存在严重疏忽，因为仓库内除了发生爆炸的 2 750 吨硝酸铵，还存放了大量的烟花和爆竹，爆炸是由于化学物质的自燃而导致的。

### （3）澳大利亚丛林火灾

2019 年，澳大利亚经历了史上最严重的火灾季，造成至少 15 人丧生，数百所房屋被摧毁，数万平方公里的土地过火。由于丛林大火包围了社区并夷平了数十座建筑物，澳大利亚东南部成千上万的居民和度假者被迫撤离到海岸线。

澳洲夏季干燥，丛林着火几乎是常规事件。很长时间内，澳大利亚总理莫里森似乎把这场大火也看成了常规事件。12 月份，火还在狂烧，总理莫里森却优哉游哉带着全家去了夏威夷度假。事实上，9 月份火势刚开始蔓延的时候，就已经露出了异常的苗头：昆士兰州历史悠久的度假胜地宾纳布拉旅馆被烧毁。这座旅馆身处郁郁葱葱的山区，周围通常阴凉潮湿，这样的火灾让科学家倍感惊讶。更别提，这次大火的伤亡损失空前惨重。在汹涌的民意下，莫里森才回过神来积极救灾、补偿消防志愿者，然而却为时已晚。

### （4）无锡高架桥侧翻

2019 年 10 月 10 日傍晚 18：10 左右，江苏省无锡市锡山区 312 国道上海方向 K135 处、锡港路上跨桥出现桥面侧翻。事故共造成 3 人死亡，2 人受伤。出事的 312 国道路段，不仅货车多，而且超载现象猖獗。据调查，无锡所有的高架桥都限制货车行驶，但是唯独 312 国道的那段是允许货车开上去的。一是因为那是一段老路；二是因为附近有很多物流企业和大型钢材城。这条路就成为运货车辆不得不走的一段。

### （5）新冠肺炎的全球流行

新冠肺炎疫情，几乎对所有的政府部门、社会组织、企业，乃至每个人，都是一次前所未有的危机大考验，包括综合能力、专业态度、价值取向、行为准则等诸多方面。此前，联合国秘书长安东尼奥·古特雷斯称，新冠肺炎大流行是二战以来最严重的全球危机。应对全球大流行病的出现，各国皆责无旁贷。环球同此凉热，无人可以在病毒面前独善其身。

## 6.2 引用句

（1）夫祸患常积于忽微，而智勇多困于所溺。（欧阳修《伶官传序》）

（2）备豫不虞，为国常道。（吴兢《贞观政要·纳谏》）

（3）居安思危，戒奢以俭。（魏徵《谏太宗十思疏》）

（4）安不忘危，盛必虑衰。（班固《汉书》）

（5）祸兮福之所倚，福兮祸之所伏。（老子《道德经》）

（6）生于忧患，死于安乐。（孟子《孟子·告子下》）

（7）天下难事，必作于易；天下大事，必作于细。（老子《道德经》）

（8）千里之堤，以蝼蚁之穴溃；百尺之室，以突隙之烟焚。（《韩非子·喻老》）

（9）无视细节的企业，它的发展必定在粗糙的砺石中停滞。（松下幸之助）

## ❼ 其他立意

"挑战者"号航天飞机爆炸的原因之一是管理者没能听取专家意见，故本题也可立意为听取意见或集思广益。对于这一立意，我们可采用"利大于弊式"结构，即：整体有好处 / 必要，当然有困难 / 问题 / 风险，困难能克服 / 问题能解决 / 风险能规避（提建议）。

此结构的写法在第 5 讲第 3 节已有详细讲解，故此处仅提供范文。

### 范文 1 　集思广益

#### 管理决策应集思广益

#### 吕建刚

"挑战者"号航天飞机爆炸事故，让笔者扼腕叹息！叹息之余，不禁设想一个问题：如果美国宇航局能够重视和采纳专家的意见，是否就可以避免这一事故发生呢？可见，管理者应集思广益、科学决策。

首先，集思广益是科学决策的客观要求。很多决策都是在"信息不完整""信息不对称"的情况下做出的。由于位置不同、视角不同，管理者可能很难站在其他角度想问题，更不可能掌握和决策相关的所有信息。这个时候，多听听别人的意见和建议，就可以打开"上帝视角"，发现从前"看不见的背面"，让信息由不对称到对称，从不完善到逐渐完善，通过集思广益来丰富自己的思想，从而做出科学的决策。

其次，集思广益是决策者的内在需要。"尺有所短，寸有所长"，管理者不可能是全才，多数管理者仅仅是某一领域或某个方面的行家里手，在其他方面一定有其短处。在自己不擅长的领域，多听听别人的建议和意见，就显得尤为重要。"挑战者号"航天飞机爆炸事故中，那几位发现问题的工程师就掌握了决策者不具备的知识和技能，发现了决策者没发现的问题。可见，集思广益能提高决策的科学性。

要做到集思广益，一方面，要重视专家意见。专家之所以成为专家，是因为他们是相关领域的特定人才，对其研究领域有一定的发言权，因此，对他们的意见应该给予一定的重视。另一方面，要广开言路，让普通人也有发言权。普通员工，尤其是一线员工，往往比高高在上的管理者更容易发现一些问题，因此，他们的意见也值得重视。

总而言之，管理者不能独断专行，搞"一言堂"，而应该营造人人勇于提意见、人人乐于提建议的轻松氛围，这样才能集思广益、科学决策。

（全文共 667 字）

## 范文 2　听取异见

## 善于听取异见

### 老吕助教　张英俊

古语有云："多见者博，多闻者知，矩谏者塞，专己者孤。"斯沃克高层不顾密封圈技术专家的多次反对，执意发射航天飞机，最终酿成惨剧。这个悲剧告诉我们：管理者要善于听取异见。

首先，听取异见可以使管理者"取长补短"。任何人都不可能是"百事通"，都有知识盲区和能力短板。在信息大爆炸的当下，管理者更不可能穷尽所有信息、洞察所有情况。不同的意见可以为决策者提供更广阔的视角和思路。所以，管理者在企业经营的过程中，要善于听取和接纳他人意见，做出科学的决策、避免重大损失。

其次，听取异见可以少走弯路。英国哲学家培根曾言："能够听到别人给自己讲实话，使自己少走或不走弯路，少犯错误或不犯大的错误，这是福气和造化。"管理者个人的时间和精力有限，很难做到事必躬亲。管理者认真听取他人想法、广泛了解真实情况，在进行比较、综合、分析后，可以很大程度上摆脱局限性、片面性，在很多情况下也就能够实现"躬行"的目的，甚至达到事半功倍的效果。即使种种意见最终不能被采纳，管理者也能从中了解员工的具体需求、真实想法，有益于增强决策透明度和员工参与度，形成从谏如流的良好组织氛围，真正地调动组织成员的积极性。

如何做到"接纳异见、广开言路"呢？一方面，管理者要练就广阔的胸襟，包容不同意见，要允许各种不同声音的存在。只有听取各种不同的声音，才能全面客观地了解和掌握各方面情况，做出理性的判断和正确的决策。另一方面，管理者在广开言路、接纳意见的同时，也要准确分析市场，结合自身优势和事件发展状况，寻找到合理的定位，在全盘考虑的基础上进行决策，不能刚愎自用，也不能人云亦云。

兼听则明，偏信则暗。管理者要从斯沃克高层身上吸取教训，别再让类似本可避免的悲剧重演！

（全文共 712 字）

## ❽ 习作点评

### 习作（1）

#### 织牢"临事而惧"的防护网

##### 老吕学员　花花

"挑战者"号失事的惨剧，留给世人的不应只是震惊和心痛，更应是警戒和醒悟。企业要时刻保持"临事而惧"的危机意识，才能"临危不乱"。

> 标题没问题。

> 材料引入＋明确观点，立意基本是扣题的。

企业具备"见于未萌"的洞察力，才能更好地生存。当前，我国发展形势严峻，"黑天鹅"频发、"灰犀牛"不断，风险的表现形式愈发复杂。企业若做不到谨小慎微，安全必不能长久，危险随时可能袭来。只有保持如履薄冰的谨慎、检视细枝末节的隐患，才能更加从容地应对危机，在厮杀激烈的红海竞争中得以立足。

正反论证，段首简短地点明观点。

然而，在小事、小节面前，很多企业说起来头头是道，做起来缩头缩脑，这是为何？无非是"利益诱惑"和"心怀侥幸"。有的企业为了节省成本、提高收益，在细节建设上能省则省，在安全检查前百般应付；有的企业始终存有侥幸心理，只要事故的重锤没砸到自己，就万事大吉，继续"走钢丝"。出于短视心理，企业难免会落入"说起来重要、做起来次要、忙起来不要"的怪圈。

析原因。

但是，企业应该意识到，这样的行为并非长久之计。海恩法则告诉我们，任何危机的发生，都有一个从产生隐患、酝酿发展再到偶然触发的过程，也都有一个从量变到质变、从微疵到大错的经过。不注重细节处的隐患，危机一定会发生，只是时间早晚而已。从无锡高架桥侧翻，到泉州酒店坍塌，可见，企业做不到"万无一失"，迟早会"一失万无"。

谈危害。

可见，织牢"临事而惧"的防护网十分重要，可以从以下两个方面下手：

提方案。

一是思想上重视。首先要树立危机意识。这听起来好像是老生常谈，可实际上，思想是指导行动的依据，如果连思想上的重视都做不到，就更不可能有防范危机的行动。

二是行动上落实。想把危机预防落到实处，要建立危机预防和防范机制，也要舍得为防范危机投入资源。

"聪者听于无声，明者见于无形。"只有做好防范的"雨伞"，才能避免"被拍打入深海"的命运。

做总结。

（全文共 737 字）

## 论说文 6 步评分表

| 项目 | 要求 | 本文评价 |
|------|------|----------|
| 标题 | 1. 标题必须点明论点。<br>2. 标题必须是提倡什么，反对什么。 | 本文标题没问题，满足标题 2 个要求。 |
| 开头 | 1. 开头必须引入材料。<br>2. 开头必须要提出论点。<br>3. 材料和论点间最好有适当的过渡。<br>4. 开头无须展开论证。 | 本文开头使用三句开头法，满足开头 4 个要求。 |
| 结构 | 1. 要有明确的结构。<br>2. 分论点必须明确，且分论点须在每段开头第一句话。<br>3. 分论点必须能概括本段内容。 | 本文采用"正反论证—析原因—谈危害—提方案"的结构，分论点清晰，能够满足要求。 |
| 论证 | 1. 必须要有说理。<br>2. 例证要简洁。<br>3. 说理和例证要与论点具备相关性。<br>4. 案例型材料的论证不应脱离材料；寓言型材料的论证可不必过多分析材料。<br>5. 论证对象要有一致性。 | 1. 分析较为深刻，从主观、客观、风险特性等各方面做了较为全面的分析，有理有据，表达较为严谨。<br>2. 理论论据的使用较为自然。 |
| 结尾 | 1. 结尾必须总结论点和材料。<br>2. 结尾可以有一些对偶、引用等出彩的句子。 | 本文的结尾符合要求。 |
| 评分 | 按管理类联考的一至五类卷标准进行评分。根据字迹好坏可浮动 3 分。 | 评分等级：一类卷。参考评分：30 分。 |

## 习作（2）

### 胜败诞于乎微之间，成事必重以巨细

标题过长。

学员　王勤俊

1986 年 1 月 28 日上午，短短的 73 秒，一架航天飞机失事，一个小小的橡胶密封圈却带来了如此严重的后果。可见，胜败诞于乎微之间，成事必重以巨细。

材料引入 + 明确观点。

夫祸患常积于乎微，细节影响成败。我们国家在本次疫情中，从教育百姓戴口罩的小事到整个城市的封城行动，事无巨细，大事小事一起抓，因此"新冠肺炎"的防控战斗不断取得胜利。常言道："欲速则不达。"只有踏踏实实走好每一步，方能远致千里；用心接好每一滴原酿，方能蒸得一缸美酒。

正：正面论证。

然而如今，有许多人只注重大事，也只愿做大事，享受大事带来的无限风光，却不屑埋头苦干做好手头小事，认为拘泥于烦琐小事枯燥无味，既不能带来赫赫功名，又难成丰功伟业，此类观点着实欠妥。殊不知宏宏大事是由一件件小事构成的，没有一簇簇细枝绿叶、一团团嫩草鲜花，哪里来的满园春色山头红？

> 本段可改为：谈到细节，许多人说起来头头是道，做起来缩头缩脑，为何？无非是"短视心理"在作祟。"做大事者"往往因为解决了问题而赢得"拯斯民于水火、挽狂澜于既倒"的美誉，而"拘泥于小事者"最大的成功，不过是平安无事。既无赫赫之战功，又无煌煌之美名。因此，管理者往往对"做大事"乐此不疲，而对细枝末节的改变避而远之。

大多数人不注重细节，他们或许不是故意为之，而是未能发现细节在成功中的重要作用。如材料中的美国航天飞机"挑战者号"的惨案，仅仅是由于没有重视橡胶密封圈的脆裂。同样，瑞幸咖啡也是如此，如果投资者留意到中国百姓不习惯喝咖啡的关键生活细节，便能轻易发现瑞幸"让咖啡成为中国人的刚需"根本就是难以实现的。

> 本段建议改为"谈危害"：但是，我们应该意识到，这样的行为并非长久之计。细节意识的匮乏、事前预防的缺失，往往会引发难以控制的恶果。"祸患常积于忽微"，危机往往由小细节起，以大事故终。海恩法则有言："每一起严重事故的背后，必然有29次轻微事故、300次未遂先兆以及1 000起事故隐患"。任何危机的发生，都有一个从产生隐患、酝酿发展再到偶然触发的过程，也都有一个从量变到质变、从微疵到大错的经过。不注重细节、不防微杜渐，危机一定会发生，只是时间早晚而已。

所以，细节决定成败，是由它对成功的关键作用决定的。许多不是关键的小事被忽视，可能当前显示不出影响来，也或者产生了影响却未能被人们发现，但有些关键的地方被忽视了，就能立即引发剧烈的后果。

只有把每件小事都做好了，才能成就大事。胜败诞于乎微之间，成事者必定巨细兼顾。

（全文共 628 字）

旁注：
反+析：反面论证+析原因。
本段分论点不明确，且句子太长。比喻也过多，没有必要。

本段也是析原因，在功能上与上段重复。
瑞幸咖啡的例子与细节管理关系不大。

本段可以改为提出方案。

结尾简短、首尾呼应，没有问题。

## 论说文6步评分表

| 项目 | 要求 | 本文评价 |
|------|------|----------|
| 标题 | 1.标题必须点明论点。<br>2.标题必须是提倡什么，反对什么。 | 本文标题指明了论点，但字数过多。 |
| 开头 | 1.开头必须引入材料。<br>2.开头必须要提出论点。<br>3.材料和论点间最好有适当的过渡。<br>4.开头无需展开论证。 | 本文开头使用三句开头法，满足开头4个要求。 |
| 结构 | 1.要有明确的结构。<br>2.分论点必须明确，且分论点须在每段开头第一句话。<br>3.分论点必须能概括本段内容。 | 1.本文的正文结构不明确。<br>2.本文第三段与第四段功能重复。<br>3.本文的分论点不够明确。 |
| 论证 | 1.必须要有说理。<br>2.例证要简洁。<br>3.说理和例证要与论点具备相关性。<br>4.案例型材料的论证不应脱离材料；寓言型材料的论证可不必过多分析材料。<br>5.论证对象要有一致性。 | 1.本文中存在大段的例证，过于啰唆。<br>2.本文多次使用比喻句。比喻句的说服力是有限的，因此，论说文中不应该大量出现比喻。 |
| 结尾 | 1.结尾必须总结论点和材料。<br>2.结尾可以有一些对偶、引用等出彩的句子。 | 本文的结尾符合要求。 |
| 评分 | 按管理类联考的一至五类卷标准进行评分。<br>根据字迹好坏可浮动3分。 | 评分等级：三类卷。<br>参考评分：19分。 |

## ❾ 扩展阅读

### 防范危机好过应对危机（节选）

作者：曹平　来源：《人民日报》，2019年6月25日

1986年，美国"挑战者"号航天飞机爆炸，这是人类航天史上的一次重大灾难。据事后调查，灾难的主要原因与航天飞机上的O型密封圈有关。这种密封圈存在一个缺陷，即在低温环境下密封性会变差，导致危险气体漏出，从而威胁整个航天飞机的安全。"挑战者"号发射之前，有几个工程师已经发现这个问题并提出警告，可是美国宇航局忽视了这些警告，仍然在一个寒冷的早晨强行发射，结果酿成机毁人亡的惨剧。这种由人们习以为常、不加防范的小风险引发的大事故就是"灰犀牛"事件。

"灰犀牛"事件不是随机突发的事件，而是在出现系列警示信号和危险迹象之后，如果不加处置就会出现的大概率事件。一般来说，它有三个特征：一是可预见性；二是发生概率

高，具有一定的确定性；三是波及范围广、破坏力强。很多从表象上看是让人猝不及防的偶发事件，如果顺着事件的导火索仔细分析就会发现，其实是众多小因素集聚的必然结果。例如，2008 年国际金融危机给世界经济带来的创伤至今难以痊愈。在很多人看来，这次危机的爆发无法预料。然而现在有很多证据表明，危机之前，金融泡沫即将破裂的信号早已频频预警，却被多数人忽视。

人们为什么会忽视危机前的征兆？从主观上说，是因为心存侥幸、麻痹大意，急功近利、不顾长远，认为"灰犀牛"还远，即使跑过来也不一定能撞到自己。这造成人们认知上的偏差，对风险出现误判。从客观上说，体制机制的惯性、管理结构的盲点、决策程序的低效等也会拖延人们行动的脚步，从而贻误处理和控制风险的最佳时机。

防范"灰犀牛"事件，前提是正视"灰犀牛"的存在。增强风险意识、坚持问题导向至关重要。我们要居安思危，高度警惕成功背后的隐忧、平静之下的暗流，科学预见形势发展走向，采取果断有效的行动筑起"防火墙"，将"灰犀牛"隔离在特定区域，铲除危机的根源。我们要善于在不确定性中寻找确定性、在不稳定性中增强稳定性，建立起一套完善的风险防控机制，打好有准备之战，防范"灰犀牛"事件。未雨绸缪好过亡羊补牢，防范危机好过应对危机，这是"灰犀牛"事件带给我们的重要启示。

## ᵉᵉ 真题精练 8 ᵉᵉ

### 2022 年管理类联考论说文真题

#### ❶ 真题原文

论说文：根据下述材料，写一篇 700 字左右的论说文，题目自拟。

鸟类会飞是因为它们在进化中不断优化了其身体结构。飞行是一项较特殊的运动，鸟类的躯干进化成了适合飞行的流线型；飞行也是一项需要付出高能量代价的运动，鸟类增加了翅膀、胸腔部位的功能，又改进了呼吸系统，以便给肌肉持续提供氧气。同时，鸟类在进化过程中舍弃了那些沉重的、效率低的身体部件。

#### ❷ 审题立意

##### （1）命题背景

本材料改编自曹虎的《节能模范自天成》一文。

鸟在空中翱翔时既要克服地心的引力，又要战胜空气的阻力，消耗的能量是地面运动的十几倍。因此，鸟在进化选择中发展了高效的节能结构。首先，鸟类身体呈流线型，这能够大大降低在空气中运动时受到的阻力。其次，鸟的胸部肌肉很发达，而且积聚着大量的能量，这使得其飞行时，两只翅膀不停地上下扇动气流，产生巨大的下压抵御力，以便于快速前行。最后，鸟类的肺是实心的，呈海绵状，还连有 9 个气囊，在翱翔时，空气由鸟鼻孔吸入后，一部分在肺里直接进行气体交换，另一部分存入气囊，再经肺腔排出。因此，鸟类在飞行时只进行一次吸气，但肺部进行了两次气体交换，省了二分之一的呼吸耗能，确保了飞行中有足够的氧气供给。

### （2）四步审题立意法

| 第1步<br>判断材料类型 | 寓言（√）、故事、案例、观点。<br>材料涉及鸟类的进化，以物喻人，显然是"寓言类材料"。我们要找到材料的寓意。<br>材料可以分为三部分：①鸟类会飞是因为它们在进化中不断优化了其身体结构。②飞行是一项较特殊的运动，鸟类的躯干进化成了适合飞行的流线型；飞行也是一项需要付出高能量代价的运动，鸟类增加了翅膀、胸腔部位的功能，又改进了呼吸系统，以便给肌肉持续提供氧气。③同时，鸟类在进化过程中舍弃了那些沉重的、效率低的身体部件。<br>①是材料的观点。②说明了鸟类在进化中改进的身体部位，③说明了鸟类在进化中舍弃的身体部位，故②③是对①的具体说明。<br>因此，建议将立意的重点放在①上：鸟类在进化中优化了身体结构，意味着我们也要不断地改进、优化。<br>当然，我们将立意的重点放在②③上也不跑题：鸟类优化了有利于飞行的身体结构，舍弃了效率低的身体结构，这意味着我们也要有取有舍、扬长弃短等。 |
|---|---|
| 第2步<br>确定立意对象 | 材料中的对象、个人或管理者（√）、企业（√）、社会（√）。<br>本材料是寓言类材料，没有对具体的对象进行界定。因此我们的立意对象定为个人或管理者、企业、社会都可以。不过从难度上来讲，社会类最难写，企业类最好写。 |
| 第3步<br>确定写作态度 | 支持（√）、反对、AB二者兼顾、AB有所侧重、AB二者择一。<br>鸟类通过进化学会了飞行，这显然是正面的，应该支持。 |
| 第4步<br>拟出文章标题 | 对象＋态度＋主题：<br>企业经营（对象）应（态度）不断优化／改进（主题）<br>企业经营（对象）应（态度）不断"进化"（主题）<br>企业经营（对象）要（态度）扬长弃短（主题）<br>企业经营（对象）要（态度）有取有舍（主题）<br>社会治理（对象）应（态度）不断改进（主题）<br>个人发展（对象）应（态度）不断优化（主题） |

## ❸ 全文思路

### （1）有必要

多数题目在分析"有必要"时，都可以谈内在必要性和外在必要性。其中，内在必要性一般与管理者的能力局限性、企业资源的稀缺性有关。

**例文 1：**

不断"进化"是企业发展的主观需要。众所周知，资源具备稀缺性，如何充分利用资源，关系到每个企业的生死存亡。"进化"对企业来讲就是要引进先进设备、改进生产工艺、改善管理流程、迭代商业模式等。经过这样的"进化"，企业能够实现资源的有效配置，当"好钢用在了刀刃上"，企业自然可以提高劳动生产率，降低边际成本、提高边际收益，从而提高企业的利润率。

外在必要性一般与市场环境有关。

**例文 2：**

其次，不断"进化"是市场竞争的客观要求。随着市场经济的不断发展，多数企业都处于一个完全竞争市场上。这样的市场里，产品的同质化竞争不可避免。再加上随着消费的不断升级，消费者的需求也日益高端化、多元化。因此，企业必须不断"进化"，打造极致的产品和服务，从而赢得消费者的青睐。以小米手机为例，小米的一代手机其实并不完美，但小米愿意投入数以百亿计的资金进行研发改进，这才换来了现在的市场地位。

**例文 3：**

其次，不断"优化"是市场竞争的客观要求。一方面是新的竞争对手、新的替代品的不断涌现。企业在经营过程中不但需要应对同行的竞争，也可能面临来自替代行业的挑战。另一方面是消费者需求的不断变化。以前的消费者需求很容易得到满足，但现在人家可能青睐更高端的"个性定制"。因此，不断进化，才能顺应市场。

### （2）有问题 / 困难 / 风险

对于企业管理、社会治理，存在的问题或困难是类似的，主要分为预期不稳、认知缺陷、路径依赖、利益纠纷、沟通成本。

预期不稳即"优化"需要投入大量的资源，但收效是不确定的，此时的投入有可能成为沉没成本。

**例文 1：**

当然，企业的"优化"过程中，不可避免地会遇到种种困难。因为任何改进优化都需要投入一定的人力、物力、财力，但这种改进的预期收益并不确定。一旦失败，之前的投入就会变成沉没成本，给企业带来损失。

**例文 2：**

很多企业不愿"优化"，是因为"优化"存在一定的风险。"优化"是需要前期投入的，无论是供应链改造还是管理体制的变革等，都无疑会增加企业的运营成本。如果"优化"后的结果不尽人意，那么前期投入都将成为沉没成本。

认知缺陷分为两点，一是缺乏"优化"意识，二是不懂"优化"的方法。

😀 **例文 3:**

很多企业不愿求变，管理者的认知缺陷是其中一个重要原因。组织"优化"需要管理者敏锐的观察力、判断力、推断力，如果缺少这样的管理人才，一方面，可能导致企业没有意识到"进化"的重要性；另一方面，即便想有所行动，但也无从开始，企业"进化"找不到有效之道，自然也很难实现"进化"。

路径依赖指管理者沉浸于原有的经验、模式，不愿求变。

😀 **例文 4:**

很多企业不愿"优化"，其中一个原因就是"路径依赖"。企业在经营过程当中，容易沉浸在成功过的模式中，即使看到外部环境已然发生变化，只要还有利益增长，还有盈利能力，就不愿意寻求新的变化。

😀 **例文 5:**

然而，一些企业不愿"优化"。当旧有的经验和模式取得过成功时，企业很容易沉浸在既得利益中，从而忽略外部环境的变化，或盲目自信不思进取，或幡然醒悟却为时已晚。

利益纠纷表现为"优化"引起的变动可能造成既得利益者的利益损失。

😀 **例文 6:**

但是，"优化"意味着变化。"优化"可能造成利益分配方式的变动，部分既得利益者感觉到自己的利益受损，就可能从中作梗、百般阻挠。如果这些人"抱团取暖"，"优化"就难以有所成效。

😀 **例文 7:**

为了推动"优化"，企业需要付出一定的沟通成本。这是因为，"优化"意味着变化，不可避免会动摇一些既得利益者的利益，而为了让他们支持组织的"优化"，管理者往往需要细致的面谈、说服。

### 📑 （3）问题能解决

针对上述出现的困难或风险，我们一一提供解决方案。

对于预期不稳的问题，老吕认为有两点，第一要扬长，第二要弃短。

😀 **例文 1:**

因此，我认为做到以下两点特别重要：

一要学会扬长。正像鸟儿的核心优势在于飞翔一样，企业也必须形成核心竞争优势。比如华为以研发见长、vivo 以营销取胜、富士康以制造起家，这就是充分扬长的结果。

二要学会弃短。鸟儿不可能既有一身羽毛，还有尖牙利爪和万钧之力。企业也是如此，与核心竞争力无关的项目，要果断放弃。

对于利益纠纷及沟通成本的问题，企业管理方向可从内部培训角度、流程控制角度提出方案。

😊 例文 2：

因此，为了保证"优化"工作的开展，需要对员工进行内部培训。一方面，让员工形成正确的观念，用发展的眼光看问题，以此让他们自发自觉地为"优化"出力；另一方面，也可以通过培训来提高他们的管理素养，消除一劳永逸的错误思想。

😊 例文 3：

因此，为了保证"优化"工作的开展，需要做好流程控制。首先，完善沟通机制，信息部门持续关注市场动态，捕捉行业重要信息，及时准确地传递给员工。其次，对于"优化"相关的决策方案，需要做到公开化、透明化，以保证员工的知情权，消除员工的疑虑。最后，"优化"需要循序渐进，给予员工足够的适应时间。

对于路径依赖以及认知缺陷，可从"宣传教育"及"内部培训"角度提出建议。

😊 例文 4：

因此，要想打破思维误区，需要加强对员工的教育培训。一方面，鼓励员工尤其是管理层员工参加诸如 MBA、EMBA 等学历教育，系统学习管理学的科学理论；另一方面，加强员工的在岗培训，有针对性地解决企业发展中的人力资源问题。

😊 例文 5：

因此，为了保证"优化"工作的开展，需要对员工进行内部培训。一方面，让员工形成正确的观念，用发展的眼光看问题，以此让他们自发自觉地为"优化"出力；另一方面，也可以通过培训来提高他们的管理素养，消除一劳永逸的错误思想。

## ④ 结构导图

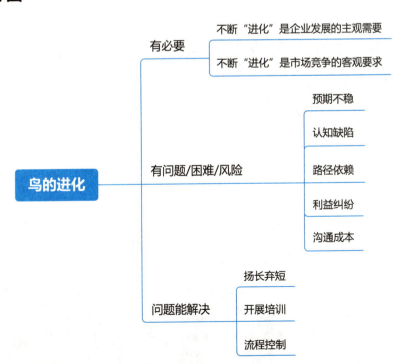

**5 参考范文**

**① 企业**

## 企业经营应不断"进化"

### 吕建刚

鸟类为什么会飞？是因为它们在进化中优化了利于飞行的身体部位、舍弃了不利飞行的身体部位。和鸟类一样，企业经营也应不断"进化"。

首先，不断"进化"是企业发展的主观需要。众所周知，资源具备稀缺性，如何充分利用资源，关系到每个企业的生死存亡。"进化"对企业来讲就是要引进先进设备、改进生产工艺、改善管理流程、迭代商业模式等。经过这样的"进化"，企业能够实现资源的有效配置，当"好钢用在了刀刃上"，企业自然可以提高劳动生产率，降低边际成本、提高边际收益，从而提高企业的利润率。

其次，不断"进化"是市场竞争的客观要求。随着市场经济的不断发展，多数企业都处于一个完全竞争市场上。这样的市场里，产品的同质化竞争不可避免。再加上随着消费的不断升级，消费者的需求也日益高端化、多元化。因此，企业必须不断"进化"，打造极致的产品和服务，从而赢得消费者的青睐。以小米手机为例，小米愿意投入数以百亿计的资金进行研发改进，这才换来了现在的市场地位。

当然，企业的"进化"过程中，不可避免地会遇到种种困难。因为任何改进进化都需要投入一定的人力、物力、财力，但这种改进的预期收益并不确定。一旦失败，之前的投入就会变成沉没成本，给企业带来损失。

因此，我认为做到以下两点特别重要：

一要学会扬长。正像鸟儿的核心优势在于飞翔一样，企业也必须形成核心竞争优势。比如华为以研发见长、vivo以营销取胜、富士康以制造起家，这就是充分扬长的结果。

二要学会弃短。鸟儿不可能既有一身羽毛，还有尖牙利爪和万钧之力。企业也是如此，与核心竞争力无关的项目，要果断放弃。

总之，企业经营不能裹足不前，要不断"进化"！

（全文共685字）

**② 社会**

## 社会治理应不断"优化"

### 老吕团队　江徕

鸟类为什么会飞？是因为它们在进化中优化了利于飞行的身体部位、舍弃了不利飞行的身体部位。和鸟类一样，社会治理也应不断"优化"。

首先，不断"优化"是社会发展的主观需要。众所周知，资源具备稀缺性，如何充分利用资源，关系到社会的持续、健康发展。"优化"对社会来讲就是要调整产业结构、经济结构等。改革开放以来，从计划经济到市场经济，从发挥市场基础作用到发挥市场决定作用，从求速到求稳等，中国特色社会主义制度的自我"优化"从未停止。经过这样的"优化"，社会整体的资源配置效率将会提高，从而提高劳动生产率，降低运行成本，促进高质量发展。

其次，不断"优化"是创造美好生活的客观要求。随着中国特色社会主义进入新时代，我国社会矛盾已经转化为人民日益增长的美好生活需要与不平衡不充分的发展之间的矛盾。新的矛盾之下，人民美好生活需要的品质更高、范围更广，不仅是对物质文化生活提出了更高的要求，而且在民主、法治、公平、正义、安全、环境等方面出现了多样化、更高层次的要求。因此，社会必须不断"优化"来提升人民的获得感、幸福感。以构建初次分配、再分配、三次分配的分配格局为例，此举能够促进社会公平正义，促进人的全面发展，使全体人民朝着共同富裕目标扎实迈进。

当然，社会的"优化"过程中，不可避免地会遇到一些反对的声音。新模式可能会带来社会利益的暂时损失，"优化"的预期也是不确定的，一旦失败，就会给各方带来损失。

因此，我认为做到以下两点特别重要：

一要坚定方向。要坚持党的领导、坚持社会主义市场经济、坚持改革开放。

二要不断迭代。社会的改革和进步不可能一蹴而就，而是一个不断迭代优化的过程。在发展中发现问题，在发展中解决问题，在发展中不断优化，才能让社会变得更加美好。

总之，社会治理不能裹足不前，要不断优化！

（全文共747字）

③ 个人

## 个人成长需要不断"优化"

### 吕建刚　江徕

鸟类为什么会飞？是因为它们在进化中优化了利于飞行的身体部位、舍弃了不利飞行的身体部位。和鸟类一样，个人也应不断"优化"，获得成长。

首先，不断"优化"是个人发展的主观需要。根据马斯洛需要层次理论，人在满足了自己的衣食住行等方面的需求后，会存在更高的精神层面的需求。比如自我价值的实现。一个人的自我价值是在成长过程中建立起来的，需要不断发挥其体力和智力的潜能，这其实就是一个不断"进化"的过程。

其次，不断"优化"是人才竞争的客观要求。我们知道，社会分工的结果必然是专业化。也就是说，我们要在某一领域成为专家型人才，打造属于我们自己的核心竞争优势，才能更好地满足当今社会的需要。要想成为专家型人才，就必须不断优化自身能力，不断迭代自身知识结构。

然而，很多人做不到自我优化，认知缺陷是主要原因。一方面，由于缺乏对市场、环境、资源的变化的判断，许多人意识不到自我优化的重要性；另一方面，即便是察觉到了需要改变，但是或者由于能力差距造成无从下手，或者由于不够勤奋而懒得下手。

不过，问题并非不可解决，提高认知需要"内省""思齐"。一方面，我们应该加强信息的输入，可以通过持续不断地学习，改正自己的错误观念，对时事热点、行业状况、科研动态等做到心中有数；另一方面，我们应该畅通沟通的渠道，通过多种方式借鉴他人的经验、汲取他人的教训，从而完善自身。

孟轲曾经说过："故天将降大任于是人也，必先苦其心志，劳其筋骨，饿其体肤，空乏其身，行拂乱其所为，所以动心忍性，曾益其所不能。"总之，人不能裹足不前，要不断"优化"！

（全文共 659 字）

# ⑥ 相关素材

## 6.1 典型事例

查尔斯·达尔文（1809—1882），英国生物学家、博物学家，进化论的奠基人，早期以地质学研究而闻名，而后又在动植物和地质方面进行了大量的观察和采集，猜测所有生物物种是由少数共同祖先，经过长时间的自然选择过程后演化而成。

达尔文在 1859 年出版的《物种起源》一书中系统地阐述了他的进化学说。达尔文自己把《物种起源》称为"一部长篇争辩"，它论证了两个问题：

第一，物种是可变的，生物是进化的。当时绝大部分读了《物种起源》的生物学家都很快地接受了这个事实，进化论从此取代神创论，成为生物学研究的基石。即使是在当时，有关生物是否进化的辩论，也主要是在生物学家和基督教传教士之间，而不是在生物学界内部进行的。

第二，自然选择是生物进化的动力。生物都有繁殖过盛的倾向，而生存空间和食物是有限的，生物必须"为生存而斗争"。在同一种群中的个体存在着变异，那些具有能适应环境的有利变异的个体将存活下来，并繁殖后代，不具有有利变异的个体就被淘汰。如果自然条件的变化是有方向的，则在历史过程中，经过长期的自然选择，微小的变异就得到积累而成为显著的变异。

## 6.2 引用句

（1）故天将降大任于是人也，必先苦其心志，劳其筋骨，饿其体肤，空乏其身，行拂乱其所为，所以动心忍性，曾益其所不能。（孟轲）

（2）反省是一面镜子，它能将我们的错误清清楚楚地照出来，使我们有改进的机会。（海涅）

（3）我们的青年是一种正在不断成长，不断上升的气力，他们的使命是根据历史的逻辑来创造新的生活方式和生活条件。（高尔基）

（4）任何新生事物在开始时不过是一枝幼苗，一切新生事物之可贵，就因为在这新生的幼苗中有无限的活力在成长，成长为巨人，成长为力量。（周恩来）

（5）人类被赋予了一种工作，那就是精神的成长。（列夫·托尔斯泰）

（6）有困难是坏事也是好事，困难会逼着人想办法，困难环境能锻炼出人才来。（徐特立）

（7）在人生的大风浪中，我们常常学船长的样子，在狂风暴雨中把笨重的货物扔掉，以减轻货物的重量。（巴尔扎克）

# ❼ 习作点评

## 习作（1）

### 调整的重要性①

学员习作

"物竞天择，适者生存"，要想在当下的社会洪流中不被淘汰，只有不断地根据周围的环境做出自我调整，才能迎来升华和蜕变，立于长胜之地②。

如何去调整呢？反观鸟类在漫长的进化历程中，从自身结构到内部功能，可以看出所有的调整既要从环境出发，又要从自身的不足下手③。

调整要深知自身的缺点，要持有坚定的决心。知不足而后奋勇，一个人要看清自己的优缺点，找准症结才能对症下药，才能做到事半功倍；一个公司深谙自身的不足，更新迭代管理和技术，才能让产品更具市场竞争力；一个国家明确发展的短板，填补相应的政策，才能屹立于世界。调整的过程是漫长而痛苦的，需要我们下定决心、持之以恒。阳光总在风雨后，只有在经历了调整的挣扎和痛楚后，我们才能迎来真正意义上的蜕变。

调整要审视周边的环境，要适应社会的发展。有的放矢是调整最好的规则，盲目地改变只会给自己带来更多的困扰，所以我们在调整的同时要做到审时度势，从社会的需要出发，这样在完成自我调整后才能更好地融入社会的发展，才能登上更大的舞台。

调整要普及所有的元素，要深入时代的走向。所有的社会元素都需要调整，每个人需要不断地调整去适应社会的发展，每个公司需要不断地调整去赶上时代的步伐，每个国家需要不断地调整才能革新发展。在调整的同时，要紧抓社会发展的规律，深入切合时代背景下主流走向，这样我们所作出的调整才能更有获得感，才能使我们在调整和蜕变的良性循环中不断地升华④。

①标题不明确，标题必须是提倡什么，反对什么。

②首段没有"引材料"。

③直接进入"提建议"段，不合理。

④本论部分通篇都是"提建议"，不合理。

古往今来，秦有商鞅变法而傲视六国，汉有独尊儒术而修辞兴文，隋唐兴创科举而人才济济，新中国改革开放而走向复兴。所以，我们只有在不停地适应和调整中，才能找到最适合我们的道路，才能在成功的道路上越走越远。

结尾处又进行了新的例证，不合理。

（全文共 693 字）

## 论说文 6 步评分表

| 项目 | 要求 | 本文评价 |
|---|---|---|
| 标题 | 1. 标题必须点明论点。<br>2. 标题必须是提倡什么，反对什么。 | 本文标题态度不够鲜明。 |
| 开头 | 1. 开头必须引入材料。<br>2. 开头必须要提出论点。<br>3. 材料和论点间最好有适当的过渡。<br>4. 开头无须展开论证。 | 本文开头没有引材料。 |
| 结构 | 1. 要有明确的结构。<br>2. 分论点必须明确，且分论点须在每段开头第一句话。<br>3. 分论点必须能概括本段内容。 | 本文全文都在写"提建议"。一般来说，我们先要用一些理由说服对方，让对方认可了我们的观点，我们再提建议他才会听。 |
| 论证 | 1. 必须要有说理。<br>2. 例证要简洁。<br>3. 说理和例证要与论点具备相关性。<br>4. 案例型材料的论证不应脱离材料；寓言型材料的论证可不必过多分析材料。<br>5. 论证对象要有一致性。 | 1. 本文缺少说理，而仅仅是在提建议。<br>2. 本文结合材料较少。 |
| 结尾 | 1. 结尾必须总结论点和材料。<br>2. 结尾可以有一些对偶、引用等出彩的句子。 | 结尾处的例证没有必要。 |
| 评分 | 按管理类联考的一至五类卷标准进行评分。<br>根据字迹好坏可浮动 3 分。 | 评分等级：四类卷。<br>参考评分：12 分。 |

## 习作（2）

### 优化自身，适应时代

老吕学员　小姜同学

正如文中所言，鸟类会飞是因为它们在进化过程中不断优化

标题没有问题。

自身结构。<u>但作为当代的企业管理者，我们要随着市场环境的变化，要不断优化自身以跟上时代的步伐①。</u>

②优化自身可以提高生产效率。鸟为了飞，把自身体型进化成了适合飞行的流线型，同时又改进了呼吸系统，这些"舍弃"都提高了自身的飞行效率。随着社会经济的发展，社会分工变得越来越精细，<u>一个企业很难独自做好每份工作③，</u>这就要求我们优化自身，专攻自身擅长的领域，从而提高自身的生产效率。

优化自身可以提高生产收益。企业经营的主要目的在于利益，根据社会的需要生产所需的产品。这就要求我们要不断地优化生产结构，淘汰掉落后的产能，从而集中力量劲往一处使办大事。正如文中所言，鸟为了飞，不断的舍弃那些沉重的、效率低的部件。作为企业的管理者，我们应该知道在有限的资源下，通过合理的优化安排，使其发挥出收益的最大化。

<u>作为企业管理者，决策时难免会带有自利性偏差，听不进不同的意见，从而造成经营的失败④。</u>这就要求我们在决策中要集思广益，多听听不同工作岗位不同的意见，身居一线的员工往往能直接指出生产过程中利害所在，要想达到想要的效果：

首先，我们要建立一套有效的奖励谏言机制，营造好的工作环境氛围，听取不同的声音，对好的谏言进行物质或精神的奖励，让参与者有成就感，有主人翁意识。

其次，我们要通过不同的教育途径以求不断提高自身的能力，如进行 MBA 等的学习。从而提高管理者的自身素养，减少或避免在经营企业的过程中出现自利性偏差。

时代在进步，社会在发展。我们只有不断优化自身，才能在激烈的社会竞争中赢取一席之地。

（全文共 663 字）

① 从鸟儿引申到企业，应该为递进关系，而不是用转折关系，故，"但"可删除。
② 本段从"生产效率"转到了"鸟"，又转到了"社会分工"和"生产效率"，逻辑跳跃太多。
③ 句不合逻辑，可删。

④ 此段论证的应是企业进行优化时遇到的问题，而不是决策时会遇到的问题，论证对象变了。

提建议。

结尾可以。

## 论说文 6 步评分表

| 项目 | 要求 | 本文评价 |
| --- | --- | --- |
| 标题 | 1. 标题必须点明论点。<br>2. 标题必须是提倡什么，反对什么。 | 本文标题没问题，满足标题 2 个要求。 |
| 开头 | 1. 开头必须引入材料。<br>2. 开头必须要提出论点。<br>3. 材料和论点间最好有适当的过渡。<br>4. 开头无须展开论证。 | 本文开头基本满足要求。 |

续表

| 项目 | 要求 | 本文评价 |
|---|---|---|
| 结构 | 1. 要有明确的结构。<br>2. 分论点必须明确，且分论点须在每段开头第一句话。<br>3. 分论点必须能概括本段内容。 | 1. 本文采用的是"利大于弊式"结构，即"优化有好处—优化有问题—问题能解决"。<br>2. 本文的两个主要分论点为："优化自身可以提高生产效率"，"优化自身可以提高生产收益"。这两个分论点有些相似，角度区分不明显。 |
| 论证 | 1. 必须要有说理。<br>2. 例证要简洁。<br>3. 说理和例证要与论点具备相关性。<br>4. 案例型材料的论证不应脱离材料；寓言型材料的论证可不必过多分析材料。<br>5. 论证对象要有一致性。 | 1. 本文第四段论证对象由"优化"变到了"决策"。<br>2. 本文能够结合材料进行说理分析。 |
| 结尾 | 1. 结尾必须总结论点和材料。<br>2. 结尾可以有一些对偶、引用等出彩的句子。 | 本文的结尾符合要求。 |
| 评分 | 按管理类联考的一至五类卷标准进行评分。<br>根据字迹好坏可浮动 3 分。 | 评分等级：三类卷。<br>参考评分：23 分。 |

### 真题精练 9

## 2023 年管理类联考论说文真题

### ❶ 真题原文

论说文：根据下述材料，写一篇 700 字左右的论说文，题目自拟。

人们常说"领导艺术"，可见领导与艺术之间存在着某种相似点，如领导一个团队完成某项任务和指挥一个乐队演奏某首乐曲一样。

### ❷ 审题立意

#### （1）命题背景

面对企业发展的新形势，核心管理层的领导艺术在企业的运营决策中的作用越来越重要，复杂的经济环境和前所未有的竞争挑战也要求企业领军人物必须具备卓越的领导艺术。

领导艺术是指在领导的方式方法上表现出的创造性和有效性，领导艺术是领导者个人素质的综合反映，包括用人与用权艺术、决策艺术、人际关系艺术。通俗来讲，一个好的单位，一个优秀的团队，都离不开有水平的领导来带领。想做一个真正有能力、有水平的领导，想做一个管理轻松的领导，想做一个从繁忙的管理事务中解脱出来的领导，是需要一定的方法和策略的，这些方法和策略就是领导的艺术。

### （2）四步审题立意法

| | |
|---|---|
| **第1步**<br>判断材料类型 | 寓言、故事、案例、观点（√）。<br>本材料显然是观点类材料，锁定材料中的"领导艺术"即可。<br>"领导艺术"就是领导力，体现在用人、决策、人际关系等方面。<br>所以，最佳立意是要注重领导艺术。但是如果写的是与领导力相关的立意也可以，如善于协调指挥、统筹兼顾、学会用人。 |
| **第2步**<br>确定立意对象 | 材料中的对象、个人或管理者（√）、企业、社会。<br>谁应该注重领导艺术呢？当然是管理者。因此，本题的立意对象最好为管理者。 |
| **第3步**<br>确定写作态度 | 支持（√）、反对、AB二者兼顾、AB有所侧重、AB二者择一。<br>对于材料中的观点，我们当然应该是支持的。因此，本文可以使用"利大于弊式"结构。 |
| **第4步**<br>拟出文章标题 | 对象＋态度＋主题：<br>管理者（对象）应（态度）注重领导艺术（主题）<br>管理者（对象）应（态度）善于协调指挥（主题）<br>管理者（对象）应（态度）学会统筹兼顾（主题）<br>管理者（对象）应（态度）学会用人之长（主题） |

## ❸ 全文思路

### （1）有好处

指出"管理者拥有领导艺术"的好处。要想做一个真正有能力的领导者，首先便是用好人才。换句话说，拥有了优秀的领导能力，有利于用好人才。不同的人才分工协作，才能提高工作效率。

🌐 例文1：

拥有领导艺术，有利于用好人才。我们知道，人的时间、精力是有限的，管理者当然也是这样。这种有限性决定了管理者只能擅长某个或某些领域的事务，在那些自己不擅长的领域，管理者就必须应用好各有所长的人才。而拥有领导艺术的管理者，能更好地激发下属的归属感、向心力、积极性，使人才为组织贡献出最大的价值。

不同的人才分工协作，才能产生协同效应，提高工作效率。

💫 例文 2：

拥有领导艺术，有助于产生协同效应。我们都知道，乐队想要奏出美妙的乐曲，需要钢琴、小提琴、大提琴等不同乐器的配合。团队也是一样，越是庞大的团队、越是复杂的工作，越需要不同人之间的协调配合。但是，这些人由于职位不同、专业不同、学识不同、性格不同、习惯不同，对工作的认知也会产生不同，此时，就需要拥有领导艺术的管理者来协调这些不同的人之间的关系，让其各扬所长协同工作。

💫 例文 3：

拥有领导艺术，有助于提高效率。现代人类社会之所以能够飞速发展，就是因为高效的、专业化的社会分工，组织成员之间的协作，就是这种社会分工在组织内部的体现。拥有领导艺术的管理者，可以让这种分工简洁、高效，有利于组织内部形成协同效应。这样的组织，就如同一个乐队一样，能共同演奏出美妙的"乐章"。

另外，管理者优秀的领导能力能够潜移默化地影响员工，激发他们的工作热情。

💫 例文 4：

拥有领导艺术，有助于激发工作热情。领导艺术很多时候是来源于领导者的威信、经验和才能，它能够潜移默化地作用于下属的工作和生活之中，让下属产生一种敬佩感。这种敬佩感就像磁铁一样吸引着下属，让他们自觉自愿地接受管理者的思想、行为方式，从心底对管理者产生认同感和尊重，从而使团队成员求同存异、心齐力合，从而增强团队凝聚力。

**（2）有问题 / 困难 / 风险**

对于管理者，存在的问题或困难主要集中在权利危机感、官僚主义、路径依赖等自身的局限性上。

💫 例文 1：

很多管理者在领导艺术上会产生一些欠缺，重要原因之一就是"权力危机感"的存在。这种心理使一些管理者害怕别人取代自己，不敢任用优秀的人才，而是去任用各方面不如自己的庸才。如此一来，就容易造成组织的运转效率下降。

💫 例文 2：

官僚主义是管理者在指导工作中的常见问题。在管理实践中，很多观点是"自上而下"形成的，管理者只是按照自己的想法来"指点江山""一展宏图"，而从来没有倾听过员工的声音，员工的参与度不高。这种"领导艺术"就难以得到员工的认同，那么，其对员工的促进作用是有限的。

💫 例文 3：

很多管理者在领导艺术上会产生一些欠缺，其中一个原因就是"路径依赖"。在实际经营过程当中，管理者容易沉浸在成功过的模式中，即使看到外部环境已然发生变化，只要还有利益增长，还有盈利能力，就不愿意寻求新的变化，做出新的决策。

**例文 4:**

领导艺术受到管理者能力的制约。缺乏领导能力的管理者，往往缺乏对企业经营状况和市场环境的预判能力，一方面，极易受到短期利益的诱惑，过分追求"见效快、花钱少"，为了利益置企业长期规划于不顾；另一方面，缺乏科学的决策，盲目追逐市场热点，导致企业投资过度多元化，若是遇到经济环境动荡，就会让企业经营如履薄冰，带来巨大的经营风险。

## （3）问题能解决

针对上述出现的困难或风险，我们一一提供解决方案。

对于"权力危机感"和"官僚主义"的问题，管理者可利用"双因素理论"提出方案。

**例文 1:**

可见，管理者要避免"权力危机感"的心理，形成一套自己的领导艺术。以下两点特别重要：

第一，抓好保健因素是基础。所谓保健因素，就是诸如工资发放、劳动保护等因素。这些工作做好了，不一定能增加下属的满意度。但是，这些工作一旦出问题，下属就会产生种种不满。可见，保健因素是领导艺术的基础。

第二，搞好激励因素是关键。所谓激励因素，就是诸如工作本身的成就感、对未来发展的期望，等等。这些工作做好了，会给下属带来极大的激励，提高其工作积极性。可见，激励因素是领导艺术的关键。

对于路径依赖的问题，可从内部培训角度提出方案。

**例文 2:**

因此，为了形成自己的领导艺术，需要对管理者进行内部培训。一方面，通过培训来提高他们的管理素养，消除一劳永逸的错误思想；另一方面，也可以让管理者形成正确的观念，用发展的眼光看问题，决策要随外部环境的变化而变化，从而适应新要求。

对于管理者的能力问题，可从"权力领导力"与"非权力领导力"角度提出建议。

**例文 3:**

那么，管理者应该如何形成自己的领导艺术呢？我认为要做好以下两点：

第一，要利用好权力领导力。管理者拥有对下属的奖惩权等职位权力，充分利用好这些权力，可以让下属的行为更加符合组织的预期，这是领导艺术的基础。

第二，要培养好非权力领导力。也就是说，要通过管理者自身的人格魅力，如人品、学识、能力、业绩等，潜移默化地影响下属，形成对下属的感召力，让下属从心底里认同和尊重自己。

## ❹ 结构导图

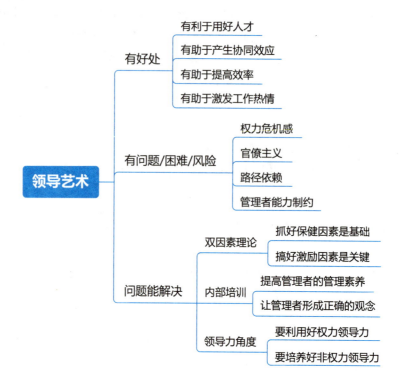

领导艺术

- 有好处
  - 有利于用好人才
  - 有助于产生协同效应
  - 有助于提高效率
  - 有助于激发工作热情
- 有问题/困难/风险
  - 权力危机感
  - 官僚主义
  - 路径依赖
  - 管理者能力制约
- 问题能解决
  - 双因素理论
    - 抓好保健因素是基础
    - 搞好激励因素是关键
  - 内部培训
    - 提高管理者的管理素养
    - 让管理者形成正确的观念
  - 领导力角度
    - 要利用好权力领导力
    - 要培养好非权力领导力

## ❺ 参考范文

**范文1**

### 管理者应有领导艺术

吕建刚

如同指挥一个乐队一样，管理者也应该有领导艺术。

拥有领导艺术，有利于用好人才。我们知道，人的时间、精力是有限的，管理者当然也是这样。这种有限性决定了管理者只能擅长某个或某些领域的事务，在那些自己不擅长的领域，管理者就必须应用好各有所长的人才。而拥有领导艺术的管理者，能更好地激发下属的归属感、向心力、积极性，使人才为组织贡献出最大的价值。

拥有领导艺术，有助于提高效率。现代人类社会之所以能够飞速发展，就是因为高效的、专业化的社会分工，组织成员之间的协作，就是这种社会分工在组织内部的体现。拥有领导艺术的管理者，可以让这种分工简洁、高效，有利于组织内部形成协同效应。这样的组织，就如同一个乐队一样，能共同演奏出美妙的"乐章"。

很多管理者在领导艺术上会产生一些欠缺，重要原因之一就是"权力危机感"的存在。这种心理使一些管理者害怕别人取代自己，不敢任用优秀的人才，而是去任用各方面不如自己的庸才。如此一来，就容易造成组织的运转效率下降。

可见，管理者要避免"权力危机感"的心理，形成一套自己的领导艺术。以下两点特别重要：

第一，抓好保健因素是基础。所谓保健因素，就是诸如工资发放、劳动保护等因素。这些工作做好了，不一定能增加下属的满意度。但是，这些工作一旦出问题，下属就会产生种种不满。可见，保健因素是领导艺术的基础。

第二，搞好激励因素是关键。所谓激励因素，就是诸如工作本身的成就感、对未来发展的期望，等等。这些工作做好了，会给下属带来极大的激励，提高其工作积极性。可见，激励因素是领导艺术的关键。

总之，管理者要有领导艺术，如同乐队指挥家一样，指挥团队高效运转。

（全文共684字）

## 范文 2

### 管理者要有领导艺术

吕建刚

如同指挥一个乐队一样，管理者也应该有领导艺术。

拥有领导艺术，有助于激发工作热情。领导艺术很多时候是来源于领导者的威信、经验和才能，它能够潜移默化地作用于下属的工作和生活之中，让下属产生一种敬佩感。这种敬佩感就像磁铁一样吸引着下属，让他们自觉自愿地接受管理者的思想、行为方式，从心底对管理者产生认同感和尊重，从而使团队成员求同存异、心齐力合，从而增强团队凝聚力。

拥有领导艺术，有助于产生协同效应。我们都知道，乐队想要奏出美妙的乐曲，需要钢琴、小提琴、大提琴等不同乐配的配合。团队也是一样，越是庞大的团队、越是复杂的工作，越需要不同人之间的协调配合。但是，这些人由于职位不同、专业不同、学识不同、性格不同、习惯不同，对工作的认知也会产生不同，此时，就需要拥有领导艺术的管理者来协调这些不同的人之间的关系，让其各扬所长协同工作。

当然，领导艺术的建立，并没有那么容易。因为，管理既有科学的一面，也有艺术的一面，这就对管理者的综合能力提出了较高的要求。管理者既要有足够的专业知识和管理才能，又要懂得人与人的相处之道。

那么，管理者应该如何形成自己的领导艺术呢？我认为要做好以下两点：

第一，要利用好权力领导力。管理者拥有对下属的奖惩权等职位权力，充分利用好这些权力，可以让下属的行为更加符合组织的预期，这是领导艺术的基础。

第二，要培养好非权力领导力。也就是说，管理者要通过自身的人格魅力，如人品、学识、能力、业绩等，形成对下属的感召力，让下属从心底里认同和尊重自己。

总之，如同优秀的乐队需要优秀的指挥一样，一个优秀的团队也必然需要一个管理艺术高超的管理者。管理者应该注重管理艺术。

（全文共692字）

## ⑥ 相关素材

### 6.1 典型事例

#### （1）迈克尔·戴尔的执行力

戴尔电脑的成功很大程度上可以归结为创始人迈克尔·戴尔先生的执行力。用前戴尔亚太采购负责人方国健的话说就是："迈克尔·戴尔的特质之一是极有远见，他通常在认定一个大方向以后就亲自披挂上阵，带领全公司彻底执行。"

戴尔电脑在推动国际互联网的深度运用与普及化的过程中，迈克尔·戴尔很早就意识到，互联网将彻底改变人的生活形态与工作习惯，而且是直销的一种利器，有必要大力宣传、推动对互联网的重视。为了做好这项工作，迈克尔·戴尔安排在公司内部到处张贴一种大海报，在这张海报上，迈克尔·戴尔本人一脸酷相，半侧着身子，一手直指向画外（观众），海报上印了一行大字："Michael wants you to know the net!（迈克尔希望你把互联网搞通！）"戴尔还在好几个公开演讲中热情洋溢地重申他对互联网的看法。此番努力的结果是：戴尔电脑有 70% 的营业额可以通过网络下单成交，公司的多数管理制度及工具可以在网络上实行。

#### （2）雷军的领导能力

小米品牌已被国人熟知，小米自 2010 年成立至今，在极短时间内占领市场，成为手机行业全球排名前五的公司，也是迄今为止，唯一一家在手机销量陷入颓势时候重新崛起的手机公司。而其创始人雷军可以在短时间内让小米成为国内的知名品牌，这与他的远见卓识和对企业的巨大影响力是分不开的。

一个好的管理者，他的能力通常建立在对环境变化及趋势、对组织存在的问题的洞察能力之上。在小米成立之前，雷军就职于金山公司。从 22 岁出任金山开发部经理开始，雷军在金山的管理生涯就拉开序幕：24 岁担任北京金山软件有限公司总经理，29 岁出任金山总经理，31 岁成为金山总裁，39 岁带领金山完成上市。古人讲三十而立，雷军 30 岁时已经成为别人敬仰的管理者；又曰四十不惑，他在 40 岁时放下以往的辉煌和成就，去解决自己的疑惑。

一个好的管理者应具备独立思考的能力。他能够保持对市场情况的独特见解，敢于和善于提出问题，解决问题时寻求多种解决办法，决不随波逐流。当百度、腾讯、阿里市值比金山都要高得多时，雷军一度开始反思自己以往做软件开发是否正确。痛定思痛，他开始分析大环境，善于发现新的契机，并做出人生的重大决定——辞去金山总裁职务，创立小米。

而当小米销售量下降的时候，很多人为小米唱衰，还有一个评论说"世界没有任何一家手机公司销售下滑后，能够成功逆转的，小米前途堪忧。"雷军思考后，认为手机产业是供应链全球供应，高度整合的行业，上游也是高度垄断，技术更迭又快，所以许多成功都是来源合作伙伴的共同努力。后来小米战略中就加强了供应链的管理，让小米成为唯一一家在手机销量陷入颓势时重新崛起的手机公司。

雷军正是因为敢于怀疑过往的精神，怀着一股永不停歇的冲劲，不安于现状，用批判性的眼光审视过去，用开放性的眼光面对未来，抓住了互联网时代的风口顺势而为，突破传统企业的局限，最终成就小米这样成功的品牌。他不安现状的精神，独立思考的能力都展现了其优秀的领导力。

## 6.2 引用句

（1）没有学会服从的人，无法成为一个好指挥官。（亚里士多德）

（2）管理自己，需要用脑。管理别人，需要用心。（爱莲娜·罗斯福）

（3）遇到喜悦时能够谦逊退后，遇到困难时能够首当其冲。此时，人们会欣赏你的"领导力"。（纳尔逊·曼德拉）

（4）太上，不知有之。功成事遂，百姓皆谓我自然。（老子《道德经》）

（5）领导力就是将想象转变成现实的能力。（沃伦·本尼斯）

（6）领袖，知其道，行其道，授其道者也。（约翰·麦克斯维尔）

（7）领袖就是一个贩卖希望的商人。（拿破仑）

### 真题精练 10

## 2024 年管理类联考论说文真题

因本书出版时，2024 年真题尚未发布，故本年度真题为电子版，请扫码获取。

扫码点击"资料下载"
领取 24 年最新真题

**真题精练 1**

## 2017 年经济类联考论说文真题

### ❶ 真题原文

论说文：根据下述材料，以"是否应该对穷人提供福利？"为题，写一篇不少于 600 字[①]的论说文。

国家是否应该对穷人提供福利存在较大的争论。

反对者认为：贪婪、自私、懒惰是人的本性。如果有福利，人人都想获取。贫穷在大多数情况下是懒惰造成的。为穷人提供福利相当于把努力工作的人的财富转移给了懒惰的人。因此，穷人不应该享受福利的。

支持者则认为：如果没有社会福利，穷人则没有收入，就会造成社会动荡，社会犯罪率会上升，相关的合理支出也会增多。其造成的危害可能大于提供社会福利的成本，最终也会影响努力工作的人的利益。因此，为穷人提供社会福利能够稳定社会秩序，应该为穷人提供福利。

### ❷ 审题立意

#### （1）命题背景

推动经济发展，不断改善民生，让人民群众更多分享发展红利，这既是新发展理念的体现，更是当今中国社会的最大共识之一。近年来，我国采取的"精准扶贫"政策就是改善民生的重要举措，这体现了我国政府消除贫困的决心。而且，2022 年，我国又重申"共同富裕"政策，并在此基础上提出了"第三次分配"政策，即，引导高收入人群在自愿基础上，以募集、捐赠和资助等慈善公益方式对社会资源和社会财富进行分配，从而缩小社会差距，实现更合理的收入分配。

但也要看到，我国仍处于并将长期处于社会主义初级阶段，改善民生不能脱离这个最大实际，只能根据经济发展和财力状况逐步提高人民生活水平。在这个过程中，需要防止出现故意吊高群众胃口的"空头支票"，避免陷入"高福利陷阱"。一些国家正是由于过度提高福

---

① 说明：2020 年前由高校自主命题时，396 经济类联考论说文的字数要求为 600 字；2021 年由教育部统一命题后，字数要求改为了 700 字。为适应现在的考试要求，本书的范文均按 700 字的要求来写。

利和过度承诺，导致"养懒汉、高税收、财政难"等问题，过度提高福利反而让福利恶化、过度承诺反而让承诺落空。

所以，改善民生需要处理好尽力而为与量力而行的辩证关系。既要尽力而为，在经济发展可承受的范围内最大限度改善民生；也要量力而行，尊重民生改善和经济发展自身的规律。

## （2）四步审题立意法

| | |
|---|---|
| **第1步**<br>判断材料类型 | 寓言、故事、案例（√）、观点。<br>材料中，针对"对穷人提供福利"这一政策，有人支持也有人反对，故我们要解决材料中的争议，回答是否应该对穷人提供福利这一问题，故本材料属于"案例类材料"。 |
| **第2步**<br>确定立意对象 | 材料中的对象、个人或管理者、企业、社会（√）。<br>"对穷人提供福利"是全社会的事，故应该从社会视角来立意。 |
| **第3步**<br>确定写作态度 | 支持（√）、反对、AB二者兼顾、AB有所侧重、AB二者择一。<br>虽然对穷人提供福利引起了一定的争议，但我们认为这一国家政策是利大于弊的，应该支持。 |
| **第4步**<br>拟出文章标题 | 对象＋态度：<br>对穷人提供福利（材料中的对象）应该支持（态度）<br>对穷人提供福利（材料中的对象）势在必行（态度） |

## ❸ 全文思路

我们应该指出给穷人提供福利对社会有好处，虽然它可能也有一些问题，但这些问题是可以解决的，即使用"利大于弊式"结构。

### （1）有好处

福利是政府无偿地为符合一定条件的个体所提供的金钱、各类生活物资以及特殊权利等。为穷人提供福利有利于推动社会生产力发展，有利于维护社会稳定。

🌐 例文1：

给穷人提供福利，有助于促进社会公平。社会公平，最重要的就是公平发展权。穷人也是人，也有权利追求更好的教育、更稳定的工作、更满意的收入、更可靠的社会保障、更高水平的医疗卫生服务、更舒适的居住条件等。而穷人通常会因先天或后天上一些自身无法克服的原因，而无法得到和其他群体相同的竞争机会。如果能给他们提供一些福利、创造一些机会，给一些政策上的倾斜和照顾，弥补其在追逐机会时的先天缺陷，从而有利于社会公平。

🌐 例文2：

给穷人提供福利，有助于维护社会稳定。贫穷会产生种种问题，如果穷人的基本生活条件得不到满足，就容易引发他们对社会的不满甚至对立情绪，从而埋下社会动荡的种子。因此，给穷人提供福利，可以起到缓解社会矛盾的"安全网"作用，减弱穷人对现有制度的离心力。

**例文 3：**

给穷人提供福利，有利于充分利用人力资源。我们知道，现在的劳动已经由过去的体力劳动，转变为知识型、技能型劳动。这些劳动技能的掌握，是建立在一定的教育基础之上的。穷人在温饱问题都难以解决的情况下，不光自己很难有经济基础去接受更好的教育，也会影响下一代的教育和发展。通过给穷人提供福利，尤其是一些教育方面的福利，有利于解决这一问题。

## （2）有困难

为穷人提供福利有益于社会的进步，但是在实施的过程中会有困难，如政府财政困难、穷人观念转变困难等。

**例文 1：**

向穷人提供福利，可能会给政府的财政带来一定的压力。尤其是对于一些贫困地区，这些地方本来经济就不景气，政府的税收收入也相对较低，给穷人提供福利就会有一些困难。因此，这些地方的穷人福利就得依赖中央的财政补贴。

**例文 2：**

向穷人提供福利，对社会运行效率可能有一定的影响。这是因为所有的福利归根结底是来源于税收或其他形式的财富转移，这样就可能降低企业的利润空间，影响企业家创富的劲头，从而影响社会运行效率。

**例文 3：**

过度向穷人提供福利，可能会造就一部分"懒汉"。以北欧各国为例，高福利政策弊端重重，给政府带来了巨大的财政压力，与此同时还促成了一批只想靠救济金、失业保险金生活的人。可见，过度的福利也有问题。

## （3）提方案

针对财政困难，精准扶贫是一个好办法。另外，"授人以鱼不如授人以渔"，加强对穷人的技能培训，"扶贫"同"扶志"相结合，让他们自己创造财富。

**例文 1：**

向穷人提供福利，应该精细精准。"大水漫灌"式的粗放手段可能会造成资源的浪费，而习近平总书记提出的"精准扶贫"则是很好的办法。精确识别、精确帮扶、精确管理，因地制宜、因户施策，这样更能把福利落到实处。

例文2：

向穷人提供福利，应该注重技能培训。"输血"式的福利并不能从根本上解决问题，往往福利一停，穷人又会返贫。因此，要让穷人学会"造血"，即要加强对穷人的技能培训，为穷人提供更多的工作岗位，让其有能力提高自身收入水平，授人以渔，才是真正的福利之举。

例文3：

向穷人提供福利，要激发穷人的内生动力。地方贫困，但观念不能贫困。贫困不要紧，最怕的是思想贫乏，没有志气。成天想到的，不是向上伸手，就是怨天尤人。必须坚持"扶贫"同"扶志"相结合，把提升贫困人口脱贫攻坚的主动性、积极性、创造性摆在更加突出的位置，发掘符合当地资源禀赋的产业潜力，找到致富奔小康的正确道路。

## ❹ 结构导图

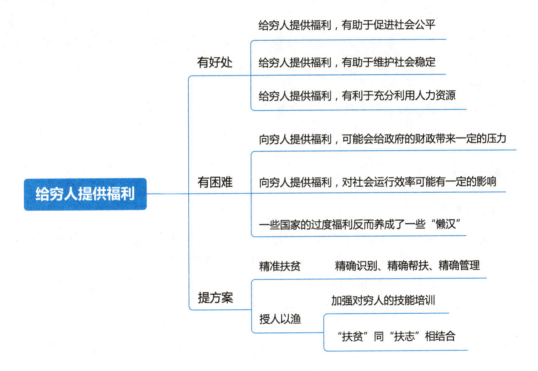

## ❺ 参考范文

### 是否应该对穷人提供福利？

吕建刚

针对是否应该对穷人提供福利这个问题，支持者和反对者各执一词，激烈争论。我认为，应该向穷人提供一定的福利。

首先，给穷人提供福利，有助于促进社会公平。社会公平，最重要的就是公平发展权。

穷人也是人，也有权利追求更好的教育、更稳定的工作、更满意的收入、更可靠的社会保障、更高水平的医疗卫生服务、更舒适的居住条件等。而穷人通常会因先天或后天上一些自身无法克服的原因，而无法得到和其他群体相同的竞争机会。如果能给他们提供一些福利、创造一些机会，给一些政策上的倾斜和照顾，弥补其在追逐机会时的先天缺陷，从而有利于社会公平。

其次，给穷人提供福利，有利于充分利用人力资源。我们知道，现在的劳动已经由过去的体力劳动，转变为知识型、技能型劳动。这些劳动技能的掌握，是建立在一定的教育基础之上的。穷人在温饱问题都难以解决的情况下，不光自己很难有经济基础去接受更好的教育，也会影响下一代的教育和发展。通过给穷人提供福利，尤其是一些教育方面的福利，有利于解决这一问题。

当然，过度向穷人提供福利，可能会造就一部分"懒汉"。以北欧各国为例，高福利政策弊端重重，给政府带来了巨大的财政压力，与此同时还促成了一批只想靠救济金、失业保险金生活的人。可见，过度的福利也有问题。

但是，这些问题是可以解决的。向穷人提供福利，要让穷人学会"造血"。因为，"输血"式的福利并不能从根本上解决问题，往往福利一停，穷人又会返贫。因此，要加强对穷人的技能培训，为穷人提供更多的工作岗位，让其有能力提高自身收入水平，授人以渔，才是真正的福利之举。

总之，给穷人提供福利利大于弊，应该实行。

（全文共 677 字）

## 6 相关素材

### 6.1 报纸摘要

（1）党的十八大以来，习近平总书记走遍全国 14 个集中连片特困地区，全面部署和推进脱贫攻坚工作。回首过去五年，脱贫攻坚力度之大、规模之大、成效之大，前所未有。从2012 年末到 2017 年末，全国有 6 000 多万贫困人口稳定脱贫，贫困发生率从 10.2% 下降到3.1%。中国的减贫实践与成就，创造了人类历史上的奇迹，为全球树立了典范。

——人民日报《汇聚精准扶贫强大合力》，张凡

（2）脱真贫，真脱贫，需要扎扎实实行动起来。今年是脱贫攻坚作风建设年，要认真开展扶贫领域腐败和作风专项治理，加强扶贫资金管理，对挪用、贪污扶贫款的行为严惩不贷，目的是要让脱贫攻坚作风严起来、实起来、强起来。真刀真枪地干，真金白银地投，一切工作都要落实到为贫困群众解决实际问题上，切实防止形式主义，不能搞花拳绣腿和繁文缛节，不能做表面文章。

——人民日报《扶贫绝不能漂浮》，高云才

（3）兜底扶贫，是社会主义制度优越性的重要体现，是让贫困群众有幸福感和获得感的机制保障，是"五个一批"中的制度补充，意在消除绝对贫困，不落下一人。强有力的兜底措施，不仅极大地调动了各地打赢脱贫攻坚战的积极性，提高了基层干部和贫困户战胜贫困的信心，而且切实降低了贫困人口的看病负担，使很多贫困患者从中受益。

不必讳言，兜底扶贫的制度设计，在一些地方被不当使用，成了福利陷阱。一些贫困患者，小病大治，甚至治愈后还"躺在床上"不走。一些子女，眼看着体弱多病的老人不去赡养，而是通过"分家"方式，把贫困人口交给政府兜底。甚至有一些地方，超标准实施救助，兜底措施的刚性支出，让捉襟见肘的地方财政难以为继。

——人民日报《兜底扶贫，要警惕福利陷阱》

（4）我国仍处于并将长期处于社会主义初级阶段，改善民生不能脱离这个最大实际，只能根据经济发展和财力状况逐步提高人民生活水平。在这个过程中，需要防止出现故意吊高群众胃口的"空头支票"，避免陷入"高福利陷阱"。一些国家正是由于过度提高福利和过度承诺，导致养懒汉、高税收、财政难以支撑等问题，过度提高福利反而让福利恶化、过度承诺反而让承诺落空。可以说，要福利而不要过度福利，要民生而不要透支民生，才能有稳步提高的民生改善，才能有可持续发展的社会保障制度。

——人民日报《坚持不懈保障和改善民生》

（5）改善民生需要处理好尽力而为与量力而行的辩证关系。既要尽力而为，在经济发展可承受的范围内最大限度改善民生；也要量力而行，尊重民生改善和经济发展自身的规律。说到底，民生改善要以经济发展实际为其约束条件，这样才是可操作、能落地、可持续提升的民生改善，否则就只是博取一时掌声的镜花水月。习近平总书记指出，"民生工作直接同老百姓见面、对账，来不得半点虚假，既要积极而为，又要量力而行，承诺了的就要兑现。"对各级政府部门而言，持续推进民生改善，要少开"空头支票"、少吹"彩色泡泡"，根据各自资源禀赋和发展阶段出台务实举措，解决群众最关心最直接最现实的利益问题，落实各项惠民政策，做好普惠性、基础性、兜底性民生建设，让各项民生举措能够落地生根、取得实效。

——人民日报《坚持不懈保障和改善民生》

## 6.2　引用句

（1）中国共产党的初心就是为人民谋幸福、为民族谋复兴，党中央想的就是千方百计让老百姓都能过上好日子。（习近平）

（2）"积力之所举，则无不胜也；众智之所为，则无不成也"。打赢脱贫攻坚战，需要"壮志如铁"的决心、"精准滴灌"的用心、"万夫一力"的齐心。聚众力、汇众智、集众志，有了这样的力量，我们将所向披靡，无坚不摧。（人民日报张凡《汇聚精准扶贫强大合力》）

（3）要"实施精准扶贫方略，找到'贫根'，对症下药，靶向治疗"。只有科学分析、实事求是、因地制宜，找准"贫根"，才能真正落实精准扶贫，实现发展成果共享。（习近平）

（4）我国作为一个人口众多、发展很不平衡的大国，如果实行脱离发展水平的高福利政策，更容易阻滞经济社会持续健康发展。当前，我国在积极完善社会保障体系的同时，应汲取高福利国家的教训，谋求实实在在的经济发展和社会进步。（中国人民大学教授　李义平）

（5）我们要正确处理眼前和长远、积累和消费的关系，循序渐进、量力而行地提高福利水平，以稳健的经济发展实现可持续的福利提升；同时，把自我保障与社会保障结合起来，完善适合国情和发展实际的福利制度和保障体系。（中国人民大学教授　李义平，有删改）

（6）要福利而不要过度福利，要民生而不要透支民生，才能有稳步提高的民生改善，才能有可持续发展的社会保障制度。（人民日报评论员观察：坚持不懈保障和改善民生——千方百计让老百姓都能过上好日子　李洪兴）

## ❼ 习作点评

### 习作（1）

#### 给穷人提供福利值得提倡

学员　祥琪

关于国家是否应该对穷人提供福利存在着较大的争议。在我看来，给穷人提供福利值得提倡。

首先，给穷人提供福利，有利于促进社会和谐稳定。社会保障与每一个人都息息相关，给穷人提供基本的生活保障有利于避免穷凶极恶现象的发生，防治社会动荡和社会犯罪率的上升①，从整体上来看能保证社会的和谐稳定，保障大部分人的稳定的生活。

其次，给穷人提供福利，有利于促进社会公平。每个人都有权利和义务参与社会财富的分配。我国所提倡的"先富带动后富"说明的也是这个道理。随着我国经济的飞速发展，人民群众的生活水平逐步提高，绝大部分人已步入小康的生活②。市场经济在提高效率的同时，会带来收入分配差距的拉大。然而对于穷人来说，他们并不能享受到社会生产力提高带来的红利，若过于绝对地认为懒惰就是贫穷的原因，这才是真正的不公平。

当然，不乏给穷人提供福利持反对意见的人，担心福利政策会带来一系列的问题③。的确，对于穷人的福利支持来源于其他人的财富转移，不利于提高人民的工作积极性。

但是，针对福利政策所产生的问题和弊端，我们有着相应的解决方法和措施。

首先，制定合理的制度，以人为本，进行收入分配改革，初次分配注重效率，再分配注重公平。充分利用公共财政，切实做好收入再分配，由政府筹资、管理，给穷人提供福利。

---

标题没有问题。

三句式开头可以。

此段为正面论证：有好处。

①用词不当，"防治"应改为"防止"。

②用词啰唆，"人民群众的生活水平"可改为"人民生活水平"；"小康的生活"可改为"小康生活"。

此段指出困难和问题。

③病句，无主语。可改为："当然，也有反对给穷人提供福利的人，他们担心……"

提建议。

其次，在福利制度实施过程中相关部门应加强监管，对于领取福利补贴的人群严格划分管理，保障各类人群的基本利益。政府实施建档立卡，对于贫困户和贫困村进行精准识别，明确帮扶主体，对不守信用、冒领福利者严加惩罚。

综上所述，给穷人提供福利，利大于弊，不仅能促进社会和谐稳定，也能促进社会公平，值得提倡。

结尾可以。

（全文共 686 字）

## 论说文 6 步评分表

| 项目 | 要求 | 本文评价 |
| --- | --- | --- |
| 标题 | 1. 标题必须点明论点。<br>2. 标题必须是提倡什么，反对什么。 | 标题符合要求。 |
| 开头 | 1. 开头必须引入材料。<br>2. 开头必须要提出论点。<br>3. 材料和论点间最好有适当的过渡。<br>4. 开头无须展开论证。 | 本文开头使用三句开头法，满足要求。 |
| 结构 | 1. 要有明确的结构。<br>2. 分论点必须明确，且分论点须在每段开头第一句话。<br>3. 分论点必须能概括本段内容。 | 1. 本文采用"利大于弊式"结构，论证结构明确。<br>2. 本文分论点明确。 |
| 论证 | 1. 必须要有说理。<br>2. 例证要简洁。<br>3. 说理和例证要与论点具备相关性。<br>4. 案例型材料的论证不应脱离材料；寓言型材料的论证可不必过多分析材料。<br>5. 论证对象要有一致性。 | 1. 本文说理充分。<br>2. 个别词句使用不当，文章存在多处病句。但这种细节错误，与文章的整体结构比起来没那么重要。 |
| 结尾 | 1. 结尾必须总结论点和材料。<br>2. 结尾可以有一些对偶、引用等出彩的句子。 | 本文的结尾基本符合要求。 |
| 评分 | 按经济类联考的一至五类卷标准进行评分。<br>根据字迹好坏可浮动 2 分。 | 评分等级：二类卷。<br>参考评分：15 分。 |

## 习作（2）

### 应给穷人提供福利

学员　Candy

　　一个国家的繁荣发展，离不开对弱者给予帮助。可见，给穷人提供福利势在必行。

　　不给穷人提供福利，会影响个人生存。人之所以成为穷人，是由多种因素造成的。也许是先天生长环境落后，也许是后天遭遇家庭变故，也许是缺乏劳动能力等①。俗话说"一方有难，八方支援"，如果不给穷人提供福利，就会使他们丧失基本的生活动力，影响个人生存②。

　　给穷人提供福利，可以促进社会平等。每个人来到世界上都是平等的，都有追求美好生活，享受更好社会保障的权利和自由，这种平等不受出身、性别、地域等的限制，穷人也不例外。只要有福利需求，都应该得到重视，如果不能满足穷人的基本生活保障期望，就谈不上人权，更谈不上社会平等。

　　给穷人提供福利，可以使社会和谐稳定。一个国家的和谐稳定，离不开每个人的努力。穷人也是社会的一分子，给穷人提供福利，既保障了他们的合法权益，帮助实现人生价值③，这对建设社会主义和谐社会是非常重要的。

　　当然，给穷人提供福利，也会遇到一些问题。一方面，福利政策宣传不到位，就会造成一部分需要福利的穷人享受不到应有的权益；另一方面，有些人会钻福利政策的空子，例如出现骗保等行为，导致资源的浪费。

　　因此，要想最大程度上给穷人提供福利，必须软硬兼施。软是指宣传教育。我国地域辽阔，受条件限制，很多穷人都生活在偏远地区，因此政策宣传必须落实到每家每户。硬是指法律监督。有关部门除了要建立健全法律制度，对于那些想要骗取福利的违法分子要重拳出击，当罚则罚，当违法成本大于违法收益时，才能威震四方。

　　综上所述，给穷人提供福利利国利民，势在必行！

（全文共 658 字）

---

标题没有问题。

三句式开头可以。

第 2 到第 4 段为"有好处"。

①不当并列："先天"与"后天"可以进行并列，但不应该与"缺乏劳动能力"并列。

②处论证过于绝对。

③病句，应改为"也帮助了他们实现人生价值"。

指出问题。

提出建议。

结尾可以。

## 论说文 6 步评分表

| 项目 | 要求 | 本文评价 |
|---|---|---|
| 标题 | 1. 标题必须点明论点。<br>2. 标题必须是提倡什么，反对什么。 | 标题符合要求。 |
| 开头 | 1. 开头必须引入材料。<br>2. 开头必须要提出论点。<br>3. 材料和论点间最好有适当的过渡。<br>4. 开头无须展开论证。 | 本文开头使用三句开头法，满足要求。 |
| 结构 | 1. 要有明确的结构。<br>2. 分论点必须明确，且分论点须在每段开头第一句话。<br>3. 分论点必须能概括本段内容。 | 1. 本文采用"利大于弊式"结构，论证结构明确。<br>2. 本文分论点明确。 |
| 论证 | 1. 必须要有说理。<br>2. 例证要简洁。<br>3. 说理和例证要与论点具备相关性。<br>4. 案例型材料的论证不应脱离材料；寓言型材料的论证可不必过多分析材料。<br>5. 论证对象要有一致性。 | 1. 本文第 2 段论证有些绝对。<br>2. 本文第 2 和第 4 段有病句。 |
| 结尾 | 1. 结尾必须总结论点和材料。<br>2. 结尾可以有一些对偶、引用等出彩的句子。 | 本文的结尾基本符合要求。 |
| 评分 | 按经济类联考的一至五类卷标准进行评分。根据字迹好坏可浮动 2 分。 | 评分等级：二类卷。<br>参考评分：15 分。 |

## 真题精练 2

# 2018 年经济类联考论说文真题

## ① 真题原文

论说文：根据下述材料，写一篇不少于 600 字的论说文，题目自拟。

近日有报道称，某教授颇喜穿金戴银，全身上下都是世界名牌，一块手表价值几十万，所有的衣服、鞋子都是专门订制、造价不菲。他认为对"好东西"的喜爱没啥好掩饰的："以前很多大学教授都很邋遢，有的人甚至几个月都不洗澡，现在时代变了，大学教授应多注意个人形象，不能太邋遢了。"

## ❷ 审题立意

### （1）命题背景

高校被誉为"教书育人的神圣殿堂"，是传播知识和培养人才的重要场所、先进思想和优秀文化的重要源泉，也是科技创新的重要力量。然而，近年来，高校学术不端与学者腐败乱象频发，负面影响不容忽视。无论是热衷于穿金戴银、名牌裹身，还是生活骄奢淫逸、腐败奢靡，教授学者追逐"虚荣"，不仅容易对学生的价值观、消费观产生不良影响，也会逐渐让自己意志消退、信念动摇，最终断送自己的学术生涯。

### （2）四步审题立意法

| | |
|---|---|
| **第1步**<br>判断材料类型 | 寓言、故事、案例（√）、观点。<br>材料中给出一个现象：某教授颇喜穿金戴银。一方面，爱美之心，人皆有之，教授打扮自己具备合理性；另一方面，此教授高定傍身、名牌随行，与学者追求真理的使命有些冲突。这一现象现在尚存争议，需要我们去解决，故本材料是"案例类材料"。 |
| **第2步**<br>确定立意对象 | 材料中的对象（√）、个人或管理者、企业、社会。<br>直接针对材料中的对象"教授"进行写作即可。 |
| **第3步**<br>确定写作态度 | 支持（√）、反对（√）、AB二者兼顾、AB有所侧重、AB二者择一。<br>教授的行为并不违法，法无禁止即可为，因此，支持教授的做法也无不可。<br>不过，反对教授的做法则更加符合普通人对教授这一职业的认知，也更加好写。故建议我们持反对态度。 |
| **第4步**<br>拟出文章标题 | 对象+态度：<br>若反对：<br>教授穿金戴银（材料中的对象）大可不必（态度）<br>教授穿金戴银（材料中的对象）不应提倡（态度）<br>若支持：<br>教授穿金戴银（材料中的对象）也无不可（态度） |

## ❸ 全文思路

教授过度在意表面的光鲜亮丽，会对自己和学生同时产生负面影响。本题宜采用"现象分析式"结构，即：摆现象—析原因—谈危害—提方案。

## 📝 （1）摆现象

摆现象的两种写法如下表：

| | 写法 1<br>分析一个现象 | 写法 2<br>分析一类现象 |
|---|---|---|
| 写作公式 | 第 1 段：引材料→过渡句→论点句 | 第 1 段：引材料→过渡句→论点句<br>第 2 段：过渡句（生活中，类似的现象屡见不鲜）＋事例 |
| 例文 | 某教授出行穿戴颇为"讲究"，一身行头动辄几万，甚至几十万。在我看来，教授如此穿金戴银，大可不必。<br>（下一段直接跟教授颇喜穿金戴银的原因） | 某教授出行穿戴颇为"讲究"，一身行头动辄几万，甚至几十万。在我看来，教授如此穿金戴银，大可不必。<br>当下学术界，教授学者爱慕虚荣、追逐名利的乱象频发，穿名牌、戴名表，成为部分学者的追求和至爱，甚至被当成能力与价值的体现。于是乎，凡事讲阔气、摆排场，花钱大手大脚，凡事铺张浪费。<br>（下一段直接跟这一类事件的原因） |

## 📝 （2）析原因

奢靡之风盛行，无非是虚荣心不断膨胀导致自我迷失。孟德斯鸠在《论法的精神》中说道："人口越多，人口比例越稠密，人民的欲望就越多，人民的虚荣心便越强。越是在人口众多、大多数人之间彼此不认识的社会中，人们出乎其类、拔乎其萃的欲望也就越强烈。人们都想证明自己比别人优秀，以获取别人的尊敬。"教授穿金戴银的原因也是如此。

🌐 例文 1：

奢靡之风盛行，无非是"利己主义"和"享乐主义"作祟。随着时代的变化和自己资历的提升，有些教授学者已然登上事业的顶峰，难免自我膨胀，企图通过买名车、戴名表彰显自己奢华的生活，甚至追求骄奢淫逸，以满足自己"高人一等"的优越感和虚荣心。

🌐 例文 2：

很多教授学者热衷于穿金戴银、名牌裹身，很大程度上源于"面子消费"。国人素来是爱面子、讲面子的，有人说"面子是国人最大的虚荣心"，这种说法虽然有些绝对，但也反映了几分现实。在一些人看来，只有穿用名牌衣物才有面子，才不会被人瞧不起。在"面子文化"的影响下，这些教授为了获得和维护"面子"，难免会导致"炫耀消费"现象的滋生。

## 📝 （3）谈危害

危害可以分为三个方面：

对教授本身而言，过度在意表面的光鲜亮丽，会让自己逐渐无心科研、滋生学术腐败、败坏学术风气。

同时，教授也应该清楚，自身的行为，对学生会产生潜移默化的影响。若是为了面子，过度爱慕虚荣、穿金戴银，这便会直接影响校园风气和学生的消费观、金钱观，对学生的品德修行产生消极影响。

此外，穿金戴银的消费主义盛行，极易导致国人荣辱观念颠倒、是非观念迷失，社会风尚也势必会因此遭到侵蚀。

🌐 例文 1：

一方面，对教授本人而言，过度追求奢侈品有害无利。大学教授不仅承担了教学工作，也承担了很多研究工作。对研究工作来说，最重要的便是心静，要用"咬定青山不放松"式的决心，下"为伊消得人憔悴"式的苦功，才能产生重大研究成果。如果总是追求奢侈品，今天看这个品牌的故事，明天追那个品牌的新品，怎么能静下心来做研究呢？

🌐 例文 2：

另一方面，教授的行为会对学生产生负面影响。教授们教育的是中国的大学生、研究生，他们是中国未来的脊梁。他们正处于十八九岁、二十出头的年龄，正是人生观、价值观定型的年龄。如果学生们都和这些老师一样，把追求奢华的生活作为人生志向，谁还能静得下心来做学问呢？

🌐 例文 3：

若是拜金主义、享乐主义、攀比之风大行其道，社会风尚也势必会因此遭到侵蚀。如果长期缺乏正确的价值观、消费观的引导，国人的勤俭节约意识便会逐渐淡化，长此以往，不仅会给个人、家庭带来沉重的经济负担，更使国家、自然和社会资源的匮乏加剧，给国人的生存环境造成更大的压力。

### 🔧 （4）提方案

#### ① 加强自我约束

无论是个人负面现象的滋生，还是社会负面现象的频发，归根结底都是个人（或企业）对自身的约束不够严格，在名为"利益""虚荣"等糖衣炮弹的进攻下，逐步沉迷，不能自拔。想要杜绝类似负面现象的发生，要从根本出发，即对自己严格管束，磨好无坚不摧的"自律利剑"。

🌐 例文：

整治奢靡之风，需要教授提高道德觉悟，加强自我约束。"千磨万击还坚劲，任尔东西南北风"，只有从自身做起，加强自身修养，对自己严格管束，才能筑牢坚不可摧的"铜墙铁壁"，抵制住物欲、权欲的诱惑。

#### ② 适度消费

适度消费又称合理消费，是指资源约束下的最优化消费，追求消费还需与自身收入和实际情况相适应，量入为出，把握限度，不赶时髦。当然，适度消费并不是要降低生活标准，它要求追求"适度原则"，避免过犹不及。

☺ 例文：

教授们要做到适度消费。不应对奢侈品过分沉迷，切勿跟风和攀比，要多一分理智和冷静，少一分盲目与冲动。当然，适度消费也不是限制人们享受物质的快乐，回到"新三年、旧三年、缝缝补补又三年"的窘迫时代，而是要警示我们，虽然生活水平在不断提高，但不能沦入物欲的陷阱。要结合自身经济能力、消费需求和兴趣爱好等，理性消费、量力而行。

### ③ 主体划分

☺ 例文：

狠刹奢靡之风，需要多方协同用力。

一方面，高校要加强师德建设。通过严格、常态化的师德师风考核，加强对教师行为的规范和管理，同时通过学习和培训，不断帮助教师建立和强化正确的金钱观、消费观，清除虚荣心滋生蔓延的心理温床，形成严肃、廉洁的学术风气，防止教师们对名利、金钱、奢侈品的过度沉迷和跟风攀比。

另一方面，政府要严惩学术腐败。高消费是滋生腐败的温床，腐败又给高消费提供了物质的支持。因此，政府应明确学术腐败等行为的认定标准和惩处办法，并可以将教授收入公开化、透明化，铲除学术腐败的土壤。

## ❹ 结构导图

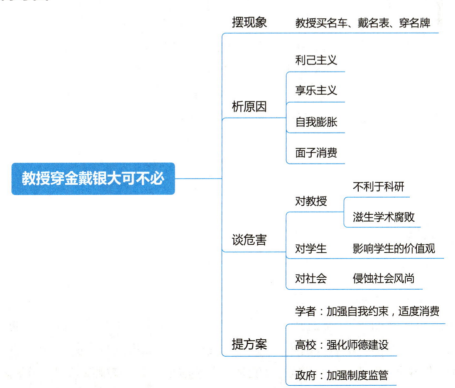

## ❺ 参考范文

### 教授穿金戴银大可不必

吕建刚　张英俊

某教授出行穿戴颇为"讲究"，一身行头动辄几万，甚至几十万。在我看来，教授如此穿金戴银，大可不必。

当下学术界，教授学者爱慕虚荣、追逐名利的乱象频发。穿名牌、戴名表，成为部分学者的追求和至爱，甚至被当成能力与价值的体现。于是乎，凡事讲阔气、摆排场，花钱大手大脚，凡事铺张浪费。

奢靡之风盛行，无非是"利己主义"和"享乐主义"作祟。随着时代的变化和自己资历的提升，有些教授学者已然登上事业的顶峰，难免自我膨胀，企图通过买名车、戴名表彰显自己奢华的生活，甚至追求骄奢淫逸，以满足自己"高人一等"的优越感和虚荣心。

奢侈消费对教授无利。因为，大学教授不仅承担了教学工作，也承担了很多研究工作。对研究工作来说，最重要的便是心静，要用"咬定青山不放松"式的决心，下"为伊消得人憔悴"式的苦功，才能产生重大研究成果。如果总是追求奢侈品，今天看这个品牌的故事，明天追那个品牌的新品，怎么能静下心来做研究呢？

奢侈消费对学生们有害。因为，教授们教育的是中国的大学生、研究生，他们是中国未来的脊梁。他们正处于十八九岁、二十出头的年龄，正是人生观、价值观定型的年龄。如果学生们都和这些老师一样，把追求奢华的生活作为人生志向，谁还能静得下心来做学问呢？

整治奢靡之风，需要教授提高道德觉悟，加强自我约束。"千磨万击还坚劲，任尔东西南北风"，只有从自身做起，加强自身修养，对自己严格管束，才能筑牢坚不可摧的"铜墙铁壁"，抵制住物欲、权欲的诱惑。此外，政府也要加强制度监管。政府应在相关法律中写入关于学术腐败等问题的条文，明确学术腐败等行为的认定标准和惩处办法，对教授形成监督作用。

教授过度追求穿金戴银，既不利于个人，也不利于社会，这种行为大可不必。

（全文共 715 字）

## ❻ 相关素材

### 6.1　典型事例

#### （1）宝马教授："全心教学等于毁灭"

开价值 50 多万元的宝马车去上课，手机号码有 7 个 8，是 3 家上市公司的独立董事，其在课堂上公然炫富，不像个教授，倒像个十足的暴发户。——副教授尹晓冰在全国独立学院工商管理专业案例教学创新研讨会上与同行交流时"善意提醒"：大学教师全心投入教学是种毁灭。

但是，尹教授这般的"曲高"却不见得"和寡"。北师大教授董藩曾在微博上告诫学生："当你 40 岁时，没有 4 000 万身价不要来见我，也别说是我学生。"并称高学历者的贫穷意味着耻辱和失败，引起公众炮轰。有网友直接指出，这样的教授培养出来的学生必然是金钱的奴隶，会将学生引入歧途。

### （2）学术界的争名逐利现象

现在学术界有太多的头衔或评奖，如某某学者、某某奖获得者、某某重大课题主持人等，这些头衔或奖励的背后，都有物质利益的驱动。学者被分成不同的级别或档次，有不同的地位和报酬，特别是那些有了名誉地位的学者，经常被不同的机构用高薪、住房、科研经费等招揽，这就更刺激了学者对这些名誉地位的追求。

### （3）学者学术态度不端

近年来，学术界剽窃抄袭、申报造假、论文挂名等现象此消彼长；学术研究不求深入、脱离实际、粗制滥造的情况绝不鲜见；哗众取宠、吹拍拉扯、追求轰动效应的风气盛行。诸多乱象的出现，既与部分学者学术道德滑坡、热衷追名逐利的学术态度有关，也与社会不良风气和现行的学术评价制度有关。

### （4）钱学森的"四不"和钱钟书的"三不愿"

钱学森一生都坚持四条原则：第一，不题词；第二，不为人写序；第三，不出席应景活动；第四，不接受媒体采访。同时，这和钱钟书老先生的"三不愿"有异曲同工之妙。所谓"三不愿"，即"不愿花不明不白的钱，不愿见不三不四的人，不愿听不痛不痒的话。"钱学森的"四不"和钱钟书的"三不愿"之所以为世人所传颂，就是因为老一辈学者不为名利所动、不爱慕虚荣的科学态度和独立人格，这些美好的精神品质，犹如一座灯塔，照亮后人前行的路。

## 6.2 引用句

（1）大力宣传节约光荣、浪费可耻的思想观念，努力使厉行节约、反对浪费在全社会蔚然成风。（习近平）

（2）要倡导简约适度、绿色低碳的生活方式，反对奢侈浪费和不合理消费。（习近平）

（3）"奢靡之始，危亡之渐。"不正之风离我们越远，群众就会离我们越近。（习近平）

（4）由俭入奢易，由奢入俭难。（周怡《勉谕儿辈》）

（5）奢侈的必然后果——风化的解体，反过来又引起趣味的腐化。（卢梭）

（6）奢侈会破坏人们的心灵纯质，因为不幸的是，你获得愈多，就愈贪婪，而且确实总感到不能满足自己。（安格尔）

（7）不择手段地追求高级物质生活的人，他的思想品德，必然是低级的。（潜夫）

（8）历览前贤国与家，成由勤俭破由奢。（李商隐）

管理类、经济类联考
写作要点7讲

## 7 习作点评

### 习作（1）

#### 理性注重个人形象势在必行

老吕学员　张景辉

　　随着社会经济的飞速发展，人们的生活变得越来越好①，教授认为现如今穿金戴银就是在注重个人形象，认为喜欢"好东西"没有必要掩饰。我认为，注重形象和喜欢"好东西"本身没错，但是缺乏理性地注重个人形象反而会适得其反。

　　生活中像这样缺乏理性地注重自己的形象的事情比比皆是，小学生穿一身名牌去上学，家境本就不富裕的小伙子宁可买宝马，表面看上去光鲜亮丽了，其实背后都是下了"血本"而换来的。

　　为何不愿意理性注重形象的人越来越多？这背后无非"利益"二字②。试想，如果一个人通过购买昂贵的物品来注重自己的形象，会吸引周围很多人的目光，自己可能因此会变得更加受欢迎，从而提升自己在他人心目中的地位，比那些理性注重个人形象的人更胜一筹。相比通过"理性"来注重形象，花钱就能使自己轻轻松松变得光鲜亮丽的，节约了时间上的成本，何乐而不为？

　　像教授这样的人，也许他穿金戴银的行为是完全符合自己的经济能力的，但是他毕竟为人师表，未免会引来学生们的效仿③。另外，通过像"花钱"这样的手段来注重个人形象的行为，可能会使得那些试图理性注重自身形象的人看不到他们的"理性"带来的结果④，以至于越来越少的人会理性注重个人形象，势必会造成"劣币驱逐良币"的情况。

　　由此可见，理性注重个人形象势在必行。要想使人们理性注意个人形象，应当加强相关教育。首先⑤，对于那些认为个人形象仅仅是注重于表面的人，应当更多地培养他们的"理性"的意识，通过个人形象的理性进而增强社会形象的理性。其次⑤，学生是最容易受到外界的影响并愿意去积极效仿的人群，学校应当让学生们了解，尽管现如今人们的生活越来越好，但也来之不易，需要学生们树立理性的消费观，更应该让他们了解他们此时应该拥有的形象。

　　总之，"穿金戴银"的形象并不可取，人们更应当理性注重个人形象。

（全文共745字）

标题可以，"势在必行"四个字可删除。

①段首"随着…越来越好"属于套话，可以删除。

首段太长。

摆现象。

析原因。
②"无非'利益'二字"与后文的论证关系不大。

谈危害。
③句作为分论点太啰唆了，直接指出影响学生就行。

④病句。

提建议。
⑤"首先……""其次……"这两处独立成段会让结构更清晰。

结尾回扣材料，没问题。

292

## 论说文 6 步评分表

| 项目 | 要求 | 本文评价 |
|------|------|----------|
| 标题 | 1. 标题必须点明论点。<br>2. 标题必须是提倡什么，反对什么。 | 题目明确表达了观点，没问题。 |
| 开头 | 1. 开头必须引入材料。<br>2. 开头必须要提出论点。<br>3. 材料和论点间最好有适当的过渡。<br>4. 开头无须展开论证。 | 本文首段太啰唆了。写首段时不用展开论证，简单明了地提出观点即可。 |
| 结构 | 1. 要有明确的结构。<br>2. 分论点必须明确，且分论点须在每段开头第一句话。<br>3. 分论点必须能概括本段内容。 | 1. 本文采用"现象分析式"结构，结构明确。<br>2. 本文分论点不清晰。 |
| 论证 | 1. 必须要有说理。<br>2. 例证要简洁。<br>3. 说理和例证要与论点具备相关性。<br>4. 案例型材料的论证不应脱离材料；寓言型材料的论证可不必过多分析材料。<br>5. 论证对象要有一致性。 | 1. 本文说理生硬，用了大量晦涩难懂的句子。<br>2. 本题材料的对象是"教授"，而本文时而写教授，时而写个人，论证对象有些混乱。 |
| 结尾 | 1. 结尾必须总结论点和材料。<br>2. 结尾可以有一些对偶、引用等出彩的句子。 | 本文的结尾符合要求。 |
| 评分 | 按经济类联考的一至五类卷标准进行评分。<br>根据字迹好坏可浮动 2 分。 | 评分等级：三类卷。<br>参考评分：10 分。 |

# 习作（2）

## 把握分寸，内外兼修①

老吕学员　灵活的胖子

　　在大学校园中可以见到如今的教师、教授穿着以及佩戴的物品都发生了巨大的变化，以往的简朴的教书匠也走在时尚的前沿；他们穿名牌，戴名表，这些现象让广大在校学生，以及社会大众引起了广泛的讨论，有人认为教师应当简朴一点，内外兼修；有人认为现代生活条件好了，教授也是社会生活的的一份子，也需要跟随时代的潮流，没有必要一直当作苦行僧②。而在我看来，内外兼修是不假，但我觉得作为一名教育工作者，我们得有分寸意识③。

①题目不是特别贴合材料。

②开头段表述过于啰唆。开头无需展开论证。"有人认为……"也都是个人的主观臆断，材料中并未提及。

③论点"要树立分寸意识"有些抽象。

穿着时髦或许并不是绝对错误的，以往的教书先生总是给人一种严肃、一板一眼的感觉，给现在的学生留下一种严肃，一种高高在上的权威感④。但如果教师或者教授换一种风格，会给人一种新奇感，会瞬间抓住学生的好奇感，再加上讲课方式的新颖，这样既有利于保证教学进度，又能保证学生们学得更好吸收知识⑤。

但有人担忧过度地追求外表，会给学生们带来思想上的错觉，不能正确引导学生树立正确的价值观⑥。确实这样过度追求物质方面的享受，会带来一种误导，导致一部分学生会学习这种生活方式，但老师最重要的还是要把握分寸，这就是所谓的"内外兼修"，教师所要做的就是内部要修身养性，完善好自身价值观、人生观、事业观的树立，只有保证自身的正直、个人仪表的新颖，这两种方式结合在一起，这样会给学生一种愉快又敬佩的感觉⑦。

所以面对着这样的情况，我们要冷静分析，绝不能片面地看待问题；面对情况，当代社会大众、大学生要理智地看待教授教师穿着时髦的问题，高校教师也要注意自身的仪容仪表问题，把握好分寸，内外兼修，培养自身高尚的情操，修身养性，结合当下新时期教育教学的情景，多多与学生交流，采用创新的教学方式，保证学生在学到知识的同时又能学到思想方面的道德品质，这样才能在教育教学的实践活动中取得傲人的成绩⑧。

因此，只有正视这样的问题，老师、学生做好冷静的分析，我们才能更好地维系师生之情，享受共同的努力⑨。

（全文共 776 字）

④此段分论点不明确。

⑤授课方式等内容和文章论点无关。

⑥该分论点有两个问题：一是不能承接上一段的逻辑，二是不能很好地概括本段的内容。

⑦此段逻辑混乱，没有中心。

⑧教学方式等内容与论点无关。

⑨结尾偏题。

## 论说文 6 步评分表

| 项目 | 要求 | 本文评价 |
|------|------|----------|
| 标题 | 1.标题必须点明论点。<br>2.标题必须是提倡什么，反对什么。 | 本文标题不明确，与材料关系不大。 |
| 开头 | 1.开头必须引入材料。<br>2.开头必须要提出论点。<br>3.材料和论点间最好有适当的过渡。<br>4.开头无须展开论证。 | 本文开头过于啰唆。大部分论证是个人的主观臆断，材料中并未提及。 |

续表

| 项目 | 要求 | 本文评价 |
|------|------|----------|
| 结构 | 1. 要有明确的结构。<br>2. 分论点必须明确，且分论点须在每段开头第一句话。<br>3. 分论点必须能概括本段内容。 | 1. 本文论证结构不明确，逻辑比较混乱。<br>2. 本文分论点不明确。每一段的定位不清晰，段与段之间的逻辑关系不明确。<br>3. 本文第 2、3 段的分论点不能很好地概括本段内容。 |
| 论证 | 1. 必须要有说理。<br>2. 例证要简洁。<br>3. 说理和例证要与论点具备相关性。<br>4. 案例型材料的论证不应脱离材料；寓言型材料的论证可不必过多分析材料。<br>5. 论证对象要有一致性。 | 本文存在大量与论点无关的内容。 |
| 结尾 | 1. 结尾必须总结论点和材料。<br>2. 结尾可以有一些对偶、引用等出彩的句子。 | 结尾偏题。 |
| 评分 | 按经济类联考的一至五类卷标准进行评分。根据字迹好坏可浮动 2 分。 | 评分等级：五类卷。<br>参考评分：3 分。 |

## 真题精练 3

## 2019 年经济类联考论说文真题

### ① 真题原文

论说文：根据下述材料，写一篇不少于 600 字的论说文，题目自拟。

法国科学家约翰·法伯曾做过一个著名的"毛毛虫实验"。这种毛毛虫有一种"跟随者"的习性，总是盲目地跟着前面的毛毛虫走。法伯把若干个毛毛虫放在一只花盆的边缘上，首尾相接，围成一圈。他在花盆周围不远的地方，撒了一些毛毛虫喜欢吃的松叶。毛毛虫开始一个跟一个，绕着花盆，一圈又一圈地走。一个小时过去了，一天过去了，毛毛虫们还在不停地、固执地团团转。一连走了七天七夜，终因饥饿和精疲力尽而死去。这其中，只要任何一只毛毛虫稍稍与众不同，便立刻会吃到食物，改变命运。

## ❷ 审题立意

### （1）命题背景

法国心理学专家约翰·法伯曾经做过一个著名的"毛毛虫实验"：把许多毛毛虫放在一个花盆的边缘上，首尾相连，围成一圈，并在花盆周围不远处撒了一些毛毛虫比较爱吃的松针。

约翰·法伯在做这个实验前曾经设想：毛毛虫会很快厌倦这种毫无意义的绕圈，转向它们比较爱吃的食物，遗憾的是，毛毛虫并没有这样做。导致这种悲剧的原因就在于毛毛虫的盲从，在于毛毛虫总习惯于固守原有的本能、习惯、先例和经验。毛毛虫付出了生命，但没有任何成果。其实，如果有一只毛毛虫能够破除尾随的习惯而转向去觅食，就完全可以避免悲剧的发生。人的思维也一样，一旦形成了习惯的思维定式，就会习惯地顺着定势的思维思考问题，不愿也不会转个方向、换个角度想问题，这是很多人的一种愚顽的"难治之症"。

### （2）四步审题立意法

| 第1步 判断材料类型 | 寓言（√）、故事、案例、观点。<br>材料中出现动物行为，以物喻人，是"寓言"类材料，需要分析材料的寓意。<br>毛毛虫做出了什么行为？盲目跟随。<br>这一行为出现了什么结果？毛毛虫因饥饿和精疲力尽而死去。<br>这一行为的寓意是什么？我们不能盲目跟随。 |
|---|---|
| 第2步 确定立意对象 | 材料中的对象、个人或管理者（√）、企业（√）、社会。<br>跟风行为的实施者，可以是个人、管理者、企业。 |
| 第3步 确定写作态度 | 支持、反对（√）、AB二者兼顾、AB有所侧重、AB二者择一。<br>材料中，毛毛虫被饿死了，这显然是反面现象，应该反对。 |
| 第4步 拟出文章标题 | 对象＋态度＋主题：<br>企业经营（对象）不能（态度）盲目跟风（主题）<br>企业经营（对象）不应（态度）盲目追随（主题）<br>盲目跟风（主题）不可取（态度） |

说明：

与2012年管理类联考真题类似，本材料也涉及"跟风"话题。但二者不同的是，2012年管理类联考真题探讨的是"学者"跟风的问题，它的论证对象十分明确，就是学者；而此题的材料是一则寓言，材料没有指定的论证对象，因此，我们既可以写管理者不要盲目跟风、企业经营不能盲目跟风，也可以写个人发展不能盲目跟风。不过需要注意的是，同一篇文章中不能出现多个论证对象。

## ❸ 全文思路

盲目跟随、缺乏变通，最终导致了毛毛虫的悲剧，这显然是反面现象，可以采用"现象分析式"结构，即：摆现象—析原因—谈危害—提方案。

### （1）摆现象

由于本材料是一个寓言，所以我们可以在第二段中摆一下社会中的跟风现象。

**例文：**

毛毛虫因为自身"跟随者"的习性，总是盲目地跟着前面的毛毛虫走，最终因饥饿和精疲力尽而死去。这也给管理者带来了启示：要拒绝盲目跟风。

盲目跟风之举并不鲜见。功能饮料红牛爆火，战马、乐虎、魔爪、东鹏特饮接踵而来；元气森林成名，各种无糖饮料蜂拥而至；蜜雪冰城出圈，蜜雪冰域、蜜冰雪城、冰雪蜜城、冰城蜜雪一拥而上……

### （2）析原因

跟风乱象盛行，利益是背后的推手。亚当·斯密认为，人都是天然的利己者，人们经济生活的原动力是人的利己主义行为。企业之所以跟风，是因为这样一来就无须自主决策，不用重新做市场调研和产品研发，省时又省力，降低了成本，从而提高了利润。

**例文 1：**

之所以有那么多人愿意跟风，无非是想从风口中获益。从当年团购网站的"百团大战"、到后来视频网站的"烽烟四起"，再到后来共享单车的"一拥而上"，皆是如此。当风口出现时，人人都知道这样的风口会创造一部分富翁，人人都想分一杯羹，于是盲目跟风就不足为奇了。

**例文 2：**

之所以有那么多人愿意跟风，是因为跟风可以降低决策成本。自主研发、独立决策，往往需要付出大量的精力和成本，因而失败的风险就可能会增大。相反，别人干什么我们干什么，不用重新做市场调研、做产品研发，这就降低了调研和研发的成本。

**例文 3：**

幸存者偏差的存在，是跟风乱象的诱因之一。总有一些人喜欢追随成功者的脚步，认为跟着他们走，自己也可以获得成功。各种成功者的讲座、鸡汤文、经验文大行其道，就是此理。

### （3）谈危害

对跟风的管理者和企业本身而言，很容易会面临同质化竞争，长此以往，不仅会摊薄产品利润，还有可能导致管理者和企业不思变革、故步自封，最终难逃被市场淘汰的命运。

📡 例文1：

细数这些跟风之举，往往并没有带来好的结果。"百团大战"只有美团活了下来，共享单车最后只留下青桔等少数品牌，其他的企业则成了市场竞争中的炮灰。

📡 例文2：

盲目跟风，往往没有带来好的结果。你跟着别人的路线跑，产品与别人类似、竞争手段与别人相仿，那就会面临同质化竞争，同质化竞争就会摊薄产品利润，企业会活得很累，甚至走向灭亡。

📡 例文3：

盲目跟风，往往没有带来好的结果。不思创新，千人一面，产品要么样式雷同，要么内容单一，这势必会带来行业内整体的过度竞争，造成产品滞销和资源浪费。长此以往，创新者的积极性会被跟风者们导致的"利益瓜分"现状挫伤，创新也将随之停滞，形成"劣币驱逐良币"的恶果。

## 📋（4）提方案

### ① 企业要找准定位

📡 例文：

企业应该找准自己的定位。因为，社会发展的必然结果是分工越来越细，任何企业都只能做自己最擅长的事。企业应当准确分析市场情况，结合自身优势和实际情况，寻找好自己的定位，从而确保自己的产品在符合市场需求的同时，也可以在消费者头脑中建立良好预期，进而建立起"强势品牌"。

### ② 企业要灵活变通

📡 例文：

因此，企业应该灵活变通。变通，意味着全新产品的生产、工作方法的革新、制度流程的改善、先进设备的使用等。长期来看，变通可以使企业的生产效率提高，从而降低企业现有的边际成本，提高企业利润。一方面，企业要树立变通意识，对市场变化敏感，并快速作出反应。另一方面，企业应当具备长远眼光，切实分析风险与收益，在变通中要建立风险预警机制，及时止损。

### ③ 企业要加强创新

📡 例文：

因此，企业应该加强创新。企业要提高管理者的创新精神，健全创新激励制度，让企业内部的创新源泉充分涌流；同时，企业也要建立一套有效的风险防范与规避机制，在创新的过程中，加强对风险的把控能力；此外，企业需要培养"鼓励创新，允许失误"的宽容氛围，并确保其得到有力贯彻执行。

④ 协同发力

例文：

　　杜绝跟风乱象，需要多方协同发力。管理者需要建立激励机制，让员工保持创新、专注的工作精神，做到不跟风、不盲从；政府要完善创新制度，保护创新企业，坚决遏制盲目跟风心态的发酵与滋长，严厉杜绝"盲干、盲行、盲跟风"的社会乱象。

## ❹ 结构导图

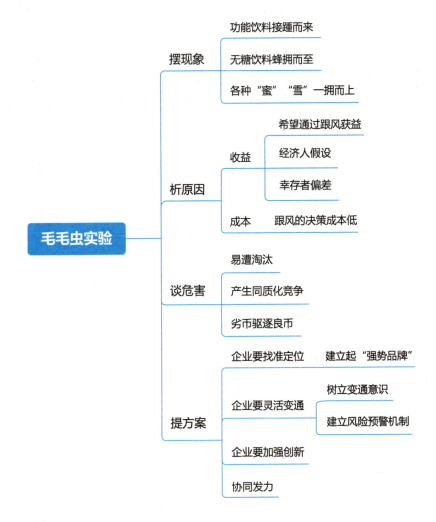

## ❺ 参考范文

### 企业盲目跟风不可取

老吕团队　张英俊

毛毛虫因为自身"跟随者"的习性，总是盲目地跟着前面的毛毛虫走，最终因饥饿和精疲力尽而死去。这也给管理者带来了启示：拒绝盲目跟风，企业才能打破僵局，获得新的突破和发展。

盲目跟风之举并不鲜见。以团购网站为例，短时间内，美团、拉手网、24券、抢团网、糯米网……一哄而上，形成"百团大战"的局面。

之所以有那么多人愿意跟风，无非是想从风口中获益。从当年团购网站的"百团大战"，到后来视频网站的"烽烟四起"，再到后来共享单车的"一拥而上"，皆是如此。当风口出现时，人人都知道这样的风口会创造一部分富翁，人人都想分一杯羹，于是盲目跟风就不足为奇了。

细数这些跟风之举，往往并没有带来好的结果。"百团大战"只有美团活了下来，共享单车最后只留下青桔等少数品牌，其他的企业则成了市场竞争中的炮灰。不思创新，千人一面，产品要么样式雷同，要么内容单一，这势必会带来行业内整体的过度竞争，造成产品滞销和资源浪费。长此以往，创新者的积极性会被跟风者们导致的"利益瓜分"现状挫伤，创新也将随之停滞，形成"劣币驱逐良币"的恶果。

因此，企业应该灵活变通。变通，意味着全新产品的生产、工作方法的革新、制度流程的改善、先进设备的使用等。长期来看，变通可以使企业的生产效率提高，从而降低企业现有的边际成本，提高企业利润。一方面，企业要树立变通意识，对市场变化敏感，并快速作出反应。另一方面，企业应当具备长远眼光，切实分析风险与收益，在变通中要建立风险预警机制，及时止损。

当从众成为风尚、跟风成为创新的束缚时，发展之路只会越走越窄。主事者，当明鉴。

（全文共 660 字）

## ❻ 相关素材

### 6.1　典型事例

#### （1）共享单车一哄而上

共享单车是解决"最后一公里"出行问题很好的工具，但是，各家企业看到共享单车的风口后，一哄而上，"小黄车""小蓝车""小绿车""小橙车"……，形成了巨大的社会资源浪费。

#### （2）明星企业的陨落

世纪之交，柯达、诺基亚、摩托罗拉和雅虎都是各自行业的领跑者，拥有看似稳固的行业地位，兼具技术壁垒，亦不缺前沿创新，在行业改朝换代之前，它们甚至储存了不少最领先的技术。但当创新的火花迸发时，大企业臃肿的管理效率使其对可能引发的巨大变化视而不见，由于安于现状，无视市场趋势的扭转，最终无奈走向消亡。

### （3）星巴克的非同质化之路

星巴克在创立之初，有两条路摆在眼前，一条是之前品牌的咖啡粉之路，另一条是现磨咖啡之路。走前人走过的路，不需要进行大量的创新研究就可以进行。但最终，管理者还是选择了与其他任何咖啡店都不同的路，才成就了星巴克传奇。

### （4）拉手网的凋零

当年，短短一年时间内，拉手网就突破了网站交易额10亿元的大关，可以说风光无限。后来，美团不断创新，相继推出了酒店、旅游以及外卖等全方位的业务。但拉手网一直故步自封、只做团购，导致最终陷入一个死循环。再后来，美团和大众点评合并，极大地增强了自身实力，而拉手网在2014年被三胞集团收购，被收购后仍然固守团购业务，不能跟随市场变化而进步，最终不敌美团，消失于人们的视野。

### （5）芒果TV的专注

芒果TV是行业内唯一连续多年盈利的互联网视频企业。其成功的秘诀就在于不跟风，专注自己的业务，尤其是自主创新了多档综艺和电视剧，不仅在国内大获成功，还吸引海外影视公司购买其原创版权。

## 6.2 引用句

（1）惟变所出，万变不从。（吕本中）

（2）事不凝滞，理贵变通。（《宋史·赵普列传》）

（3）求生，就是在风险与收益之间平衡取舍。（贝尔·格里尔斯）

（4）只有先声夺人，出奇制胜，不断创造新的体制、新的产品、新的市场和压倒竞争对手的新形势，企业才能立于不败之地。（黄汉清）

（5）企业的成败在于能否创新，尤其是当前新旧体制转换阶段，在企业特殊困难时期，更需要有这种精神。（黄汉清）

（6）法无久不变，运无往不复。（魏源）

（7）保守是舒服的产物。（高尔基）

（8）人生要不是大胆地冒险，便是一无所获。（海伦·凯勒）

（9）万无一失意味着止步不前，那才是最大的危险。为了避险，才去冒险，避平庸无奇的险，值得。（杨澜）

## ⑦ 习作点评

### 习作（1）

**企业发展应适当变通**

**老吕学员　张景辉**

一群毛毛虫由于其"跟随者"的习性，宁可跟着前面的毛毛虫走，也不愿有自己的方向，饥饿时明明有食物可以救命，却偏

标题没问题。

三句开头：引材料＋过渡＋论点。但是表述稍有啰唆。

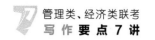
偏一步步走向死亡。这个案例告诉我们，企业发展切忌固守旧模式、盲目跟随，要学会变通，方可迎来转机。

但是，生活中有很多企业不愿意变通，管理者的"路径依赖"是其中一个原因。企业曾经的经营传统不容易被打破，特别是曾经获得过成功的经营模式，企业管理者当然是特别看重的，即便外部环境再怎么变化，也不愿改变当前的发展方向。就像一群毛毛虫，它们觉得只要一直跟随就会成功获得它们想要的结果，面对外界的松叶当然也就不愿去重视。

其次，很多企业不愿意变通，是因为企业能掌握的信息是有限的。企业对于外界信息的掌握不可能面面俱到，难以洞察外界环境真正的变化趋势，造成了"信息不对称"的情况，使得有的企业会继续坚持曾经的经营模式，难以作出有效决策。

如果企业不愿意变通，固守旧模式，很容易被外界市场的发展形势所压倒。毕竟市场的发展就是在逐渐革新，新模式淘汰旧模式，新产品淘汰旧产品。外界市场发展的趋势就如同松叶，企业积极去遵循则会给企业带来稳定发展，不遵循可能会使企业难以更好地经营甚至被取代①。

企业想要做到适时转变，应当做好以下两点：

一是要摆脱路径依赖。无论企业曾经的经营模式为企业带来多大的成功，企业都不应该掉以轻心，毕竟市场的发展瞬息万变，要适当调整企业的经营模式，以更好地适应市场的发展，从而提升企业自身的竞争力。

二是要积极主动掌握外界信息。有这么一句话叫做"弱国无外交"②，企业亦是如此。企业要想更好地生存，应当积极与外界联系，加强企业之间的经验交流，洞悉各方面政策，从而使得企业逐渐强大起来。

总之，毛毛虫的案例告诉我们固守旧模式不可取，企业发展应适当变通。

（全文共 729 字）

---

析原因1：路径依赖。

析原因2：信息不对称。

谈危害。

① "发展趋势如同松叶"比喻不当。遵循"趋势"用词不当，可改为顺应趋势。

提建议。

②处类比不当。

结尾回扣材料。

## 论说文 6 步评分表

| 项目 | 要求 | 本文评价 |
|---|---|---|
| 标题 | 1. 标题必须点明论点。<br>2. 标题必须是提倡什么，反对什么。 | 标题明确表达观点，没有问题。 |
| 开头 | 1. 开头必须引入材料。<br>2. 开头必须要提出论点。<br>3. 材料和论点间最好有适当的过渡。<br>4. 开头无须展开论证。 | 本文开头使用三句开头法，基本满足开头 4 个要求，但语句有点啰唆。 |
| 结构 | 1. 要有明确的结构。<br>2. 分论点必须明确，且分论点须在每段开头第一句话。<br>3. 分论点必须能概括本段内容。 | 1. 本文采用"现象分析式"的行文结构，结构明确。<br>2. 分论点在每段开头，且基本能概括本段内容，符合要求。 |
| 论证 | 1. 必须要有说理。<br>2. 例证要简洁。<br>3. 说理和例证要与论点具备相关性。<br>4. 案例型材料的论证不应脱离材料；寓言型材料的论证可不必过多分析材料。<br>5. 论证对象要有一致性。 | 1. 本文能用一些理论来证明自己的观点。<br>2. 行文过程中有一些如类比不当、用词不当的小错误。 |
| 结尾 | 1. 结尾必须总结论点和材料。<br>2. 结尾可以有一些对偶、引用等出彩的句子。 | 本文的结尾符合要求。 |
| 评分 | 按经济类联考的一至五类卷标准进行评分。<br>根据字迹好坏可浮动 2 分。 | 评分等级：二类卷。<br>参考评分：14 分。 |

## 习作（2）

### 宜自主创新，勿盲目从众①

**老吕学员  蔡旭辉**

　　正如"毛毛虫实验"中没有一条毛毛虫愿意跳出循环而导致集体饿死，在现实生活中，企业如果一味盲目从众，而不懂自主创新，那么等待它的也就是消亡。我认为，一家企业想要做大做强，必须要有敢于创新的精神。

　　在中国逐渐建立社会主义市场经济体制的过程中，伴随着市场上各种琳琅满目的商品，各种仿制盗版在其中鱼目混珠②。究其背后原因，盗版商品生产成本低、销售利润大，只需要盲目地

①偏题。材料与"创新"没有直接的关联。

三句开头：引材料＋过渡＋论点。表述可以再精简。

②此句想要摆现象，但是句子啰唆，"在……过程中"这种话是套话，可以删去。

模仿，再利用市场上的信息差，欺骗消费者，以此来增加自身的利益。但这种利益显然无法长期保持，随着中国法律制度的完善和对知识产权的日益重视，如今盗版行为将受到严厉惩罚③。

如果一家企业拒绝创新，只是一味复制行业内竞争对手行为，也许在短期内会省下一笔费用，但在长期内难以保持竞争力。并且该企业在商品价格上将毫无优势，在消费者中的企业形象也难以维持，最终市场份额越来越小直至退出市场。因此，没有自主创新能力的企业是无法立足于竞争激烈的不完全市场中的。

私以为，创新是企业发展的源泉。根据产品生命周期理论，企业自主研发产品，在市场上形成垄断优势，再扩大生产规模以形成规模经济，降低生产成本，可以使利益最大化。况且如今在这个信息大爆炸的时代，谁掌握了领先于其他竞争者的信息或技术，谁就能在资源有限的市场中占据优势地位，以此来源源不断地发展进步，而领先的信息或技术，需要企业拥有自主创新意识并且有能力去实践④。

想要成为一家创新型企业，一方面需要广纳贤才，多招收创新型人才，增加企业的活力；另一方面需要将创新意识注入企业文化中，将创新思维灌输到每一位员工中。这样才能从局部到整体地增加企业的创新能力。

流水不争先，争的是滔滔不绝。唯有创新，企业才能滔滔不绝地发展。

（全文共710字）

③析原因部分可以另起一段。
谈危害。
正面劝说。
④啰唆。
提方案。
总结全文。

## 论说文6步评分表

| 项目 | 要求 | 本文评价 |
|---|---|---|
| 标题 | 1.标题必须点明论点。<br>2.标题必须是提倡什么，反对什么。 | 本题的材料与"创新"的关联度不是很大。毛毛虫没有发现树叶，是因为他们不懂创新吗？当然不是，他们只是基于追随的本能罢了。因此，本文写"创新"有些偏离题意。 |
| 开头 | 1.开头必须引入材料。<br>2.开头必须要提出论点。<br>3.材料和论点间最好有适当的过渡。<br>4.开头无须展开论证。 | 本文开头使用三句开头法，基本满足开头4个要求。 |

续表

| 项目 | 要求 | 本文评价 |
|---|---|---|
| 结构 | 1. 要有明确的结构。<br>2. 分论点必须明确，且分论点须在每段开头第一句话。<br>3. 分论点必须能概括本段内容。 | 1. 本文采用"现象分析式"的行文结构。<br>2. 本文摆现象和析原因合并在一段，结构不清晰。<br>3. 本文的分论点不够明确。 |
| 论证 | 1. 必须要有说理。<br>2. 例证要简洁。<br>3. 说理和例证要与论点具备相关性。<br>4. 案例型材料的论证不应脱离材料；寓言型材料的论证可不必过多分析材料。<br>5. 论证对象要有一致性。 | 本文在使用"产品生命周期"等原理时，有些生硬。 |
| 结尾 | 1. 结尾必须总结论点和材料。<br>2. 结尾可以有一些对偶、引用等出彩的句子。 | 结尾基本符合要求。 |
| 评分 | 按经济类联考的一至五类卷标准进行评分。<br>根据字迹好坏可浮动 2 分。 | 评分等级：四类卷。<br>参考评分：7 分。 |

••◀ 真题精练 4 ▶••

## 2021 年经济类联考论说文真题

### ❶ 真题原文

论说文：根据下述材料，写一篇不少于 700 字的论说文，题目自拟。

巴西热带雨林中的食蚁兽在捕食时，使用灵活的带黏液的长舌伸进蚁穴捕获白蚁，但不管捕获多少，每次捕食都不超过 3 分钟，然后去寻找下一个目标，从来不摧毁整个蚁穴。而那些未被食蚁兽捕食的工蚁就会马上修复蚁穴，蚁后也会开始新一轮繁殖，很快产下更多的幼蚁，从而使蚁群继续生存下去。

### ❷ 审题立意

#### （1）命题背景

2021 年的这道题目，考的话题是"可持续发展"。党的十八大以来，习近平总书记反复强调，要高度重视可持续发展，正确处理生态文明建设问题，明确提出了六项重要原则：坚持人与自然和谐共生；绿水青山就是金山银山；良好生态环境是最普惠的民生福祉；山水、林田、湖草是生命共同体；用最严格制度最严密法治保护生态环境；共谋全球生态文明建设。

然而，近年来，从秦岭违建别墅破坏生态到浙江千岛湖违规填湖，从新疆卡拉麦里保护区"缩水"给煤矿让路，再到宁夏某企业向腾格里沙漠排污，企业为了利益而视"可持续发展"于不顾的现象屡见不鲜。但是，在践行环保理念、保障可持续发展的路上，每个人都应该是参与者和践行者，而非旁观者和局外人。

### （2）四步审题立意法

| | |
|---|---|
| **第1步**<br>判断材料类型 | 寓言（√）、故事、案例、观点。<br>材料中出现食蚁兽的行为，以物喻人，是寓言类材料。此类材料要找到其寓意。<br>食蚁兽为什么从来不摧毁整个蚁穴？为了将来继续有白蚁可供食用。<br>这给我们什么启发？要向食蚁兽学习，不能涸泽而渔，要坚持可持续发展。 |
| **第2步**<br>确定立意对象 | 材料中的对象、个人或管理者、企业、社会（√）。<br>可持续发展是整个社会的事，涉及构成社会的所有人、所有企业。 |
| **第3步**<br>确定写作态度 | 支持（√）、反对、AB 二者兼顾、AB 有所侧重、AB 二者择一。<br>材料中食蚁兽的行为显然取得了较好的结果，因此，我们要持支持态度。 |
| **第4步**<br>拟出文章标题 | 对象 + 态度 + 主题：<br>社会发展（对象）应该（态度）可持续（主题）<br>坚持可持续发展（主题）势在必行（态度） |

## ❸ 全文思路

这则材料中，食蚁兽的行为显然是正面的，告诉我们要可持续发展。因此，我们可以用"利大于弊式"结构来写文章，即：提倡可持续发展有好处，当然，现在也面临一些困难或问题，提建议说明这些困难或问题如何解决。

但是，现实生活中有大量的诸如涸泽而渔、焚林而猎等违反可持续发展原则的现象，因此，我们也可以自己摆出这些反面现象，继而分析这些现象的原因和危害，最后提建议说明应该如何解决这些问题、走可持续发展之路，即采用"现象分析式"结构。

### （1）摆现象

首段引材料，提出论点；第二段列举日常生活中的反面现象。

🌐 例文：

食蚁兽以白蚁为食，却从来不摧毁整个蚁穴，让白蚁得以继续生存，也使得自己能长久地获取食物。可见，涸泽而渔、焚林而猎不可取，要可持续发展。

涸泽而渔、焚林而猎的事情并不鲜见，主要体现在对环境的污染和破坏上。比如中国最大的淡水湖鄱阳湖，本应予以保护，可这几年却出现了"围湖造田、围湖造城、围湖造地"的"三围"现象；再比如我们西北地区，过度放牧、焚林造田等现象时有发生。

📑 **（2）析原因**

### ① 内因

违反可持续发展原则的种种乱象，其实只有一个根本原因：想获得眼前利益。此处我们可以用两个经济学原理进行分析：一是经济人假设，二是公共地悲剧。

🌐 例文1：

这些事件之所以发生，利益是背后的推手。亚当·斯密的"经济人假设"告诉我们，谋利是人类的天性。因此，当眼前利益的诱惑特别大时，很多人就经受不了这种诱惑，做出涸泽而渔之事；再加上一些长远利益的取得往往成本较高且需要长时间的等待，这样就产生了种种不确定性，这就更容易使人为了眼前利益弃长远利益于不顾。

🌐 例文2：

涸泽而渔、焚林而猎并不鲜见，原因很简单，经济学上的公共地悲剧理论即可解释：涸泽而渔、焚林而猎的收益归个人或企业，而对环境造成破坏的恶果却由整个社会来承担，这就给了一些人或企业破坏环境的天然动机。

### ② 外因

违反可持续发展的种种乱象的外因，与这种违规行为具有一定的隐蔽性有关，也与一些违规行为的违规成本较低有关。

🌐 例文1：

信息不对称的存在也是违规行为出现的诱因之一。一些违规行为具备一定的隐蔽性，比如，一些海上捕鱼船队，会把大网眼的渔网偷换成小网眼的渔网，在茫茫大海上，这样的违规行为很难让监管部门发现。

🌐 例文2：

违规处罚不够也是导致违规行为出现的原因之一。一方面，我国对环境保护方面的立法和执法尚在完善阶段，有一些细微之处的不足难以避免；另一方面，少数官员为了要经济上的政绩，为了让 GDP 好看，对一些企业破坏环境的行为视而不见，放任了这些企业的违规行为。

### （3）谈危害

反面现象的危害，一般可以分两类，一类是对自己的危害，一类是对他人和社会的危害。

**例文 1：**

这些破坏环境之举，往往会给当事人带来严重的后果。一是，随着互联网技术的快速发展，信息的传递速度越来越快，信息不对称现象有所缓解。因此，试图通过资源过度开发、粗放利用而获利者已经很难不被发现，而这些行为一旦被曝光，当事人往往会迎来灭顶之灾；二是，随着我国法律法规的不断健全，破坏环境的经营行为逃脱法网的可能性也越来越小。

**例文 2：**

如果"散乱污"企业以低成本获得了更多的竞争优势，用"涸泽而渔"的手段获得了更多的利益，而兢兢业业走"可持续发展之路"的企业却无利可图，成了傻子吃了亏，那么就会形成"劣币驱逐良币"的恶果，"可持续发展"就成了空谈。

### （4）提方案

#### ①"软""硬"兼施

"软"就是要通过宣传教育让个人和企业都自觉地参与到保护环境的行动中去。

"硬"是指法规监管。完善相应的法律监督体系，对破坏生态环境、大量消耗资源的企业，决不能心慈手软，即使是有需求的产能也要关停，特别是群众意见很大的污染产能、偷排"红汤黄水"的违法企业，更要坚决"一锅端"。

**例文 1：**

法律监管不可能面面俱到，也不可能监督到每个人的所有行为。通过宣传教育，让大家由不愿到甘愿、由自发到自觉地成为环保卫士，逐渐形成文化和风气，人人参与，创建绿色家园。

**例文 2：**

政府要健全法律监督体系，让践行可持续发展者得甜头，让违法乱纪者吃苦头。尤其是对于那些屡教不改者，重拳出击，当罚则罚，当关则关。

**例文 3：**

解决人民群众反映强烈的环境污染和生态破坏问题，只有坚持露头就打、打早打小、一抓到底、不彻底解决绝不松手，才能让制度成为刚性的约束和不可触碰的高压线，确保生态文明建设决策部署落地生根见效。

② **思想上重视，行动上落实**

思想上重视是前提，因为人的行为是由思想决定的，思想不到位，行动不可能到位；行动上落实是关键，如果没有好的行动，再好的思想也只能是空想。

例文：

一要思想上重视。要树立可持续发展的意识，坚信"绿水青山就是金山银山"的环保理念。思想是指导行动的依据，如果连思想上的重视都做不到，就更不可能有实践可持续发展的行动。

二要行动上落实。要把可持续发展落到实处，既要建立健全可持续发展的机制，也要舍得为可持续发展投入资本。

## ❹ 结构导图

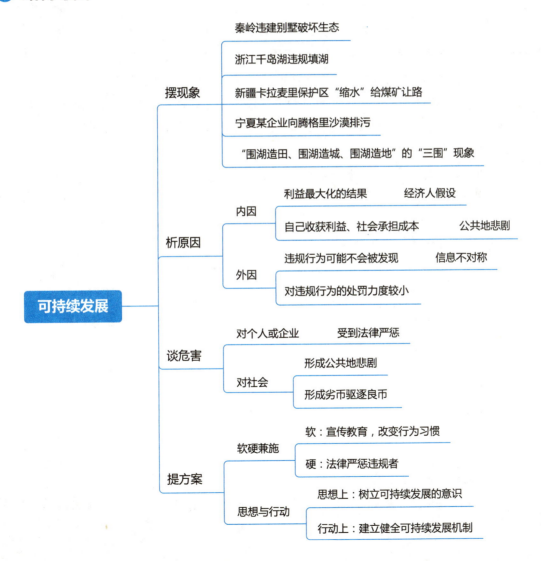

管理类、经济类联考
**写作要点7讲**

## ❺ 参考范文

### 保障可持续发展要软硬兼施

吕建刚

食蚁兽以白蚁为食，却从来不摧毁整个蚁穴，让白蚁得以继续生存，也使得自己能长久地获取食物。可见，涸泽而渔、焚林而猎不可取，要可持续发展。

涸泽而渔、焚林而猎的事情并不鲜见，主要体现在对环境的污染和破坏上。比如中国最大的淡水湖鄱阳湖，本应予以保护，可这几年却出现了"围湖造田、围湖造城、围湖造地"的"三围"现象，使鄱阳湖面积急剧缩小；再比如我们西北地区，过度放牧导致草原质量下降，甚至造成草原荒漠化，沙漠面积扩大。

这些事情之所以发生，利益是背后的推手。一方面，湖泊、河流、草原、林地、空气有公共地的性质。反正这是大家的东西，我去围湖造田、垦林造田、过度放牧、偷排乱放，收益是我自己的，但成本和恶果由大家共担，于是就有人为了自己的利益做出涸泽而渔之事；另一方面，他们这种违规行为有时候也未必能被发现，这样，就会有人心存侥幸。

可是类似这样的事情后果极其严重。如果不加以有效地制止，极易形成公共地悲剧，对环境造成不可逆的伤害。以鄱阳湖为例，现在其水体面积约为1 707平方公里，与近十年同期平均值相比减小约30%。

可见，保护环境、维持可持续发展势在必行。具体方法上，要"软""硬"兼施。

"软"是指宣传教育。法律监管不可能面面俱到，也不可能监督到每个人的所有行为。通过宣传教育，让大家由不愿到甘愿、由自发到自觉地成为环保卫士，逐渐形成文化和风气，人人参与，创建绿色家园。

"硬"是指法规监管。健全法律监督体系，让践行环保者得甜头，让违法乱纪者吃苦头。尤其是对于那些屡教不改者，重拳出击，当罚则罚，当关则关。

习近平总书记说："宁要绿水青山，不要金山银山，而且绿水青山就是金山银山。"守住绿水青山，保障可持续发展，"软""硬"兼施必不可少。

（全文共721字）

## ❻ 相关素材

### 6.1 典型事例

#### （1）秦岭违建别墅破坏生态

秦岭，有着"国家中央公园"和"陕西绿肺"之称，是重要的生态安全屏障，具有调节气候、保持水土、涵养水源、维护生物多样性等诸多功能。

然而，长期以来，秦岭违建别墅开发乱象却屡禁不止，一些人盯上了秦岭的"好山好水"，试图将"国家公园"变为"私家花园"，违规建成的别墅导致大量耕地、林地被圈占，严重破坏了生态环境。屡禁不止的开发乱象形成"破窗效应"，直至失管失控，秦岭北麓地区生态保护形势日趋严峻。

### （2）腾格里沙漠环境污染案

腾格里沙漠位于内蒙古、宁夏和甘肃交界处，是中国的第四大沙漠，也是中国沙区中治沙科研示范区。这里分布着诸多第三纪残留湖，地下水资源丰富，地表有诸多国家级重点保护植物，是当地牧民的主要集居地，曾被誉为"人类治沙史上的奇迹"。

但近几年，沙漠腹地的工业园区，却将工业污水排进腾格里沙漠深处。当地牧民反映，化工厂向沙漠直排曾经是当地常态。近化工园区的沙漠形态已有明显变化，一些低洼地带，拨去浮沙立即显现出紫色或者黑褐色沙子。一些足球场大小的排污池，有的注满墨汁样的液体，有的是暗色的泥浆，上空还飘着白色烟雾，气味刺鼻，令人无法呼吸。

化工企业的废水废渣，含有高浓度酸性液体，很可能已经渗入地下，此前有环保组织检验地下水，发现酚类超标400多倍，但没有得到当地政府的承认和重视。专家透露，沙漠地下水一旦被污染后，修复几乎是不可能的。

### （3）围湖造田

我国的洪湖、鄱阳湖、洞庭湖、滇池等湖泊，自1960年以来被大规模围垦造田，加剧了湖区环境生态的劣变。湖北省的洪湖，1964年尚有水面83.2万亩，经多次围湖累计达30万亩，现存水面53万亩。由于湖容减小，严重减弱湖区的调蓄抗灾功能，以致汛期渍涝灾害频繁、低湖田土壤环境恶化。其次是水生动植物资源衰退，湖区生态环境劣变，使鱼的种类不断下降，数量减少。

## 6.2 引用句

（1）不违农时，谷不可胜食也；数罟不入洿池，鱼鳖不可胜食也；斧斤以时入山林，材木不可胜用也。谷与鱼鳖不可胜食，材木不可胜用，是使民养生丧死无憾也。养生丧死无憾，王道之始也。（孟子《寡人之于国也》）

（2）我们既要绿水青山，也要金山银山。宁要绿水青山，不要金山银山，而且绿水青山就是金山银山。我们绝不能以牺牲生态环境为代价换取经济的一时发展。我们提出了建设生态文明、建设美丽中国的战略任务，给子孙留下天蓝、地绿、水净的美好家园。（习近平）

（3）要加强生态文明建设，划定生态保护红线，为可持续发展留足空间，为子孙后代留下天蓝地绿水清的家园。（习近平）

（4）我们将更加注重绿色发展。我们将把生态文明建设融入经济社会发展各方面和全过程，致力于实现可持续发展。我们将全面提高适应气候变化能力，坚持节约资源和保护环境的基本国策，建设天蓝、地绿、水清的美丽中国。（习近平）

## ⑦ 习作点评

### 习作（1）

#### 坚持可持续发展

学员习作

食蚁兽捕食白蚁不毁蚁穴，蚁群不绝，食源不断。我们不难从中获得启示：合理使用资源，实现可持续发展。<u>可持续发展，既满足当代需求，又不损害后代发展①</u>。

党的十八大以来，习近平多次在各种重大场合阐释中国的可持续发展合作主张，在全球气候变化、土地轮作休耕、绿水青山环境保护、老龄事业等方面反复强调，要高度重视可持续发展。强调大家一起发展才是真发展，可持续发展才是好发展。

首先，可持续发展赋能共同富裕。我国刚刚全面脱贫，地区发展不均衡，世界风云变幻莫测，民族复兴大业任重道远。坚持可持续发展理念，民族伟大复兴才有保障。<u>一是转变经济发展方式和对经济结构进行战略性调整。二是建立资源节约型和环境友好型社会。三是把保障和改善民生作为可持续发展的核心要求。四是把科技创新作为推进可持续发展的不竭动力。五是把深化体制改革和扩大对外开放和合作作为推进可持续发展的基本保障②</u>。

其次，可持续发展能够推动产业升级。<u>现在市场竞争模型已逐渐由价格竞争转向高质量、重差异的竞争。新的市场环境下，必须通过研发创新、技术变革实现产业升级，使我国的产业结构逐渐向产业链的中上游转移，从而提高产品的竞争力和附加值。经济增长不能永远依赖物质要素投入，必须转到依靠科技进步、劳动者素质提高和管理创新上来。因此，必须转变经济发展方式，调整经济产业结构③</u>。

再次，可持续发展可以突破资源限制。<u>人们不断追求更高的生活质量，而这种追求本身会遇到时间、空间和各种资源的限制，于是人们也就不断地为自己制造出了更多的难题和更大的麻烦，于是又要花力气发展自己以解决这些问题，克服这些难题④</u>。

当然，坚持可持续发展有压力，不仅要安排好当前的发展，还要为子孙后代着想，决不能吃祖宗饭，断子孙路，走浪费资源和先污染、后治理的路子。实行耕地轮作休耕，保护绿水青山可持续发展。

---

标题没有问题。

开头有点啰唆。①句可删除。

②处所列为可持续发展的要求或做法，并不是好处。此类内容应该放在"提方案"部分。

③处的论证说明了产业结构升级的重要性，但无法说明"可持续发展能够推动产业升级"。

④处论证的问题与③相同，即论据与观点无关。

"留得蚁穴在，不愁没蚁食。"食蚁兽尚且如此，更何况人乎？坚持可持续发展，扎实推进共同富裕。

结尾可以。

（全文共 802 字）

## 论说文 6 步评分表

| 项目 | 要求 | 本文评价 |
|---|---|---|
| 标题 | 1. 标题必须点明论点。<br>2. 标题必须是提倡什么，反对什么。 | 标题没有问题。 |
| 开头 | 1. 开头必须引入材料。<br>2. 开头必须要提出论点。<br>3. 材料和论点间最好有适当的过渡。<br>4. 开头无须展开论证。 | 本文开头使用三句开头法，基本满足要求。但语句有些啰唆。 |
| 结构 | 1. 要有明确的结构。<br>2. 分论点必须明确，且分论点须在每段开头第一句话。<br>3. 分论点必须能概括本段内容。 | 本文采用"并列三点式"结构，即列举三个不同的分论点，这一结构符合要求。 |
| 论证 | 1. 必须要有说理。<br>2. 例证要简洁。<br>3. 说理和例证要与论点具备相关性。<br>4. 案例型材料的论证不应脱离材料；寓言型材料的论证可不必过多分析材料。<br>5. 论证对象要有一致性。 | 1. 本文最大的问题就是，论据与论点无关。一看就知道本文摘抄了大量报刊或网站上的材料，但没有把这些材料融入自己的文章，属于生搬硬套。<br>2. 本文字数过多。 |
| 结尾 | 1. 结尾必须总结论点和材料。<br>2. 结尾可以有一些对偶、引用等出彩的句子。 | 本文的结尾基本符合要求。 |
| 评分 | 按经济类联考的一至五类卷标准进行评分。<br>根据字迹好坏可浮动 2 分。 | 评分等级：四类卷。<br>参考评分：6 分。 |

# 习作（2）

## 可持续发展成就未来

标题可以。

### 学员习作

食蚁兽捕食从不会摧毁蚁穴，能很好地控制捕食时间及捕食量，使蚁穴有时间缓冲，保证可持续发展。因此，人类也应该秉承可持续发展的理念，营造美丽家园。

开头没有问题。

可持续发展保证供应链稳定。可持续是发展的保障，是产业能源供应链得以稳定发展的要求，人类无节制的开采、过度的砍伐，已经造成环境的超负荷运转，如果没有可持续发展就可能导致能源紧张、供应链断裂等问题，势必会求助于他国，那么就又回到受制于人的局面①。一旦国内外局势紧张，必然会受到不利影响。因此，可持续发展能保证供应链稳定。

可持续发展保证健康生活。可持续发展是生活得以延续的必备条件，没有可持续发展将会面临物资匮乏，甚至会引发自然灾害。当人类面对强烈的冲击，往日的美好一去不复返，又会不会后悔当初的无节制开采、过度砍伐呢？人类作为食物链顶端，有责任更有义务保证大自然这个生命体有机的循环，这样大自然才能经久不衰，更好地造福于人类。可见，可持续发展保证健康生活。

那么如何做到可持续发展呢？首先，政府及各部委应下发关于如何做到可持续发展的指导意见，明确各部门的职责，做到权责分明；其次，媒体应大力宣传节能减排知识，将节能减排理念内化到各公民；再次，企业应升级设备，实现优胜劣汰；最后，公民应从身边小事做起，为可持续发展做出贡献。

只要人人秉承可持续发展理念，贡献出自己的绵薄之力，中国这艘承载着14亿人的巨轮必能行稳致远！

（全文共582字）

①句子过长，适当断开。"稳定发展的要求"后加句号。

第三个分论点应是论述"可持续发展有困难"。

结尾可以。

## 论说文6步评分表

| 项目 | 要求 | 本文评价 |
|---|---|---|
| 标题 | 1.标题必须点明论点。<br>2.标题必须是提倡什么，反对什么。 | 标题符合要求。 |
| 开头 | 1.开头必须引入材料。<br>2.开头必须要提出论点。<br>3.材料和论点间最好有适当的过渡。<br>4.开头无须展开论证。 | 本文开头使用三句开头法，基本满足要求。 |
| 结构 | 1.要有明确的结构。<br>2.分论点必须明确，且分论点须在每段开头第一句话。<br>3.分论点必须能概括本段内容。 | 1.本文论证结构明确，但是少了"有困难"这个环节。<br>2.本文分论点明确。 |

续表

| 项目 | 要求 | 本文评价 |
|------|------|----------|
| 论证 | 1. 必须要有说理。<br>2. 例证要简洁。<br>3. 说理和例证要与论点具备相关性。<br>4. 案例型材料的论证不应脱离材料；寓言型材料的论证可不必过多分析材料。<br>5. 论证对象要有一致性。 | 本文第 2 段句子过长。 |
| 结尾 | 1. 结尾必须总结论点和材料。<br>2. 结尾可以有一些对偶、引用等出彩的句子。 | 本文的结尾基本符合要求。 |
| 评分 | 按经济类联考的一至五类卷标准进行评分。<br>根据字迹好坏可浮动 2 分。 | 评分等级：三类卷。<br>参考评分：12 分。 |

## 真题精练 5

# 2022 年经济类联考论说文真题

## ❶ 真题原文

论说文：根据下述材料，写一篇 700 字左右的论说文，题目自拟。

我国不少地方规定老年人可以免费乘坐公共交通工具，这一规定体现了对老年人的关怀。但是在具体实施过程中出现了一些问题。如在早晚高峰时，老年人免费乘车在一定程度上影响了上班族的通勤；还有，有些老年人也由于各种原因无法享受这一福利。因此，有的地方把老年人免费乘车的福利改为发放津贴。

## ❷ 审题立意

### （1）命题背景

我国早已经进入到老龄化社会，截至 2021 年上半年，我国拥有 2.6 亿 60 岁以上的老年人，其中 65 岁以上的老年人高达 1.9 亿人，占我国总人口数量的 13.5%。按照专家的测算，我国社会的老龄化还将继续下去，到 2030 年，60 岁以上的老年人将高达 3 亿人。为了更好地让老年人分享经济社会发展成果，不断提高老年人的获得感、幸福感、安全感，国家和地方政府发布了许多政策为老年人的生活提供优惠和保障，比如国内养老金实现了 17 连涨，一些地区对 70 岁以上的高龄老人进行补贴，还有一些地区为符合年龄限制的老年人提供免费搭乘公交、地铁的福利。

### （2）四步审题立意法

| | |
|---|---|
| **第1步**<br>判断材料类型 | 寓言、故事、案例（√）、观点。<br>材料中，针对"老年人免费乘坐交通工具"这一政策，是有利有弊的，需要我们去权衡利弊、解决问题，故本材料属于案例类材料。 |
| **第2步**<br>确定立意对象 | 材料中的对象（√）、个人或管理者、企业、社会（√）。<br>从话题来看，直接围绕材料的话题来写即可。<br>从对象来看，本文是个社会治理类文章，应该从全社会的视角进行思考。 |
| **第3步**<br>确定写作态度 | 支持（√）、反对、AB二者兼顾、AB有所侧重、AB二者择一。<br>当一项政策有利有弊时，我们就要考虑这一政策是利大于弊的，还是弊大于利的。虽然"老年人免费乘坐交通工具"这一政策引起来了一定的争议，但我们认为这一国家政策是利大于弊的，应该支持。 |
| **第4步**<br>拟出文章标题 | 对象＋态度：<br>老年人免费乘车（材料中的对象）应该支持（态度）<br>老年人免费乘车（材料中的对象）应保障（态度） |

## ❸ 全文思路

在人口老龄化的背景下，施策提高老年人的福利、保障老年人的权益是值得提倡，也是必须提倡的。想要说服别人支持老年人免费乘车这项政策，最简单的方法就是阐明这项政策能带来的好处。当然，任何一项政策在落地过程中都未必事事顺利，譬如材料中提到的"早高峰困境"，便是政策落地过程中遇到的困难。不过，这些问题并不是不能克服，我们可以提出一些建议进行解决。综上所述，本文建议使用"利大于弊式"结构。

需要注意的是，本文是一则案例分析型的材料，全文应该围绕"老年人免费乘坐交通工具"这一话题来写；如果写成了广义上的"社会应该如何治理"，则扩大了题干的论证范围，应判偏题；如果写成了企业应该如何管理，则偷换了题干的论证对象，应判跑题。

### （1）有好处

指出"老年人免费乘坐交通工具"这一政策的好处。

❤ 例文1：

老年人免费乘车，有利于提高社会总福利。随着社会不断发展，我们已经进入老龄化社会，如何保障老年人群体的福利变得尤为重要。老年人免费乘车这一项公共政策的发布，就是在为老年人的晚年生活增添一丝温暖。而且，我们每个人都会慢慢变老，逐渐成为这个社会中需要"照顾"的一部分，若社会能够给老年人群体以更多的照顾、更多的政策倾斜，那么人民的生活幸福感将会大大提高。

❤ 例文2：

老年人免费乘车，有利于促进社会公平。注重社会公平的内涵，就是让任何社会群体的人，不论其出身、性别、种族、身份都能享受到基本的、平等的生活权益。于老年人群体来说，就是让垂垂老矣的人也能够以一种更尊严更体面的方式生活，对老年人给予一定的政策倾斜，是社会公平的体现。

⊕ 例文 3：

　　老年人免费乘车，有利于践行社会主流价值观。一方面，尊老爱幼是中华民族的传统美德，它是中国五千年思想传承的体现之一。无论社会如何发展，传统文化的根不能丢，这样更有利于培养文化自信。另一方面，尊老爱幼也是社会主义核心价值观的体现。友善是社会主义核心价值观之一，这种友善，当然也应该包括对老人的友善。

### （2）有问题/困难/风险

　　如材料所述，该项政策在执行过程中也出现了一些问题和困难。

⊕ 例文 1：

　　老年人免费乘车，可能影响上班族的通勤。老人们退休后闲来无事，免费福利间接鼓励了老人出行，有很多老人清晨早起无所事事，也喜欢搭着公交出门转一圈，这无疑会增加早高峰时段的公共交通压力。再者，有限的座位大多被老人坐了，奔波劳累的上班族们心有怨言。即使尊老美德常怀心中，日子久了奔波劳累的上班族们也会叫苦不迭。

⊕ 例文 2：

　　老年人免费乘车，可能会引发"公共地悲剧"。逐利是人的天性，免费搭乘公交的举措在提高老年人福利的同时，也促进了老人们出行。而公共交通一旦变成免费的公共资源，就会有一些老年人本着"不坐白不坐"的想法，即使无实际需求也不愿浪费免费的"大好机会"，给公共交通造成了不必要的压力。更有甚者倚老卖老，逼迫年轻人让座，这无疑会激化双方矛盾。

### （3）问题能解决

　　针对上文中指出的问题，提出建议，以求解决这些问题。

⊕ 例文：

　　第一，引导老年人错峰出行。其实，由于老年人行动不便，早晚高峰出行是存在一定的安全隐患的，可见，引导老年人错峰出行，既有利于上班族的出行，也有利于老年人自身安全。

　　第二，政策落地更加灵活。不同地区有不同地区的实际情况，在政策推行过程中，政府可根据当地的情况，灵活选择政策落地的方式，使政策更符合各地人民生活的实际情况，因地制宜地惠及每一位老百姓。

　　第三，大力发展公共交通。一方面，投入资源，发展地铁、公交、出租车等多形式的公共交通；另一方面，加大高峰期的公共交通投放，增加高峰期的公交、地铁班次。

❹ 结构导图

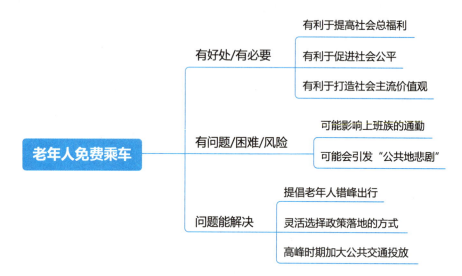

❺ 参考范文

### 老年人免费乘车应提倡

吕建刚　娜爷

"我国不少地方规定老年人可以免费乘坐公共交通工具"，这一政策在落地时虽然出现了一些问题，但我认为，在人口老龄化的时代背景下，老年人免费乘车应提倡。

首先，老年人免费乘车，有利于提高人民生活幸福感。由于许多老年人并不与子女一同生活，同子女居住在一起的老年人在作息上也与子女重合较少，在出行无人帮衬的情况下，乘坐公共交通便成为很多老人的首选。老年人免费乘车这一政策的发布，是社会对于老龄人口的关怀，也是国家对于每一个家庭的照顾，看似是政策倾斜，却能够提高整体人民的生活幸福感。

其次，老年人免费乘车，有利于体现社会的温情。一方面，老年人年轻时也同现在奔波在早高峰中的人们一样，是社会发展的中流砥柱，也曾为国家做出了或大或小的贡献，因此，我们应该对他们多一些尊重。另一方面，老年人在体力、收入等各方面情况一般比不上年轻人，此时，给他们一些政策的倾斜，是一个社会的温情的体现。

不过，这一良策在落地时也出现了一些问题。譬如在一些城市，老年人在早晚高峰免费乘坐公共交通工具可能会影响到上班族的通勤，还有一些老年人因各种原因无法切实享受这项福利。

为了更好地推行这一政策，我认为可以做好以下两点：

第一，引导老年人错峰出行。早晚高峰人流量大，极易发生拥挤甚至踩踏事件，老年人选择此时出行存在一定的安全隐患。通过引导老年人错峰出行减轻特定时段的公共交通压力，对上班族和老年人而言两相得宜。

第二，政策落地要更加灵活。良策要因地制宜才能惠及万家，根据当地人民的实际情况在高峰时期加大公共交通的投放量、将免费乘坐公共交通的福利替换为交通补贴等，都是行之有效的解决方法。

总之，老年人免费乘坐公共交通应当提倡，关爱老年人，就是关爱明天的自己。

（全文共 714 字）

# ⑥ 相关素材

## 6.1 典型事例

### （1）老人乘公交不再免费，但有现金补贴，上海率先实施

很多地区都有老年人免费乘坐公交的福利制度，但也有地区取消了这项制度，如上海提出新的政策，今后 70 岁以上老年人乘坐公交车不再免费，改为本市户籍年满 65 周岁的老年人，可以申请老年综合津贴。据悉，在这项政策取消了之后，上海地区在高峰期出行的老年人数量减少了足足一半。

### （2）海口美兰机场打造"畅行无忧"全流程服务

为积极贯彻落实国务院《关于切实解决老年人运用智能技术困难的实施方案》，持续推动充分兼顾老年人需要的智慧社会建设，坚持传统服务方式与智能化服务创新并行，打消无陪老人、候鸟老人旅客在春运期间出行的顾虑，美兰机场全力打造"畅行无忧"关爱老年人全流程服务，将老年人等特殊旅客的服务产品和举措形成无缝链接服务链条。

出港方面，老年旅客到达美兰机场候机楼出发厅后，美兰机场志愿者会为其贴上一枚"爱心贴"标识，使得老年旅客可享受值机、安检、候机、登机"一站式"优先乘机服务。同时，美兰机场在餐饮、商铺等购物、购票环节均设置了现金支付找零渠道，并合理规划值机和安检区域，设置老年旅客出行优先值机柜台和爱心安检通道。此外，在老年旅客候机方面，美兰机场在老年旅客上下旅客摆渡车及登机时提供搀扶服务，对于乘坐轮椅及登机不便的旅客还可提供无障碍升降车服务。

（中国民用航空中南地区管理局官网）

### （3）2022 年养老金将再次上涨

目前，我国养老金已经实现了"17 连涨"，今年两会召开，对于养老金在 2022 年的政府工作报告中明确上涨。

报告中指出，今年要切实保障和改善民生，加强和创新社会治理，加强社会保障和服务。稳步实施企业职工基本养老保险全国统筹，适当提高退休人员基本养老金和城乡居民基础养老金标准，确保按时足额发放。同时将继续规范发展第三支柱养老保险。积极应对人口老龄化，优化城乡养老服务供给，支持社会力量提供日间照料、助餐助洁、康复护理等服务，鼓励发展农村互助式养老服务，推动老龄事业和产业高质量发展。

（腾讯网，2022 年）

## 6.2 引用句

（1）我们体贴老人，要像对待孩子一样。（歌德）

（2）老来受尊敬，是人类精神最美好的一种特权。（司汤达）

（3）老吾老，以及人之老；幼吾幼，以及人之幼。（孟子）

（4）你不同情跌倒在地的老人，在你摔跤时也没有人来扶助。（印度谚语）

（5）对老年人的尊敬是自然和正常的，尊敬不仅表现于口头上，而且应体现于实际中。（戴维·德克尔）

（6）老年，好比夜莺，应有他的夜曲。（康德）

（7）一个老年人的死亡，等于倾倒了一座博物馆。（高尔基）

# 7 习作点评

## 习作（1）

### 老年人乘车免费应大力保障

学员习作　哄哄

我国不少地方规定老年人可以免费乘坐公共交通工具。这一规定体现了对老年人的关怀，虽然在实施过程中出现了不少问题，但我认为，老年人乘车免费，是弘扬敬老爱老的举措，应该大力保障。

首先，老年人乘车免费，充分体现了党和政府对中华民族尊老敬老爱老传统美德的示范和引领作用。这是历史和文化的传承，是推动经济和社会和谐发展的调和剂①。得民心者得天下。受惠于民②的政策，老百姓是拥护的。

其次，老年人乘车免费，最大的受益者是老年人群体③。现如今，随着社会的不断发展，我们已经进入了老龄化社会。老年人乘车免费这一政策的发布，正是体现了对老年人的关怀，赢得了社会各界的赞誉。而且，我们每个人都终将老去。关爱老年人，就是关爱自己。

但是，在老年人乘车问题上，也出现了一些问题，譬如，早晚高峰，老年人乘坐交通工具可能会影响到上班族的通勤，还有些老年人因为种种原因无法享受到这个福利等。

因此④，针对以上问题，我认为可以从以下几个方面来提高

标题很好。

三句开头：引材料＋过渡＋论点。

①既然起到的是"推动"作用，"调和剂"在此处略显不当，可改为"催化剂"。
②"受惠于民"是从人民那里得到好处，应当改为"施惠于民"或"授惠于民"。

③本段的核心论点其实为"提倡老年人乘车免费符合老龄化社会发展的要求"，首句的说法并不能反映这一点。

④"因此"可以去掉。

该福利政策的执行效力。

加强宣传，形成和谐乘车氛围。倡议和引导老年人错峰出行，减少高峰期非必要出行。同时，重视安全，保障老年人平安出行。

优化财政补贴机制，保障政策平稳高效运行。市民支持老年人乘车免费，那么就需要在兼顾效益的情况下，激发公交公司的企业活力，降低财政负担。

总之，关怀老年人的出行需求，为老年人提供福利政策，不仅秉承和弘扬了我国尊老敬老的传统美德，还体现了以人民为中心的发展思想。希望全社会共同努力，让老年群体在免费搭乘社会发展带来的福利班车的道路上越走越顺畅，越走越有幸福感。

> 结尾太长。结尾总结全文即可，没必要再展开论证。

（全文共 660 字）

## 论说文 6 步评分表

| 项目 | 要求 | 本文评价 |
|---|---|---|
| 标题 | 1. 标题必须点明论点。<br>2. 标题必须是提倡什么，反对什么。 | 本文标题论点清晰，有明确的倡导。 |
| 开头 | 1. 开头必须引入材料。<br>2. 开头必须要提出论点。<br>3. 材料和论点间最好有适当的过渡。<br>4. 开头无须展开论证。 | 本文开头使用三句开头法，满足开头 4 个要求。 |
| 结构 | 1. 要有明确的结构。<br>2. 分论点必须明确，且分论点须在每段开头第一句话。<br>3. 分论点必须能概括本段内容。 | 1. 本文采用"整体有好处①—整体有好处②—当然有困难—困难能解决"的结构。<br>2. 本文分论点明确，但分论点 2 未能很好地概括本段内容。 |
| 论证 | 1. 必须要有说理。<br>2. 例证要简洁。<br>3. 说理和例证要与论点具备相关性。<br>4. 案例型材料的论证不应脱离材料；寓言型材料的论证可不必过多分析材料。<br>5. 论证对象要有一致性。 | 本文论证过程有理有据，但在对策建议部分未明确指出论证对象。 |
| 结尾 | 1. 结尾必须总结论点和材料。<br>2. 结尾可以有一些对偶、引用等出彩的句子。 | 本文结尾基本符合要求，但略显冗长，倡导力不足。 |

续表

| 项目 | 要求 | 本文评价 |
|------|------|----------|
| 评分 | 按经济类联考的一至五类卷标准进行评分。<br>根据字迹好坏可浮动2分。 | 评分等级：二类卷。<br>参考评分：15分。 |

## 习作（2）

### 老年人是否应该免费乘坐交通工具①

学员习作　小徐同学

②老年人作为这个社会上的相对弱势群体，享受相应的社会待遇是无可厚非的事情。③免费乘坐交通工具对于老年人来说的确可以方便出行，由于现在支付方式基本采用手机支付，而大部分老年人对于手机支付并不是很了解，有很多时候因操作不当反而耽误了时间，损失金钱，这对于老年人来说是一种不便。但免费乘坐交通工具，就可以尽量避免上述事情发生。③除此之外，免费乘坐公共交通工具，可以更加方便老年人的出行。对于老年人来说，出行方式是很单一的，他们比任何人都需要社会提供一种便利的出行方式。所以，免费让老年人乘坐公共交通工具对于老年人来说是一种福利更是一种便利。

但免费乘坐交通工具④也确实在一些方面对社会产生不便。如早晚高峰时期，年轻人居多，交通工具需求量增多，老年人不仅无法享受到福利，也为很多上班族带来困扰。并且早高峰期间也是交通事故多发时间段，老年人本身行动就相对缓慢，这对他们的人身安全也无法保障。另外，早高峰期间难免会有磕磕碰碰，对于年轻人来说还是可以接受的，但这对于老年人来说却是不行的⑤。近年来，也有少数老人在早晚高峰的公交车上，肆意倚老卖老，完全不顾年轻人的感受。所以，对于老年人免费乘坐交通工具这件事情也是值得商榷的。

有些地方修改政策，将老年人免费乘坐公共交通这一福利改为发放津贴，这一做法是值得学习的。这样既能保证老年人可以在晚年时得到社会的关照，又可以保障年轻人的正常出行，同时也让老年人的人身安全得到了兼顾。我认为社会应该做到在维护老年人相应权利的同时，也要为实际现状作出考虑。但我们也不

① 标题没有明确的论点。

② 此段直接开始论述，全文没有开头，且首句强调的是政策的"必要性"，末句强调的却是政策的"好处"。

③ 语义重复，没有对段内论述起到很好的层次划分作用。

④ 未点明论证对象。

⑤ "另外……不行的"和前面的"并且……无法保障"其实都是对高峰期老年人安全问题的关注，可合在一起。

⑥ 一直到末段都没有明确提出自己的主张，⑥看似是主张，但更像是对策建议。

能全然不顾老年人的想法，可以在早晚高峰以后，让老年人继续免费乘坐公共交通工具，方便他们出行⑥。

（全文共 689 字）

## 论说文 6 步评分表

| 项目 | 要求 | 本文评价 |
|------|------|----------|
| 标题 | 1. 标题必须点明论点。<br>2. 标题必须是提倡什么，反对什么。 | 本文标题没有鲜明的提倡或反对态度，没有明确的论点。 |
| 开头 | 1. 开头必须引入材料。<br>2. 开头必须要提出论点。<br>3. 材料和论点间最好有适当的过渡。<br>4. 开头无须展开论证。 | 本文没有开头，直接论述。 |
| 结构 | 1. 要有明确的结构。<br>2. 分论点必须明确，且分论点须在每段开头第一句话。<br>3. 分论点必须能概括本段内容。 | 1. 本文论证结构不明确。<br>2. 本文虽然有分论点，但分论点 1 和分论点 3 不能对段落内容进行很好地概括，分论点 2 没有点明论证对象。 |
| 论证 | 1. 必须要有说理。<br>2. 例证要简洁。<br>3. 说理和例证要与论点具备相关性。<br>4. 案例型材料的论证不应脱离材料；寓言型材料的论证可不必过多分析材料。<br>5. 论证对象要有一致性。 | 本文各分论点论证结构不明晰，存在层次不清、语义重复、观点不明等诸多问题。 |
| 结尾 | 1. 结尾必须总结论点和材料。<br>2. 结尾可以有一些对偶、引用等出彩的句子。 | 本文没有结尾。 |
| 评分 | 按经济类联考的一至五类卷标准进行评分。<br>根据字迹好坏可浮动 2 分。 | 评分等级：五类卷。<br>参考评分：4 分。 |

## 🔵🔵 真题精练 6 🔵🔵

## 2023 年经济类联考论说文真题

### ① 真题原文

论说文：根据下述材料，写一篇 700 字左右的论说文，题目自拟。

一种社会事务，往往涉及诸多因素，（如春运涉及交通设施、气候条件、民俗文化、经

济、环境、科学技术等），所以要依赖诸多部门的通力合作才能处理好。

## ❷ 审题立意

### （1）命题背景

习近平总书记在党的二十大报告中指出，"完善社会治理体系""建设人人有责、人人尽责、人人享有的社会治理共同体"。

党的十八大以来，以习近平同志为核心的党中央扎实推进基层治理体系和治理能力现代化建设，推动社会治理重心向基层下移，共建共治共享的社会治理格局加快形成，为人民安居乐业、社会安定有序提供有力保障。要求"共建共治共享"，就是依靠各个部门通力合作去处理好社会事务。

### （2）四步审题立意法

| 第1步<br>判断材料类型 | 寓言、故事、案例、观点（√）。<br>材料中的核心信息是：一种社会事务要依赖诸多部门的通力合作，故此题是个观点类话题。 |
|---|---|
| 第2步<br>确定立意对象 | 材料中的对象、个人或管理者、企业、社会（√）。<br>材料明确给出的对象是"社会事务"，故本题是个社会治理类文章，应该从全社会的视角进行思考。 |
| 第3步<br>确定写作态度 | 支持（√）、反对、AB二者兼顾、AB有所侧重、AB二者择一。<br>观点类话题，我们直接同意材料的观点即可。 |
| 第4步<br>拟出文章标题 | 措施+目的：<br>通力合作搞好社会事务（对象+态度）<br>多方合作搞好社会事务（对象+态度） |

## ❸ 全文思路

党的二十大报告要求"建设人人有责、人人尽责、人人享有的社会治理共同体"，很明显社会合作是值得提倡，也是必须提倡的。但是合作具体实施的过程中，会产生一些问题。不过，这些问题并不是不能克服，我们可以提出一些建议进行解决。综上所述，本文建议使用"利大于弊式"结构。

### （1）有必要

指出"多方合作搞好社会事务"这一政策的必要性，可以从社会分工的结果和外部环境的必然要求角度谈有必要。

🔵 例文1：

多方合作搞好社会事务，是社会化大分工的必然趋势。现代社会高速发展的基础就是越来越精细化的社会分工。在这样的分工体系下，不同的社会部门能够各司其职，做自己最擅长的事，这样就可以极大地减少工作转移时的效率损失，大大提高资源的利用效率。以春运为例，铁路部门承担运输，气象部门做好预报、通信部门做好支持、电视电台做好宣传……才能让大家春运的路畅通安全。

🌐 例文 2：

多方合作搞好社会事务，是社会事务日益复杂的必然要求。现代的社会事务，已经是一种日益复杂的社会工程，需要耗用大量的人力、物力、财力等社会资源。因此，靠单一部门来解决这样的问题，其资源、能力都是不够的。因此，必须通过多方合作才有可能完成。

🌐 例文 3：

多方合作搞好社会事务，是提升公共服务水平的现实需要。公共服务是连接民心的重要环节，关乎最直接、最现实的民生问题和"急难愁盼"问题。它看似属于社会治理范畴，实则与政府治理、市场治理都紧密相关。只有多方合作，才能保障我国的公共服务水平，夯实公共服务基础力量，高质量进行公共服务建设。

### （2）有问题 / 困难 / 风险

但是，在合作过程中，也会出现一些问题或困难。

🌐 例文 1：

当然，多方合作在具体实施过程中可能也会产生一些问题。由于信息不对称的存在，合作各方可能会产生信息沟通不及时、信息理解不到位，甚至可能会产生误解或矛盾。而且，多部门合作时，也可能由于部门利益不一致而产生种种问题。

🌐 例文 2：

"道德风险"是多方合作中可能会产生的问题。经济学家麦金农认为，由于信息不对称和合作的相关机制不完备，人们极易做出有利于自己所在的部门而不利于整体利益的行为，这就是"道德风险"。"道德风险"的存在极易导致各部门不能坦诚沟通，甚至互相猜忌、心生怨念，于是工作重点就会从解决实际问题转移到如何规避部门风险上，从而导致合作的失败。

### （3）问题能解决

针对上文中指出的问题，提出建议，以求解决这些问题。

🌐 例文：

可见，想要多方合作搞好社会事务，需要做好以下几点：

第一，要夯实责任机制。多部门合作最怕的就是推诿扯皮，因此，要明确不同部门的职责分工，落实责任机制，定好奖惩方法，防止责任分散效应出现。

第二，要畅通沟通渠道。对于长期的或周期性出现的社会事务，要有常态化的沟通平台、定期的沟通机制。对于短期的或突发性出现的社会事务，可以成立临时指挥部，以便统一协调各部门之间的工作。

**❹ 结构导图**

**❺ 参考范文**

## 多方合作搞好社会事务

### 吕建刚

正如材料所言，一种社会事务，往往涉及诸多因素，因此，我们要多方合作搞好社会事务。

多方合作搞好社会事务，是社会化大分工的必然趋势。现代社会高速发展的基础就是越来越精细化的社会分工。在这样的分工体系下，不同的社会部门能够各司其职，做自己最擅长的事，这样就可以极大地减少工作转移时的效率损失，大大提高资源的利用效率。以春运为例，铁路部门承担运输、气象部门做好预报、通信部门做好支持、电视电台做好宣传……才能让大家春运的路畅通安全。

多方合作搞好社会事务，是社会事务日益复杂的必然要求。现代的社会事务，已经是一种日益复杂的社会工程，需要耗用大量的人力、物力、财力等社会资源。因此，靠单一部门来解决这样的问题，其资源、能力都是不够的。因此，必须通过多方合作才有可能完成。

当然，多方合作在具体实施过程中可能也会产生一些问题。由于信息不对称的存在，合作各方可能会产生信息沟通不及时、信息理解不到位，甚至可能会产生误解或矛盾。而且，多部门合作时，也可能由于部门利益不一致而产生种种问题。

可见，想要多方合作搞好社会事务，需要做好以下几点：

第一，要夯实责任机制。多部门合作最怕的就是推诿扯皮，因此，要明确不同部门的职责分工，落实责任机制，定好奖惩方法，防止责任分散效应出现。

第二，要畅通沟通渠道。对于长期的或周期性出现的社会事务，要有常态化的沟通平台、定期的沟通机制。对于短期的或突发性出现的社会事务，可以成立临时指挥部，以便统一协调各部门之间的工作。

总之，社会事务与每个老百姓的生活息息相关。多方积极参与、通力合作，才能搞好社会事务，提高人民生活幸福感。

（全文共 677 字）

## 6 相关素材

（可参看第 190-191 页 2013 年管理类联考真题）

**·•◖◗ 真题精练 7 ◖◗•·**

## 2024 年经济类联考论说文真题

扫码点击"资料下载"
领取 24 年最新真题

因本书出版时，2024 年真题尚未发布，故本年度真题为电子版，请扫码获取。

附 录

联考写作
要点7讲

标点符号
高分留言

# 附录 **1** 标点符号使用方法

## **1** 点号如何使用

点号包括句内点号 4 种（顿号、逗号、分号、冒号）和句末点号 3 种（句号、问号、叹号）。

| 点号 | 用法 | 示例 |
|------|------|------|
| 句号 | 用于陈述句末尾的标点。 | 我喜欢的食物是大包子。 |
| 逗号 | 表示句子间的停顿，逗号是使用频率最高的标点符号。 | 我喜欢的食物是大包子，还有大馒头。 |
| 顿号 | 表示并列的词或词组之间的停顿。 | 我最喜欢的学生是吕酱心、吕酱油和酱肚。 |
| 冒号 | 表示提示语后的停顿。 | 我喜欢的食物有很多，比如：大包子、大馒头、水饺，等等。 |
| 分号 | 用以分隔存在一定关系的两句分句。 | 我喜欢吃的食物分为两类：一是无馅的；二是有馅的。 |
| 问号 | 表示疑问句末尾的停顿，是语气语调的辅助符号工具。 | 你喜欢吃面条吗？ |
| 叹号 | 表示感情强烈的句子末尾的停顿，一般出现在感叹句中。 | 我可太喜欢吃馒头啦！ |

## **2** 标号如何使用

标号有 10 种，即引号、省略号、破折号、书名号、括号、间隔号、着重号、连接号、专名号、分隔号。在考试作文中一般只会用到前 6 种，因此，我们只介绍前 6 种的用法。

| 标号 | 用法 | 示例 |
|---|---|---|
| 引号 | 表示文中引用的部分。 | 老吕说："是我们相见恨晚。" |
| 省略号 | 表示节省原文或语句未完、意思未尽等。 | 老吕有很多昵称：酱缸哥哥、乐学喵第一帅哥、吕神…… |
| 破折号 | 表示话题或语气的转变，声音的延续等的符号。 | 很多学生喜欢这位专硕全能名师——老吕。 |
| 书名号 | 表示书篇、报刊、文件、歌曲、图画名等。 | 最新出版的《写作考前必背33篇》很受学生欢迎。 |
| 括号 | 表示文章中的注释部分使用的符号。 | 大家都说老吕比康哥帅（老吕在一旁偷偷笑出声）。 |
| 间隔号 | 表示某些人名、书名、篇（章、卷）名或朝代内各部分的分界。 | 康哥曾经说过："尼古拉斯·老吕是一位史上不可多得的美男子。" |

## ❸ 格子纸中如何使用标点符号

### 3.1 点号的用法

（1）点号一般占一格。

（2）点号处于行尾时，与最后一个字共占一格。

示例1：句号

| | | 我 | 喜 | 欢 | 的 | 食 | 物 | 是 | 大 | 包 | 子 | 。 | | | | | | | |
|---|---|---|---|---|---|---|---|---|---|---|---|---|---|---|---|---|---|---|---|

示例2：逗号

| | | 我 | 喜 | 欢 | 的 | 食 | 物 | 是 | 大 | 包 | 子 | ， | 还 | 有 | 大 | 馒 | 头 | 。 | |
|---|---|---|---|---|---|---|---|---|---|---|---|---|---|---|---|---|---|---|---|

示例3：顿号

| | | 我 | 最 | 喜 | 欢 | 的 | 学 | 生 | 是 | 吕 | 酱 | 心 | 、 | 吕 | 酱 | 油 | 和 | 酱肚。 | |
|---|---|---|---|---|---|---|---|---|---|---|---|---|---|---|---|---|---|---|---|

示例4：冒号

| | | 我 | 喜 | 欢 | 的 | 食 | 物 | 有 | 很 | 多 | ， | 比 | 如 | ： | 水 | 饺 | 、 | 面 | 条、 |
|---|---|---|---|---|---|---|---|---|---|---|---|---|---|---|---|---|---|---|---|
| 大 | 包 | 子 | ， | 等 | 等 | 。 | | | | | | | | | | | | | |

示例5：分号

| | | 我 | 喜 | 欢 | 吃 | 的 | 食 | 物 | 分 | 为 | 两 | 类 | ： | 一 | 是 | 无 | 馅 | 的 | ； |
|---|---|---|---|---|---|---|---|---|---|---|---|---|---|---|---|---|---|---|---|
| 二 | 是 | 有 | 馅 | 的 | 。 | | | | | | | | | | | | | | |

示例6：问号

| | | 你 | 喜 | 欢 | 吃 | 面 | 条 | 吗 | ？ | | | | | | | | | | |
|---|---|---|---|---|---|---|---|---|---|---|---|---|---|---|---|---|---|---|---|

示例7：叹号

| | | 我 | 可 | 太 | 喜 | 欢 | 吃 | 馒 | 头 | 啦 | ！ | | | | | | | | |
|---|---|---|---|---|---|---|---|---|---|---|---|---|---|---|---|---|---|---|---|

## 3.2 标号的用法

（1）引号、括号、书名号，由两部分组成，独立使用时每一部分独占一格，与点号一起使用时共占一格。

（2）引号、括号、书名号的前半部分不位于行尾，后半部分不位于行首。

（3）省略号和破折号一般占2格。

（4）省略号和破折号位于行尾且行尾仅余一格，则一半划出格子外。

（5）若破折号位于行尾且行尾无空格，则另起一行。省略号不可位于一行的开头，故若行尾处出现省略号，可用"等"或"等等"代替。

（6）间隔号一般用于外国人和少数民族人名的内部分界、书名与篇名之间的分界、词牌名与标题的分界等，独占一格。

示例1：引号

| | | 老 | 吕 | 说 | ： | " | 是 | 我 | 们 | 相 | 见 | 恨 | 晚 | 。 | " | | | | |
|---|---|---|---|---|---|---|---|---|---|---|---|---|---|---|---|---|---|---|---|

示例2：省略号

| | | 老 | 吕 | 有 | 很 | 多 | 昵 | 称 | ： | 酱 | 缸 | 哥 | 哥 | 、 | 乐 | 学 | 喵 | 第 | 一 |
|---|---|---|---|---|---|---|---|---|---|---|---|---|---|---|---|---|---|---|---|
| 帅 | 哥 | 、 | 吕 | 神 | …… | | | | | | | | | | | | | | |

示例3：破折号

| | | 现 | 在 | 有 | 很 | 多 | 学 | 生 | 喜 | 欢 | 这 | 位 | 专 | 硕 | 全 | 能 | 名 | 师 | —— |
|---|---|---|---|---|---|---|---|---|---|---|---|---|---|---|---|---|---|---|---|
| 老 | 吕 | 。 | | | | | | | | | | | | | | | | | |

示例 4：书名号

| | | 最 | 新 | 出 | 版 | 的 | 《 | 写 | 作 | 考 | 前 | 必 | 背 | 33 | 篇 | 》 | 特 | 别 | 受 |
| 学 | 生 | 欢 | 迎 | 。 | | | | | | | | | | | | | | | |

示例 5：括号

| | | 大 | 家 | 都 | 说 | 老 | 吕 | 比 | 康 | 哥 | 帅 | （ | 老 | 吕 | 在 | 一 | 旁 | 偷 | 偷 |
| 笑 | 出 | 声 | ）。 | | | | | | | | | | | | | | | | |

示例 6：间隔号

| | | 康 | 哥 | 曾 | 经 | 说 | 过 | ： | " | 尼 | 古 | 拉 | 斯 | · | 老 | 吕 | 是 | 一 | 位 | 史 |
| 上 | 不 | 可 | 多 | 得 | 的 | 美 | 男 | 子 | 。" | | | | | | | | | | |

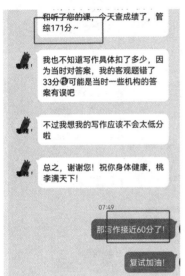

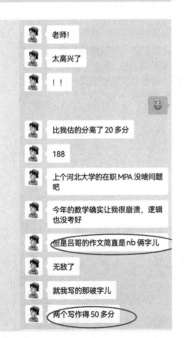

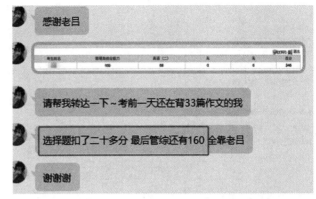

总分250分 作文将近满分

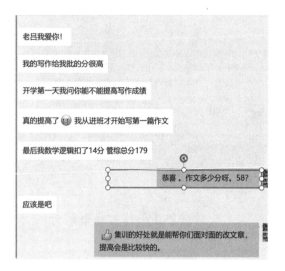

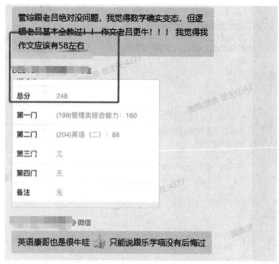

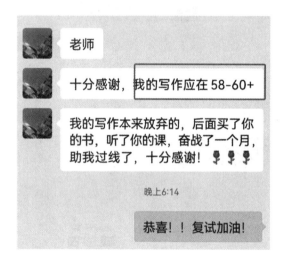

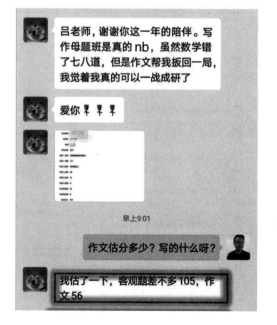

# 论效标题、开头与结尾的写法

　　疑问式标题：即找到全文的核心论点，直接对论点发出质疑。标题的公式为"材料的论点＋吗"。例如：《冰雪运动中心一定赚钱吗》

　　未必式标题：即找到全文的核心论点，中间用"未必"二字质疑即可。例如：《冰雪运动中心未必能赚钱》

　　万能式标题：优点是稳妥，缺点是太普通，难以在标题上"挣分"。要注意"万能"也是相对的。需要根据题目选择合适的标题。例如：《一份缺乏说服力的论证（计划／报告）》

可以从以下两个方面下手：

　　一是要加大处罚力度。健全学术论文等相关学术成果的审查制度，发现问题，一是及时处理，二要加重处罚。当违规成本大于违规收益时，学者就失去了违规的动机。

　　二是要健全激励机制。一方面，对学者的考核要从重论文数量，转移到重论文质量上来；另一方面，对于一些需要长期钻研才能出学术成果的基础学科，要加大支持力度，提高这些领域学者的基本待遇，让他们的生活好起来，他们才能有把冷板凳坐热的耐心。

　　总之，学者功利化现象弊端深重，应多措并举，予以遏制。

开头的写作公式：上述材料认为……然而其论证犯了多处逻辑错误，分析如下：

例如，2020年管理类联考真题的开头：上述材料认为，在南方投资冰雪运动中心一定可以赚钱，但其论证存在多处逻辑错误，分析如下：

结尾的写作公式：总之，材料存在多处逻辑漏洞，……结论难以成立。

综上所述，由于材料的论证存在多处不当，……这一结论难以让人信服。

总之，材料犯了一系列逻辑错误，难以推出……这一结论。

其实分析这些现象背后的原因，无外乎是"利益"二字。

一方面，学者想评职称、提工资、拿项目都需要学术成果作为基础。学术水平不行、学术成果不够时，怎么办？搞点拿来主义、做点翻译工作、弄点偷梁换柱，甚至直接抄袭剽窃，"学术成果"信手拈来，岂不快哉！

另一方面，学术界天然存在的信息不对称现象，让一些学者心存侥幸。因为学术界与普罗大众之间天然存在一定的鸿沟，普通老百姓难以对学者进行有效的监督。甚至是学术界有时也很难判定一篇论文是否造假。韩春雨事件不就是如此吗？韩春雨教授的基因编辑技术是真是假到现在还存在争议。

学者的功利化，往往会带来严重的后果。我们都知道，学术研究需要静得下心、沉得住气、下踏实的功夫、做专门的学问，功利化带来的浮躁心态与学术研究的要求背道而驰。而且，功利化的倾向还极易造成学科发展的不平衡——易出学术成果、易产生市场价值的学科门庭若市；难出学术成就、难以进行变现的学科则门庭冷落。

解决学者的功利化现象，要依赖制度建设，

总之，由于材料存在多处逻辑谬误，……的建议未必可行。

　　例如，2020年管理类联考真题的结尾：综上所述，上述材料存在多处逻辑漏洞，在南方投资冰雪运动中心未必能赚钱。

# 正文3步4句法

　　第1步：找点

　　所谓找点，即识别材料中的论证以及论证中出现的逻辑错误（谬误）。

　　什么是论证：写论效，首先要找到题干中的论证。论证就是用一些理由（论据）来证明自己的观点（论点）的过程。一个论证包括三个要素：论据、论点和随着我国法律法规的不断健全，不诚信的经营行为逃脱法网的可能性也越来越小，见利忘义之举势必会受到法律的严惩。

　　要让类似"三鹿奶粉"的事件不再发生，就要做到标本兼治。

　　一要治标。就是用雷霆手段，以迅雷不及掩耳之势对违法违规的企业予以处罚，从而起到震慑作用。

　　二要治本。一方面，要加强市场引导，尤其要加大对诸如商标权、专利权等知识产权的保护，让诚信经营者能够通过品牌和创新持续获益；另一方面，打造和完善企业征信系统，建立违规企业黑名单，打造"一处失信、处处受限、寸步难行"的失信惩戒格局，从而形成诚信经营的长效机制。

　　孟子曰："诚者，天之道也；思诚者，人之道也。"诚实守信、见利思义，企业方可行稳致远。

## 论说文：真题范文二

### 学者功利化现象应遏制

　　近几年，学术界抄袭剽窃、学术造假、自我炒作、沽名钓誉等不良现象屡见报端。这些现象带来了诸多不利后果，应该予以遏制。

论证过程。

　　论证的识别：①关联词识别法，论证中经常会有一些明显的标志词，用来提示语句间的关系、帮助读者理解语义及论证关系。

　　常见的论点标志词有：实验表明，因此，所以，可见，这表明，据此推断，由此认为，这样说来，我认为，显然，简而言之，等等。

　　常见的论据标志词有：论据在标志词后：例如，因为，由于，依据，据统计，等等。论据在标志词前：据此推断，研究人员据此认为，因此，等等。

　　②内容识别法：论据是得出

# 论说文：真题范文一

　　　　　　由三鹿奶粉事件所想到的

　　三鹿奶粉事件曝光，举国震惊。此事件警醒我们，经营企业要诚信为本、以义取利。

　　无独有偶，类似三鹿奶粉的事件在生活中屡见不鲜。"假疫苗"、"地沟油"、"瘦肉精"、苏丹红、加洗衣粉的油条、加漂白剂的面粉，一轮又一轮地"洗礼"着中国人的肠胃。

　　这些事件之所以发生，利益是背后的推手。以三鹿奶粉事件为例：在奶粉中添加三聚氰胺就可以使牛奶中蛋白质含量的检测数值更高，从而卖出更高的价钱，赚取更多的利润。而且，市场上存在信息不对称的现象，在牛奶中添加三聚氰胺的事，消费者并不知情，而你童叟无欺的好产品，消费者也未必能了解，反而可能因为你的蛋白质检测含量低而不选择你的产品，这样，就形成了劣币驱逐良币的后果。

　　然而，这样的见利忘义之举，往往会给企业带来严重的后果。一方面，随着互联网技术的快速发展，信息的传递速度越来越快，信息不对称现象有所缓解。因此，试图蒙蔽消费者而获益已经很难不被发现，而这些行为一旦被曝光，企业往往会迎来灭顶之灾；另一方面观点的理由，因此，论据一般是一段"事实描述"或者某一"科学理论"。论点就是论证者所持的观点，它代表了论证者对某一问题的看法、见解、主张、态度。论点表现为"有所断定"。

第 2 步：选点

选点原则：把握原则、分散原则、常见原则、指向论点原则。

第 3 步：4 句成段

论证有效性分析的正文，就是要对材料中的论证缺陷进行分析，其基本的写法为：

引疑析析："引"即引用材料，告诉阅卷人你在质疑什么。

"疑"即表达质疑，指出材料存

远少于海量垃圾混合后再进行分类的时间。而且，将垃圾分门别类后，就可以规模化处理，这就形成了规模效应，降低了垃圾处理的成本。

当然，垃圾分类的落地需要一个过程。目前来看，一些城市的垃圾分类政策尚无很强的约束力，一些居民也缺少垃圾分类的相关知识，导致垃圾分类的投放行为并不准确，从而影响了垃圾分类处理的效率和效果，甚至产生乱扔乱放的行为，使垃圾分类达不到效果。

想解决以上问题，要从以下两个方面下手：

一要尽快完善垃圾分类的基础设施。建成健全全链条的垃圾分类处理系统，确保垃圾分类从投放、收集、中转贮存、清运到最终处理的每个环节都得到实现，从根本上落实垃圾分类。

二要强化垃圾分类的宣传教育。要多渠道全方位地开展垃圾分类宣传活动，引导群众自觉参与生活垃圾分类工作，从源头上养成绿色生活习惯，减少垃圾产生量。

垃圾分类功在当下，利在千秋。做好垃圾分类，推动绿色发展，势在必行。

在逻辑谬误。"析"就是对材料中的逻辑谬误进行具体分析。由于"析"是整段的主要内容，故建议"析"可以写两句，即"引＋疑＋析＋析"。

引疑析踩：如果一段材料中出现多个逻辑错误，可以将指向同一论点的逻辑错误写入同一段落。其中，"引＋疑＋析"与前文相同，"踩"一般是踩本段论据所指向的论点。

## 常见逻辑谬误的高分写法

1. 不当类比的母题公式——材料论述由 A 推出 B，难以成立。因为二者……不同，……不同，所以，由 A 的情况难以推论出 B

总之，人才任用是企业管理的重中之重，应该优先内部提拔，但也要根据情况适时引进外部人才。

## 论说文参考范文五：非A推B式结构

　　　　　　垃圾分类，势在必行

　　上海推行的垃圾分类政策引发了广泛的讨论，有人大力支持，有人极力反对。在我看来，垃圾分类是污染管理的先行条件，垃圾分类，势在必行。

　　集中处理垃圾不可行。从前我们处理垃圾都是"一窝端"，将其大量填埋与焚烧，看似简单易行却祸根深种。填埋的垃圾需百年降解，而焚烧产生的颗粒物和残渣不仅无益于环境保护，更造成了二次污染。

　　垃圾分类有利于提高资源的回收利用率。从前人们没有垃圾分类的意识，将有用的、无用的，有毒的、无毒的垃圾都丢在一起，使许多本可以变废为宝的物品难以被发现和回收。将垃圾进行分类，能增加材料回收利用的可能性和可行性，有助于实现由高能耗社会向低能耗社会的转型，提高资源的回收利用率。

　　垃圾分类有助于降低垃圾的处理成本。这是因为，个人提前分拣少量垃圾所耗费的精力的情况，这一论证存在不当类比。

2. 以偏概全的母题公式——

材料通过对……调查，认为……，有以偏概全之嫌。因为，这些调查对象数量不足、广度不够或不是随机选取，所以他们不一定能代表所有人的情况。

3. 偷换概念的母题公式——

上述材料中A与B是两个不同的概念，前者的意思是……，而后者的意思是……。所以，材料的论述有偷换概念之嫌。

4. 他因不果的母题公式——

材料由事件A推出结果B，存在不妥。由于原因C、原因D等因素的存在（他因），结果B未必潜力有着比较准确的认识和把握，可以降低由于信息不对称而带来的潜在风险。另一方面，内部候选人通常比较认可企业现有的薪酬体系和福利待遇，内部提拔后，其薪酬待遇要求更加符合企业现状。

　　当然，优先采用内部提拔，不代表拒绝外部引进。

　　外部引进人才，可以给企业带来新的运营模式和管理思路。这些新模式、新思路，可能会帮助企业打破"只缘身在此山中"的困境，帮助企业找到运营短板、避免管理僵化，从新的角度上解决问题。尤其是引进优秀的人才带来的成熟模式，能为企业节省宝贵的时间和精力，极大地降低机会成本。

　　当然，选择内部提拔，还是外部引进，需要做到因岗制宜。

　　首先，要做好岗位分析。要分析企业需要的是什么类型、什么水平的人才。最好能制作好岗位说明书，明确该岗位对人才的具体要求。

　　其次，要做好人才盘点。分析企业内部是否有合适的人才，内部人才若能够与岗位匹配，则可优先内部提拔。若不能，就必须选择外部引进。

会发生。

　　5.产生他果的母题公式——材料由事件A推出结果B，存在不妥。因为事件A也可能会导结果C、结果D等，因此，结果B未必会发生（产生他果）。

　　6.归因错误的母题公式——材料认为，现象A的出现是因为原因B，但是，原因B可能并不是现象A的真正原因，真正原因可能是原因C、原因D等。

　　7.忽略他因的母题公式——材料认为，现象A的出现仅仅是因为原因B，过于绝对。实际上，除了原因B以外，现象A的出现可能是原因C、原因D等共同作晚矣。

　　第二，衡量才华，需要竞争平台。经过磨砺的刀，更加锋利；经过竞争的人，更加坚韧。所以，如何选拔人才？不能只靠领导提拔，而是要设置好竞争平台，让人才从竞争中脱颖而出。

　　北宋教育家胡瑗说："致天下之治者在人才，成天下之才者在教化。"无论是治理国家，还是经营企业，应当任用德才兼备的人才。

## 论说文参考范文四：A上加B式结构

　　　　优先内部提拔，不忘外部引进

　　当企业出现管理职位的空缺时，应该优先内部提拔，还是优先外部引进？我认为应该优先内部提拔。

　　内部提拔有利于激励员工。根据马斯洛需要层次理论，人们并不仅仅追求物质上的利益，也会追求自我价值的实现。而且，越是优秀的人才，越注重自己职业生涯的发展。因此，优先采用内部提拔，意味着管理者对下级能力的认可，也代表着员工晋升渠道的畅通，有利于激发员工的工作热情，也有助于留下好的人才。

　　内部提拔可降低用人风险。一方面，企业对于内部候选人的工作态度、素质能力和发展用的结果。

8.强置必要条件的母题公式——材料认为，只有有A，才会有B，过于绝对。实际上，A并非B的必要条件。即使没有A，通过C、D、E等方式，也可以实现B。

9.自相矛盾的母题公式——材料一方面肯定了A，一方面又否定了A，岂不是自相矛盾？

10.非黑即白的母题公式——材料认为不是"A"就是"B"，未必成立，因为，还可能是"C""D""E"等情况。

11.平均值陷阱母题公式——材料试图以A这一平均值，来论

出了瘦肉精事件、三鹿奶粉事件、长生生物假
疫苗事件等一系列骇人听闻的丑闻。一个德行
不端的人不可能为他人、为企业、为社会着想，
他想的只是自身的利益罢了。可见，人才要有
德行，才能把他的才华用在正道上。

　　"才"是用人的关键。我们知道，任何组
织所拥有的资源都不可能是无穷无尽的，那么
如何用有限的资源谋求最好的发展呢？科斯定
理告诉我们，谁能将一项资源用得最好，就应
该将资源让谁来使用。因此，我们要找到最好
的人才，用好这些人才，这样才不会浪费我们
有限的资源。

　　因此，人才任用要德才并重。德，能规范
人才的行为，让他不走歪门邪路；才，是"人
才"的基础，是他区别于普通人的关键。人才
任用，德才相辅相成，缺一不可。

　　那么，如何衡量一个人的德行和才华呢？
我认为以下两点十分重要。

　　第一，观察德行，应该见微知著。俗语说，
细节见人品。生活中的小细节，往往会折射出
一个人的人品。所以管理者应该从细微的小事
去观察人才是否具有高尚的德行。不能等到他
犯了大错、甚至违法犯罪时才大吃一惊，悔之

证B这一个体值，存在不妥。因为，平均值仅仅用来表示一组样本的整体情况，难以代表每个个体的情况。

12.增长率陷阱母题公式——材料认为A的增长率很高，A的值就很大，并不妥当。因为要想衡量A的值，不仅要看增长率，还要看其基数的大小。

13.比率陷阱的母题公式——材料试图判断比率A的大小，但材料仅考虑了分子，没有考虑分母，难以准确断定该比率的大小。

## 论说文1342写作法

简单易用的标题结构：结构1：主题+态度，例如：诚信经等现象时有发生。假名牌、盗版书充斥在各二手交易平台。而消费者又很难辨别这些物品的真假、好坏，这就很容易让品质好、价格高的"李逵"卖不出去，而让质量差、价值低的"李鬼"占领市场，从而造成"劣币驱逐良币"的后果。

但以上问题，我认为可以解决。

一是要加强市场引导。要引导二手交易平台加强信息和商品审核管理，建立健全消费者相互评价管理机制，以此来减少交易市场信息的不对称。

二是要加强法律监督。要出台一些强制性规定，进一步强化对卖方的监管。对于违法违规者，则要予以处罚。

总之，闲置经济虽然存在一些问题，但从整体来看，闲置经济发展利大于弊，应当鼓励。

## 论说文参考范文三：ABAB 式结构

### 人才任用当德才并重

司马光有言："才者，德之资也；德者，才之帅也。"可见，人才任用，当德才并重。

"德"是用人的前提。人无德不立，我们去看那些误入歧途的企业家，哪一个不是"才华横溢"？但正是这些"才华横溢"的人，炮制营（主题）势在必行（态度）；

结构2：对象＋态度＋主题，例

如：企业经营（对象）应该（态

度）诚信（主题）；结构3：措

施＋目的，例如：精诚合作（措

施）实现共赢（目的）；结构4：

A的态度＋B的态度，例如：既

要搞好道德教育（A的态度），

也要搞好科学教育（B的态度）。

　　3句开头：引材料句→过渡

句（词）→论点句。例1：（2022

年管理类联考真题开头范文）鸟

类为什么会飞？是因为它们在进

化中优化了利于飞行的身体部位，

舍弃了不利飞行的身体部位（引

材料）。和鸟类一样（过渡句），

成为了潮流。它符合绿色、循环的发展理念，应该鼓励。

　　首先，闲置经济能够促进经济发展。经济发展有"三驾马车"：投资、出口、消费。消费是经济发展的主力之一。闲置经济主要经营的是二手物品，一方面，二手物品的价格较低，"花小钱办大事"有助于刺激消费；另一方面，购买二手物品时有一种类似淘"宝"的体验，有些消费者钟爱这种购物体验。可见，闲置经济能够拉动消费的增长，从而对经济发展有一定的促进作用。

　　其次，闲置经济能够减少资源浪费。很多在城市生活的人都有一种体验——很多物品用又用不上，扔了又很可惜，于是放在家里的一角成为垃圾，直到有一天忍无可忍，一扔了之。这既浪费了资源，又给环境带来了一定的压力，此时，不妨将这些物品交易出去。比如说婴儿车、婴儿床，孩子长大后，它对一个家庭就不再产生价值，但是对于刚生了宝宝的家庭来说，这就是宝贝。可见，闲置经济能让这些物品流动起来，变废为宝。

　　当然，我们也能看到，闲置经济在其发展过程中出现了一些问题。假冒伪劣、以次充好企业经营也应不断"进化"（论点句）。

　　　3句开头的变式：论点句→过渡句（词）→引材料句。例如：危机预防优于危机处理（论点句），然而（过渡词），一枚小小的橡胶密封圈居然造成"挑战者号"航天飞机爆炸的严重后果，不禁让人扼腕叹息（引材料）！

　　　4层结构：

　　　1.现象分析式结构：当材料中出现反面现象时，我们宜采用"现象分析式结构"。这种结构有两种写法：第1种写法，当材料中出现值得分析的反面事件（案例）时，可以只摆材料中的现象，伤害。这些现象并非偶发，因为每一场交通事故的产生，背后都有二十九起轻微事故、三百起未遂先兆和一千起事故隐患。墨菲定律告诉我们，当同一种超速行为反复多次发生时，事故发生绝不是偶然，而是必然。"道路千万条，安全第一条；送餐不规范，亲人两行泪。"收入固然重要，但我们的生命和家人的陪伴更加重要！

　　要想解决外卖小哥超速问题，必须软硬兼施，标本兼治。

　　"软"即要加强对外卖小哥的安全教育，让他们清楚遵守交通规则既利己也利他。让他们从不愿到甘愿，由自发到自觉地践行交通规则。

　　"硬"就是要对超速行为重拳出击，当罚则罚，不能手软，不能因为外卖小哥也是谋一份生、挣一口饭而手软。当违规成本大于违规收益时，他们就失去了违规的动机。

　　"高高兴兴送餐去，安安全全回家来"，这是每个外卖小哥家人的期盼！

## 论说文参考范文二：利大于弊式结构

### 闲置经济应当鼓励

　　闲置经济作为一种新兴事物，近年来逐渐

只分析这一个现象的原因和危害，并针对这一个现象提出解决方案。第2种写法，当材料中出现反面寓言、反面故事或并不值得深入分析的事件时，我们必须要摆出生活中的类似现象，然后分析这一类现象的原因和危害，并针对这一类现象提出解决方案。

　　2.利大于弊式结构：想说服别人做一件事，最简单的方法就是告诉他这样做有好处（或有必要），但是为什么有好处的事还有人不听你的呢？说明这件事不光有好处，还有问题、风险或困难。因此，作为一个管理者，我们不能只看到一项决策的收益，的违规现象却引发了一系列社会争论。我认为，建立和完善外卖小哥的送餐规则、遏制外卖小哥超速送餐的行为，势在必行。

外卖小哥超速现象屡禁不止，并不令人意外。

首先，外卖小哥有超速送餐的天然动机。因为外卖小哥采用计件工资制，这就意味着每多送一单，就可以多拿一单的提成。用超速的方式，每顿多送两三单，日积月累，这就构成了一笔不小的收入。

其次，平台有纵容甚至鼓励外卖小哥超速送餐的可能。因为外卖小哥送餐越快越准时，平台的商业价值就越高。因此，平台会对外卖小哥的送餐时间做出严格的规定，并对送餐迟到的外卖小哥给予严厉的处罚。

最后，消费者也是外卖小哥超速送餐的推手。因为，多数点外卖的人都想快速、及时地吃上一口热饭，会比较介意外卖小哥的迟到行为。如若外卖小哥迟到，他们可能会在平台进行投诉。这又进一步加剧了外卖小哥超速行为的发生。

然而，外卖小哥超速送餐的行为往往会酿成严重的后果，甚至有人因此惨遭交通事故的

也要看到它的问题，全面地思考问题才能成为一个优秀的管理者。

　　因此，正面提倡类的文章我们可以使用利大于弊式结构。写法：引材料，并提出论点→整体有好处／必要①→整体有好处／必要②→当然有问题／风险／困难→问题能解决／风险能规避／困难能克服→总结全文。

　　3.ABAB式结构：当题干中出现AB二元类材料时，我们首先要看题干中A和B两个元素的关系。若二者的关系是二者需要并重，则可采用ABAB式结构。写法1：正面写：引材料，并提出论点→A有好处→B有好法说明我们观察到的"太阳东升西落"这一现象是假的，因此无法说明"眼见者未必为实"。

第三，材料认为房子中有形的结构没有实际效用，而无形的空间才有实际效用，因此，"眼所见者未必实，未见者为实"，存在不妥。此处"实际效用"不等同于"眼见为实"中的"实"。房子的空间有实际作用，并不能说明人们看见的房子是假的，不是事实。

第四，材料认为"父母和子女因为感情深厚而不讲究礼节，可见讲究礼节是感情不深的表现"，推断不当。因为仅由父母与子女之间的感情和行为，无法得出人际交往的一般性结论，其他诸如朋友、邻里、同事等人际关系的法则，可能与亲子关系存在不同。

第五，由"见外"无法说明"如果你看到有人对你很客气，就认为他对你好，那就错了"。因为，存在对你很客气但对你不好的人，但也可能存在对你很客气且对你好的人。

综上所述，上述材料漏洞百出，其结论难以成立。

## 论说文参考范文一：现象分析式结构

外卖小哥超速送餐应遏制

外卖为我们提供了很多便利，但外卖小哥

处→因此，需要AB并重→提建

议→总结全文。写法2：反面写:

引材料，并提出论点→只有A有

问题→只有B也有问题→因此，

要AB并重→提建议→总结全文。

　　4.A上加B式结构：当题干

中出现AB二元类材料时，我们

首先要看题干中A和B两个元素

的关系。若二者的关系是二者都

很重要，但其中一个更重要，则

可采用A上加B式结构。写法一:

引材料，并提出论点→A有好处

→但是，只有A有问题→因此，

还需要B→提建议。写法二：引

材料，并提出论点→A有好处①

→A有好处②→当然，B也不能

无闻的特性是在奉献做出的时间点就已经存在的，而媒体的宣传是在无私奉献行为做出之后，因此二者并无直接关系。

最后，当事人受到社会的"肯定与赞赏"，不能否定当事人"无私奉献"的动机。因为即使当事人获得了社会的回报，但如果当事人在做好事时，并不存在索取回报的想法，那就说明他是没有私心的，那么即使他在事后收到了回报，也仍然是"无私"奉献。

综上所述，由于材料存在多处逻辑漏洞，其结论的正确性有待商榷。

## 论证有效性分析参考范文二

### 眼见未必为实吗？

上述材料认为"眼所见者未必为实"，然而其论证存在多处逻辑漏洞，分析如下：

第一，材料认为"只有将表象加以分析，透过现象看本质才能看到真相"，因此"我们看到的未必是真实情况"，此处存在偷换概念。我们所见的"真相"仅仅指事实，而材料却把"真相"偷换成了"表象"之下的客观规律或者事件发生的原因。

第二，地球自转造成了太阳东升西落，这只能说明地球自转是太阳东升西落的原因，无

42

忽略→提建议。

　　5.非 A 推 B 式结构：当题干中出现 A B 二元类材料时，我们首先要看题干中 A 和 B 两个元素的关系。若二者的关系是其中一个重要，另外一个不重要，则可采用非 A 推 B 式结构。写法：引材料，并提出论点→A 有问题→B 有好处（可写 2 段）→因此，应该采取 B→提建议→总结全文。

　　2 句结尾：修饰句＋总结句。

　　总之，国家发展在于实业，实业发展基于人才，人才发展寄于教育（修饰句）。以教育促进实业发展势在必行（总结句）。

# 论证有效性分析参考范文一

默默奉献无法成为社会道德精神吗？

上文通过一系列论证得出"默默无闻的行为无法成为社会道德精神"的结论，但该论证过程中存在诸多谬误，现分析如下：

首先，"默默无闻、无私奉献，是人们尊崇的德行"与"不能成为社会的道德精神"自相矛盾。因为，前文肯定了默默无闻、无私奉献是人们尊崇的德行，后文说它不可能成为社会道德的精神，即否定了这是一种德行。

其次，材料认为一种德行"必须"通过大众传媒传播，才能成为社会道德的精神，过于绝对。道德精神形成的途径有很多，用其他方式也可以，比如说学校教育、家庭教育等，不一定"必须借助大众媒体的传播"。

再次，当事人"不事张扬"不能说明善事"不为人知"，也不能说它"得不到传播"。一些无私奉献的事件可以通过其他人口口相传、媒体报道、政府表彰等方式为人所知。因此，材料也无法推出无私奉献的精神"不可能成为社会的道德精神"的结论。

而且，"善举被大力宣传后为人所了解"，并不能否定当事人做好事时的"默默无闻"。默默

# 论说文常用理论

　　母理1.马斯洛需要层次理论

　　马斯洛需要层次理论是由美国著名社会心理学家马斯洛提出的关于需要结构的理论。该理论认为，人们需要动力实现某些需要，有些需要优先于其他需要。

　　马斯洛的需要层次结构是心理学中的激励理论，包括人类需要的五级模型，通常被描绘成金字塔内的等级。从层次结构的底部向上，需要分别为：生理（如食物和衣服），安全（如工作保障），情感和归属的需要（如友谊），尊重和自我实现。

　　母理2.边际收益与边际成本

的表象，又要根除问题产生的源头。

　　母理 21.戴明环（PDCA 循环）

　　PDCA 循环是美国质量管理专家沃特·阿曼德·休哈特首先提出的，由戴明采纳、宣传，获得普及，所以又称戴明环。含义是将质量管理分为四个阶段，即计划、执行、检查和处理改进。在质量管理活动中，要求把各项工作按照作出计划、计划实施、检查实施效果的程序开展，然后将成功的纳入标准，不成功的留待下一循环去解决。这一工作方法是质量管理的基本方法，也是企业管理各项工作的一般规律。

① 边际收益

　　边际收益是指增加一单位产品的销售所增加的收益，即最后一单位产品的售出所取得的收益。它可以是正值或负值。边际收益是厂商分析中的重要概念。利润最大化的一个必要条件是边际收益等于边际成本，此时边际利润等于零，达到利润最大化。在完全竞争条件下，任何厂商的产量变化都不会影响价格水平，需求弹性对个别厂商来说是无限的，总收益随销售量的增加同比例增加，边际收益等于平均收益，也等于价格。

② 边际成本

从中深刻地意识到组织规定的存在，从而加强对自己行为的约束。

③惩罚，就是采取惩罚的方法，约束不符合组织目标的员工行为。

④忽视，就是对已出现的不合要求的行为进行"冷处理"，达到"无为而治"的效果。

　　母理20.治标与治本

　　标本兼治原是中医术语，用来阐明治疗过程中矛盾的主次关系。

　　"治标"就是用"头痛医头，脚痛医脚"的方式尽快解决眼前问题；"治本"就是挖掘问题的根源、机制，从根本上解决问题；而标本兼治，意指既要解决问题

　　边际成本是指在一定产量水平下，增加或减少一个单位产量所引起成本总额的变动数。这个概念表明每一单位的产品的成本与总产品量有关。比如，仅生产一辆汽车的成本是极其巨大的，而生产第101辆汽车的成本就低得多，生产第一万辆汽车的成本就更低了（这是因为规模经济带来的效益）。但是，考虑到机会成本，随着生产量的增加，机会成本也可能会增加。通过这个例子我们还可以知道，生产一辆新汽车时，所用的材料可能有更好的用处，所以要尽量用最少的材料生产出最多的车，这样才能提高一种过程型的激励理论，该理论认为，如果某种刺激对人的行为有利，这种行为就会重复出现；若不利，这种行为就会减弱直至消失。因此，管理者要采取各种强化方式，以使人们的行为符合组织的目标。

　　强化的具体方式共有四种：①正强化，就是奖励那些符合组织目标的行为，以便使这些行为得到进一步的加强、重复出现。②负强化，强调的是一种事前的规避。俗语"杀鸡儆猴"形象地说明了惩罚和负强化的联系与区别。对出现了违规行为的"鸡"加以惩罚，意欲违规的"猴"会边际收益。

　　母理 3. 规模效应

　　规模效应又称规模经济，即因规模增大带来经济效益的提高，但是规模过大可能使信息传递的速度变慢且容易造成信息失真、管理官僚化等弊端，反而产生"规模不经济"。

　　当企业的生产达到或超过盈亏平衡点时，才会产生规模效益。企业的成本包括固定成本和变动成本，在生产规模扩大后，变动成本同比例增加而固定成本不增加，所以单位产品的成本就会下降，企业的销售利润率就会上升。

　　母理 4. 社会分工理论

立了品牌。

　　定位理论认为，定位要从一个产品开始。此产品可能是一种商品、一项服务、一个机构甚至是一个人，也许就是你自己。但是，定位不是你对你产品要做的事，而是你对预期客户要做的事。换句话说，你要在预期客户的头脑里给产品定位，确保产品在预期客户头脑里占据一个真正有价值的地位。

　　母理19.强化理论

　　最早提出强化概念的是俄国著名的生理学家巴甫洛夫，而系统性的强化理论则由美国心理学家斯金纳首先提出。强化理论是

　　社会分工，是指不同的劳动者分别从事不同的劳动。

　　社会分工是社会化的标志之一，也是人类出现商品经济发展的基础。对人类来说，没有社会分工，就没有交换，市场经济也就无从谈起。如果没有社会分工，社会就难以正常运转。人类社会分工的优势，是让人做自己擅长的事情，使平均社会劳动时间最大程度缩短，生产效率显著提高。能够提供优质高效劳动产品的人，才能在市场竞争中获得高利润和高价值。人尽其才，物尽其用，就是社会分工的结果。

　　母理5.资源稀缺性

的定义是：所谓市场定位，就是对公司的产品进行设计，从而使其能在目标顾客心中占据一个独特的、有价值的位置的行动。市场定位的实质是使本企业和其他企业严格区分开来，并且通过市场定位使顾客明显地感觉和认识到这种差别，从而在顾客心中留下特殊的印象。

　　定位理论认为，品牌就是某个品类的代表，或者说是代表某个品类的名字。建立品牌就是要实现品牌对某个品类的主导，成为某个品类的第一。当消费者一想到要消费某个品类时，立即想到这个品牌，我们就说你真正建

　　资源是稀缺的。一方面，一定时期内物品本身是有限的；另一方面，利用物品进行生产的技术条件是有限的，同时人的生命也是有限的。

　　资源的稀缺性是经济学第一原则，一切经济学理论皆基于该原则，因为资源的稀缺性，所以人类的经济及一切活动需要面临选择，使得人们必须考虑如何使用有限的、相对稀缺的生产资源来满足多样化的需要，这就是所谓的"经济问题"，经济学理论即围绕这一问题展开论证。

　　母理6.瓶颈理论

　　TOC中文译为"瓶颈理论"，

估值一定时，物品的提供方（信息充分的一方）会选择提供实值较低的物品（劣币），致使实值较高的物品（良币）越来越少。从广义上来说，"劣币驱逐良币"也可以泛指一般的逆淘汰（劣胜优汰）现象。

　　母理18.定位理论

　　定位理论，最初是由美国著名营销专家艾·里斯与杰克·特劳特于20世纪70年代早期提出来的。里斯和特劳特认为，"定位是你对未来的潜在顾客的心智所下的功夫，也就是把产品定位在你未来潜在顾客的心中"。

　　菲利普·科特勒对市场定位

也被称为制约理论或约束理论，由以色列物理学家高德拉特博士创立。

　　瓶颈指的是位于瓶口下面的一部分，寓意整个系统中最薄弱的环节。瓶颈理论认为，企业的整体生产效率往往由效率最低的那一部分决定。任何系统至少存在着一个制约因素（瓶颈），否则它就可能有无限的产出。因此要提高一个系统（任何企业或组织均可视为一个系统）的产出，必须打破系统的瓶颈，只有这样才可以更显著地提高系统的产出。而解决了一个瓶颈以后，原来排在第二位的限制因素又会变成新储量紧张，只能在新制造的金币中掺入其他金属。于是市场上就有两种金币：一种是此前不掺杂质的金币，一种是掺入了杂质的金币，但两种货币的法定价值一样。这样，人们都会收藏不掺杂质的良币，使用掺入杂质的劣币。时间一长，市场上流通的就只有劣币了，全部良币都退出了流通。这就是"劣币驱逐良币"，它由16世纪英国伊丽莎白时代的财政大臣格雷欣提出，也称"格雷欣现象"。

　　从狭义上来说，"劣币驱逐良币"是指因为信息不对称，物品的估值方（信息缺少的一方）

的瓶颈，因此解决瓶颈的过程是不断循环的。

　　木桶定律与瓶颈理论类似，一只木桶想盛满水，必须每块木板都一样平齐且无破损，如果这只木桶的木板中有一块不齐或者某块木板下面有破洞，这只木桶就无法盛满水。

　　母理7.经济人假设

　　"经济人"的假设，起源于享乐主义哲学和英国经济学家亚当·斯密关于劳动交换的经济理论。亚当·斯密认为：人的本性是懒惰的，必须加以鞭策；人的行为动机源于经济和权力维持员工的效力和服从。该理论有两层

　　量变质变规律是唯物辩证法的基本规律之一，它揭示了事物发展的量变和质变两种状态，以及由事物内部矛盾所决定的由量变到质变，再到新的量变的发展过程。

　　母理16.公共地悲剧

　　公共地悲剧指的是有限的资源因为被自由使用和缺少受限要求而被过度剥削。因为人的趋利性，每一个人都希望从免费的资源里获得更多，最终导致公共物品的过度使用或消失，从而损害所有人的利益。

　　母理17.劣币驱逐良币

　　在16世纪的英国，因为黄金

含义：

　　含义一：人们经济生活的原动力是人的利己主义行为，即把人当作"经济动物"来看待，人的一切行为都是为了最大限度地满足自己的私利，工作目的只是获得经济报酬。同样，别人帮助我们也只是利己的行为。这样看来，人都是天然的利己者。

　　含义二：人在利己的动机下，在自由的市场机制下，不仅能够实现自己的利益，还能使整个社会达到最好的福利状态。简单来说，在追求自己的利益的同时，往往能更有效地促进社会的利益。

　　母理8.自利性偏差

　　海恩法则是墨菲定律的佐证，若是心存侥幸，对隐患视若无睹，那么祸患有一天一定会到来，并且会造成不可估量的后果。事故的发生看似偶然，其实是各种因素累积到一定程度的必然结果。

　　墨菲定律的主要内容有四个方面：

　　①任何事都没有表面看起来那么简单。

　　②所有事的实际执行时间都会比你预计的时间长。

　　③会出错的事总会出错。

　　④如果你担心某种情况发生，那么它就更有可能发生。

　　母理15.量变质变规律

　　自利性偏差是一种常见的心理学现象，指的是从对自己有利的一面来判断客观事物，把不好的、错误的原因归于其他人或者外因。

　　自利性偏差一般会分为两种情况：第一，如果我这件事没做好，那肯定是不可控的、别人的或者意外的缘故；第二，如果我做这件事情成功了，那肯定是因为我水平高。

　　母理9.机会成本

　　企业为从事某项经营活动而放弃另一项经营活动的机会，或利用一定的资源获得某种收入时所放弃的另一种最高收入，称为

母理 14.墨菲定律与海恩法则

　　墨菲定律：如果一件事情有变坏的可能，不管这个可能性有多小，这件事都会发生，并且造成的后果极其严重。换句话说，如果因为侥幸而不去做某件事，那不好的结果最终都会发生。

　　与此类似的还有海恩法则，海恩法则指出每一起严重事故的背后，必然有二十九次轻微事故和三百起未遂先兆及一千起事故隐患。它强调：一、事故的发生是由日常的隐患堆积而起的；二、再好的技术和制度，如果缺失人自身的责任心和能力素质，也无法完全规避风险。

机会成本。通过对机会成本的分析，要求企业在经营中正确选择经营项目，其依据是实际收益必须大于机会成本，从而使有限的资源得到最佳配置。

　　母理10.沉没成本

　　　沉没成本是指以往发生的、已经付出且不可收回的成本，如时间、金钱、精力等。从决策的角度看，以往发生的费用只是造成当前状态的某个因素，当前决策所要考虑的是未来可能发生的费用及所带来的收益，而不考虑以往发生的费用。也就是说，人们在决定是否去做一件事情的时候，要看这件事对自己有没有好

　　在现实世界中，科斯定理所要求的前提往往是不存在的，财产权的明确是很困难的，交易成本也不可能为零，有时甚至是比较大的。因此，依靠市场机制矫正外部性是有一定困难的。因此，科斯认为可以通过产权解决这一问题。

　　母理13.路径依赖

　　路径依赖指一旦进入某一路径（无论是"好"还是"坏"），就可能对这种路径产生依赖。一旦人们做了某种选择，就好比走上了一条不归之路，惯性的力量会使这一选择不断自我强化，并让你轻易走不出去。

处，而无须考虑过去是不是已经在这件事情上有过投入。

母理11.信息不对称

在市场经济活动中，各类人员对有关信息的了解是有差异的。掌握信息比较充分的人员，往往处于比较有利的地位；而掌握信息比较贫乏的人员，则处于比较不利的地位。

一般而言，卖家比买家拥有更多关于交易物品的信息。比如，饭店老板给你用劣质地沟油做菜，但是作为食客，你可能不知道，反而还要按正常价格付钱。在这个交易中，掌握信息比较少的食客处于不利的地位，一句话总结就是"买的不如卖的精"。

　　而食客们为了尽量避免遇到这种情形，通常会去选择一些更为有名的牌子。这体现了信息不对称理论的另一个角度：因为名牌提供了更多、更可靠的信息，所以买家愿意为了获得更多的信息而付出更多的钱。简而言之，花钱买放心。

　　母理12.科斯定理

　　科斯定理：只要财产权是明确的，并且交易成本为零或者很小，那么，无论在开始时将财产权赋予谁，市场均衡的最终结果都是有效率的，都会实现资源配置的帕累托最优。

# MBA MPA MPAcc MEM

## 管理类/经济类联考写作

书课包

主编 吕建刚

# 便利抄

严格按照答题卡小方格印刷

随手摘录"经典段落语句"

边写边记，丰富素材储备

中国政法大学出版社

2023·北京

# 🚀 一、论证有效性分析

▲100

▲200

▲300

▲400

▲500

▲600

▲700

▲100

▲200

▲300

▲400

▲500

▲600

▲700

▲100

▲200

▲300

▲400

▲500

▲600

▲700

▲100

▲200

▲300

▲400

▲500

▲600

▲700

▲100

▲200

▲300

▲400

▲500

▲600

▲700

▲100

▲200

▲300

▲400

▲500

▲600

▲700

▲100

▲200

▲300

▲400

▲500

▲600

▲700

▲100

▲200

▲300

▲400

▲500

▲600

▲700

▲100

▲200

▲300

▲400

▲500

▲600

▲700

▲100

▲200

▲300

▲400

▲500

▲600

▲700

▲100

▲200

▲300

▲400

▲500

▲600

▲700

▲100

▲200

▲300

▲100

▲200

▲300

▲400

▲500

▲600

▲700

▲100

▲200

▲300

▲400

▲500

▲600

▲700

▲100

▲200

▲300

▲400

▲500

▲600

▲700

▲100

▲200

▲300

▲400

▲500

▲600

▲700

▲100

▲200

▲300

▲400

▲500

▲600

▲700

▲100

▲200

▲300

▲400

▲500

▲600

▲700

▲100

▲200

▲300

▲400

▲500

▲600

▲700

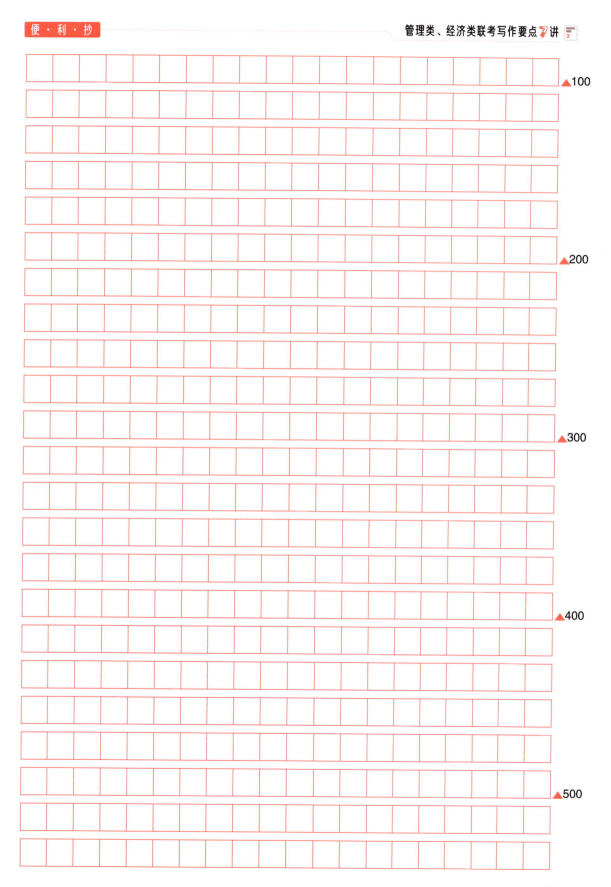

▲100

▲200

▲300

▲400

▲500

▲600

▲700

▲100

▲200

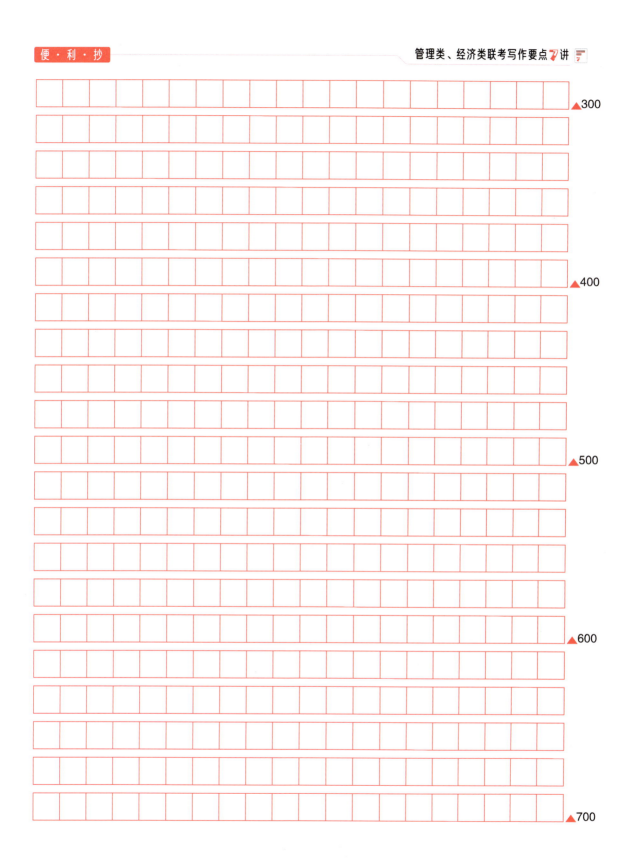

▲300

▲400

▲500

▲600

▲700

# 🚀 二、论说文

▲500

▲600

▲700

▲800

▲100

▲200

▲300

▲400

▲500

▲600

▲700

▲800

▲100

▲200

▲300

▲400

▲500

▲600

▲700

▲800

▲100

▲200

▲300

▲400

▲500

▲600

▲700

▲800

▲100

▲200

▲300

▲400

▲500

▲600

▲700

▲800

▲100

▲200

▲300

▲400

▲500

▲600

▲700

▲800

▲100

▲200

▲300

▲400

▲500

▲600

▲700

▲800

▲100

▲200

▲300

▲400

▲500

▲600

▲700

▲800

▲100

▲200

▲300

▲400

▲500

▲600

▲700

▲800

▲100

▲200

▲300

▲400

▲500

▲600

▲700

▲800

▲100

▲200

▲300

▲400

▲500

▲600

▲700

▲800

▲100

便·利·抄

▲200

▲300

▲400

▲500

▲600

▲700

▲800

▲100

▲200

▲300

▲400

▲500

▲600

▲700

▲800

▲100

▲200

▲300

▲400

▲500

▲600

▲700

▲800

▲500

▲600

▲700

▲800

▲100

▲200

▲300

▲400

▲500

▲600

▲700

▲800

▲100

▲200

▲300

▲400

▲500

▲600

▲700

▲800

▲100

▲200

▲300

▲400

▲500

▲600

▲700

▲800

▲100

▲200

▲300

▲400

▲500

▲600

▲700

▲800

▲100

▲200

▲300

▲400

▲500

▲600

▲700

▲800

▲100

▲700

▲800

▲100

▲200

▲300

▲400

▲500

▲600

▲700

▲800

▲100

▲200

▲300

▲400

▲500

▲600

▲700

▲800

▲100

▲200

▲300

▲400

▲500

▲600

▲700

▲800

▲100

▲200

▲300

▲400

▲500

▲600

▲700

▲800